शिक्षण अभिरुचि एवं अभिवृत्ति परीक्षण

बी.एड. प्रवेश परीक्षा एवं अन्य अध्यापक/अध्यापिका भर्ती परीक्षाओं के लिए उपयोगी

शिक्षण अभिरुचि एवं अभिवृत्ति परीक्षण

बी.एड. प्रवेश परीक्षा एवं अन्य अध्यापक/अध्यापिका भर्ती परीक्षाओं के लिए उपयोगी

अरिहन्त 'विशेषज्ञ मण्डल'
द्वारा संगृहीत एवं सम्पादित

arihant
अरिहन्त पब्लिकेशन्स (इण्डिया) लिमिटेड

arihant

अरिहन्त पब्लिकेशन्स (इण्डिया) लिमिटेड

卐 **रजि. कार्यालय**

'रामछाया' 4577/15, अग्रवाल रोड, दरिया गंज, नई दिल्ली- 110002

फोन: 011-47630600, 43518550

मुख्य कार्यालय

कालिन्दी, टी०पी० नगर, मेरठ (यूपी)– 250002

फोन: 0121-7156203, 7156204

卐 **शाखा कार्यालय**

आगरा, अहमदाबाद, बरेली, बंगलुरु, चेन्नई, दिल्ली, गुवाहाटी, हैदराबाद, जयपुर, झाँसी, कोलकाता, लखनऊ, नागपुर तथा पुणे

卐 **ISBN** 978-93-25792-75-3

卐 **मूल्य** ₹ 165.00

PO No. : TXT-59-T070381-4-26

PUBLISHED BY ARIHANT PUBLICATIONS (INDIA) LTD.

'अरिहन्त' की पुस्तकों के बारे में अधिक जानकारी के लिए हमारी वेबसाइट **www.arihantbooks.com** पर लॉग इन करें या **info@arihantbooks.com** पर सम्पर्क करें।

Follow us on...

दो शब्द

शिक्षा को जीवन में आत्मसात् कर करियर रूप में अपनाने को उद्यत विद्यार्थियों के लिए **अरिहन्त पब्लिकेशन्स** की अभिनव पुस्तक-श्रृंखला के अन्तर्गत **'शिक्षण अभिरुचि'** विषयक पुस्तक को इस दृष्टिकोण से नवीन पाठ्यक्रम के अनुरूप तैयार किया गया है कि कोई भी सम्बद्ध पक्ष इससे अछूता न रहने पाए। **'शिक्षण अभिरुचि'** का गहन अध्ययन कर विषयगत बारीकियों को समझकर विद्यार्थी बी.एड. प्रवेश परीक्षाओं की तैयारी सहज, सरल व स्वाभाविक तरीके से सुगमतापूर्वक कर सकते हैं।

प्रतिस्पर्द्धा के वर्तमान दौर में पुस्तकों से लबरेज बाजार में **अरिहन्त** की **'शिक्षण अभिरुचि'** विषयक पुस्तक का विशिष्ट स्थान होगा, ऐसा हमारा विश्वास है, क्योंकि पुस्तक में पाठ्य–सामग्री की क्रमबद्धता, प्रश्नों की प्रचुरता और परीक्षा के लिए उपयोग मॉडल सेटों पर विशेष ध्यान दिया गया है। क्रमबद्ध तरीके से अध्यायों की रचना कर उन पर आधारित प्रश्नों को नियोजित तरीके से पुस्तक में समाविष्ट किया गया है। प्रश्नों के प्रत्येक सम्भावित प्रकार को पुस्तक में सम्मिलित करने का यथासम्भव प्रयास किया गया है। लक्ष्य के प्रति समर्पित विद्यार्थियों के लिए यह पुस्तक निःसन्देह रामबाण साबित होगी, क्योंकि यह पुस्तक शोध और अनुभव का अद्भुत सम्मिश्रण है।

प्रस्तुत पुस्तक में स्तरवार पाठ्य-सामग्री की और तद्नुरूप विचार-विमर्श उपरान्त यथोचित परिवर्तन से पाठ्य-सामग्री की गुणवत्ता को बनाए रखने का यथासम्भव अधिकाधिक प्रयास हुआ है। पुस्तक में त्रुटियों पर काबू पाने का भरसक प्रयास किया गया है फिर भी यदि पुस्तक में त्रुटियाँ दृष्टव्य होती हैं, तो अवगत कराने की कृपा करें ताकि आगामी संस्करण में पाठक वर्ग के सुझावों को समावेशित कर त्रुटियों पर काबू पाया जा सके।

आपकी सफलता की शुभकामनाओं के साथ.........

प्रकाशक

विषय-सूची

अध्याय 01

शिक्षण अभिवृत्ति एवं अभिरुचि

(Teaching Attitude & Aptitude)

शिक्षण एक ऐसी प्रक्रिया है, जिसमें शिक्षार्थी (सीखने वाला छात्र) शिक्षक के माध्यम से ज्ञान तथा कौशल को अर्जित कर लक्ष्यों की प्राप्ति करता है। इस प्रक्रिया में लक्ष्यों की प्राप्ति हेतु शिक्षण अभिवृत्ति (Attitude) एवं शिक्षण अभिरुचि (Aptitude) की महत्त्वपूर्ण भूमिका होती है।

शिक्षण अभिवृत्ति एवं अभिरुचि के माध्यम से एक शिक्षक छात्र के व्यवहार को समाज की आवश्यकताओं एवं विचारों के अनुरूप विकसित करने का प्रयास करता है।

अभिवृत्ति : अर्थ एवं परिभाषाएँ
(Attitude : Meaning & Definitions)

''अभिवृत्ति से अभिप्राय व्यक्ति के उस दृष्टिकोण से होता है, जो किसी व्यक्ति, वस्तु, संस्था या स्थिति के प्रति किसी विशेष प्रकार के व्यवहार को इंगित करता है।''

अभिवृत्ति व्यक्तित्व का वह गुण होता है, जो व्यक्ति की पसन्द या नापसन्द को दर्शाता है। यह एक मानसिक दशा होती है, जो सामाजिक व्यवहार की अभिव्यक्ति में महत्त्वपूर्ण भूमिका निभाती है।

अभिवृत्ति को कभी-कभी मनोवृत्ति भी कहा जाता है, क्योंकि यह दोनो भावनात्मक गुण प्रदर्शित करते हैं। यह व्यक्ति के मनोभावों अथवा विश्वासो को इंगित करते हैं। इस प्रकार अभिवृत्ति व्यक्ति के व्यक्तित्व की वह प्रवृत्तियाँ होती है, जो उसे किसी व्यक्ति अथवा वस्तु के सम्बन्ध में किसी विशिष्ट प्रकार के व्यवहार के सम्बन्ध में निर्णय लेने के लिए प्रेरित करती है। इसके साथ ही प्रत्यक्ष अनुभूतियाँ अभिवृत्ति के परिवर्तन में सर्वाधिक प्रभावशाली साबित होती है।

प्रमुख शिक्षाशास्त्रियों एवं मनोवैज्ञानिकों द्वारा दी गई अभिवृत्ति की परिभाषाएँ इस प्रकार है

रेमर्स, रूमेल तथा **गेज** के अनुसार, ''अभिवृत्ति अनुभवों के द्वारा व्यवस्थित वह संवेगात्मक प्रवृत्ति है, जो किसी मनोवैज्ञानिक पदार्थ या वस्तु के प्रति सकारात्मक या नकारात्मक रूप से प्रतिक्रिया करती है।''

आलपोर्ट के अनुसार, ''अभिवृत्ति प्रत्युत्तर देने की वह मानसिक तथा स्नायुविक तत्परताओं से सम्बन्धित अवस्था है, जो अनुभव द्वारा संगठित होती है तथा जिसके व्यवहार पर निर्देशात्मक तथा गत्यात्मक प्रभाव पड़ता है।''

फ्रीमैन के अनुसार, ''अभिवृत्ति किन्हीं निश्चित परिस्थितियों, व्यक्तियों एवं वस्तुओं के प्रति संगत रूप से प्रत्युत्तर देने वाली वह स्वाभाविक तत्परता है, जिसे सीखा जाता है तथा यह किसी व्यक्ति विशेष के प्रत्युत्तर देने की लाक्षणिक रीति बन जाती है।''

इस प्रकार किसी व्यक्ति, वस्तु या उत्तेजना अथवा इसके समूहों के सम्बन्ध में किसी व्यक्ति की प्रत्यक्षात्मक और ज्ञानात्मक प्रक्रियाओं के स्थायी संगठन तथा प्रत्युत्तर तत्परता के मिले-जुले रूप को ही अभिवृत्ति कहा जाता है।

अभिवृत्ति के प्रकार (Types of Attitude)

अल्पोर्ट के अनुसार अभिवृत्ति दो प्रकार की होती है- स्वीकारात्मक तथा नकारात्मक।

(i) **स्वीकारात्मक अभिवृत्ति** जब किसी व्यक्ति, विचार, घटना या संस्था आदि की उपस्थिति हमें सुखद लगती है तथा उसके प्रति हमारी प्रतिक्रिया अनुकूल अथवा सकारात्मक होती है, तो उसे स्वीकारात्मक अथवा सकारात्मक अभिवृत्ति कहते हैं।

(ii) **नकारात्मक अभिवृत्ति** जब हमारा दृष्टिकोण किसी वस्तु, घटना या विचार के प्रति सुखद नहीं होता है तथा उसे हम पसन्द नहीं करते हैं एवं उसके प्रति उत्तेजनात्मक प्रतिक्रिया करते हैं, तो उसे नकारात्मक अभिवृत्ति कहते हैं।

इस प्रकार **ब्रिट** ने भी अभिवृत्ति को दो भागों में बाँटा है-सामान्य तथा विशिष्ट।

(i) **सामान्य अभिवृत्ति** वह अभिवृत्ति, जो किसी व्यक्ति वस्तु, घटना, विचार आदि के बारे में सामान्य रूप से अथवा सामूहिक रूप से व्यक्त की जाती है, उसे सामान्य अभिवृत्ति कहते हैं।
उदाहरणस्वरूप– घड़ी, प्राकृतिक घटना आदि के सम्बन्ध में व्यक्त विचार सामान्य अभिवृत्ति को इंगित करते हैं।

(ii) **विशिष्ट अभिवृत्ति** वह अभिवृत्ति जो किसी व्यक्ति, वस्तु घटना, विचार तथा संस्था आदि के प्रति व्यक्त की जाती है, उसे विशिष्ट अभिवृत्ति कहते हैं।
उदाहरणस्वरूप– छात्र में शिक्षक के प्रति सम्मान व श्रद्धाभाव, बच्चों का माता-पिता के प्रति आदर व सम्मान का भाव विशिष्ट अभिवृत्ति है।

पक्ष-विपक्ष के आधार पर अभिवृत्तियाँ सामान्यतया दो प्रकार की होती है- भावात्मक या सकारात्मक अभिवृत्ति तथा निषेधात्मक या नकारात्मक अभिवृत्ति।

(i) **भावात्मक या सकारात्मक अभिवृत्ति** जब हम किसी वस्तु, संस्था, व्यक्ति, धर्म, विचार या प्रक्रिया के प्रति विश्वास रखते हैं, तो उसे पसन्द करते हैं, उसके प्रति आकर्षित होते हैं, उसे स्वीकार करते हैं तथा उसके अनुकूल अपने को समायोजित करने का प्रयास करते हैं, तब वह हमारी भावात्मक या सकारात्मक अभिवृत्ति कहलाती है।

(ii) **निषेधात्मक या नकारात्मक अभिवृत्ति** जब हम किसी राजनीतिक पार्टी, स्थान, प्रक्रिया, जाति या व्यक्ति से घृणा करते हैं, तो उनमें अविश्वास रखते हैं, उनसे निराश होते हैं तथा स्वयं को उनसे दूर रखने का प्रयास करते हैं, तब वह हमारी निषेधात्मक या नकारात्मक अभिवृत्ति कहलाती है।

अभिवृत्ति की विशेषताएँ (Characteristics of Attitude)

1. **अभिवृत्तियाँ स्थायी तथा अस्थायी दोनों प्रकार की होती हैं** जब व्यक्ति एक सामाजिक परिवेश से दूसरे सामाजिक परिवेश में जाता है, तो उसकी अभिवृत्तियाँ भी बदल जाती हैं, जो निरन्तरता एवं स्थिरता दोनों रूप में विद्यमान होती है। अत: अभिवृत्ति सदैव परिवर्तनशील होती है।
2. **अभिवृत्ति अर्जित की जाती है** अभिवृत्तियाँ जन्मजात नहीं होती हैं, बल्कि अर्जित की जाती हैं। इसे किसी घटना, वस्तु अथवा समूह मूल्यों आदि के सम्बन्ध में सीखा जाता है।
3. **अभिवृत्ति मानव व्यवहार को दिशा प्रदान करती है** किसी व्यक्ति को अभिवृत्तियों का ज्ञान हो जाने पर उसके व्यवहार को समझा जा सकता है। यह मानव व्यवहार को न केवल प्रभावित करता है, बल्कि उसे दिशा भी प्रदान करता है। अत: अभिवृत्तियाँ व्यक्ति के व्यवहार का प्रतिबिंब होती है।
4. **प्रेरणात्मकता** अभिवृत्तियाँ व्यक्ति (छात्र/शिक्षक) को किसी विशेष व्यक्ति, वस्तु, घटना अथवा परिस्थिति आदि के सन्दर्भ में एक विशेष प्रकार से कार्य करने के लिए प्रेरित करती है। यह संवेगों तथा भावों से प्रभावित होती है।
5. **संवेदनशीलता** अभिवृत्ति बाह्य परिवेश में होने वाली सामान्य घटनाओं के प्रत्यक्षण एवं विश्लेषण के प्रति संवेदनशील होती है।

इसके अतिरिक्त संवेगबद्धता, संज्ञानात्मकता, अनुकूलनशीलता आदि भी अभिवृत्ति की अन्य विशेषताएँ हैं। अत: अभिवृत्ति जाँच का उपयोग किसी कार्य (टास्क) को करने की सफलता को इंगित करता है।

शिक्षण अभिवृत्ति (Teaching Attitude)

शिक्षण अभिवृत्ति दो शब्दों अर्थात् शिक्षण और अभिवृत्ति से मिलकर बना है जिसका अर्थ होता है–"एक शिक्षक में विद्यार्थियों को पढ़ाने वाले गुणों का पाया जाना।"
दूसरे शब्दों में शिक्षण अभिवृत्ति से तात्पर्य शिक्षण प्रदान करने की कला से होता है अर्थात् एक शिक्षक किस प्रारूप में अपने ज्ञान से अपने शिक्षार्थी में ज्ञान का अन्तरण करता है। यही शिक्षण अभिवृत्ति को अभिव्यक्त करता है।

शिक्षण अभिवृत्ति के अन्तर्गत वे सभी अभिवृत्तियाँ आती हैं, जिनका सम्बन्ध शिक्षा सम्बन्धी विभिन्न क्षेत्रों या विषयों से होता है तथा जिनकी सहायता से किसी बालक के बारे में यह भविष्यवाणी करना, सम्भव हो पाता है कि वह उचित शिक्षा सुविधाएँ मिलने पर किन विषय-विशेष तथा क्षेत्र-विशेष में कुशलताओं का अर्जन ठीक प्रकार से कर सकेगा।

शिक्षण अभिवृत्ति शिक्षक का वह व्यवहार होता है, जो उसके तीनों मनोवैज्ञानिक पक्षों-ज्ञानात्मक, भावात्मक तथा मनोयोगात्मक से प्रभावित होकर सामने आता है। शिक्षण अभिवृत्ति शिक्षण की पूरी प्रक्रिया के पक्ष तथा विपक्ष दोनों को समझने, उसे व्यक्त करने में सहायक होती है।

शिक्षण प्रक्रिया में शिक्षक विभिन्न लोगों; जैसे—विद्यार्थी, अभिभावक, समुदाय, प्रधानाचार्य, अन्य सभी शिक्षक आदि तथा विभिन्न परिस्थितियों के सम्पर्क में आता है एवं इन सभी के प्रति शिक्षक की अभिवृत्ति स्पष्ट होती है, जो सकारात्मक तथा नकारात्मक दोनों पक्षों में हो सकती है।

शिक्षण की प्रक्रिया में शिक्षार्थी अथवा किसी अन्य व्यक्ति की सही अभिवृत्ति का पता प्रक्षेपण विधि द्वारा लगाया जाना सम्भव होता है।

अभिरुचि : अर्थ एवं परिभाषाएँ
(Aptitude : Meaning & Definitions)

अभिरुचि किसी एक क्षेत्र या समूह में व्यक्ति की कार्यकुशलता की विशिष्ट योग्यता या विशिष्ट क्षमता होती है। अभिरुचि के सम्बन्ध में मनोवैज्ञानिकों में मतभेद हैं, फिर भी इस सम्बन्ध में दो विचारधाराएँ प्रचलित हैं। एक विचारधारा के अनुसार, "अभिरुचि जन्मजात या अर्जित है" जबकि दूसरी विचारधारा के अनुसार, "अभिरुचि एक गुण है या बहुत से गुणों का सम्मिलित प्रभाव है।"

कुछ प्रमुख शिक्षाशास्त्रियों द्वारा अभिरुचि के सन्दर्भ में दी गई परिभाषाएँ इस प्रकार हैं

बर्किंघम के अनुसार, "अभिरुचि किसी व्यक्ति के प्रशिक्षण के पश्चात् उसके ज्ञान, दक्षता या प्रतिक्रियाओं को सीखने की योग्यता है।"

फ्रीमैन के अनुसार, "प्रशिक्षण द्वारा व्यक्ति को प्राप्त विशिष्ट ज्ञान, कौशल, संगठित अनुक्रियाओं; जैसे-किसी भाषा को बोलने की योग्यता, संगीत या यान्त्रिक कार्य आदि को करने की विशेषताओं का संगठित स्वरूप अभिरुचि है।"

इंग्लिश एवं **इंग्लिश** के अनुसार, "दी गई मात्रा में प्राप्त प्रशिक्षण के द्वारा अर्जित कुशलता अभिरुचि कहलाती है।"

स्किनर ने अभिरुचि को "विशेष कौशल, ज्ञान और रुचियों का नाम दिया है।"

इस प्रकार अभिरुचि किसी व्यक्ति की वर्तमान स्थिति या गुणों का वह समूह होती है, जो व्यक्ति में भविष्य की योग्यताओं को प्रकट करती है। यह योग्यता जन्मजात और परिवेशयुक्त दोनों ही दशाओं की अन्त:क्रिया पर आश्रित होती है। अत: अभिरुचि एक आन्तरिक प्रेरक शक्ति के रूप में कार्य करती है।

अभिरुचि के प्रकार (Types of Aptitude)

1. **जन्मजात अभिरुचि** मूल प्रवृत्ति जन्य अभिरुचियों को जन्मजात अभिरुचि कहते हैं; जैसे-खाने-पीने की अभिरुचि, बच्चों में खेलने की अभिरुचि।
2. **अर्जित अभिरुचि** यह अभिरुचि अर्जित संस्कारों; जैसे-आदतें, भाव, स्वभाव, ज्ञान, प्रशिक्षण से उत्पन्न होती हैं।
3. **व्यक्त अभिरुचि** यह वह अभिरुचि होती है, जिसमें व्यक्ति अपने व्यवहारों से व्यक्त करता रहता है। इसमें किसी एक क्रिया की तुलना में किसी दूसरी क्रिया को अधिक पसन्द किया जाता है।
4. **प्रकट अभिरुचि** इसमें व्यक्ति स्वत: अपनी इच्छा से कोई काम करने की अभिरुचि प्रकट करता है।
5. **आविष्कारिकात्मक अभिरुचि** वैसी अभिरुचि जिसका ज्ञान मानक अभिरुचि आविष्कारिका के क्रियान्वयन के बाद पता चलता है।
6. **परीक्षित अभिरुचि** व्यक्ति की अभिरुचियों का ज्ञान जब किसी अभिरुचि प्रपत्र और प्रमापीकृत परीक्षण के माध्यम से प्राप्त होता है, तो उसे परीक्षित अभिरुचि कहते हैं। इस प्रकार की अभिरुचि परीक्षण हेतु प्रमापीकृत अनुसूची प्रपत्रों का प्रयोग किया जाता है।

अभिरुचि की विशेषताएँ
(Characteristics of Aptitude)

- यह जन्मजात तथा अर्जित दोनों होता है।
- यह व्यक्ति के व्यक्तित्व का एक आवश्यक अंग होता है।
- यह परिवेश और वंशानुक्रम दोनों ही तरह के कारक पर प्रभाव डालती है।
- आयु में वृद्धि होने के साथ ही व्यक्ति की अभिरुचियों में परिवर्तन होने लगता है।
- व्यावसायिक तथा अव्यावसायिक दोनों प्रकार की अभिरुचियाँ साथ-साथ गमन करती हैं।
- अभिरुचि का वस्तुपरक मापन करना असम्भव है, क्योंकि इसका अधिकांश सम्बन्ध भावनाओं से सम्बन्धित होता है।

शिक्षण अभिरुचि (Teaching Aptitude)

शिक्षण कार्य के लिए व्यक्ति से विशेष प्रकार की क्षमता, कुशलता तथा रुचि अपेक्षित होती है। यह अपेक्षित क्षमता ही शैक्षणिक अभिरुचि होती है दूसरे शब्दों में शिक्षण अभिरुचि से आशय होता है शिक्षण कार्य में रुचि, रुझान तथा शिक्षण के सिद्धान्तों तथा शिक्षण की विधियों को उपयुक्त दिशा में निरूपित करने का कौशल होना।

शिक्षण अभिरुचि किसी शिक्षक का स्थिर एवं स्थायी गुण नहीं होता, बल्कि यह समय के साथ विकसित एवं परिवर्तित होता रहता है। शिक्षक के लिए अभिरुचि की खोज करना उतना ही जरूरी होता है जितना कि बुद्धि एवं शैक्षिक कार्य की खोज करना।

बच्चे की अभिरुचि का पता लगने से शिक्षक बच्चों के शिक्षा व्यवसाय या रोजगार में उन्नति या अवनति से सम्बन्धित सूचना प्राप्त करने में सफल हो पाता है तथा उसे सही दिशा प्रदान कर पाता है।

शिक्षक द्वारा छात्रों में अभिरुचि जागृत करना

- छात्र के शारीरिक व मानसिक स्वास्थ्य की जानकारी अध्यापक को रखना चाहिए, क्योंकि उसका स्वास्थ्य, मनोदशा, आवश्यकताएँ आदि रुचि में बाधक होती हैं।
- उद्देश्य की स्पष्टता होनी चाहिए, जिससे छात्र उस कार्य के प्रति रुचि लें।
- शिक्षक द्वारा समय-समय पर छात्रों की अभिरुचि का मापन करते रहना चाहिए।
- शिक्षक द्वारा सहायक सामग्री का प्रयोग करते रहना चाहिए।
- छात्रों में विषय-वस्तु की उपयोगिता बताकर भी उनमें अभिरुचि उत्पन्न की जा सकती है।
- शिक्षक का आदर्श व मित्रवत् व्यवहार भी छात्रों में पाठ के प्रति अभिरुचि जागृत कर देता है।
- शिक्षक द्वारा महान शासक, नेता, वैज्ञानिक आदि की कहानी सुनाकर भी छात्रों में अभिरुचि जागृत की जा सकती है।
- प्रजातान्त्रिक तथा सहगामी शिक्षण विधि के माध्यम से छात्रों में अभिरुचि उत्पन्न की जा सकती है।

शिक्षण अभिवृत्ति एवं अभिरुचि के उद्देश्य

(Objectives of Teaching Attitude and Aptitude)

- शिक्षा तथा शिक्षण प्रक्रिया को सफल बनाना।
- शिक्षण व्यवसाय को सफल बनाना।
- छात्रों में पढ़ाई के प्रति अभिरुचि जगाना अर्थात् अधिगम के लिए आकर्षित करना।
- शिक्षक और छात्र के बीच घनिष्ठ सम्बन्ध स्थापित करना, जिससे छात्र खुलकर अपने मन की बात शिक्षक से करें, और उसे सही मार्गदर्शन प्राप्त हो।
- शिक्षण विधि को वैज्ञानिक और रोचक बनाना।
- छात्रों में आत्मविश्वास जगाना तथा उन्हें समाज व राष्ट्र के प्रति जागरूक व जिम्मेदार नागरिक बनाना।
- छात्रों को सृजनात्मक व चिन्तनशील बनाना, जिससे उसके बहुमुखी प्रतिभा का विकास हो।
- छात्रों में मानवीय मूल्य का विकास करना।
- छात्रों में क्रियाशीलता का विकास करना तथा उन्हें क्रिया करने का अवसर प्रदान करना।

अभ्यास प्रश्न

1. शिक्षण के लिए ज्ञान, प्रशिक्षण, अनुभव तथा अनुसन्धान के अतिरिक्त और किस बात की महत्त्वपूर्ण भूमिका पाई जाती है?

(a) सकारात्मक अभिवृत्ति की
(b) अभिरुचि की
(c) 'a' और 'b' दोनों की
(d) उपरोक्त में से कोई नहीं

2. अभिवृत्ति एक सामाजिक प्रत्यय एवं मानसिक पहलू है, यह किसके व्यवहार के मानसिक पक्ष से होता है?

(a) शिक्षार्थी (b) अध्यापक
(c) व्यक्ति (d) ये सभी

3. मनोवैज्ञानिकों के अनुसार अभिवृत्तियाँ किसके प्रति व्यक्ति विशेष के विचारों से अवगत कराती है?

(a) व्यक्ति (b) संस्था (c) परिस्थिति (d) ये सभी

4. अभिवृत्ति को कभी-कभी मनोवृत्ति भी कहा जाता है, क्योंकि यह
(a) अभिव्यक्ति है
(b) भावनात्मक गुण प्रदर्शित करती है
(c) संख्यात्मक माप में सहायक होती है
(d) हमेशा सकारात्मक होती है

5. प्रत्यक्ष अनुभूतियाँ किसके परिवर्तन में सर्वाधिक प्रभावशाली होती है?
(a) प्रतिगमन (b) अभिवृत्ति
(c) अभिरुचि (d) इनमें से कोई नहीं

6. "अभिवृत्ति अनुभवों के द्वारा व्यवस्थित वह संवेगात्मक प्रवृत्ति है, जो किसी मनोवैज्ञानिक वस्तु के प्रति सकारात्मक या नकारात्मक रूप से प्रतिक्रिया करती हैं" यह कथन सम्बन्धित है
(a) रेमर्स से (b) आलपोर्ट से
(c) फ्रीमैन से (d) इनमें से कोई नहीं

7. जब किसी व्यक्ति, विचार या घटना अथवा संस्था आदि की उपस्थिति हमें सुखद लगती है तथा उसके प्रति हमारी प्रतिक्रिया सकारात्मक होती है, तो ऐसी अभिवृत्ति होती है
(a) स्वीकारात्मक अभिवृत्ति
(b) सकारात्मक अभिवृत्ति
(c) 'a' और 'b' दोनों
(d) विशिष्ट अभिवृत्ति

8. घड़ी अथवा प्राकृतिक घटना के सम्बन्ध में व्यक्ति द्वारा व्यक्त किया गया विचार किस अभिवृत्ति को इंगित करता है?
(a) सामान्य अभिवृत्ति (b) विशिष्ट अभिवृत्ति
(c) स्वीकारात्मक अभिवृत्ति (d) नकारात्मक अभिवृत्ति

9. एक व्यक्ति में अपनी माँ के प्रति श्रद्धा एवं स्नेह का जो भाव पाया जाता है, वह विशिष्ट अभिवृत्ति है, परन्तु सभी माताओं के प्रति आदर भाव किस प्रकार की अभिवृत्ति है?
(a) सम्मान अभिवृत्ति (b) सामान्य अभिवृत्ति
(c) ऐच्छिक अभिवृत्ति (d) सम्प्रेषण अभिवृत्ति

10. सम्पूर्ण वर्ग के प्रति विशेष घृणा का भाव किस प्रकार की अभिवृत्ति है?
(a) सामान्य (b) विशिष्ट
(c) 'a' और 'b' दोनों (d) इनमें से कोई नहीं

11. किसी राजनीतिक पार्टी से घृणा एवं अविश्वास करना किस प्रकार की अभिवृत्ति है?
(a) भावात्मक (b) निषेधात्मक
(c) सामान्य (d) इनमें से कोई नहीं

12. निम्नलिखित में से कौन अभिवृत्ति की विशेषता है?
(a) संवेगबद्धता (b) संज्ञानात्मकता
(c) अनुकूलनशीलता (d) ये सभी

13. अभिवृत्ति जाँच उपयोगी होती है **[Bihar BEd Exam 2019]**
(a) सफलता के मापन में
(b) कार्य तीव्रता के मापन में
(c) किसी कार्य को करने की सफलता को इंगित करने में
(d) क्षमता व कार्य कुशलता की माप में

14. "एक शिक्षक में विद्यार्थियों को पढ़ाने वाले गुणों का पाया जाना" कहलाता है
(a) शिक्षण अभिवृत्ति
(b) शैक्षिक नेतृत्व
(c) अवधान
(d) उपरोक्त में से कोई नहीं

15. शाब्दिक एवं क्रियात्मक व्यवहारों से किसका पता लगाया जा सकता है?
(a) शिक्षण अभिवृत्ति (b) शिक्षण अभिरुचि
(c) शिक्षण कौशल (d) शिक्षण शोध

16. निम्नलिखित में से किस विधि द्वारा किसी व्यक्ति की सही अभिवृत्ति का पता लगाया जा सकता है?
(a) पूछताछ विधि (b) प्रक्षेपण विधि
(c) निरीक्षण विधि (d) एनेक डॉटल विधि

17. किसी एक क्षेत्र के समूह में व्यक्ति की कार्य कुशलता की विशिष्ट योग्यता या विशिष्ट क्षमता कहलाती है
(a) सहानुभूति (b) अभिवृत्ति
(c) अभिरुचि (d) इनमें से कोई नहीं

18. अर्जित अभिरुचि किस प्रकार उत्पन्न होती है?
(a) भाव (b) ज्ञान
(c) प्रशिक्षण (d) ये सभी

19. यदि कोई बालक किसी खेल में अधिक रुचि लेता है, तो वह किस अभिरुचि का उदाहरण है?
(a) व्यक्त अभिरुचि
(b) अभिव्यक्त अभिरुचि
(c) परीक्षित अभिरुचि
(d) उपरोक्त में से कोई नहीं

20. शिक्षण अभिरुचि में क्या होना चाहिए?
(a) क्षमता (b) कुशलता
(c) रुचि (d) ये सभी

21. शिक्षण कार्य में शिक्षण के सिद्धान्तों तथा शिक्षण की विधियों को उपयुक्त दिशा में निरुपित करने के लिए किसकी आवश्यकता होती है?
(a) एक क्रिया मात्र (b) एक तपस्या
(c) एक कौशल (d) एक कला

22. शिक्षण अभिरुचि के सन्दर्भ में कौन-सा कथन सही नहीं है?
(a) शिक्षण अभिरुचि में शिक्षण कौशल का मुख्य स्थान है
(b) शिक्षण अभिरुचि स्थायी गुण है
(c) समय के साथ शिक्षण अभिरुचि विकसित होती है
(d) शिक्षण अभिरुचि के माध्यम से छात्र के भविष्य को दिशा दी जा सकती है

23. शिक्षण अभिरुचि का एक महत्त्वपूर्ण पहलू है
(a) छात्रों की क्रियाशीलता पर अंकुश लगाने की क्षमता
(b) शिक्षण को रोजगार उन्मुख बनाने की क्षमता
(c) शिक्षण को विद्यार्थी उन्मुख बनाने की क्षमता
(d) उपरोक्त सभी

24. छात्रों में अभिरुचि जागृत करने के लिए एक शिक्षक को किसकी जानकारी होनी आवश्यक होती है?
(a) छात्र की शारीरिक स्वास्थ्य की
(b) छात्र की मानसिक स्वास्थ्य की
(c) छात्र की मनोदशा की
(d) उपरोक्त सभी

25. एक शिक्षक द्वारा छात्रों की अभिरुचि को जागृत करने के लिए क्या करना चाहिए?
(a) छात्रों की अभिरुचि का मापन
(b) मित्रवत व्यवहार रखना
(c) 'a' और 'b' दोनों
(d) बच्चों की इच्छा पर शिक्षा

26. निम्न में से कौन-सी विधि के माध्यम से छात्रों में अभिरुचि उत्पन्न की जा सकती है?
(a) प्रजातान्त्रिक विधि (b) सहगामी शिक्षण विधि
(c) 'a' और 'b' दोनों (d) इनमें से कोई नहीं

27. शिक्षण अभिवृत्ति एवं अभिरुचि का कौन-सा उद्देश्य नहीं है?
(a) शिक्षण को सफल बनाना
(b) शिक्षण को रोचक एवं वैज्ञानिक बनाना
(c) छात्रों में रटने की प्रवृत्ति को बढ़ाना
(d) छात्रों में मानवीय मूल्यों का विकास करना

28. जीवन में सफलता अर्जित करने के लिए आवश्यक है
(a) प्रतिकूल परिस्थितियों के अनुरूप अपने आपको ढाल लेना और परिश्रम से न भागना
(b) अवसर प्राप्त करने की क्षमता विकसित कर लेना
(c) भाग्य का अनुकूल होना
(d) उपरोक्त सभी

29. शिक्षण के अतिरिक्त स्कूल की अन्य प्रक्रियाओं के बारे में एक शिक्षक के रूप में आप किस प्रकार की अभिवृत्ति प्रदर्शित करेंगे?
(a) सकारात्मक (b) नकारात्मक
(c) उदासीन (d) निष्क्रिय

30. आपकी दृष्टि से वह शिक्षा सफल है, जो
(a) देश की अभिवृद्धि में सहयोग दे
(b) आपको आत्म सुख दे
(c) आपको समाज में सम्मान दे
(d) आपको व्यवसाय दे

31. आपकी शिक्षा सफल है, यदि उससे
(a) आपको आत्मसन्तोष प्राप्त होता है
(b) आपको नौकरी प्राप्त हो जाती है
(c) आपके आत्मसम्मान में वृद्धि होती है
(d) दूसरों को भी लाभ मिलता है

32. आपके अध्यापक यदि आपको कोई जिम्मेदारी देते हैं, तो
(a) आप उसे दूसरे को सौंप देते हैं
(b) आप उसके प्रति लापरवाह रहते हैं
(c) आप अपनी सामर्थ्य के अनुसार उसे पूरा करते हैं
(d) आप उसे गम्भीरता से लेते हैं

उत्तरमाला

1. (c)	2. (c)	3. (d)	4. (b)	5. (b)	6. (a)	7. (c)	8. (a)	9. (b)	10. (a)
11. (b)	12. (d)	13. (c)	14. (a)	15. (a)	16. (b)	17. (c)	18. (d)	19. (a)	20. (d)
21. (c)	22. (b)	23. (c)	24. (d)	25. (c)	26. (c)	27. (c)	28. (a)	29. (a)	30. (a)
31. (a)	32. (c)								

शिक्षा के प्रति अभिवृत्ति

(Aptitude Towards Education)

शिक्षा एक ऐसी प्रक्रिया है, जो जीवनपर्यन्त चलती रहती है। इस प्रक्रिया के अन्तर्गत ज्ञान, अनुभव, कौशल तथा अभिवृत्तियाँ सभी कुछ आते हैं। यह समाज के विकास हेतु भावी नागरिकों के निर्माण में सहायक होती है। शिक्षा के द्वारा ही छात्रों का सामाजिक, आर्थिक, सांस्कृतिक तथा राजनीतिक विकास सम्भव होता है।

शिक्षा का अर्थ एवं परिभाषाएँ
(Meaning and Definitions of Education)

शिक्षा को एंग्लो भाषा में एजुकेशन (Education) कहते हैं। इसकी उत्पत्ति लैटिन भाषा के 'एड्केटम' शब्द से हुई है, जिसका अर्थ होता है—शिक्षित करना।

शिक्षा मनुष्य की आन्तरिक शक्तियों को विकसित करने का कार्य करती है। यह मनुष्य की अभिक्षमता को विकसित कर उसके कौशलों को बाहर निकालने का कार्य करती है। इस प्रकार शिक्षा को त्रिध्रुवीय प्रक्रिया भी कहा जाता है, क्योंकि इसमें अध्यापक, छात्र और पाठ्यक्रम का अनूठा संगम पाया जाता है।

यह समस्या समाधान में सहायक होती है। अत: शिक्षा का अर्थ केवल विद्यार्थी का ज्ञानात्मक विकास करना ही नहीं, बल्कि उनका सर्वांगीण विकास करना होता है।

प्रमुख शिक्षाशास्त्रियों व विद्वानों द्वारा दी गई शिक्षा की परिभाषाएँ इस प्रकार है

जे. एस. मिल के अनुसार, "शिक्षा द्वारा एक पीढ़ी के लोग दूसरी पीढ़ी के लोगों में संस्कृति का संचरण (प्रसार) करते हैं, ताकि वे उसका संरक्षण कर सकें और यदि सम्भव हो, तो उसमें उन्नति भी कर सकें।"

टैगोर के अनुसार, "शिक्षा का अर्थ मस्तिष्क को इस योग्य बनाना है कि वह सत्य की खोज कर सके तथा अपना बनाते हुए उसको व्यक्त कर सके।"

विवेकानन्द के अनुसार, "शिक्षा मनुष्य के अन्दर सन्निहित पूर्णता का प्रदर्शन है।"

काण्ट के अनुसार, "शिक्षा व्यक्ति की उस पूर्णता का विकास है, जिसकी उसमें क्षमता है।"

फ्रोबेल के अनुसार, "शिक्षा वह प्रक्रिया है, जिसके द्वारा बालक की जन्मजात शक्तियाँ बाहर निकलती हैं।"

जे. कृष्णमूर्ति के अनुसार, "शिक्षा संवाद की प्रक्रिया और स्नेह की अनुभूति है।"

अरस्तू के अनुसार, "स्वस्थ शरीर में स्वस्थ मन का सृजन ही शिक्षा है।"

उपरोक्त परिभाषाओं के आधार पर कहा जा सकता है कि शिक्षा का वास्तविक कार्य मनुष्य की जन्मजात शक्तियों का विकास करना है और इसके लिए शिक्षा के प्रति सकारात्मक अभिवृत्ति का होना जरूरी होता है, क्योंकि इसके माध्यम से ही व्यक्ति/छात्र के वास्तविक विचार और क्षमता का आकलन किया जाना सम्भव होता है।

शिक्षा की विशेषताएँ
(Characterstics of Education)

- यह एक सतत् रूप से चलने वाली प्रक्रिया है, जो जन्म से आरम्भ होकर मृत्यु तक चलती रहती है।
- यह केवल शिक्षण संस्थाओं तक ही सीमित नहीं होती है, बल्कि यह जीवन के सभी क्षेत्रों से सम्बद्ध प्रक्रिया है और यह किसी भी स्थान पर प्राप्त की जा सकती है।
- यह विकास की एक प्रक्रिया है, जिसमें व्यक्ति के विभिन्न पक्ष विकसित होते हैं। शिक्षा के माध्यम से व्यक्ति के आन्तरिक गुणों और उसकी अन्तर्निहित क्षमताओं का प्रकटीकरण तथा उनका विकास होता है।
- शिक्षा एक गत्यात्मक और परिवर्तनकारी प्रक्रिया है। इसके माध्यम से व्यक्ति की बहुमुखी प्रतिभा का विकास होता है।
- शिक्षा चेतना रूप से चलने वाली प्रक्रिया है, जिसके लिए निरन्तर प्रयास करने पड़ते हैं।
- शिक्षा छात्रों का सही मार्गदर्शन करती है और साथ ही यह छात्रों को समाज के साथ समायोजन करने में भी उसकी सहायता करती है।
- शिक्षा छात्रों को समस्या-समाधान करने में उनकी सहायता करती है।
- शिक्षा के माध्यम से कोई भी समाज सभ्य समाज में परिवर्तित होता है।

शिक्षा के उद्देश्य (Objectives of Education)

- बालकों का शारीरिक विकास करना।
- छात्रों का मानसिक विकास करना।
- छात्रों/व्यक्ति का चारित्रिक व नैतिक विकास करना।
- छात्रों के व्यक्तित्व का सर्वांगीण विकास करना।
- छात्रों में सामाजिक व्यवहार/समायोजन की क्षमता का विकास करना।
- व्यावहारिक जीवन के लिए विद्यार्थियों को तैयार करना।
- सांस्कृतिक व आध्यात्मिक विकास करना।
- छात्रों को वातावरण के साथ अनुकूलन प्रदान करना।
- छात्रों में नेतृत्व शक्ति/क्षमता का विकास करना।
- छात्रों में राष्ट्रीयता की भावना का विकास करना।
- छात्रों को जीविकोपार्जन के योग्य बनाना।
- छात्रों को प्रजातान्त्रिक बनाना, आपसी सहयोग की भावना को उत्पन्न करना व सहनशीलता का भाव पैदा करना।
- छात्रों को दिए गए सैद्धान्तिक ज्ञान को व्यावहारिक रूप में प्रयोग करने के लिए प्रेरित करना आदि।

शिक्षा के प्रकार (Types of Education)

व्यवस्था की दृष्टि से शिक्षा के तीन रूप/प्रकार होते हैं, जिनका विवरण इस प्रकार है

1. औपचारिक शिक्षा (Formal Education)

जो शिक्षा नियमित एवं आवश्यक रूप से दी जाती है, वह औपचारिक शिक्षा कहलाती है। औपचारिक शिक्षा में नियमित पाठ्यक्रम के अनुसार शिक्षा दी जाती है।

यह शिक्षा छात्रों को विद्यालय, महाविद्यालयों तथा विश्वविद्यालयों में प्रदान की जाती है, विद्यालय द्वारा मातृ-भाषा, विज्ञान, गणित, भूगोल, इतिहास इत्यादि विषयों की शिक्षा दी जाती है।

यह शिक्षा प्राप्त कर छात्र वास्तविक अनुभव की प्राप्ति करते हैं तथा उनमें समस्या-समाधान के कौशल का विकास होता है।

इसके उद्देश्य, पाठ्यचर्या और शिक्षण विधियाँ सभी निश्चित होते हैं। यह योजनाबद्ध रूप से प्रदान की जाती है।

2. अनौपचारिक शिक्षा (Informal Education)

शिक्षा की वह व्यवस्था, जो आकस्मिक् रूप से सदैव चलती रहती है तथा जिसकी कोई योजना नहीं होती है, अनौपचारिक शिक्षा कहलाती है। इनके न ही उद्देश्य निश्चित होते हैं और न ही कोई शिक्षा विधियाँ निश्चित होती हैं। इनका मुख्य उद्देश्य होता है— लोगों को शिक्षित करना एवं उनका प्रसार करना। इस प्रकार की शिक्षा जीवनभर चलती है। परिवार एवं समुदाय में रहकर हम जो सीखते हैं, अनौपचारिक शिक्षा की कोटि में आता है।

अनौपचारिक शिक्षा छात्र/विद्यार्थी अपनी इच्छा से ग्रहण करता है। इस प्रकार की शिक्षा कहीं भी, कभी भी प्राप्त की जा सकती है। इस शिक्षा के लिए किसी व्यवस्था की आवश्यकता नहीं पड़ती है।

3. निरौपचारिक शिक्षा (Non-formal Education)

शिक्षा की वह व्यवस्था, जिसके उद्देश्य, पाठ्यचर्या और शिक्षण विधियाँ प्राय: निश्चित होते हैं, किन्तु औपचारिक शिक्षा की भाँति कठोर नहीं होते हैं, निरौपचारिक शिक्षा कहलाती है।

यह शिक्षा लचीली होती है। इसका उद्देश्य प्राय: सामान्य शिक्षा का प्रसार और सतत् शिक्षा की व्यवस्था करना होता है। इसकी पाठ्यचर्या सीखने वालों की आवश्यकताओं को ध्यान में रखकर निश्चित की जाती है। इतना ही नहीं इसमें समय व स्थान भी सीखने वालों की सुविधा को ध्यान में रखकर निश्चित किया जाता है।

निरौपचारिक शिक्षा के भी अनेक रूप पाए जाते हैं; जैसे— प्रौढ़ शिक्षा, दूरस्थ शिक्षा, जीवन-पर्यन्त शिक्षा और सतत् शिक्षा। निरौपचारिक शिक्षा में बन्धनों के साथ-साथ स्वतन्त्रता भी होती है। इसमें शिक्षा का एक निश्चित कार्यक्रम रहता है, लेकिन वह स्थान, वातावरण, वर्ग, उम्र इत्यादि के बन्धनों से मुक्त रहता है।

शिक्षा के अन्य प्रकार
(Other Types of Education)

1. सामान्य शिक्षा (General Education)

सामान्य शिक्षा को उदार शिक्षा भी कहते हैं। इस शिक्षा में बालक का सामान्य स्तर पर विकास करने का प्रयास किया जाता है। शिक्षाशास्त्रियों के अनुसार इस शिक्षा को मानव को अनिवार्य रूप से ग्रहण करना चाहिए, क्योंकि यह मनुष्य में अच्छे विचारों का निर्माण करती है, जिससे एक सभ्य समाज का निर्माण होता है। सामान्य शिक्षा बच्चों को राज्य के मानकों के आधार पर प्रदान की जाती है। इसमें प्रशासकों की महत्त्वपूर्ण भूमिका होती है। सामान्य शिक्षा का उद्देश्य बालक को सामान्य जीवन हेतु तैयार करना होता है।

2. विशिष्ट शिक्षा (Special Education)

विशिष्ट शिक्षा वह शिक्षा होती है, जो किसी विशेष उद्देश्य हेतु संचालित की जाती है। इस शिक्षा में इस बात का विशेष रूप से ध्यान रखा जाता है कि शिक्षा 'बालक की रुचियों', योग्यताओं एवं क्षमताओं के अनुकूल हो, क्योंकि यह शिक्षा बालक को किसी विशेष क्षेत्र अथवा व्यवसाय हेतु तैयार करती है।

इस शिक्षा के द्वारा बालक को इस प्रकार अवसर दिए जाते हैं कि वह अपनी सृजनात्मकता का विकास कर सके एवं अपने जीवन के लक्ष्य तक पहुँच सके।

अभ्यास प्रश्न

1. शिक्षा प्रक्रिया में निम्नलिखित में से कौन-सा तत्त्व शामिल है?
(a) ज्ञान (b) कौशल
(c) अभिवृत्ति (d) ये सभी

2. 'शिक्षा' शब्द की उत्पत्ति किस भाषा से हुई है?
(a) अंग्रेजी (b) फ्रेंच (c) लैटिन (d) मन्दारिन

3. व्यापक अर्थ में 'शिक्षा' का तात्पर्य किससे है?
(a) मानव जीवन के शारीरिक पक्ष से
(b) मानव जीवन के मानसिक पक्ष से
(c) मानव जीवन के व्यावसायिक पक्ष से
(d) मानव जीवन के उन समस्त पक्षों से, जो उसे परिष्कृत रूप में ढालते हैं तथा सभ्य बनाते हैं

4. "शिक्षा का अर्थ मस्तिष्क को इस योग्य बनाना है कि वह सत्य की खोज कर सके तथा अपना बनाते हुए उसको व्यक्त कर सके।" यह किसका कथन है?
(a) काण्ट (b) रवीन्द्रनाथ टैगोर
(c) सुकरात (d) विवेकानन्द

5. किस विद्वान के अनुसार, "शिक्षा मनुष्य के अन्दर सन्निहित पूर्णता का प्रदर्शन है।"
(a) विवेकानन्द (b) जे. कृष्णमूर्ति
(c) जे. एस. मिल (d) फ्रोबेल

6. "शिक्षा व्यक्ति की उस पूर्णता का विकास है, जिसकी उसमें क्षमता है।" यह कथन किस विद्वान् का है?
(a) जे. एस. मिल (b) काण्ट
(c) फ्रोबेल (d) मैकेंजी

7. किस विद्वान् का कहना है कि "स्वस्थ शरीर में स्वस्थ मन का सृजन ही शिक्षा है।"
(a) अरस्तू (b) सुकरात
(c) प्लेटो (d) काण्ट

8. निम्नलिखित में से कौन शिक्षा की विशेषता नहीं है?
(a) यह जीवनपर्यन्त चलने वाली प्रक्रिया है
(b) यह केवल शिक्षण संस्थाओं तक ही सीमित है
(c) इसके माध्यम से व्यक्ति की बहुमुखी प्रतिभा का विकास होता है
(d) यह छात्रों को समस्या-समाधान करने में उनकी सहायता करती है

9. निम्नलिखित में से कौन-सा कथन सही नहीं है?
(a) शिक्षा व्यक्ति के बहुमुखी विकास में सहायक होती है
(b) शिक्षा एक स्थिर एवं स्थायी प्रक्रिया होती है
(c) शिक्षा चेतना से चलने वाली प्रक्रिया है
(d) शिक्षा व्यक्ति को समाज में समायोजित करने में सहायता करती है

10. शिक्षा ऐसी होनी चाहिए जो छात्र को **[Chattisgarh BEd 2016]**
(a) सुसंस्कृत बनाए
(b) व्यावसायिक दृष्टि से आत्मनिर्भर बनाए
(c) नैतिक सद्गुणों से सम्पन्न बनाए
(d) उपरोक्त सभी

11. शिक्षा का उद्देश्य होना चाहिए **[MP BEd 2017, UK BEd 2019]**
(a) विद्यार्थियों में व्यावसायिक कुशलता का विकास करना
(b) विद्यार्थियों में सामाजिक जागरूकता का विकास करना
(c) विद्यार्थियों को परीक्षा के लिए तैयार करना
(d) व्यावहारिक जीवन के लिए विद्यार्थियों को तैयार करना

12. निम्नलिखित में से कौन शिक्षा के उद्देश्य हैं?
(a) छात्रों का शारीरिक व मानसिक विकास करना
(b) छात्रों को जीविकोपार्जन के योग्य बनाना
(c) छात्रों में नेतृत्व क्षमता का विकास करना
(d) उपरोक्त सभी

13. अध्यापक शिक्षा द्वारा बच्चों में उनकी योग्यताओं को विकसित करने में सहायता देने का उद्देश्य रखते हैं **[Rajasthan BEd 2016]**
(a) वैयक्तिक रूप से
(b) वैयक्तिक रूप से तथा सामाजिक वांछनीय तरीकों से
(c) केवल सामाजिक वांछनीय तरीकों से
(d) जिस तरह से बच्चे चाहते हैं, उन तरीकों से

14. आप निम्नलिखित कथनों में से किस प्रकार की कक्षा को प्रजातान्त्रिक मूल्यों में ओत-प्रोत पाते हैं?
(a) केवल एक छात्र समूह को ही निर्णयात्मक स्वतन्त्रता प्रदान की गई हो
(b) छात्रों को नियमानुसार नियन्त्रण में रखा गया हो
(c) छात्रों को कक्षा के सभी सदस्यों के साथ अन्त:क्रिया के समान अवसर प्राप्त हों
(d) छात्रों को पाठ्यक्रम सम्बन्धी अनुभवों को ग्रहण करने की स्वतन्त्रता हो

15. किस प्रकार की शिक्षा व्यवस्था में शिक्षा नियमित एवं आवश्यक रूप से तथा पाठ्यक्रम के अनुसार दी जाती है?
(a) औपचारिक शिक्षा
(b) अनौपचारिक शिक्षा
(c) निरौपचारिक शिक्षा
(d) सामान्य शिक्षा

16. औपचारिक शिक्षा छात्रों को कहाँ प्रदान की जाती है?
(a) विद्यालयों (b) महाविद्यालयों
(c) विश्वविद्यालयों (d) ये सभी

17. अनौपचारिक शिक्षा का मुख्य उद्देश्य क्या है? **[Chattisgarh BEd 2016]**
(a) शिक्षा का बजट कम करना
(b) विद्यालयों का एकाधिकार समाप्त करना
(c) औपचारिक शिक्षा की शेष पूर्ति करना
(d) लोगों में शिक्षा का प्रसार करना

18. निम्नलिखित में से कौन-सी शिक्षा किसी भी समय, कहीं भी प्राप्त की जा सकती है?
(a) औपचारिक शिक्षा
(b) अनौपचारिक शिक्षा
(c) 'a' और 'b' दोनों
(d) उपरोक्त में से कोई नहीं

19. शिक्षा की वह व्यवस्था, जिसके उद्देश्य, पाठ्यचर्या और विधियाँ प्राय: निश्चित होते हैं, किन्तु औपचारिक शिक्षा की भाँति कठोर नहीं होते हैं कहलाती है?
(a) सामान्य शिक्षा
(b) निरौपचारिक शिक्षा
(c) विशिष्ट शिक्षा
(d) अनौपचारिक शिक्षा

20. निरौपचारिक शिक्षा व्यवस्था के अन्तर्गत निम्न में से किसे शामिल किया जाता है?
(a) प्रौढ़ शिक्षा (b) दूरस्थ शिक्षा
(c) सतत् शिक्षा (d) ये सभी

21. समान्य शिक्षा में बालक का किस प्रकार का विकास करने का प्रयास किया जाता है?
(a) विशिष्ट स्तर
(b) सामान्य स्तर
(c) सामाजिक स्तर
(d) मनोवैज्ञानिक स्तर

22. सामान्य शिक्षा मानव को अनिवार्य रूप से ग्रहण करनी चाहिए, क्योंकि यह
(a) मनुष्य में अच्छे विचारों का निर्माण करती है
(b) सभ्य समाज के निर्माण में सहायक होती है
(c) राज्य के मानकों के आधार पर प्रदान की जाती है
(d) उपरोक्त सभी

23. शिक्षा को मानव एवं समाज के सन्दर्भ में किस प्रकार सर्वोत्कृष्ट माना जा सकता है?
(a) अन्य व्यक्तियों के अनुमानों की जाँच के आधार पर
(b) एक सभ्य व्यक्ति के अनुभवों के आधार पर
(c) एक ऐसी प्रक्रिया के रूप में जो दूसरे व्यक्ति में परिवर्तन लाती है
(d) बौद्धिक अभिवृद्धि के आधार पर

24. शिक्षा के लक्ष्यों के निर्धारण सम्बन्धी प्राथमिक दायित्वों का निर्वाह किया जाना चाहिए
(a) समाज द्वारा
(b) पाठ्य-पुस्तक लेखकों द्वारा
(c) प्रशासकों द्वारा
(d) शिक्षकों द्वारा

25. किसी विशेष उद्देश्य हेतु संचालित की जाने वाली शिक्षा क्या कहलाती है?
(a) विशिष्ट शिक्षा
(b) औपचारिक शिक्षा
(c) लोकतान्त्रिक शिक्षा
(d) उपरोक्त में से कोई नहीं

26. विशिष्ट शिक्षा में विशेष रूप से किसका ध्यान रखा जाता है?
(a) बालक की रुचियों का
(b) बालक की योग्यताओं का
(c) बालक की क्षमताओं का
(d) उपरोक्त सभी

उत्तरमाला

1. (d)	2. (c)	3. (d)	4. (b)	5. (a)	6. (b)	7. (a)	8. (b)	9. (b)	10. (d)
11. (d)	12. (d)	13. (b)	14. (d)	15. (a)	16. (d)	17. (d)	18. (b)	19. (b)	20. (d)
21. (b)	22. (d)	23. (c)	24. (c)	25. (a)	26. (d)				

समावेशी शिक्षा, बाल-केन्द्रित एवं प्रगतिशील शिक्षा

(Inclusive Education, Child-Centered and Progressive Education)

समावेशी शिक्षा (Inclusive Education)

समावेशी शिक्षा का तात्पर्य होता है, समाज के सभी वर्गों के बच्चों को शिक्षा की मुख्य धारा में समाविष्ट कर, उन्हें शिक्षा के समान अवसर उपलब्ध कराना। भारत विविधता से परिपूर्ण एक विशाल देश है। जाति-सम्प्रदाय, रीति-रिवाज, आर्थिक-सामाजिक स्थिति आदि अनेक आधारों पर यहाँ विविधता देखने को मिलती है। विविध पृष्ठभूमि के बालकों से यहाँ तात्पर्य भारतीय समाज के विविध वर्गों; जैसे—निर्धन, वंचित, पिछड़े, अनुसूचित जाति एवं जनजाति के बच्चों से होता है। इन वर्गों के उद्धार के लिए यह आवश्यक होता है कि इनके बच्चों को सामान्य वर्गों की तरह शिक्षा के अवसर उपलब्ध कराए जाएँ।

इस प्रकार इस शिक्षा में शैक्षिक एकीकरण शिक्षा की व्यवस्था देखी जाती है, जिसमें सामान्य क्षमता तथा विशिष्ट क्षमता वाले बच्चें शामिल होते हैं। अत: इसमें समानता के सिद्धान्त का अनुपालन किया जाता है। अमेरिका में वर्ष 1975 में अमेरिकन कांग्रेस ने अक्षम बच्चों के लिए शिक्षा का कानून बनाया, जिसका मुख्य उद्देश्य अक्षम बालक को मुख्यधारा से जोड़ना था। भारत में समावेशी शिक्षा अमेरिका के मुख्यधारा आन्दोलन का ही परिणाम है, जिसका उद्देश्य दिव्यांग एवं समाज में वंचित बालकों को मुख्यधारा से जोड़ना है।

समावेशी शिक्षा की विशेषताएँ (Characteristics of Inclusive Education)

- समावेशी शिक्षा कक्षा में विविधता को प्रोत्साहित करती है, जिससे सभी संस्कृतियों को साथ मिलकर आगे बढ़ने का समुचित अवसर मिलता है।
- इससे भाईचारा, दयालुता, समायोजन जैसे सामाजिक मूल्यों का विकास होता है।
- समावेशी शिक्षा उस विद्यालयी शिक्षा व्यवस्था की ओर संकेत करती है, जिसमें शारीरिक, बौद्धिक, सामाजिक, भाषिक या अन्य विभिन्न योग्यताओं की स्थितियों को ध्यान में रखे बगैर सभी बच्चों को शामिल किया जाता है।
- पृथक्-पृथक् समजातीय समूहों के व्यक्तियों के प्रति बच्चों की अभिवृत्ति साधारणतया उनके अभिभावक की चित्तवृत्ति पर आधारित होती है।
- सफल समावेशन में अभिभावकों की भागीदारी, उनके क्षमता-संवर्द्धन एवं उन्हें संवेदनशील बनाने की भी आवश्यकता होती है, ताकि वे अपने बच्चों को स्कूल आने के अवसर उपलब्ध कराएँ, जिससे बच्चों के सर्वांगीण विकास को बढ़ावा मिल सके।

- निर्धन, वंचित, अनुसूचित जाति एवं जनजाति तथा असंगठित घर से आने वाले बच्चे स्वतन्त्र अध्ययन में सबसे अधिक कठिनाई का अनुभव करते हैं।
- इसलिए इनके सफल समावेशन के लिए इस प्रकार के विशेष रूप से जरूरतमन्द बच्चों की शिक्षा का प्रबन्ध दूसरे सामान्य बच्चों के साथ होना आवश्यक होता है।
- समावेशन का तात्पर्य एक विशेष आवश्यकता वाले बालक को सामान्य विद्यार्थी के साथ नियमित कक्षा में अधिकांश समय के लिए शिक्षित करना होता है।
- समावेशी शिक्षा में शिक्षक की विशेषता क्रमश: बच्चों के प्रति संवेदनशील होना, विद्यार्थियों की अक्षमताओं का ज्ञान तथा विद्यार्थियों के लिए लगाव और धैर्य का होना होती है।

समावेशी शिक्षा के उद्देश्य
(Objectives of Inclusive Education)

- असमर्थ बालकों को सामाजिक व सांस्कृतिक रूप से जोड़कर विकास की मुख्य धारा में लाना।
- असमर्थ/अक्षम बालकों की समस्या का पता लगाकर उनके निवारण का प्रयास करना, ताकि उनका समुचित विकास हो सके।
- बालकों में जागरूकता एवं उत्सुकता की भावना का विकास करना, ताकि वे प्रखर बन सकें। सभी बालकों को शिक्षा देकर देश की प्रगति में उनकी मानव संसाधन क्षमता का उपयोग करना।
- शिक्षण के क्षेत्र में लोकतान्त्रिक मूल्यों को बढ़ावा देना तथा बालकों को स्वावलम्बी/आत्मनिर्भर बनाना।
- अध्ययन के दौरान सभी बालकों की भ्रान्तियों को दूर करने का प्रयास करना, ताकि उनके विकास में बाधा उत्पन्न न हो।
- बालकों में नैतिक मूल्यों का संचार करना।

समावेशी शिक्षा के कार्यक्षेत्र
(Scope of Inclusive Education)

- समावेशी शिक्षा के अध्ययन क्षेत्र में शारीरिक दक्षता के आधार पर अक्षम बालकों की श्रेणी में अस्थि बाधित बालक, श्रवण बाधित बालक, दृष्टि बाधित बालक, मानसिक रूप से मन्द बालक आदि शामिल होते हैं; जैसे—बधिर बालक के साथ ब्रेल लिपि में पढ़ने-लिखने वाले अन्धे बालक को एक साथ समाहित कर शिक्षा प्रदान की जाती है।
- इसमें अपंग बालक का प्रशिक्षण, माता-पिता को समझाना, प्रारम्भिक तथा उच्च शिक्षा देना तथा व्यावसायिक शिक्षा को भी शामिल किया जाता है।

समावेशी शिक्षा के सिद्धान्त
(Principles of Inclusive Education)

1. **व्यक्तिगत रूप से भिन्नता** इसमें व्यक्तिगत रूप से भिन्न छात्रों को समावेशी शिक्षा प्रदान की जाती है।
2. **माता-पिता द्वारा सहयोग प्रदान करना** समावेशी शिक्षा में माता-पिता का सहयोग होना अति आवश्यक होता है।
3. **भेदभाव रहित शिक्षा** समावेशी शिक्षा का मुख्य सिद्धान्त भेदभाव रहित शिक्षा का होना होता है।
4. **विशिष्ट कार्यों** द्वारा शिक्षा इसके माध्यम से विशिष्ट शिक्षा हेतु विशिष्ट कार्यक्रमों का आयोजन किया जाता है।
5. **नियन्त्रित वातावरण** इसके तहत सामान्य तथा विशिष्ट बालकों के बीच समन्वयपूर्ण वातावरण स्थापित होता है।

समावेशी शिक्षा के मॉडल
(Model of Inclusive Education)

1. **सांख्यिकीय मॉडल** यह मॉडल व्यक्तिगत विभिन्नता पर आधारित होता है, जिसमें बालकों की विशिष्टता के विषय में जाना जाता है।
2. **मौखिक संचार मॉडल** इसमें सीखने में मन्द बुद्धि के बालक, हकलाने वाले बालक, स्वरदोष वाले बालक, मौखिक संचार में भिन्नता वाले बालकों की पहचान कर शिक्षा प्रदान की जाती है।
3. **चिकित्सीय अथवा विद्या मॉडल** इसमें शारीरिक रूप से अक्षम अथवा भिन्नता वाले बालकों की पहचान कर शिक्षा प्रदान की जाती है।
4. **सांस्कृतिक मॉडल** इसमें असुविधायुक्त बालक तथा सांस्कृतिक रूप से अल्पसंख्यक तथा वंचित बालकों को पहचान कर शैक्षिक व्यवस्था उपलब्ध कराई जाती है।
5. **मनोसामाजिक मॉडल** इसमें संवेगात्मक रूप से परेशान बालक, समस्यात्मक बालक, अपराधी बालक आदि आते हैं, जिन्हें पहचान कर शिक्षा प्रदान की जाती है।

समावेशी शिक्षा में शामिल बालकों के प्रकार

(Types of Children in Inclusive Education)

व्यक्तिगत भिन्नताओं के आधार पर समावेशी शिक्षा के अन्तर्गत बालकों का विभाजन तीन भागों-सामान्य बालक, विशिष्ट बालक एवं वंचित बालक में किया गया है, *जिसे विविध प्रकार से समझ सकते हैं*

1. सामान्य बालक (Normal Children)

सामान्य बालक शारीरिक रूप से स्वस्थ होते हैं। यह सामान्य बुद्धि वाले होते हैं। सामान्य बालक की बुद्धि-लब्धि (IQ) 90 से 110 के बीच होती है। यह उभयमुखी होते हैं।

सामान्य बालक सामान्य शारीरिक और मानसिक श्रम वाले कार्यों को करने में किसी बाधा का अनुभव नही करते हैं, कक्षा में अधिकांश बालकों की भाँति वे शैक्षिक उपलब्धि में भी औसत होते हैं तथा इनके सीखने की गति भी औसत/सामान्य होती हैं।

जबकि इसके विपरीत विशिष्ट आवश्यकता वाले बच्चे इस प्रकार के कार्यों को करने में असहज एवं असमर्थ होते हैं, क्योंकि वह शारीरिक दोष या समाज से वंचित होते हैं।

2. विशिष्ट बालक (Special Children)

ऐसे बालक जो शारीरिक, मानसिक एवं संवेगात्मक रूप से सामान्य बालक से भिन्न होते हैं, विशिष्ट बालक कहलाते हैं।

विशिष्ट बालक अन्य बालकों की अपेक्षा या तो निम्न बुद्धि के होते हैं या उच्च बुद्धि के होते हैं। अत: विशिष्ट बालक की बुद्धि-लब्धि (IQ) या तो 90 से कम होती है अथवा 110 से ऊपर होती है। ऐसे बालक प्राय: अन्तर्मुखी होते हैं।

विशिष्ट बालकों के प्रकार

(Types of Special Children)

(i) **प्रतिभाशाली बालक** सामान्यत: ऐसे बालकों को, जिनकी बुद्धि-लब्धि (IQ) 110 या इससे ऊपर होती है, प्रतिभाशाली या प्रवीण बालक कहा जाता है। अत: इस बात से यह स्पष्ट होता है कि प्रतिभाशाली बालक की पहचान उसकी बुद्धि के आधार पर की जाती है।

(ii) **मन्दबुद्धि बालक** मन्दबुद्धि बालक ऐसे बालकों को कहा जाता है, जो मानसिक मन्दता से ग्रसित होते हैं। सामान्यतया मानसिक मन्दता का तात्पर्य बालक की बुद्धि-लब्धि सामान्य या औसत बालकों से कम होना है, परन्तु मनोवैज्ञानिकों ने मानसिक मंदता की कसौटी सिर्फ बुद्धि को नहीं, बल्कि बुद्धि के साथ-साथ समायोजनशील व्यवहार को भी माना है।

अर्थात ऐसे बालक जिनकी बुद्धि-लब्धि (IQ) 90 से कम होने के साथ-साथ समायोजनशील व्यवहार में भी कमी पाई जाती है, तो वह मानसिक मन्द बालक कहलाता है।

(iii) **दृष्टि अक्षम बालक** ऐसे बालक, जो दृष्टि बाधिता से ग्रसित होते हैं, दृष्टि अक्षम बालक कहलाते हैं। दृष्टि बाधिता, बालक की ऐसी अक्षमता है, जो बालक की दृष्टि में बाधा उत्पन्न करती है। दृष्टि अक्षम बालकों को कक्षा में श्यामपट्ट पर लिखे हुए अक्षर सही तरीके से नहीं दिखते हैं, जिस कारण वह एकाग्र होकर कक्षा में पढ़ाई नहीं कर पाते हैं।

(iv) **श्रवण बाधित बालक** ऐसे बालक, जो श्रवण अक्षमता के कारण सुनने में असक्षम होते हैं, श्रवण बाधित बालक कहलाते हैं। ऐसी अक्षमता, जो व्यक्ति में सुनने में बाधा उत्पन्न करती है, श्रवण अक्षमता कहलाती है। श्रवण अक्षमता बालक को समाज से अलग कर देती है, जिससे बालक में भाषा का विकास नहीं हो पाता है। फलत: भाषा का विकास बाधित हो जाता है।

(v) **भाषा दोष से ग्रसित बालक** ऐसे बालक, जिनमें भाषा सम्बन्धी दोष होता है, उसे भाषा दोष से ग्रसित बालक कहते हैं। भाषा ही एक ऐसा माध्यम हैं, जिससे हम अपने विचारों का आदान-प्रदान करते हैं, भाषा के माध्यम से एक व्यक्ति दूसरे व्यक्ति तक अपने विचारों को पहुँचता है और दूसरे के विचारों को समझकर उसके प्रति उपयुक्त अनुक्रिया करता है। ऐसे बालक जिनमें भाषा सम्बन्धी दोष होता है, उनमें स्कूल में समायोजन सम्बन्धी कठिनाइयाँ अधिक होती हैं तथा बालकों की शैक्षिक उपलब्धि एवं सामाजिक विकास बुरी तरह से प्रभावित होता है।

भारत में विशिष्ट बालकों की शिक्षा

(Education of Specialised Children in India)

भारत में शिक्षा की दिशा में नई राष्ट्रीय शिक्षा नीति-1986 महत्त्वपूर्ण पहल रही है। इसमें आचार्य राममूर्ति कमेटी द्वारा प्रस्तुत कार्यान्वयन कार्यक्रम में विकलांगों के लिए शिक्षा का प्रावधान किया गया है, *जो निम्न हैं*

- विशेष विद्यालय की व्यवस्था, विकलांग बच्चों हेतु एकीकृत शिक्षा का प्रावधान करना।
- व्यावसायिक प्रशिक्षण की व्यवस्था करना तथा अध्यापकों का अभिनवीकरण प्रशिक्षण की व्यवस्था करना।

- विशिष्ट अध्यापकों को नियुक्त करना, शैक्षिक प्रशासकों को प्रशिक्षण देना तथा पाठ्यवस्तु तथा प्रक्रिया को सरल बनाना।
- विद्यालयों में विशिष्ट अधिगम सामग्री तथा उपकरणों आदि की व्यवस्था करना।

अधिगम अक्षमता

बच्चों द्वारा सीखने, सुनने, पढ़ने, लिखने, देखने एवं तर्कशक्ति कौशल प्रयोग करने में कठिनाइयों को ही अधिगम अक्षमता कहते हैं।

अधिगम अक्षमता के प्रकार

1. **अफेजिया** भाषा एवं सम्प्रेषण आसक्तता को ही अफेजिया कहते हैं।
2. **डिस्फेजिया** मस्तिष्क में क्षति के कारण बातचीत करने में आंशिक या पूर्ण अक्षमता को डिस्फेजिया कहते हैं।
3. **एलेक्सिया** मस्तिष्क में किसी प्रकार की क्षति के कारण पढ़ने में अक्षमता को एलेक्सिया कहा जाता है।
4. **डिस्लेक्सिया** इसका सम्बन्ध पठन विकार से होता है। इसमें बालकों को पढ़ने में कठिनाई होती है, क्योंकि वह कई शब्दों में अन्तर नहीं कर पाता है; जैसे-b और d, was और saw।
5. **अप्रेक्सिया** इसके कारण व्यक्ति माँसपेशियों के संचालन से सम्बन्ध सूक्ष्म गतिक कौशल में निपुण नहीं हो पाते हैं, जैसे-लिखना।
6. **डेसथीमिया** यह गम्भीर तनाव की अवस्था होती है। इस अवस्था में व्यक्ति के मन की स्थिति सदैव निम्न रहती है।
7. **डिस्केलकुलिया** इसमें छात्र गणित को समझने में कठिनाइयों का अनुभव करता है।

3. वंचित बालक (Deprived Children)

वंचित शब्द का सामान्य अर्थ-जीवन की सामान्य सुख-सुविधाओं से अलाभान्वित रह जाना है। इस अर्थ में प्रत्येक बालक को एक वंचित बालक कहा जा सकता है; क्योंकि कुछ-न-कुछ सुख-सुविधा से प्रत्येक बालक अलाभान्वित रह जाता है। मनोवैज्ञानिक दृष्टिकोण से वंचित बालक से तात्पर्य ऐसे बालकों से होता है, जो सामाजिक-आर्थिक एवं सांस्कृतिक रूप से अलाभन्वित समुदाय से आते हैं।

वंचित बालकों के प्रकार (Types of Deprived Child)

(i) **सामाजिक दृष्टि से वंचित बालक** ऐसे बालकों में वे बालक आते हैं, जो सामाजिक रूप से पिछड़े होते हैं, जिसके कारण वे स्कूली अवस्था की शिक्षा से अर्थात् पढ़ाई की सुविधा से वंचित रह जाते हैं। इन कारणों के लिए अनेक उपाय किए जा रहे हैं। उदाहरणस्वरूप; अधिक पाठशालाओं को खोलना, आवासीय सुविधाएँ उपलब्ध कराना, निशुल्क शिक्षण की सुविधा प्रदान कराना आदि।

(ii) **आर्थिक दृष्टि से वंचित बालक** ऐसे बालकों में वे बालक आते हैं, जो आर्थिक दृष्टि से काफी पिछड़े होते हैं जिसके कारणवश ऐसे बालकों को शिक्षण सुविधाएँ पर्याप्त मात्रा में उपलब्ध नहीं हो पाती हैं।

(iii) **अनुसूचित जाति एवं जनजाति के बालक** भारत में अनुसूचित जाति तथा अनुसूचित जनजाति समुदाय में लगभग 90% परिवार ऐसे हैं, जो सामाजिक-आर्थिक तथा सांस्कृतिक रूप से पिछड़े हुए हैं और ऐसे परिवार के बालकों को वंचित बालक की संज्ञा दी जाती है।

समावेशी शिक्षा नीति-2006 तथा भारतीय संविधान (Inclusive Education Policy-2006 and The Indian Constitution)

- इसमें वंचित व बाधित बालकों की प्रारम्भिक स्तर पर पहचान तथा उसके लिए कार्यक्रम बनाना शामिल है।
- इसमें सामान्य शिक्षा संस्थाओं में विशिष्ट शिक्षा के कार्यक्रमों को उपयोग करने के लिए संसाधन एजेन्सी के रूप में सभी के लिए सेवाएँ उपलब्ध कराना शामिल है।
- इसमें विकलांगों के लिए विभिन्न सहायक प्रविधियाँ उपलब्ध कराना शामिल है।
- भारतीय संविधान के भाग तीन तथा चार में शिक्षा सम्बन्धी प्रावधान है।
- केन्द्र तथा राज्य सरकारों के मध्य शैक्षिक उत्तरदायित्व को विभाजित किया गया है।
- संविधान में अल्पसंख्यकों के लिए शिक्षा, शिक्षा अधिकारों में समानता, धार्मिक शिक्षा की स्वतन्त्रता शिक्षा के माध्यम से हिन्दी भाषा के विकास आदि का प्रावधान किया गया है।

बाल-केन्द्रित शिक्षा (Child-centered Education)

बालक केन्द्रित शिक्षा, वह शिक्षा होती है, जिसमें शिक्षण का केन्द्र-बिन्दु बालक होता है। इसमें बालक की रुचियों, प्रवृत्तियों तथा क्षमताओं को ध्यान में रखकर शिक्षण प्रदान किया जाता है। इसमें व्यक्तिगत शिक्षण को महत्त्व दिया जाता है।

बाल-केन्द्रित शिक्षा के अन्तर्गत हस्तपरक गतिविधियों पर बल दिया जाता है। भारतीय शिक्षाविद् **गिजू भाई** की बाल-केन्द्रित शिक्षा के क्षेत्र में विशेष एवं उल्लेखनीय भूमिका रही है।

जॉन डी.वी. ने बाल-केन्द्रित शिक्षा का समर्थन किया है। जॉन डी.वी. द्वारा समर्थित **'लैब विद्यालय'** प्रगतिशील विद्यालय का उदाहरण है।

जॉन डी.वी. के अनुसार, "शिक्षा एक त्रिध्रुवीय प्रणाली है, जिसके अन्तर्गत शिक्षक, बालक एवं पाठ्यक्रम आते हैं।"

आज की शिक्षा पद्धति बाल-केन्द्रित है। इसमें प्रत्येक बालक की ओर अलग से ध्यान दिया जाता है। पिछड़े (Backward) हुए और मन्दबुद्धि तथा प्रतिभाशाली बालकों के लिए शिक्षा का विशेष पाठ्यक्रम देने का प्रयास किया जाता है।

आज के शिक्षक को केवल शिक्षा एवं शिक्षा पद्धति के विषय में ही नहीं, बल्कि शिक्षार्थी के विषय में भी जानना आवश्यक होता है, क्योंकि आधुनिक शिक्षा विषय प्रधान या अध्यापक प्रधान न होकर बाल-केन्द्रित है।

बाल-केन्द्रित शिक्षा की विशेषताएँ

(Characterstics of Child-centered Education)

बाल-केन्द्रित शिक्षा आधुनिक शिक्षा प्रणाली का अभिन्न अंग है। मनोवैज्ञानिकों के द्वारा इसके सन्दर्भ में अनेक विशेषताएँ बताई गई हैं, *जो इस प्रकार हैं*

- बाल-केन्द्रित शिक्षा व्यवस्था में बच्चे वैयक्तिक एवं सामूहिक दोनों रूपों में सीखते हैं।
- बालक के सम्बन्ध में शिक्षक को उसके व्यवहार के मूल आधारों, आवश्यकताओं, मानसिक स्तर, रुचियों, योग्यताओं, व्यक्तित्व इत्यादि का विस्तृत ज्ञान होना आवश्यक होता है, क्योंकि शिक्षा का उद्देश्य ही बालक के व्यवहार को परिमार्जित करना होता है।
- इसमें बालक को केवल तथ्यात्मक ज्ञान से अवगत नहीं कराया जाता है, बल्कि व्यावहारिक व सामाजिक ज्ञान भी कराया जाता है।
- बाल-केन्द्रित शिक्षा बालक की मूल प्रवृत्तियों, प्रेरणाओं तथा संवेगों पर आधारित होती है।
- शिक्षण से ही केवल समस्या का समाधान सम्भव नहीं होता है, बल्कि शिक्षक को बालकों के ज्ञान और विकास का भी मूल्यांकन और परीक्षण करना आवश्यक होता है।
- मूल्यांकन से परीक्षार्थी की उन्नति का पता चलता है। शिक्षा की प्रक्रिया में शिक्षक और शिक्षार्थी बार-बार यह जानना चाहते हैं कि उन्होंने कितनी प्रगति हासिल की है
- नई-नई परिस्थितियों में नई-नई समस्याओं को सुलझाने के लिए शिक्षक को स्वयं प्रयोग करते रहना चाहिए और उससे निकले निष्कर्षों का उपयोग करना चाहिए।
- इसमें बालक का व्यक्तिगत निरीक्षण कर उसकी दैनिक कठिनाइयों को दूर करने का प्रयास किया जाता है तथा बालक को स्वावलम्बी बनाकर उसमें स्वतन्त्रता की भावना उत्पन्न की जाती है।

बाल-केन्द्रित शिक्षा के सिद्धान्त

(Principles of Child-centared Education)

1. **प्रेरणा का सिद्धान्त** इसके अनुसार, बालकों को प्रेरित करने के लिए उन्हें महापुरुषों की जीवनगाथा, नाटक, वैज्ञानिकों का योगदान इत्यादि की शिक्षा दी जानी चाहिए। कहानी एवं कविता के माध्यम से भी बालकों को प्रेरित किया जा सकता है।
2. **व्यक्तिगत अभिरुचि का सिद्धान्त** यह बालकों को उनकी रुचि के अनुसार शिक्षण कार्य को आयोजित करने पर बल देता है, ताकि वे पढ़ने के प्रति जागरूक एवं उत्सुक हो सकें। शिक्षक को बाल अभिरुचि एवं क्षमताओं को ध्यान में रखकर ही शिक्षण कार्य करना चाहिए।
3. **लोकतान्त्रिक सिद्धान्त** शिक्षक को सभी छात्रों को एक समान दृष्टिकोण से देखना चाहिए, न कि भेदभावपूर्ण तरीके से। प्रश्न पूछने या उत्तर देने के सन्दर्भ में शिक्षक को भेदभाव नहीं करना चाहिए।
4. **सर्वांगीण विकास का सिद्धान्त** यह बालकों में उसके सभी पक्षों को (सामाजिक, सांस्कृतिक, चारित्रिक, खेल, नेतृत्व) विकसित करने पर बल देता है, जिससे बच्चों का सर्वांगीण विकास हो सके।
5. **चयन का सिद्धान्त** बालकों की योग्यता के अनुरूप ही विषय-वस्तु का चयन करना चाहिए। बालकों की मानसिक दशा का भी शिक्षण के दौरान ध्यान रखना चाहिए।

   बाल केन्द्रित शिक्षा के अन्तर्गत पाठ्यक्रम वातावरण के अनुसार, लचीला, ज्ञान पर केन्द्रित, रुचि पर आधारित, राष्ट्रीय भावनाओं को विकसित करने वाला, बालक के मानसिक स्तर के अनुरूप इत्यादि विभिन्नताओं को ध्यान में रखकर बनाना चाहिए।

प्रगतिशील शिक्षा
(Progressive Education)

प्रगतिशील शिक्षा, जटिल पारम्परिक शिक्षा प्रणाली है, जो एक विकल्प के रूप में उभरकर आई है। इस शिक्षा प्रणाली को विकसित करने में अमेरिकी मनोवैज्ञानिक **जॉन डीवी** का विशेष योगदान रहा है।

इसके अन्तर्गत शिक्षा का एकमात्र उद्देश्य बालकों का समग्र विकास करना है तथा इस सन्दर्भ में वैयक्तिक विभिन्नता को भी ध्यान में रखा जाता है, जिससे विकास के दौर में कोई भी बालक पीछे न रह जाए। इस शिक्षा के अन्तर्गत विभिन्न विधियों का प्रयोग किया जाता है; जैसे—परियोजना (project) विधि, समस्या विधि तथा क्रिया-कलाप विधि इत्यादि। प्रगतिशील शिक्षा, आधुनिक शिक्षा पद्धति पर आधारित शिक्षा है।

जॉन डीवी इस शिक्षा पद्धति के पिता माने जाते हैं। इनके अनुसार विद्यार्थियों को स्वयं ही सामाजिक समस्याओं को सुलझाने में सक्षम होना चाहिए।

प्रगतिशील शिक्षा की विशेषताएँ
(Characteristics of Progressive Education)

- प्रगतिशील शिक्षा में अधिक व्यवहारिक ज्ञान पर बल दिया जाता है।
- इसमें बालकों में उत्तरदायित्व की भावना के विकास पर बल दिया जाता है।
- इसके अन्तर्गत रुचि और प्रयास को महत्त्वपूर्ण माना गया है।
- प्रगतिशील शिक्षा ज्ञान, प्रत्यक्ष अनुभव और सहयोग से उत्पन्न होती है।
- समय-सारणी और बैठने की व्यवस्था में लचीलापन होना प्रगतिशील शिक्षा की प्रमुख विशेषता है।
- प्रगतिशील शिक्षा के प्रतिमान में बच्चों का समाजीकरण जिस प्रकार किया जाता है, उससे अपेक्षा की जाती है, कि वे सामूहिक कार्य में भागीदारिता का निर्वाह करें तथा कौशल ज्ञान को सीखें।
- बच्चों में ज्ञान की रचना करने तथा अर्थ निर्माण में शिक्षा की भूमिका एक निर्देशक की तरह होती है।
- प्रगतिशील शिक्षा व्यवस्था में शिक्षक एक ऐसे वातावरण को उपलब्ध कराकर अधिगम को सुगम बनाता है, जो आवृत्ति को बढ़ावा देता है।

प्रगतिशील शिक्षा का उद्देश्य
(Objectives of Progressive Education)

- प्रगतिशील शिक्षा का उद्देश्य बालकों का विकास करना है। अत: बालकों की रुचि एवं योग्यता को ध्यान में रखकर ही अध्यापक द्वारा उनका निर्देशन किया जाना चाहिए।
- शिक्षा बालक के लिए नहीं है, बालक शिक्षा के लिए है, इसलिए शिक्षा का उद्देश्य ऐसा वातावरण तैयार करना है, जिससे बालकों को सामाजिक विकास के पर्याप्त अवसर प्राप्त हो सकें।
- शिक्षा के माध्यम से एक ऐसे समाज के निर्माण पर बल देना है, जो भेदभाव मुक्त हो, जिनमें सहयोग की प्रवृत्ति हो तथा कार्य का स्वतन्त्र वातावरण हो।
- प्रगतिशील शिक्षा का उद्देश्य लोकतान्त्रिक मूल्यों की स्थापना करना है। शिक्षा के द्वारा मनुष्य में परस्पर सहयोग एवं सामंजस्य का भाव स्थापित करना है।
- अनुशासन का सम्बन्ध केवल बालक के निजी व्यक्तित्व से नहीं अपितु सामाजिक परिस्थितियों से भी होता है।
- विद्यालय में एक समान उद्देश्य लेकर सामाजिक, नैतिक बौद्धिक तथा शारीरिक कार्यों में एकसाथ भाग लेने से बालकों में अनुशासन उत्पन्न होता है तथा उनमें नियमित रूप से कार्य करने की आदतों का विकास होता है।

प्रगतिशील शिक्षा के प्रकार
(Types of Progressive Education)

1. **मॉण्टेसरी शिक्षा** प्रसिद्ध इटालियन डॉक्टर एवं शिक्षाविद् मारिया मॉण्टेसरी द्वारा मॉण्टेसरी शिक्षा प्रणाली की नींव रखी गई, जिसके अन्तर्गत बच्चों के विश्लेषण एवं पर्यवेक्षण पर बल दिया जाता है।
2. **मानवतावादी शिक्षा** इस तरह की शिक्षा का केन्द्र-बिन्दु कला एवं सामाजिक विज्ञान होता है अर्थात् यह बच्चों में आलोचनात्मक सोच एवं तार्किक कौशल को विकसित करता है। मानवतावादी शिक्षा सामाजिक अन्तर्क्रिया के माध्यम से सीखने पर बल देती है।
3. **संरचनावादी शिक्षा** यह शिक्षा बालकों के सृजनात्मकता पर आधारित होती है। यह अधिगम तकनीक एवं प्रायोगिक अधिगम के माध्यम से करके सीखने पर बल देती है।

प्रगतिशील शिक्षा के विकास में योगदान देने वाले मनोवैज्ञानिक कारक
(Psychological Factors that Contribute to the Development of Progressive Education)

1. **मस्तिष्क एवं बुद्धि** मस्तिष्क एवं बुद्धि, मनुष्य की उन क्रियाओं के परिणाम हैं, जिन्हें वह जीवन की विभिन्न व्यावहारिक एवं सामाजिक समस्याओं को सुलझाने के लिए करता है। मस्तिष्क ही वह सबसे प्रमुख साधन है, जिसकी सहायता से मनुष्य अपनी समस्याओं का हल करता है। एक साधन के रूप में मस्तिष्क के तीन प्रमुख रूप हैं— चिन्तन, अनुभूति एवं संकल्प।
2. **ज्ञान** ज्ञान कर्म का ही परिणाम होता है। कर्म अनुभव से पहले आता है। अनुभव ज्ञान का स्रोत है, जिस प्रकार बालक अनुभव से यह समझता है कि अग्नि हाथ जला देती है, उसी प्रकार उसका सम्पूर्ण ज्ञान अनुभव पर आधारित होता है।
3. **मौलिक प्रवृत्तियाँ** सभी ज्ञान व्यक्तियों की उन क्रियाओं के फलस्वरूप प्राप्त होता है, जो वे अपने अस्तित्व के लिए संघर्ष करने में करते हैं।

   सुरक्षा, भोजन तथा वस्त्र के लिए मानव जो संघर्ष करता है, उसके परिणामस्वरूप ही कुछ क्रियाओं का प्रारम्भ होता है और ये क्रियाएँ ही व्यक्ति की मौलिक प्रवृत्तियों, मौलिक भावनाओं तथा रुचियों को जन्म देती हैं।
4. **चिन्तन की प्रक्रिया** चिन्तन केवल मनन करने से पूर्ण नहीं होता और न ही भावना-समूह से इसकी उत्पत्ति होती है। चिन्तन कुछ कारणस्वरूप होता है अर्थात् किसी उद्देश्य के आधार पर मनुष्य सोचना प्रारम्भ करता है।

मनोविज्ञान के उपरोक्त सिद्धान्तों एवं अवधारणाओं के आधार पर प्रगतिशील शिक्षा की नींव रखी गई है, जिसमें इस बात पर बल दिया गया है कि बालक को जो शिक्षा दी जाए, वह मानसिक क्रियाओं की विभिन्न दशाओं के अनुकूल हो।

अभ्यास प्रश्न

1. समावेशी शिक्षा में किस प्रकार के बालकों को शिक्षा दी जाती है?
(a) सामान्य क्षमता वाले बच्चों को
(b) विशिष्ट क्षमता वाले बच्चों को
(c) 'a' और 'b' दोनों
(d) उपरोक्त में से कोई नहीं

2. शैक्षिक एकीकरण शिक्षा की किस व्यवस्था में देखने को मिलता है?
(a) समावेशी शिक्षा (b) सामान्य शिक्षा
(c) विशिष्ट शिक्षा (d) उद्देश्य परक शिक्षा

3. समानता के सिद्धान्त का अनुपालन किस शिक्षा में होता है?
(a) सामान्य शिक्षा में (b) विशिष्ट शिक्षा में
(c) समावेशी शिक्षा में (d) ये सभी

4. भारत की समावेशी शिक्षा विश्व के किस देश के आन्दोलन का परिणाम है?
(a) फ्रांस के (b) जर्मनी के
(c) अमेरिका के (d) रूस के

5. समावेशी शिक्षा में कौन-कौन से सामाजिक मूल्यों का विकास होता है?
(a) भाईचारा
(b) दयालुता
(c) समायोजन
(d) उपरोक्त सभी

6. समावेशी शिक्षा के अन्तर्गत शिक्षकों के अन्दर होना चाहिए
(a) विद्यार्थियों/बच्चों के प्रति उसकी संवेदनशीलता
(b) विद्यार्थियों के प्रति उसका लगाव और धैर्य
(c) विद्यार्थियों की अक्षमताओं का ज्ञान
(d) उपरोक्त सभी

7. 'समावेशन' का तात्पर्य है "एक विशेष आवश्यकता वाले बालक को नियमित (सामान्य) कक्षा में शिक्षित करना"
(a) कुछ समय के लिए **[CG BEd 2019]**
(b) अधिकांश समय के लिए
(c) पूरे समय के लिए
(d) विद्यालय में सामाजिक गतिविधियों के दौरान

8. समावेशी शिक्षा में शिक्षक की सबसे कम महत्त्वपूर्ण विशेषता कौन-सी है? **[Rajsthan BEd 2017]**

(a) बच्चों के प्रति संवेदनशीलता
(b) विद्यार्थियों के लिए लगाव और धैर्य
(c) विद्यार्थियों की अक्षमताओं का ज्ञान
(d) शिक्षक का सामाजिक-आर्थिक स्तर

9. निम्नलिखित में किसे समावेशी शिक्षा का उद्देश्य कहा जा सकता है?

(a) अक्षम बालकों की समस्या का पता लगाकर उसका निवारण करना
(b) बालकों को स्वालम्बी बनाना
(c) बालकों में नैतिक मूल्यों का संचार करना
(d) उपरोक्त सभी

10. शारीरिक दक्षता के आधार पर अक्षम बालकों की श्रेणी में किसे रखा जाता है?

(a) दृष्टि बाधित (b) श्रवण बाधित
(c) वाक्दोष (d) ये सभी

11. वर्तमान में नि:शक्त बच्चों की शिक्षा के लिए कौन-सी व्यवस्था की गई है?

(a) सामान्य शिक्षा की (b) विशिष्ट शिक्षा की
(c) समावेशी शिक्षा की (d) ये सभी

12. समावेशी शिक्षा किन सिद्धान्तों का पालन करती है?

(a) विशिष्ट कार्यों द्वारा
(b) वातावरण नियन्त्रणपूर्ण होना
(c) व्यक्तिगत रूप से भिन्नता
(d) उपरोक्त सभी

13. समावेशी शिक्षा किन मॉडलों पर कार्य करती है?

(a) साहित्यकीय मॉडल (b) मौखिक संचार मॉडल
(c) सांस्कृतिक मॉडल (d) ये सभी

14. व्यक्तिगत भिन्नताओं के आधार पर समावेशी शिक्षा के अन्तर्गत बालकों का विभाजन कितने भागों में किया गया है?

(a) 3 (b) 5
(c) 4 (d) 6

15. सामान्य रूप से सक्षम औसत शारीरिक एवं मानसिक स्तर के बालकों की बुद्धिलब्धि (IQ) कितनी होती है?

(a) 110 से 130 (b) 100 से 110
(c) 90 से 110 (d) इनमें से कोई नहीं

16. निम्नलिखित में विशिष्ट बालक कौन होते हैं?

(a) प्रतिभाशाली बालक
(b) मन्दबुद्धि बालक
(c) भाषा दोष ग्रसित बालक
(d) उपरोक्त सभी

17. ऐसे बालक, जिनकी बुद्धि लब्धि कम होने के साथ-साथ समायोजनशील व्यवहार में भी कमी देखी जाती है, क्या कहलाते हैं?

(a) क्षीण युक्त बालक
(b) मन्दबुद्धि बालक
(c) कुशल अक्षम बालक
(d) उपरोक्त में से कोई नहीं

18. नई शिक्षा नीति-1986 में विकलांगों (दिव्यांग) हेतु कौन-से महत्त्वपूर्ण प्रावधान किए गए?

(a) विशेष विद्यालय की व्यवस्था
(b) विकलांग बच्चों हेतु एकीकृत शिक्षा प्रावधान
(c) व्यावसायिक प्रशिक्षण की व्यवस्था
(d) उपरोक्त सभी

19. सामाजिक-आर्थिक एवं सांस्कृतिक रूप से पिछड़े बालक को क्या कहते हैं?

(a) असामाजिक बालक
(b) वंचित बालक
(c) संवेगीदोष पूर्ण बालक
(d) उपरोक्त सभी

20. निम्नांकित में से वंचित बालकों के प्रकार कौन-से हैं?

(a) सामाजिक दृष्टि से वंचित बालक
(b) आर्थिक दृष्टि से वंचित बालक
(c) अनुसूचित जाति एवं जनजाति के बालक
(d) उपरोक्त सभी

21. समावेशी शिक्षा के सन्दर्भ में शिक्षा नीति-2006 के प्रावधानों को बताइए

(a) बाधित बालकों की प्रारम्भिक स्तर पर पहचान करना तथा कार्यक्रम बनाना
(b) सामान्य शिक्षा संस्थाओं में विशिष्ट शिक्षा कार्यक्रम के लिए संसाधन एजेन्सी के रूप में सेवाएँ उपलब्ध कराना
(c) केन्द्र तथा राज्य सरकारों में शैक्षिक उत्तरदायित्व का विभाजन
(d) उपरोक्त सभी

22. **बाल-केन्द्रित शिक्षा में शामिल है** **[CTET Sept 2015]**
(a) बच्चों को एक कोने में बैठाना
(b) प्रतिबन्धित परिवेश में अधिगम
(c) वे गतिविधियाँ जिनमें खेल शामिल नहीं होते
(d) बच्चों के लिए हस्तपरक गतिविधियाँ

23. **बाल-केन्द्रित शिक्षा के क्षेत्र में निम्नलिखित में से किस भारतीय शिक्षाविद् की भूमिका सर्वाधिक महत्त्व रही है?**
(a) अरविन्द घोष (b) महात्मा गाँधी
(c) गिजू भाई (d) रवीन्द्रनाथ टैगोर

24. **बाल-केन्द्रित शिक्षा का समर्थन निम्नलिखित में से किस विचारक द्वारा किया गया?**
(a) बी. एफ. स्किनर (b) जॉन डी. वी.
(c) एरिक इरिकसन (d) चार्ल्स डार्विन

25. **.......... के अन्तर्गत पिछड़े हुए और मन्दबुद्धि तथा प्रतिभाशाली बालकों के लिए शिक्षा विशेष पाठ्यक्रम देने का प्रयास किया जाता है।**
(a) प्रगतिशील शिक्षा (b) नवीन शिक्षा
(c) बाल-केन्द्रित शिक्षा (d) सर्वशिक्षा

26. **एक बाल-केन्द्रित कक्षा में, बच्चे सामान्यत: सीखते हैं**
(a) वैयक्तिक और सामूहिक दोनों रूपों में
(b) मुख्य रूप से शिक्षक से
(c) वैयक्तिक रूप से
(d) समूहों में

27. **वर्तमान समय में बाल-केन्द्रित शिक्षा पर बल दिया जाता है। निम्नलिखित में से कौन-सी बाल-केन्द्रित शिक्षा की विशेषता नहीं है?**
(a) बालक के सर्वांगीण विकास पर बल देना
(b) बालक के मनोविज्ञान को समझना
(c) बालक को केवल तथ्यात्मक ज्ञान से अवगत कराने पर बल देना
(d) बालक के मनोविज्ञान को समझते हुए उसकी समस्याओं को दूर करना

28. **आजकल शिक्षा के विभिन्न आधारों पर विशेष बल दिया जाता है। आधुनिक शिक्षा प्रणाली के एक समर्थक के रूप में आपके अनुसार बालक की शिक्षा निम्नलिखित में से किस पर आधारित होनी चाहिए?**
(a) बालक के आर्थिक स्तर पर
(b) बालक की सामाजिक स्थिति पर
(c) बालक की इच्छा एवं रुचि पर
(d) बालक की मूल प्रवृत्तियों, प्रेरणाओं और संवेगों पर

29. **बाल-केन्द्रित शिक्षा के समर्थक के तौर पर आपके अनुसार निम्नलिखित में से किसका महत्त्व सर्वाधिक है?**
(a) शिक्षक बालक के व्यक्तित्व का कहाँ तक विकास कर पाता है
(b) शिक्षक कितना ज्ञानी, आकर्षक और गुणयुक्त है
(c) शिक्षक अपने विद्यालय को कितना अधिक भव्य दर्शाने में सक्षम है
(d) शिक्षक की पहचान का दायरा कितना विस्तृत है

30. **बाल-केन्द्रित शिक्षा द्वारा निम्नलिखित में से क्या सम्भव नहीं हो सकता?**
(a) बाल मनोविज्ञान की सहायता से बच्चों के पाठ्यक्रम में सुधार
(b) प्रत्येक बालक पर शिक्षक द्वारा विशेष ध्यान दिया जाना
(c) प्रत्येक बालक पर पृथक् रूप से ध्यान नहीं दिया जाना
(d) प्रत्येक बालक की विशेष आवश्यकताओं को समझना

31. **बाल-केन्द्रित शिक्षा को व्यवहार में लाने वाले शिक्षक के लिए निम्नलिखित में से किसकी जानकारी रखना अधिक आवश्यक होता है?**
(a) शिक्षक के लिए बालक के व्यवहार के मूल आधारों के बारे में जानने से अधिक आवश्यक यह होता है कि वह उसके परिवार के बारे में जाने
(b) शिक्षक केवल बालक की रुचियों को जाने
(c) शिक्षक को बालक के बारे में भले ही कुछ जानकारी न हो, किन्तु उसके परिवार की आर्थिक स्थिति के बारे में उसे अवश्य पता होना चाहिए
(d) बालक के सम्बन्ध में शिक्षक को उसके व्यवहार के मूल आधारों, आवश्यकताओं, मानसिक स्तर, रुचियों, योग्यताओं, व्यक्तिगत इत्यादि का विस्तृत ज्ञान होना चाहिए

32. **बाल-केन्द्रित शिक्षा के पाठ्यक्रम के सन्दर्भ में निम्नलिखित में से कौन-सा कथन सही नहीं है?**
(a) पाठ्यक्रम का विकास, व्यक्तिगत विभिन्नताओं, प्रेरणाओं, मूल्यों एवं सीखने के सिद्धान्तों के मनोवैज्ञानिक ज्ञान के आधार पर किया जाना चाहिए
(b) पाठ्यक्रम बनाने में शिक्षक यह ध्यान रखता है कि शिक्षार्थी और समाज की क्या आवश्यकताएँ हैं और सीखने की कौन-सी क्रियाओं से ये आवश्यकताएँ सर्वोत्तम रूप से पूर्ण हो सकती हैं
(c) पाठ्यक्रम बनाते समय शिक्षक की आवश्यकताओं एवं विद्यालय में उपलब्ध सुविधाओं का ध्यान रखा जाना चाहिए
(d) क्रियात्मक होने के लिए प्रत्येक पाठ्यक्रम एक समुचित मनोवैज्ञानिक आधार पर स्थापित हो

33. **निम्नलिखित में से कौन-सी स्थिति बाल-विकास केन्द्रित कक्षा-कक्ष को प्रदर्शित कर रही है?**
(a) एक कक्षा जिसमें शिक्षिका नोट लिख देती है और शिक्षार्थियों से उन्हें याद करने को कहा जाता है
(b) एक कक्षा जिसमें पाठ्य-पुस्तक एकमात्र संसाधन होता है, जिसका सन्दर्भ शिक्षिका देती है
(c) एक कक्षा जिसमें शिक्षार्थी समूहों में बैठे हैं और शिक्षिका बारी-बारी से प्रत्येक समूह में जा रही है
(d) एक कक्षा जिसमें शिक्षार्थियों का व्यवहार शिक्षिका द्वारा दिए जाने वाले पुरस्कार और दण्ड से संचालित होता हो।

34. **बाल-केन्द्रित शिक्षाशास्त्र की विशेषता है**
(a) बच्चों को नैतिक शिक्षा देना
(b) बच्चों को शिक्षक का अनुगमन और अनुकरण करने के लिए कहना
(c) बच्चों की अभिव्यक्ति और उनकी सक्रिय भागीदारी को महत्त्व देना
(d) बच्चों को पूर्ण रूप से स्वतन्त्रता देना

35. **बालकों की शिक्षा में प्ले थेरेपी का प्रयोग किया जाता है**
(a) जिससे शैक्षिक प्रक्रिया आनन्दपूर्ण हो सके
(b) जिससे शिक्षा अधिक क्रिया केन्द्रित हो
(c) शिक्षा में खेल क्रियाओं के महत्त्व पर प्रकाश डालना
(d) बालक की आन्तरिक प्रेरणाओं तथा जटिलताओं को समझना

36. **बालकों को प्रेरित करने के लिए उन्हें महापुरुषों की जीवनी, प्रेरणादायी नाटक एवं उत्कृष्ट वैज्ञानिकों इत्यादि के बारे में बताना चाहिए। यह निम्न में से किस सिद्धान्त के अन्तर्गत आता है?**
(a) प्रेरणा का सिद्धान्त
(b) लोकतान्त्रिक सिद्धान्त
(c) सर्वांगीण विकास का सिद्धान्त
(d) चयन का सिद्धान्त

37. **प्रोजेक्ट प्रणाली का प्रयोग निम्नलिखित में से किस शिक्षा-पद्धति के अन्तर्गत किया जाता है?**
(a) पारम्परिक शिक्षा (b) प्रगतिशील शिक्षा
(c) वैदिक शिक्षा (d) इनमें से कोई नहीं

38. **प्रगतिशील शिक्षा के सन्दर्भ में निम्नलिखित में से कौन-सा कथन जॉन डी. वी. के अनुसार उचित है?**
[CTET Feb 2014]
(a) कक्षा में प्रजातन्त्र का कोई स्थान नहीं होना चाहिए
(b) विद्यार्थियों को स्वयं ही सामाजिक समस्याओं को सुलझाने में सक्षम होना चाहिए
(c) जिज्ञासा विद्यार्थियों के स्वभाव में अन्तर्निहित नहीं है अपितु इसका कर्षण/संवर्द्धन करना चाहिए
(d) कक्षा में विद्यार्थियों का निरीक्षण करना चाहिए न कि सुनना चाहिए

39. **प्रगतिशील शिक्षा के अन्तर्गत निम्नलिखित में से किस बात का ध्यान रखा जाता है?**
(a) इसमें शिक्षण विधि को अधिक व्यावहारिक करने पर बल दिया जाता है
(b) इसमें सिद्धान्तों के रटने पर बल दिया जाता है
(c) इसमें बालक की प्रगति के लिए सैद्धान्तिक शिक्षा दी जाती है
(d) इसमें केवल बालक के नैतिक एवं सामाजिक विकास पर बल दिया जाता है

40. **प्रगतिशील शिक्षा के अन्तर्गत बालक में आत्मानुशासन के विकास के लिए किस बात पर बल दिया जाना चाहिए?**
(a) अनुशासन बनाए रखने के लिए सख्त आदेश
(b) बालकों में उत्तरदायित्व की भावना के विकास पर
(c) प्रगतिशील शिक्षा के अन्तर्गत आत्मानुशासन के विकास पर जोर नहीं दिया जाता
(d) आत्मानुशासन के लिए विभिन्न दृष्टान्तों द्वारा बालकों को समझाने पर

41. **प्रगतिशील शिक्षा के अन्तर्गत शिक्षा में किन दो तत्त्वों को विशेष महत्त्वपूर्ण माना गया है?**
(a) रुचि और प्रयास
(b) आवश्यकता एवं अभिप्रेरण
(c) व्यक्ति विभिन्नता एवं अभिप्रेरणा
(d) उपरोक्त में से कोई नहीं

42. **प्रगतिशील शिक्षा के सन्दर्भ में निम्नलिखित में से कौन-सा कथन असत्य है?**
(a) प्रगतिशील शिक्षा के अन्तर्गत अनुशासन बनाए रखने के लिए बालक की स्वाभाविक प्रवृत्तियों को कुण्ठित करना अनुचित माना जाता है
(b) प्रगतिशील शिक्षा में छात्र का विशेष महत्त्व है, शिक्षक का नहीं
(c) प्रगतिशील शिक्षा पारम्परिक शिक्षा की प्रतिक्रिया का परिणाम है
(d) प्रगतिशील शिक्षा में इस बात पर बल दिया जाता है कि बालक को जो शिक्षा दी जाए, वह मानसिक क्रियाओं की विभिन्न दशाओं के अनुसार हो

43. प्रगतिशील शिक्षा निम्नलिखित में से किस रूप से सम्बन्धित है? **[IG BEd 2019]**

(a) शिक्षक, सूचना और प्राधिकार से प्रवर्तक होते हैं
(b) ज्ञान, प्रत्यक्ष अनुभव और सहयोग से उत्पन्न होता है
(c) अधिगम तथ्यों के एकत्रीकरण और कौशल में प्रवीणता के साथ सीधे मार्ग पर चलता है
(d) परीक्षा मानदण्ड सन्दर्भित और बाह्य है

44. निम्नलिखित में से कौन-सी प्रगतिशील शिक्षा की विशेषता है?

(a) समय-सारणी और बैठने की व्यवस्था में लचीलापन
(b) केवल प्रस्तावित पाठ्य-पुस्तकों पर आधारित अनुदेश
(c) परीक्षाओं में अच्छे अंक प्राप्त करने पर बल
(d) बार-बार ली जाने वाली परीक्षाएँ

45. के. मा. शि. बो. (CBSE) द्वारा अपनाए गए प्रगतिशील शिक्षा के प्रतिमान में बच्चों का समाजीकरण जिस प्रकार से किया जाता है, उससे उपेक्षा की जा सकती है कि **[CTET Feb 2014]**

(a) वे समय नष्ट करने वाली सामाजिक आदतों/प्रकृति का त्याग करें तथा सीखें कि किस प्रकार अच्छी श्रेणियाँ पाई जा सकती हैं
(b) वे सामूहिक कार्य में सक्रिय भागीदारिता का निर्वाह करें तथा सामाजिक कौशल सीखें
(c) वे बिना प्रश्न उठाए समाज के नियमों-विनियमों का अनुपालन करने के लिए तैयार हो सकें
(d) किसी भी प्रकार की सामाजिक पृष्ठभूमि होते हुए भी वे वह सब स्वीकार करें, जो उन्हें विद्यालय द्वारा प्रदान किया जाता है

46. "बच्चों में ज्ञान की रचना करने और अर्थ का निर्माण करने की क्षमता होना।" इस परिप्रेक्ष्य में एक शिक्षक की भूमिका है **[CTET Sept 2015]**

(a) सम्प्रेषक और व्याख्याता की
(b) सुगमकर्ता की
(c) निर्देशक की
(d) तालमेल बैठाने वाले की

47. किसी प्रगतिशील कक्षा की व्यवस्था में शिक्षक एक ऐसे वातावरण को उपलब्ध कराकर अधिगम को सुगम बनाता है, जो **[CTET Sept 2015]**

(a) नियामक है
(b) समावेशन को हतोत्साहित करता है
(c) आवृत्ति को बढ़ावा देता है
(d) खोज को प्रोत्साहन देता है

48. प्रगतिशील शिक्षा के उद्देश्य हैं

(a) लोकतान्त्रिक मूल्यों का विकास करना
(b) नियमित आदतों का विकास करना
(c) सहयोग की प्रवृत्ति को बढ़ावा देना
(d) उपरोक्त सभी

49. निम्नलिखित में से कौन प्रगतिशील शिक्षा का प्रकार नहीं है?

(a) मॉण्टेसरी शिक्षा (b) मानवतावादी शिक्षा
(c) व्यक्तिवादी शिक्षा (d) संरचनावादी शिक्षा

50. प्रगतिशील शिक्षा के विकास में योगदान देने वाले मनोवैज्ञानिक कारकों में विशेष रूप से किसे शामिल किया जाता है?

(a) ज्ञान (b) मौलिक प्रवृत्तियाँ
(c) चिन्तन की प्रक्रिया (d) ये सभी

उत्तरमाला

1. (c)	2. (a)	3. (c)	4. (c)	5. (d)	6. (d)	7. (b)	8. (d)	9. (d)	10. (d)
11. (c)	12. (d)	13. (d)	14. (a)	15. (c)	16. (d)	17. (b)	18. (d)	19. (b)	20. (d)
21. (d)	22. (d)	23. (c)	24. (b)	25. (c)	26. (a)	27. (c)	28. (d)	29. (a)	30. (c)
31. (d)	32. (c)	33. (c)	34. (c)	35. (d)	36. (a)	37. (b)	38. (b)	39. (a)	40. (b)
41. (a)	42. (b)	43. (b)	44. (a)	45. (b)	46. (c)	47. (c)	48. (d)	49. (c)	50. (d)

अध्याय 04

शिक्षार्थी के प्रति अभिवृत्ति

(Aptitude Towards Learner)

अधिगमकर्ता या शिक्षार्थी (Learner)

अध्येता का अर्थ है—'अध्ययन करने वाला।' अध्येता को शिक्षार्थी, विद्यार्थी या अधिगमकर्ता आदि नाम भी दिए गए हैं। अध्येता ही शिक्षण का केन्द्रबिन्दु होता है। शिक्षण की प्रारम्भिक प्रक्रिया में अध्येता अपरिपक्व अवस्था में होता है, किन्तु धीरे-धीरे वह सामाजिक एवं सांस्कृतिक गुणों के माध्यम से चारित्रिक गुणों को आत्मसात् कर परिपक्वता की श्रेणी में आ जाता है।

यह परिपक्वता शिक्षण के माध्यम से आती है। अध्येता में अनुशासन की प्रवृत्ति विद्यालयी शिक्षा के माध्यम से विकसित होती है और वह एक पूर्ण नागरिक बनने की ओर अग्रसर होता है।

अध्येता में 'अधिगम की इच्छा' व्यक्तिगत एवं सामाजिक आवश्यकताओं से जाग्रत होती है। साथ ही अधिगमकर्त्ता प्रशिक्षण या निर्देशानात्मक योजना में सहायक होता है।

शिक्षार्थियों का वर्गीकरण (Classification of Learners)

शिक्षार्थियों को चार आधार पर वर्गीकृत किया गया है

1. **अधिगम प्रारूप के आधार पर** अधिगम ऐसी प्रक्रिया होती है, जिसके माध्यम से शिक्षार्थी विद्या को ग्रहण करता है। इस सन्दर्भ में दृश्य सम्बन्धी शिक्षण के लिए चित्र और प्रदर्शन, श्रवण सम्बन्धी अधिगम के लिए शब्द और ध्वनि, सहज ज्ञान सम्बन्धी अधिगम के लिए अन्तर्दृष्टि और आन्तरिक अनुभूति, आगमनात्मक अधिगम के लिए तथ्यों से सम्बन्धित अवधारणा को प्रस्तुत करना, निगमनात्मक अधिगम के लिए अवधारणा से तथ्यों की ओर जाना, सक्रिय अधिगम के लिए भौतिक गतिविधियाँ, चिन्तनशील अधिगम के लिए विचार-विमर्श और आत्मनिरीक्षण क्रमिक अधिगम के लिए सम्बन्धित चरणों की श्रृंखला एवं वैश्विक स्तर पर अधिगम प्राप्त करने के लिए समग्र दृष्टिकोण की आवश्यकता पड़ती है।
2. **श्रवण के आधार पर** श्रवण के आधार पर शिक्षार्थियों का वर्गीकरण उनकी श्रवण क्षमता के अनुसार किया जाता है। जैसे कुछ शिक्षार्थी बेहतर श्रवण करते हैं। कुछ श्रवण के माध्यम से दूसरे व्यक्ति को समझने का प्रयत्न करते हैं।

   कुछ शिक्षार्थियों की अधिगम व्यवस्था मूल्यांकनपरक एवं आलोचनात्मक होती है। साथ ही ऐसे शिक्षार्थी किसी की सन्देश भी परिशुद्धता, सार्थकता और उपयोगिता का सक्रिय मूल्यांकन करते हैं।

   इसके अतिरिक्त शिक्षार्थियों में कुछ ऐसे भी होते हैं, जिनकी श्रवण शक्ति सराहनीय होती है। वे जानकारी के ऐसे स्वरूप का विश्लेषण करते हैं, जो भावात्मक रूप से उद्दीप्त करने वाली होती है।
3. **वैचारिकता के आधार पर** शिक्षार्थियों की मानसिक अवस्था के आधार पर उन्हें कई श्रेणियों में बाँटा जाता है। जैसे चिन्तनशील शिक्षार्थी प्रत्येक तथ्य की गहराई तक पड़ताल करते हैं तथा बिना तर्क के किसी की जानकारी या तथ्य को स्वीकार नहीं करते हैं।

   इसी तरह रचनात्मक शिक्षार्थी भी होते हैं, जो प्रत्येक समस्या का समाधान अपने तरीके से करने में विश्वास करते हैं।

इसके अतिरिक्त व्यावहारिक शिक्षार्थी सदैव तथ्यात्मक जानकारी में विश्वास रखते हैं। वे वस्तुत: वस्तुनिष्ठ विचारधारा वाले होते हैं। वे तब तक किसी बिन्दु पर प्रस्तुत प्रश्न का हल अपने तरीके से नहीं करते, जब तक वे सन्तुष्ट नहीं होते हैं। इन सभी प्रकार के शिक्षार्थियों में विचारशील शिक्षार्थी सबसे प्रखर होते हैं। वे हमेशा किसी बिन्दु पर वृहद् सोच के साथ कार्य करते हैं। वे कभी भी फल में विश्वास नहीं करते, बल्कि फल प्राप्ति में लगी प्रक्रियाओं पर अपना ध्यान लगाते हैं।

4. **रचनात्मक दृष्टि के आधार पर** रचनात्मक के आधार पर शिक्षार्थी को 5-E के अन्तर्गत समाहित करते हुए, उसका मूल्यांकन किया जाता है। अर्थात् सबसे पहले शिक्षार्थी को किसी कार्य या अधिगम में संलग्न किया जाता है। उसके बाद उसके सभी अवयवों को अन्वेषित किया जाता है।

   तत्पश्चात् व्याख्या की आवश्यकता पड़ती है, ताकि बिन्दु वार तथ्यों की जाँच-पड़ताल हो सके। इसके बाद विस्तार के माध्यम से कार्य को आगे बढ़ाया जाता है एवं अन्त में मूल्यांकन का कार्य सम्पादित किया जाता है।

शिक्षार्थी के प्रकार (Types of Learners)

शिक्षार्थी के तीन प्रकार हैं, जो क्रमश: बाल शिक्षार्थी, किशोर शिक्षार्थी और वयस्क शिक्षार्थी है।
इनका विवरण इस प्रकार है

बाल शिक्षार्थी (Child Learners)

बाल शिक्षार्थी, वह होता है, जिनकी आयु 12 वर्ष से कम होती है। बालक जन्म से ही सीखना प्रारम्भ कर देता है। वह सर्वप्रथम अपने माता-पिता व घर से चीजों को देखते हुए सीखता है। वह अपने विकासात्मक दौर में, जो भी पर्यावरण में देखता है, उसको समझते हुए, सुनते हुए सीखता है। वह एक क्रमिक प्रक्रिया के माध्यम से सीखता है।

एक बाल शिक्षार्थी जब अधिगम द्वारा सीखे हुए तथ्य को वैज्ञानिक दृष्टिकोण से अपने जीवन में प्रयोग करने की कोशिश करता है, तो वह एक अन्वेषक के रूप में समस्याओं की खोज *निम्न रूपों में करता है*

- बालक सर्वप्रथम अपने विषय वस्तु की परिस्थितियों का निरीक्षण करता है।
- विषय वस्तु की तुलना परिस्थितियों के साथ करता है।
- निरीक्षण तुलना के आधार पर विचारों का प्रयोग करता है।
- निरीक्षण तुलना के आधार पर प्राप्त प्रयोग का प्रदर्शन करता है।
- प्रयोग द्वारा उत्पन्न तथ्यों को परिणाम के रूप में प्राप्त करता है। इसके पश्चात् प्रयोग द्वारा पुन: समस्या का प्रमाणीकरण करता है।

बाल शिक्षार्थी की विशेषताएँ
(Characteristics of Child Learners)

बाल शिक्षार्थी विभिन्न अवस्थाओं में अधिगम को विभिन्न रूपों में सीखते हैं जैसे प्रारम्भिक बाल्य अवस्था में प्रतीकों, घटनाओं एवं परिस्थितियों को दर्शाने वाले प्रतिमाओं आदि से सीखता है, वहीं मध्य बाल्यकाल में तार्किक नियमों को समझता है।
अत: इनकी प्रमुख विशेषताएँ इस प्रकार हैं

- **शैक्षिक** बाल शिक्षार्थी में समझने व समस्या समाधान की ललक होती है, वह करके सीखने व देखने में विशेष रुचि रखते है। इसके लिए विशेष रणनीति तथा कुशल शिक्षा की आवश्यकता होती है, जो बाल विद्यार्थी के विकास की मनोवैज्ञानिक दशा को समझ सकें और शिक्षण की प्रक्रिया को व्यवहारिक बना सकें। बाल विद्यार्थी पर्यावरण के अन्त: क्रिया द्वारा सामाजिक व्यवहार का नियम सीखता है, इसके लिए सरल शिक्षण प्रणाली की आवश्यकता होती हैं।
- **सामाजिक** बाल विद्यार्थी समाज से आचरण एवं व्यवहार को सीखता है। यह जन्म के तुरन्त बाद से ही समाज के माता-पिता, दोस्त, आदि से सीखता है। सामाजिक समायोजन, तार्किकता, सामाजिक मूल्यों, सामाजिक नियम, आदि अनौपचारिक माध्यम से सीखता है। बाल विद्यार्थी परिवेश से ही सब कुछ सीखता है। इनमें पर्याप्त तार्किकता इस अवस्था में नहीं होती है। अत: अनुकूल सामाजिक वातावरण के माध्यम से बच्चों का सर्वांगीण विकास सम्भव होता है।
- **भावनात्मक** बच्चों में भावनात्मक तत्व जन्म से ही मौजूद होते हैं। शैशववस्था में ये अपनी भावनात्मक प्रक्रिया को परिवर्तित करने में असमर्थ होते हैं। बच्चों में भावनाएँ अनुभव के साथ बढ़ती है। बढ़ती उम्र के साथ इसमें प्रतिक्रिया का एक निश्चित पैटर्न विकसित होता है। यह विकास शारीरिक एवं मानसिक विकास के साथ समानान्तर रूप में चलता है। अत: बाल विद्यार्थी के भावनात्मक विकास के दौरान माता-पिता, शिक्षक आदि की महत्त्वपूर्ण भूमिका होती है, जो बच्चों में गलत प्रवृत्तियों को रोकते हैं।
- **संज्ञानात्मक** बाल विद्यार्थी में संज्ञानात्मक ज्ञान का विकास जन्मात अनुक्रियाओं एवं अनुभवों की अनुक्रिया द्वारा होता है। इसमें अवधान में वृद्धि, प्रत्यक्षीकरण, भाषा, चिन्तन, स्मरण शक्ति तथा तर्क शामिल होता है। इसके विकास के निर्धारक में वंशानुक्रम, सामाजिक बन्धन, सामाजिक वर्ग, लिंग, आयु

एवं शिक्षा, जन संचार की भूमिका महत्त्वपूर्ण होती है। अत: संज्ञानात्मक ज्ञान को समझकर शिक्षण की प्रक्रिया को व्यावहारिक बनाने के लिए कुशल अध्यापक की आवश्यकता होती है, जिससे बाल विद्यार्थी में ज्ञान का भण्डार क्रम बद्ध तरीके से एवं सरलता से हो सकें।

2. किशोर शिक्षार्थी (Adolescent Learners)

बाल विकास की अवस्थाओं में 12 वर्ष से 18 वर्ष तक की आयु के बालक को किशोर अवस्था की श्रेणी में रखा जाता है। इस अवस्था में इनमें ऊँचाई और भार, आवाज में परिवर्तन, यौन परिवर्तन आदि देखा जाता है। इनमें सोचने व समझने की क्षमता में परिपक्वता आने लगती है। अत: शिक्षक को बालक की अभिवृद्धि के साथ-साथ उसमें होने वाले विभिन्न प्रकार के विकास तथा उसकी विशेषताओं का ज्ञान होना महत्त्वपूर्ण होता है।

किशोर शिक्षार्थी की विशेषताएँ
(Characteristics of Adolescent Learners)

शिक्षण के सम्बन्ध में किशोर शिक्षार्थी की शैक्षिक, सामाजिक, भावनात्मक तथा संज्ञानात्मक सम्बन्धी विशेषताएँ *इस प्रकार हैं*

- **शैक्षिक** किशोर अवस्था में स्वयं परीक्षण, निरीक्षण, विचार और तर्क करने की प्रवृत्ति होती है। इसलिए शिक्षण का स्वरूप भी मानसिक विकास, शारीरिक विकास, व्यक्तिगत भिन्नता के अनुरूप होना चाहिए, जिससे किशोर अध्येता उसे अपनी समझ के अनुरूप आसानी से ग्रहण कर सके।
- **सामाजिक** किशोर अवस्था में बालक में जीवन दर्शन, नए अनुभवों की इच्छा, निराशा, असफलता आदि के कारण आपराधिक प्रवृत्ति का विकास होता है। समाज-सेवा की भावना का तीव्र विकास होता है। वह स्वतन्त्र जीवन व्यतीत करना चाहता है। सामाजिक बुराइयों पर अपना तर्क देने लगता है। अत: शिक्षण इस अवस्था में सही मार्ग प्रदान करने में सहायक होता है।
- **भावनात्मक** किशोर अवस्था में भावनात्मक रूप से शिक्षार्थी किसी भी तथ्य को समझने में शीघ्रता करते हैं। वे भावनात्मक प्रवृत्ति के कारण उचित पथ प्रदर्शन के अभाव में गलत प्रवृत्तियों का शिकार भी हो जाते हैं। अत: शिक्षण का प्रारूप सही मार्गदर्शन वाला होना आवश्यक होना चाहिए।
- **संज्ञानात्मक** किशोर अवस्था में मस्तिष्क का लगभग सभी दिशाओं में विकास होता है। वे कल्पना, नैतिक तथा अनैतिक के विषय में सजग हो जाते हैं। अत: शिक्षण क्षेत्र में किशोर की संज्ञानात्मक प्रवृत्ति महत्त्वपूर्ण होती है।

3. वयस्क शिक्षार्थी (Adult Learners)

बाल विकास की अवस्था में 18 वर्ष से ऊपर के व्यक्ति को 'वयस्क शिक्षार्थी' कहते हैं इस अवस्था वाले शिक्षार्थी में स्वयं परीक्षण करने, निर्णय लेने की क्षमता, कर्मनिष्ठा तथा उत्तरदायित्व की भावना का विकास होता है। यह महाविद्यालय एवं विश्वविद्यालय स्तर की शिक्षा को ग्रहण करने वाले शिक्षार्थी होते हैं।

किशोर शिक्षार्थी की प्रमुख विशेषताएँ
(Characteristic of Adult Learners)

इस आयु वर्ग के व्यक्तियों में सोच, समझ आदि की प्रवृत्तियाँ प्रबल पाई जाती हैं। अत: शिक्षण के सम्बन्ध में इनकी शैक्षिक, सामाजिक, भावनात्मक, संज्ञानात्मक तथा व्यक्तिगत भिन्नताएँ *निम्न प्रकार हैं*

- **शैक्षिक** वयस्क अध्येता में स्वयं परीक्षण, विचार तथा तर्क की प्रवृत्ति का उचित विकास होता है। जिम्मेदारी व सही दिशा के विषय में तर्क का ज्ञान विकसित होता है, जिससे अध्येता शिक्षण कार्य को अपनी कर्मनिष्ठा तथा उत्तरदायित्व की भावना से करने के प्रति संकल्पित होते हैं।
- **सामाजिक** वयस्क व्यक्ति सामाजिक परिवेश में अच्छी तरह से समावेशित होता है, जिसमें वह सामाजिक रीति-रिवाजों, परम्पराओं आदि से बँधा होता है। वह सामाजिक रीति-रिवाजों पर उचित विचार व तर्क भविष्य के प्रभावों को देखते हुए देता है। इसमें अपराध की प्रवृत्ति पर अकुंश होता है। इस प्रकार वयस्क अध्येता सामाजिक जिम्मेदारी को निभाते हुए शिक्षण कार्य को निष्ठापूर्वक करने में समर्थ होते हैं।
- **भावनात्मक** वयस्क शिक्षार्थी भावनात्मक रूप से सही निर्णय लेने तथा किसी कार्य को करने के प्रति समर्थ होता है। वह भावनात्मक रूप से निर्णय न लेकर उचित तर्क के माध्यम से विचारों व तथ्यों को रखता है। शिक्षण प्रक्रिया इनके भावनात्मक प्रवृत्ति के विकास को और मजूबती प्रदान करने में सहायक होती है।
- **संज्ञानात्मक** वयस्क शिक्षार्थी में मस्तिष्क का विकास लगभग पूर्ण हो गया होता है। वह कल्पना, मनोवैज्ञानिक, तथ्यहीन तर्कों के समाधान एवं उचित निर्णय लेने में सक्षम होता है। इस प्रकार वयस्क अध्येता या शिक्षार्थी शिक्षण में भी संज्ञानात्मक निर्णय लेकर उचित निष्कर्ष प्रदान करता है। अत: वह धार्मिक, नैतिक, सामाजिक आदि शिक्षाओं व सम्बन्धी प्रवृत्तियों को परखने में उचित मनोविज्ञान का प्रयोग करता है।

बाल, किशोर और व्यस्क शिक्षार्थी का तुलनात्मक अध्ययन

बाल किशोर और वयस्क शिक्षार्थी का तुलनात्मक अध्ययन इस प्रकार है

आधार	बाल शिक्षार्थी	किशोर शिक्षार्थी	वयस्क शिक्षार्थी
अधिगम	यह शिक्षक एवं माता-पिता से सीखते हैं।	यह शिक्षक पर निर्भर होकर सीखते हैं।	यह स्वयं सीखने के लिए उत्तरदायी होते हैं।
अनुभव	यह अधिक अनुभव प्राप्त करते हैं।	यह कम अनुभवी होते हैं। इनके लिए प्रशिक्षक का अनुभव महत्त्वपूर्ण होता हैं।	इनके पास जीवन का कुछ अनुभव होता है। यह अपनी अनुभव से दूसरे के लिए पहचान बनते हैं।
अधिगम प्रेरणा	वह बाहरी परिवेश पुस्तक से अधिगम प्राप्त करते हैं।	यह बाहरी पुस्तक, परामर्श दण्ड एवं पुरस्कार से अधिगम हेतु अभिप्रेरित होते हैं।	यह आत्मज्ञान, एवं आन्तरिक प्रोत्साहन तथा आत्मबोध से प्रेरित होते हैं।
आवश्यकता निदान	यह शिक्षक की परामर्श व ज्ञान से आवश्यकता को सीमित करते हैं।	यह शिक्षण प्रणाली, शिक्षक की परामर्श एवं ज्ञान से आवश्यकता को सीमित कर निदान करने में सफल होते हैं।	यह दूसरे शिक्षार्थी एवं मूल्यांकन जैसे सहायक पहलुओं को अपनाकर अपनी आवश्यकता का निदान करते हैं।
निर्भरता	यह माता-पिता एवं शिक्षकों पर निर्भर होते हैं।	यह दिशा-निर्देश हेतु वयस्कों पर निर्भर होते हैं।	यह आत्मकेन्द्रित होते हैं और अपनी आवश्यकता को पूर्ण करते हैं।
प्रखरता	यह वर्तमान मुखी होते हैं।	यह भविष्योन्मुखी होते हैं। तथा विषय केन्द्रित होते हैं।	यह परिणामोन्मुखी होते हैं तथा समस्या केन्द्रित प्रवृत्ति वाले होते हैं।
ज्ञान अर्जन	यह सहजता एवं स्वभाविक रूप से ज्ञान अर्जन करते है।	यह सहजता से ज्ञान अर्जन करते हैं अर्थात् इनकी ज्ञान अर्जन क्षमता लचीली होती है।	यह सहजता से ज्ञान अर्जन नहीं करते हैं, बल्कि यह सन्देहवादी होते हैं।
अधिगम उद्देश्य	इनका उद्देश्य शिक्षण प्रणाली के माध्यम से निर्धारित होता हैं।	इनका उद्देश्य शिक्षण प्रणाली के माध्यम से निर्धारित होता हैं।	इनका उद्देश्य लचीला होता है, जिनका निर्धारण यह आपसी विचार-विमर्श से करते हैं।
अधिगम गति	इनके सीखने का समय तथा गति शिक्षक द्वारा नियन्त्रित होता है।	इनके सीखने का समय तथा गति सामान्यत: शिक्षक द्वारा नियन्त्रित किया जाता हैं।	इनके सीखने का समय शिक्षक तथा इनके मध्य की आपसी बातचीत से निर्धारित एवं नियन्त्रित होता हैं।
मूल्यांकन	इनके अधिगम का मूल्यांकन शिक्षक द्वारा लचीली पद्धति द्वारा किया जाता है।	इनके अधिगम का मूल्यांकन शिक्षक द्वारा ग्रेड प्रदान कर किया जाता है।	इनके अधिगम का मूल्यांकन अन्य शिक्षार्थी के एकत्र सबूतों एव विशेषज्ञों के मानदण्ड के आधार पर होता हैं।

शिक्षण उपागम (Teaching Approach)

शिक्षण की प्रणाली ही उपागम कहलाती है। शिक्षण की विधियाँ शिक्षण उपागम पर आधारित होती है। अत: इसमें विभिन्न शिक्षण उपागमों को अपनाया जाता है, जिसमें शिक्षकों की भूमिका महत्त्वपूर्ण होती है। शिक्षक अपनी शिक्षण विधि के माध्यम से छात्रों की अभिवृत्ति का पता लगाता है तथा उसे सकारात्मक दिशा प्रदान करता है। इस प्रकार शिक्षक मार्गदर्शक, प्रेरणा तथा रुचि उत्पन्न करने में सहायक होता है।

शिक्षक पढ़ाने से पहले अपने शिक्षण को सफल बनाने के लिए चिन्तन करता है। वह कक्षा में जाने से पहले शिक्षण नीतियाँ, उद्देश्यों का निर्धारण, अनुदेशन आदि का चयन करता है, जिससे उसे कक्षा में पढ़ाने में सहायता मिलती है। इसके बाद वह, शिक्षण के लिए जो भी नीतियाँ निर्धारित की हैं, उनसे छात्रों को अवगत कराता है।

अधिगम में, सीखना, सीखने वाले संवेगों से प्रभावित होता है। इस प्रकार एक शिक्षार्थी के लिए एक शिक्षक की भूमिका महत्त्वपूर्ण होती है।

शिक्षार्थियों के लिए सीखने से सम्बन्धित कुछ मनोवैज्ञानिक नियमों का प्रतिपादन किया गया है जैसे—तत्परता, अभ्यास तथा प्रभाव का नियम आदि। इसके अलावा परस्पर सम्बन्ध पुनर्बलन तथा अभिप्रेरणा से सम्बन्धित दर्शन भी दिया गया है, जो शिक्षण की उपागम की प्रक्रिया को बढ़ावा देते हैं

कुछ महत्त्वपूर्ण शिक्षण 'उपागम' इस प्रकार हैं

1. **शिक्षक केन्द्रित उपागम** इसमें शिक्षक जटिल सम्प्रत्ययों की व्याख्या करते हैं तथा शिक्षार्थी उन्हें समझने का प्रयास करते हैं। इसके तहत अध्यापन के दौरान कक्षा का वातावरण औपचारिक और कठोर होता है। इसमें शिक्षक व्याख्यान, व्याख्यान-प्रदर्शन, समूह शिक्षण, वीडियो प्रस्तुतीकरण आदि के माध्यम से शिक्षण-अधिगम की प्रक्रिया को पूरा करते हैं, वहीं शिक्षार्थी की भूमिका या सहभागिता केवल व्याख्यान सुनने तक सीमित रह जाती है।
2. **शिक्षार्थी केन्द्रित उपागम** इस उपागम में शिक्षार्थी का केन्द्रीय स्थान होता है। इसमें शिक्षार्थी के मनोविज्ञान को समझकर शिक्षण-अधिगम को पूरा किया जाता है। इसमें विद्यार्थी की अभिरुचि, अभिवृत्ति तथा क्षमताओं को ध्यान में रखा जाता है और करने व समस्या-समाधान अथवा सीखने पर जोर दिया जाता है। इसमें मुख्य ध्यान शिक्षार्थी की कल्पनाओं, जिज्ञासाओं तथा कठिनाइयों को सुलझाने में होता है। इसमें अधिव्यास कार्य, परस्पर सवांदी कार्य, कम्प्यूटर आधारित शिक्षण कार्य की भूमिका महत्त्वपूर्ण होती है।
3. **अधिकारिक/स्वेच्छाचारी उपागम** इसमें शिक्षक स्वयं की इच्छा के अनुसार सभी को नियन्त्रित करता है। वह अपनी इच्छा के अनुसार अनुदेशन देता है। इस उपागम के अन्तर्गत शिक्षक केवल अपनी बनाई हुई नीतियों के अनुरूप चलता है।
4. **अहस्तक्षेपीय या निंरकुश उपागम** इसमें शिक्षक केवल कागजी कार्यवाही में व्यस्त रहता है। इसमें शिक्षक अपने दायित्व को टालने का प्रयास करता है तथा अपने काम का भार दूसरे सहकर्मियों पर डाल देता है, लेकिन दूसरे सहकर्मियों को स्वतन्त्र रूप से निर्णय लेने की छूट नहीं रहती है।
5. **प्रजातान्त्रिक** (लोकतान्त्रिक) **उपागम** इस उपागम को शिक्षण विधि का सर्वोत्तम उपागम माना गया है। इस उपागम के अन्तर्गत शिक्षक सभी विद्यार्थियों को स्वतन्त्र वातावरण प्रदान करता है। इसमें छात्र शिक्षक से अपनी बात रखने, प्रश्न पूछने, सलाह देने आदि का अधिकार रखता है। अत: प्रजातान्त्रिक सन्दर्भ में शिक्षा का उत्तरदायित्व होना, उत्तरदायी स्वतन्त्रता की भावना का विकास होना है।
6. **सहभागिता उपागम** इस उपागम में शिक्षक बच्चों के साथ बढ़-चढ़कर भाग लेता है। इसमें शिक्षक अपने शिक्षण को प्रभावशाली बनाने के लिए बच्चों को उदाहरण, नियम आदि की खोज का अवसर देता है तथा उसे प्रस्तुत करने को कहता है तथा स्वयं से भी उनके ऊपर पुष्टि देता है। इस उपागम को शिक्षण के लिए एक बेहतर उपागम माना जाता है।
7. **स्थिर/स्थैतिक उपागम** इस उपागम में शिक्षक बच्चों को ध्यान में न रखकर, अपने अनुसार ही शिक्षण कार्य पूर्ण करता है। जिस कारण इसमें केवल शिक्षक ही सक्रिय रहता है, जबकि छात्र निष्क्रिय रहता है। फलत: छात्रों की अभिवृत्ति का भी पता नहीं चल पाता है। इस उपागम को शिक्षण विधि की दृष्टि से अच्छा उपागम नहीं माना गया है।
8. **गतिशील उपागम** इसमें शिक्षक अपने तौर-तरीकों, गतिविधियों को बच्चों के अनुसार गतिशील अवस्था में रखता है। इसमें शिक्षक छात्र के साथ सहभागिता बढ़ाता है तथा अपने व्याख्यान को और अधिक रुचिकर बनाने का प्रयास करता है, जिससे बच्चे सदैव सक्रिय बने रहें।

अभ्यास प्रश्न

1. अध्येता या शिक्षार्थी अथवा अधिगमकर्त्ता होता है
(a) अध्ययन करने वाला
(b) अध्यापन करने वाला
(c) शिक्षक
(d) उपरोक्त में से कोई नहीं

2. निम्नलिखित में से कौन-सा कथन सही है?
(a) अध्येता में अधिगम की इच्छा व्यक्तिगत एवं सामाजिक आवश्यकताओं से जाग्रत होती है।
(b) अधिगमकर्ता प्रशिक्षण या निर्देशनात्मक योजना निर्माण में सहायक तत्त्व के समान कार्य करते हैं।
(c) अधिगम का मूल उद्देश्य छात्रों के व्यवहार में परिवर्तन लाना होता है।
(d) उपरोक्त सभी

3. वैचारिक आधार पर वर्गीकृत शिक्षार्थी में कौन शामिल होता है?
(a) चिन्तनशील शिक्षार्थी
(b) श्रवण वाधित शिक्षार्थी
(c) परिपक्व शिक्षार्थी
(d) रचनात्मक शिक्षार्थी

4. रचनात्मक दृष्टि के आधार पर शिक्षार्थी को 5E के अन्तर्गत समाहित करते हुए इसका मूल्यांकन किया जाता है, जिसमें पहले कौन आता है?
(a) व्याख्या (b) संलग्न
(c) विस्तार (d) मूल्यांकन

5. बाल शिक्षार्थी अपने विकासात्मक दौर में पर्यावरण को देखते हुए कहाँ से सर्वप्रथम सीखता है?
(a) घर से
(b) विद्यालय से
(c) आस-पास से
(d) अनुभव से

6. बाल शिक्षार्थी के लिए कुशल शिक्षक की आवश्यकता होती है, जो
(a) विद्यार्थी के मनोवैज्ञानिक दशा को समझ सके
(b) बच्चों के चिन्तन को समझ सके
(c) बच्चों की रुचि को पहचान सके
(d) उपरोक्त सभी

7. बाल शिक्षार्थी समाज से सीखता है?
(a) सामाजिक मूल्यों (b) सामाजिक समायोजन
(c) सामाजिक नियम (d) ये सभी

8. शिक्षक की योग्यता एवं आचरण का सबसे अच्छा मूल्यांकन करते हैं
(a) विशेषज्ञ
(b) समाज के सम्भ्रान्त लोग
(c) उनके शिष्य
(d) उनके प्रधानाचार्य

9. कभी-कभी बहुत विद्वान व्यक्ति भी अच्छा शिक्षक नहीं बन पाता इसका सम्भावित कारण हो सकता है
(a) कक्षा में सूचना सम्प्रेषित करते समय विद्यार्थियों के स्तर को ध्यान में न रखना
(b) शिक्षण कौशल में परिपक्वता का न होना
(c) 'a' और 'b' दोनों
(d) विद्वत्ता का दुरुपयोग करना

10. वह कौन-सा स्थान है जहाँ-जहाँ बच्चे के संज्ञानात्मक विकास को सबसे बेहतर तरीके से परिभाषित किया जा सकता है? **[CTET June 2011]**
(a) खेल का मैदान
(b) विद्यालय एवं कक्षा का पर्यावरण
(c) सभागार
(d) घर

11. बच्चों में संवेगात्मक समायोजन प्रभावी होता है
(a) व्यक्तित्व निर्माण में (b) कक्षा शिक्षण में
(c) अनुशासन में (d) ये सभी

12. किशोर अवस्था में अध्येता की किसी प्रवृत्ति होती है?
(a) स्वयं परीक्षण की
(b) स्वयं निरीक्षण की
(c) स्वयं विचार की
(d) उपरोक्त सभी

13. किशोर व वयस्क अध्येता में किस प्रकार की विशेषताएँ निहित होती हैं?
(a) शैक्षिक (b) सामाजिक
(c) भावनात्मक (d) ये सभी

14. **वयस्क अध्येता धार्मिक, नैतिक, सामाजिक आदि प्रवृत्तियों को किस विशेषता के तहत परखता है?**
(a) भावनात्मक
(b) संज्ञानात्मक
(c) व्यक्तिगत भिन्नताएँ
(d) सामाजिक भिन्नताएँ

15. **निम्न में से कौन-सी किशोर अध्येता की विशेषता है?**
(a) स्वयं परीक्षण करना
(b) निरीक्षण करना
(c) तर्क-वितर्क करने की प्रवृत्ति का विकास होना
(d) उपरोक्त सभी

16. **निम्न में से कौन वयस्क अध्येता की विशेषता से सम्बन्धित है?**
(a) शैक्षिक (b) सामाजिक
(c) संज्ञानात्मक (d) ये सभी

17. **वयस्क अध्येता तथा किशोर अध्येता की व्यक्तिगत भिन्नताएँ में निहित होते हैं**
(a) कार्य में दृढ़ता
(b) कर्मनिष्ठा
(c) '1' और '2' दोनों
(d) केवल उत्तरदायित्व की भावना

18. **निम्न में से कौन-सा कथन वयस्क शिक्षार्थी के सन्दर्भ में सही नहीं है?**
(a) वयस्क शिक्षार्थी में मस्तिष्क का विकास पूर्ण होता है
(b) वयस्क शिक्षार्थी भावनात्मक रूप से सही निर्णय लेने में सक्षम होता है
(c) वयस्क शिक्षार्थी में उत्तरदायित्व की भावना के विकास का अभाव पाया जाता है
(d) वयस्क सामाजिक परिवेश में समावेशित होने में सक्षम होता है

19. **परिपक्व विद्यार्थी वह होते हैं, जो** **[CTET Feb 2014]**
(a) इस बात पर विश्वास करते हैं कि उनके अध्ययन में भावनाओं का कोई स्थान नहीं है
(b) अपनी बौद्धिकता के साथ अपने सभी प्रकार के द्वन्द्वों का शीघ्र समाधान कर लेते हैं
(c) अपने अध्ययन में कभी-कभी भावनाओं की सहायता चाहते हैं
(d) कठिन परिस्थितियों में अध्ययन से विचलित नहीं होते हैं

20. **सीखने में शिक्षक शिक्षार्थी के लिए किस रूप में सहायक होते हैं?**
(a) मार्गदर्शक के रूप में
(b) प्रेरणा देने में
(c) रुचि उत्पन्न करने में
(d) उपरोक्त सभी

21. **अधिगम में सीखना किससे प्रभावित होता है?** **[CTET Feb 2016]**
(a) सीखने वाले के संवेगों से प्रभावित नहीं होता है
(b) संवेगों से क्षीण सम्बन्ध रखना है
(c) सीखने वाले के संवेगों से स्वतन्त्र है
(d) सीखने वाले के संवेगों से प्रभावित होता है

22. **निम्नलिखित से प्रमुख शैक्षिक उपागम कौन-से हैं?**
(a) स्वेच्छाचारी उपागम
(b) सहभागिता उपागम
(c) अहस्तक्षेपीय या निरंकुश उपागम
(d) उपरोक्त सभी

23. **शिक्षक केन्द्रित उपागम के सम्बन्ध में कौन सही नहीं है?**
(a) कक्षा का वातावरण कठोर होना
(b) शिक्षार्थी मुख्य केन्द्रीय बिन्दु होना
(c) अध्यापन के दौरान वातावरण कठोर होना
(d) शिक्षार्थी की भूमिका व्याख्यान सुनने तक सीमित

24. **शिक्षार्थी केन्द्रित उपागम में किस माध्यम/कार्य का प्रयोग शिक्षण अधिगम की प्रक्रिया में नहीं किया जाता है?**
(a) व्याख्यान प्रदर्शन
(b) अधिन्यास कार्य
(c) परस्पर संवादी कार्य
(d) कम्प्यूटर आधारित शिक्षण कार्य

25. **किस शैक्षिक उपागम में शिक्षक स्वयं की इच्छा के अनुसार सभी को नियन्त्रित करता है?**
(a) आधिकारिक उपागम (b) अहस्तक्षेपीय उपागम
(c) प्रजातान्त्रिक उपागम (d) गतिशील उपागम

26. **निम्नलिखित में से किस उपागम में शिक्षक अपने दायित्व को टालने का प्रयास करता है?**
(a) अहस्तक्षेपीय या निरंकुश उपागम
(b) प्रजातान्त्रिक उपागम
(c) आधिकारिक उपागम
(d) उपरोक्त में से कोई नहीं

27. निम्नलिखित में से किस उपागम को शिक्षण विधि का सर्वोत्तम उपागम कहा जाता है?
(a) सहभागिता उपागम
(b) प्रजातान्त्रिक उपागम
(c) स्वेच्छाचारी उपागम
(d) गतिशील उपागम

28. प्रजातान्त्रिक सन्दर्भ में शिक्षा का उत्तरदायित्व होना चाहिए **[Rajasthan BEd 2016]**
(a) उत्तरदायी स्वतन्त्रता की भावना का विकास
(b) व्यक्तिगत विभिन्नताओं का विकास
(c) सरकारी पराधीनता का विकास
(d) समान नागरिक संहिता का विकास

29. किस प्रकार के शैक्षिक उपागम में शिक्षक बच्चों को ध्यान में न रखकर, अपने अनुसार ही शिक्षण कार्य पूर्ण करता है?
(a) गतिशील उपागम
(b) प्रजातान्त्रिक उपागम
(c) स्थिर/स्थैतिक उपागम
(d) सहभागिता उपागम

30. किस उपागम में शिक्षक अपने शिक्षण को प्रभावशाली बनाने के अपने तौर-तरीकों, गतिविधियों को बच्चों के अनुसार गतिशील अवस्था में रखता है?
(a) प्रजातान्त्रिक उपागम (b) गतिशील उपागम
(c) सहभागिता उपागम (d) स्थैतिक उपागम

उत्तरमाला

1. (a)	2. (d)	3. (a)	4. (b)	5. (a)	6. (d)	7. (d)	8. (c)	9. (d)	10. (b)
11. (d)	12. (d)	13. (d)	14. (b)	15. (d)	16. (d)	17. (c)	18. (c)	19. (c)	20. (d)
21. (d)	22. (d)	23. (b)	24. (a)	25. (a)	26. (a)	27. (b)	28. (a)	29. (c)	30. (b)

अध्याय 05

पाठ्यक्रम

(Syllabus)

आधुनिक शिक्षा व्यवस्था में पाठ्यक्रम का विशिष्ट महत्त्व है, क्योंकि इसी के आधार पर ही शिक्षण अधिगम प्रक्रियाओं का समुचित ढंग से नियोजन, आयोजन व मूल्यांकन करना सम्भव हो पाता है। उचित पाठ्यक्रम के अभाव में समस्त शिक्षा प्रक्रिया दिशाहीन हो जाती है, जिस कारण शिक्षा के निर्धारित उद्देश्यों की प्राप्ति करना सम्भव नहीं हो पाता है। इसलिए पाठ्यक्रम आवश्यक होता है।

अत: पाठ्यक्रम बालकों के सर्वांगीण विकास के लिए आवश्यक होता है। अत: पाठ्यक्रम को आधुनिक शिक्षाविदों द्वारा शिक्षा प्रक्रिया में तीसरा ध्रुव माना गया है।

पाठ्यक्रम : अर्थ एवं परिभाषाएँ

(Syllabus : Meaning & Definitions)

पाठ्यक्रम को अंग्रेजी में करीक्यूलम (Curriculum) कहा जाता है। Curriculum शब्द की व्युत्पत्ति लैटिन भाषा से हुई है, जिसका अर्थ होता है runway, जिसे हिन्दी में दौड़ का मार्ग या मैदान कहते हैं।

इस प्रकार करीक्यूलम वह क्रम होता है, जिसे किसी व्यक्ति को अपने गन्तव्य स्थान पर पहुँचने के लिए पार करना आवश्यक होता है। अत: पाठ्यक्रम वह साधन होता है, जिसके द्वारा शिक्षा एवं जीवन के लक्ष्यों की प्राप्ति होती है। यह अध्ययन का एक निश्चित एवं तर्कपूर्ण क्रम होता है, जिसके माध्यम से शिक्षार्थी के व्यक्तित्व का विकास होता है तथा वह नीवन ज्ञान एवं अनुभव को प्राप्त करता है।

पाठ्यक्रम द्वारा छात्र को सैद्धान्तिक एवं व्यावहारिक ज्ञान प्रदान किया जाता है। विद्यालयी पाठ्यक्रम को विद्यालय द्वारा तथा संगठित छात्र के अनुभव द्वारा सर्वोत्तम तरीके से परिभाषित किया जाता है।

इसलिए पाठ्यक्रम का निर्माण इस प्रकार से किया जाना चाहिए कि बालक को विषयी ज्ञान ही नहीं, बल्कि विद्यालयी वातावरण के साथ-साथ सामाजिक व्यवहार सम्बन्धी बातों का ज्ञान भी हो सके।

पाठ्यक्रम को विद्वानों ने निम्नलिखित परिभाषाओं द्वारा समझाया है

क्रो एण्ड क्रो के अनुसार, "पाठ्यक्रम में विद्यार्थी के सभी अनुभव सम्मिलित होते हैं, जिन्हें वह स्कूल के अन्दर या बाहर प्राप्त करता है और जिन्हें उसके मानसिक, शारीरिक, भावनात्मक, सामाजिक, आध्यात्मिक तथा नैतिक विकास के लिए बनाए गए कार्यक्रम में सम्मिलित किया जाता है।"

फ्रोबेल के अनुसार, "पाठ्यक्रम को मानव जाति के सम्पूर्ण ज्ञान तथा अनुभवों का सार समझना चाहिए।"

डीवी के अनुसार, "सीखने का विषय या पाठ्यक्रम विचारों और सिद्धान्तों का चित्रण है, जोकि उद्देश्यपूर्ण लगातार क्रियान्वेषण से साधन या बाधा के रूप में आ जाते हैं।"

मुदालियर आयोग के अनुसार, "पाठ्यक्रम वह है, जो छात्र के जीवन के प्रत्येक बिन्दु को स्पष्ट करता है।"

डंकन ग्रिजेल के अनुसार, "विद्यालयी पाठ्यक्रम समाज की परम्पराओं, पर्यावरण एवं आदर्शों का प्रतिरूप होता है।"

पाठ्यचर्या (Curriculum)

पाठ्यक्रम को पाठ्यचर्या के नाम से भी जाना जाता है। संकुचित अर्थ में पाठ्यक्रम अध्ययन का क्रम अर्थात् सिलेबस है, जिसमें कुछ ज्ञानात्मक अनुभव भी निहित होते हैं। इसमें बालकों को कुछ सैद्धान्तिक तथा विषयी ज्ञान प्रदान किए जाते हैं।

इसमें बालक की सभी प्रकार की क्षमताओं का ध्यान रखा जाता है।

यह आदेशात्मक होता है। इसका क्षेत्र व्यापक होता है।

पाठ्यचर्या सभी अध्यापकों के लिए समान होती है।

पाठ्यक्रम के उद्देश्य (Objectives of Syllabus)

विद्यालय के विभिन्न स्तरों के लिए पृथक्-पृथक् पाठ्यक्रम का निर्माण किया जाता है। एक अच्छे और आदर्श पाठ्यक्रम में कुछ उद्देश्यों का होना अति आवश्यक होता है, *जो निम्न हैं*

- पाठ्यक्रम ऐसा हो, जिससे छात्रों का बहुमुखी विकास हो सके।
- पाठ्यक्रम का उद्देश्य छात्रों की रुचियों, अभिवृत्ति, क्षमता व योग्यताओं का विकास करना है।
- छात्रों में सामाजिक गुणों का विकास करना है।
- छात्रों में कर्त्तव्य पालन की भावना का विकास करना है।
- छात्रों में प्रजातन्त्र की भावना का विकास करना है, जिससे वह भविष्य में एक आदर्श नागरिक बन सकें।
- छात्रों की कल्पना शक्ति, चिन्तन, निर्णयन तथा तर्क शक्ति का विकास करना है।
- छात्रों के जीवन के मूल्यों के निर्माण में सहायक होना तथा उसे प्रेरित करना।
- शिक्षण के क्रियात्मक उद्देश्यों को पूरा करने के लिए पाठ्यक्रम में क्रिया एवं प्रयोग पर जोर दिया जाता है।

पाठ्यक्रम की आवश्यकता एवं उपयोगिता (Requirement and Utility of Syllabus)

- **समय एवं ऊर्जा की बचत** पाठ्यक्रम के कारण समय एवं ऊर्जा दोनों की व्यापक बचत होती है। इससे शिक्षक एवं छात्र दोनों विशेष रूप से लाभान्वित होते हैं।
- **शिक्षा के उद्देश्यों की प्राप्ति** पाठ्यक्रम शिक्षा के उद्देश्यों की प्राप्ति कराता है। शिक्षा का जैसा पाठ्यक्रम होता है, उसके उद्देश्य भी वैसे ही होते हैं। बिना पाठ्यक्रम के शिक्षा के उद्देश्यों की पूर्ति सम्भव नहीं होता है।
- **ज्ञान की प्राप्ति** पाठ्यक्रम छात्रों को विषय सम्बन्धी ज्ञान प्राप्त करने में महत्त्वपूर्ण भूमिका निभाता है।
  अत: पाठ्यक्रम को ज्ञान-विज्ञान का उपयुक्त साधन माना जाता है।
- **शिक्षकों के कार्यों में एकरूपता** पाठ्यक्रम के कारण विभिन्न क्षेत्रों के शिक्षकों के कार्यों में, समरूपता एवं एकरूपता आती है। इससे शिक्षा का एक निश्चित स्तर बना रहता है। इससे विद्यालय के कार्यों में विभिन्नता नहीं आती एवं भ्रम भी उत्पन्न नहीं होता है।
- **खोज एवं आविष्कार** पाठ्यक्रम छात्रों के ज्ञान को समृद्ध करता है। इससे छात्र उच्च शिक्षा ग्रहण कर खोज एवं आविष्कार सम्बन्धित कार्यों में संलग्न हो जाते हैं। खोज एवं आविष्कार के प्रति उनमें सकारात्मक विचार प्रारम्भ से ही आने लगते हैं। इसके लिए पाठ्यक्रम उन्हें नियमित रूप से प्रेरित करता है।

पाठ्यक्रम के प्रकार (Types of Syllabus)

1. **विषय-केन्द्रित पाठ्यक्रम** इस पाठ्यक्रम का मुख्य उद्देश्य बालकों को विषय सम्बन्धित ज्ञान प्रदान करना है। इस पाठ्यक्रम को मुख्यत: बालकों की रुचि, प्रवृत्ति एवं क्षमता को ध्यान में रखे बिना बनाया जाता है, जो पठन-पाठ्य के आधार पर होता है।
2. **अनुभव-केन्द्रित पाठ्यक्रम** इस प्रकार के पाठ्यक्रम में अनुभवों को प्रधानता दी जाती है। अर्थात् बालक के विकास हेतु बालक के शैक्षिक अनुभव को प्रधानता दी जाती है।
3. **क्रिया-केन्द्रित पाठ्यक्रम** इसमें पुस्तक एवं विषय की प्रधानता नहीं होती है। इसमें बालक की क्रियाओं एवं अनुभव को आधार बनाया जाता है। क्रिया केन्द्रित पाठ्यक्रम द्वारा बालक समाजोपयोगी क्रिया-कलापों को करने में रुचि लेने लगता है, जिससे बालक के व्यक्तित्व का सर्वांगीण विकास होता है।
4. **बाल-केन्द्रित पाठ्यक्रम** इस पाठ्यक्रम में विषय को प्रधानता न देकर बालक को प्रधानता दी जाती है। इसमें बालक की रुचि, प्रवृत्ति, क्षमता एवं अवस्थाओं पर विशेष रूप से ध्यान रखा जाता है। मॉण्टेसरी, किण्डरगार्टन तथा डाल्टन आदि सभी शिक्षण पद्धतियों में इसे स्वीकार किया गया है।
5. **पाठ्यक्रम का इकाई विभाजन** इसमें किसी प्रकरण अथवा प्रकरण से सम्बन्धित विषय-वस्तु को छोटी-छोटी इकाइयों में बाँट करके अधिगम अनुभवों के रूप में छात्रों से अपेक्षित व्यवहार में परिवर्तन लाने के लिए नियोजित किया जाता है।
6. **केन्द्रीय** (कोर) **पाठ्यक्रम** यह पाठ्यक्रम सामान्यत: अमेरिका में प्रचलित है। इसमें कुछ विषय अनिवार्य एवं कुछ ऐच्छिक होते हैं। इस पाठ्यक्रम में शारीरिक विकास के अलावा अन्य सभी प्रकार के विकास का ध्यान रखा जाता है। इसके अन्तर्गत गणित एवं विज्ञान विषय को शामिल किया जाता है। इसमें समस्त वर्ग के छात्रों को एक समान प्रारम्भिक अनुभव प्रदान किया जाता है।
7. **शिल्पकला केन्द्रित पाठ्यक्रम** इसमें विभिन्न प्रकार की शिल्पकलाओं; जैसे-कताई-बुनाई आदि को केन्द्र मानकर अन्य सभी विषयों की शिक्षा दी जाती है। गाँधीजी की बेसिक

शिक्षा में इस प्रकार के पाठ्यक्रम को विशेष महत्त्व दिया गया है।

8. **सुसम्बद्ध पाठ्यक्रम** इसमें विभिन्न विषयों को अलग-अलग न पढ़ाकर एक-दूसरे से सम्बन्धित करके पढ़ाने की व्यवस्था की जाती है।
9. **एकीकृत पाठ्यक्रम** एकीकृत पाठ्यक्रम को **हेण्डरसन** ने विस्तारित किया है, इनके अनुसार, पाठ्यक्रम जिसमें विषयों के बीच कोई अवरोध, रुकावट अथवा दीवार नहीं होती है, एकीकृत पाठ्यक्रम कहलाता है।

पाठ्यक्रम निर्माण के आधारभूत सिद्धान्त
(Basic Principles of Syllabus Construction)

पाठ्यक्रम निर्माण के अन्तर्गत यह आवश्यक होता है कि वर्तमान और अतीत दोनों के तथ्यों और अनुभवों को साथ लिया जाए। पाठ्यक्रम के निर्माण के समय अतीत को सुरक्षित रखते हुए वर्तमान लाभ के व्यावहारिक मानदण्डों पर विशेष ध्यान दिया जाता है।

पाठ्यक्रम निर्माण के सन्दर्भ में निम्नलिखित सिद्धान्तों को अपनाया जाता है

1. **जीवन की उपयोगिता से सम्बन्धित होने का सिद्धान्त** पाठ्यक्रम में उन विषयों को स्थान दिया जाना चाहिए, जो वर्तमान में बालकों के भावी जीवन के लिए उपयोगी सिद्ध हो सके, साथ ही उनका वास्तविक जीवन से भी सम्बन्ध हो, जो बालक की समस्या सुलझाने में सहायता करे।
2. **रचनात्मक एवं सृजनात्मक शक्तियों का सिद्धान्त** पाठ्यक्रम में ऐसे सभी विषयों को जोड़ा जाना चाहिए, जिसमें छात्र रचनात्मक एवं सृजनात्मक शक्तियों के विकास में अपना योगदान प्रदान कर सके। इस सिद्धान्त के अन्तर्गत कला, संगीत इत्यादि को शामिल किया जाता है।
3. **क्रियाशीलता का सिद्धान्त** बच्चों की मानसिक व शारीरिक क्रियाशीलता का ध्यान रखते हुए पाठ्यक्रम का निर्माण किया जाना चाहिए, जिससे भविष्य में बालक का सर्वांगीण विकास किया जा सके।
4. **लचीलेपन का सिद्धान्त** पाठ्यक्रम निर्माण के समय यह ध्यान रखना चाहिए कि पाठ्यक्रम लचीला हो, जिसमें बालक की आवश्यकता के अनुसार परिवर्तन किया जा सके और बालक पर अनावश्यक बोझ न पड़े।
5. **विकास एवं प्रगतिशीलता की प्रक्रिया का सिद्धान्त** राष्ट्र के विकास हेतु वर्तमान समय एवं परिस्थितियों को ध्यान में रखते हुए पाठ्यक्रम का निर्माण करना चाहिए, जिसके द्वारा छात्र को राष्ट्र के विकास व प्रगति से जोड़ा जा सके।
6. **अनुभव की पूर्णता का सिद्धान्त** पाठ्यक्रम का अर्थ केवल सैद्धान्तिक विषयों से नहीं होना चाहिए, बल्कि पाठ्यक्रम में उन सभी अनुभवों को स्थान दिया जाना चाहिए, जो बालक को क्रियाओं, वस्तुओं एवं समस्याओं के अनुभव से प्राप्त हुई हो।
7. **संस्कृति एवं सभ्यता का सिद्धान्त** पाठ्यक्रम में उन विषय-वस्तुओं, क्रियाओं को आवश्यक रूप से शामिल करना चाहिए, जिनका सम्बन्ध संस्कृति एवं सभ्यता से हो। यह ज्ञान के साथ संस्कृति एवं सभ्यता को बनाए रखने में भावी पीढ़ी (बच्चों) को प्रेरित करते हैं।
8. **प्रजातान्त्रिक भावना के विकास का सिद्धान्त** हमारा देश एक प्रजातान्त्रिक देश है। अत: हमें पाठ्यक्रम के द्वारा प्रजातान्त्रिक भावना को विकसित करना चाहिए जिससे कि शिक्षा के मूल उद्देश्य की प्राप्ति हो सके।
9. **सर्वांगीण विकास का सिद्धान्त** पाठ्यक्रम का निर्माण ऐसा हो जिससे छात्र हर प्रकार का ज्ञान अर्जित कर सकें, जिससे वह अपना शारीरिक, मानसिक, बौद्धिक, चारित्रिक, आध्यात्मिक, संवेगात्मक तथा नैतिक विकास कर सके।

पाठ्यक्रम मूल्यांकन
(Syllabus Evaluation)

पाठ्यक्रम मूल्यांकन का तात्पर्य पाठ्यक्रम के विभिन्न घटकों; जैसे-उद्देश्य, विषय-वस्तु, विधियाँ तथा मूल्यांकन प्रविधियों के मूल्यांकन से होता है। इन घटकों की अलग-अलग समीक्षा नहीं की जा सकती है, क्योंकि ये घटक आपस में एक-दूसरे में जुड़े हुए होते हैं। अत: इनका मूल्यांकन भी एक-दूसरे से जोड़कर ही किया जाता है।

दूसरे शब्दों में यह कहा जा सकता है कि पाठ्यक्रम मूल्यांकन, पाठ्यक्रम के विकास और उसके क्रियान्वयन के लिए उपयोगी जानकारी प्राप्त करने की प्रक्रिया एवं माध्यम होता है।

मूल्यांकन के अभाव में पाठ्यक्रम दिशाहीन हो जाता है। फलत: शिक्षा का उद्देश्य भी पूरा नहीं हो पाता है। अत: पाठ्यक्रम मूल्यांकन का महत्त्व बढ़ जाता है। पाठ्यक्रम मूल्यांकन के अन्तर्गत प्रश्नावली, प्रेक्षण, चेक लिस्ट, साक्षात्कार, कार्यशाला एवं समूह परिचर्चा आदि का सहारा लिया जाता है।

सम्पूर्ण पाठ्यक्रम के सभी पक्षों के मूल्यांकन के लिए एक निश्चित समय में विद्यार्थियों से वस्तुनिष्ठ प्रश्नों की जाँच उपयुक्त होती है।

पाठ्यक्रम में शिक्षक की भूमिका
(Teacher's Role in the Syllabus)

- शिक्षक पाठ्यक्रम योजना तथा विकास के प्रत्येक चरण; जैसे-उद्देश्यों के निर्माण, पाठ्यक्रम निष्पादन व मूल्यांकन आदि सभी में महत्त्वपूर्ण भूमिका निभाता है।
- पाठ्यक्रम से शिक्षक को अपने शिक्षण के स्वरूप का निर्धारण करने, शिक्षण का संचालन करने तथा छात्रों की उपलब्धियों को जानने का अवसर प्राप्त होता है।
- निर्धारित पाठ्यक्रम के अनुसार शिक्षक अपनी शिक्षण विधि का चयन करने में समर्थ होता है।
- पाठ्यक्रम की सफलता तथा शिक्षा के उद्देश्यों की प्राप्ति में शिक्षक की प्रमुख भूमिका महत्त्वपूर्ण होती है।
- पाठ्यक्रम गतिविधियों के आयोजन में शिक्षक की भूमिका अधिक महत्त्वपूर्ण होती है। शिक्षक एक मार्गदर्शक के रूप में छात्रों को उपयुक्त दिशा-निर्देश प्रदान करते हैं।
- शिक्षक छात्रों को पाठ्यक्रम के अनुसार न सिर्फ ज्ञान से अवगत कराते हैं, बल्कि जीवन सम्बन्धित विभिन्न मूल्यों से उन्हें परिचित भी कराते हैं।
- पाठ्यक्रम गतिविधियों का संचालन सुनिश्चित तरीके से हो, इसके लिए शिक्षक को एक अच्छा योजनाकार होना आवश्यक होता है, ताकि विभिन्न गतिविधियों को व्यवस्थित ढंग से पूरा किया जा सके। पाठ्यक्रम सम्बन्धित योजनाओं के क्रियान्वयन में शिक्षक की भूमिका एक मार्गदर्शक के रूप में होती है।
- शिक्षण कार्य के समय एक शिक्षक का यह कर्त्तव्य होता है कि वह पाठ्यक्रम सम्बन्धित गतिविधियों का प्रदर्शन करते हुए सभी बच्चों को अधिक-से-अधिक अवसर प्रदान करे एवं छात्रों को प्रोत्साहित करे।
- शिक्षक को चाहिए कि वह किसी भी छात्र के साथ भेदभावपूर्ण व्यवहार न करे, इससे छात्रों के मनोबल पर प्रतिकूल प्रभाव पड़ता है।
- इस प्रकार शिक्षण कार्य के सन्दर्भ में शिक्षक की महत्त्वपूर्ण भूमिका उसके कर्त्तव्य पालन से लेकर कर्त्तव्य व्यवहार के रूप में शामिल होती है। शिक्षक छात्र-निवेदन पर ही बाह्य गतिविधियों को पाठ्यक्रम में शामिल कर सकता है।

सहपाठ्यक्रम गतिविधियाँ
(Co-curricular Activities)

ऐसा पाठ्यक्रम, जो मुख्य पाठ्यक्रम के पूरक के रूप में कार्य करता है, सहपाठ्यक्रम गतिविधियों के अन्तर्गत सम्मिलित किया जाता है। ये पाठ्यक्रम के बहुत महत्त्वपूर्ण भाग होते हैं, जो छात्रों के व्यक्तित्व विकास करने के साथ ही कक्षा शिक्षा को सुदृढ़ करने में प्रभावी भूमिका निभाते हैं।

क्षेत्र के आधार पर सहपाठ्यक्रम गतिविधियों को मुख्यत: दो भागों में विभाजित किया जाता है

1. **आउटडोर सहपाठ्यक्रम** इस प्रकार की गतिविधियाँ सामान्यत: विद्यालय के बाहर आयोजित की जाती हैं। इसके अन्तर्गत निम्नलिखित गतिविधियों को शामिल किया जाता है—सामूहिक परेड, योग, बागवानी, पौधारोपण, व्यायाम, सामूहिक प्रार्थना, सामाजिक सेवा, सर्वेक्षण करना, खेल आयोजित करना एवं सहपाठियों के साथ पिकनिक जाना इत्यादि।
2. **इनडोर सहपाठ्यक्रम** इनडोर सहपाठ्यक्रम गतिविधियाँ मुख्यत: विद्यालय के सभागार में आयोजित की जाती हैं; जैसे—नाटक, संगीत एवं नृत्य, चित्रांकन एवं रंगाई सजावट, क्ले मॉडलिंग, प्राथमिक चिकित्सा, सिलाई, रंगोली, बुक बाइण्डिंग, कला और शिल्प, क्विज प्रतियोगिता एवं भाषण प्रतियोगिता आयोजित करना इत्यादि।

सहपाठ्यक्रम गतिविधियों के प्रकार
(Types of Co-curricular Activities)

1. **शारीरिक विकास गतिविधियाँ** इसके अन्तर्गत विभिन्न प्रकार के खेलों, योगा, स्विमिंग, गार्डनिंग, जूडो, ड्राइविंग, एथलेटिक्स इत्यादि गतिविधियों को शामिल किया जाता है।
2. **शैक्षणिक विकास गतिविधियाँ** इसके अन्तर्गत विविध प्रकार के क्लबों को शामिल किया जाता है। भूगोल क्लब, इतिहास क्लब, विज्ञान क्लब तथा क्विज, सर्वे तथा प्रोजेक्ट निर्माण गतिविधियाँ इसी के अन्तर्गत आती हैं।
3. **साहित्यिक गतिविधियाँ** इसके अन्तर्गत भाषा-कला, वाद-विवाद, विचारगोष्ठी, कार्यगोष्ठी, कविता पाठ, पत्रिका प्रकाशन, समाचार, पत्रवाचन, पुस्तकालय एवं वाचनालय के उपयोग से सम्बन्धित गतिविधियों को शामिल किया जाता है।

4. **सामाजिक गतिविधियाँ** इसके अन्तर्गत सामाजिक कुरीतियों एवं अन्धविश्वासों को दूर करने के लिए प्रचार अभियान तथा विद्यालयों द्वारा बालकों के माध्यम से सफाई अभियान, साक्षरता का प्रसार एवं स्वास्थ्य सम्बन्धी जानकारियों का प्रसार आदि गतिविधियाँ शामिल होती हैं।
5. **सांस्कृतिक विकास गतिविधियाँ** इसके अन्तर्गत संगीत, नृत्य, नाटक, लोक संगीत/नृत्य/नाटक, फैंसी ड्रेस, प्रदर्शनी, पेण्टिंग एवं अन्य सामूहिक गतिविधियाँ प्रस्तुत की जाती हैं।
6. **राष्ट्रीय एकता विकास गतिविधियाँ** शैक्षणिक भ्रमण, भाषण प्रतियोगिता, राष्ट्रीय एवं अन्तर्राष्ट्रीय दिवस का आयोजन इसी के अन्तर्गत आते हैं।

छात्रों के विकास में सहपाठ्यक्रम गतिविधियों की भूमिका

(Role of Co-curricular Activities in the Development of Students)

सहपाठ्यक्रम गतिविधियों द्वारा छात्र व्यावहारिक ज्ञान के अनुभव को समझ पाता है। व्यावहारिक शिक्षा या ज्ञान से छात्र कक्षा के शिक्षण एवं प्रशिक्षण को सरलता से समझता है, साथ ही इससे कक्षा में छात्रों के बौद्धिक ज्ञान का विकास होता है। सहपाठ्यक्रम के द्वारा सौन्दर्य विकास, चरित्र निर्माण एवं आध्यात्मिक विकास भी होता है।

छात्रों के विकास में सहपाठ्यक्रम गतिविधियों की भूमिका निम्नलिखित है

- परिचर्चा एवं ग्रुप डिस्कशन में भाग लेने वाले छात्रों की अभिव्यक्ति क्षमता सुदृढ़ होती है।
- स्वस्थ एवं प्रभावी प्रतिस्पर्द्धा की भावना विकसित करने में यह सहायता करता है।
- बच्चों को शारीरिक एवं मानसिक रूप से ऊर्जावान एवं पूरी तरह से फिट रखने में सहपाठ्यक्रम गतिविधियाँ महत्त्वपूर्ण होती हैं।
- कौशल विकास के निर्माण में यह महत्त्वपूर्ण भूमिका निभाता है। यह बताता है कि किसी भी काम को संगठित रूप से कैसे किया जा सकता है।
- करियर के प्रति युवाओं में चिन्ता बनी रहती है, कई बार वे तनाव से ग्रसित हो जाते हैं, ऐसे में सहपाठ्यक्रम गतिविधियों के माध्यम से इस द्वन्द्व को पूरी तरह से समाप्त किया जा सकता है।

पाठ्यक्रम में सहपाठ्यक्रम गतिविधियों का महत्त्व

(Importance of Syllabus in Co-curricular Activities)

- बालक-बालिकाओं के सर्वांगीण विकास की दृष्टि से पाठ्य-सहगामी अथवा सहपाठ्यक्रम गतिविधियाँ अत्यन्त महत्त्वपूर्ण, सार्थक एवं आवश्यक होती हैं।
- आधुनिक मनोविज्ञान के स्वीकृत सिद्धान्तों के अनुसार बहु-आयामी व्यक्तित्व के विकास के लिए सहपाठ्यक्रम गतिविधियों का शिक्षा संस्थाओं में आयोजन करना आवश्यक हो जाता है।
- अत: शिक्षा क्षेत्र में सहपाठ्यक्रम गतिविधियों का महत्त्व बढ़ गया है। विद्यालय की पाठ्य सहगामी क्रियाओं के अन्तर्गत वाद-विवाद प्रतियोगिता, संगीत एवं गायन स्पर्द्धा तथा ड्रामा शामिल होता है, जबकि कक्षा व्याख्यान शामिल नहीं होता है।

राष्ट्रीय पाठ्यचर्या की रूपरेखा-2005

(National Curriculum Framework, 2005)

- राष्ट्रीय पाठ्यचर्या की रूपरेखा 2005 का निर्माण 1993 की 'शिक्षा बिना बोझ के' रिपोर्ट के संदर्भ में राष्ट्रीय पाठ्यचर्या की रूपरेखा (NCFSE) 2000 की समीक्षा करने हेतु किया गया।
- राष्ट्रीय पाठ्यचर्या की रूपरेखा 2005 का अनुवाद संविधान की आठवीं अनुसूची में दी गई सभी भाषाओं में किया गया है।
- राष्ट्रीय पाठ्यचर्या की रूपरेखा 2005 का मुख्य उद्देश्य बच्चों के स्कूली जीवन को बाहर के जीवन से जोड़ना है। यह सिद्धांत किताबी ज्ञान की उस विरासत के विपरीत है, जिसके प्रभाववश हमारी व्यवस्था आज तक स्कूल और घर के बीच अन्तराल बनाए हुए हैं।
- नई राष्ट्रीय पाठ्यचर्या पर आधारित पाठ्यक्रम और पाठ्य-पुस्तकें इस बुनियादी विचारधारा पर अमल करने का प्रयास हैं।
- राष्ट्रीय पाठ्यचर्या की रूपरेखा 2005, शिक्षा के क्षेत्र में एक अभिनव दस्तावेज है। यह रूपरेखा अन्तर्राष्ट्रीय स्तर के शिक्षाविदों, वैज्ञानिकों एवं विषय विशेषज्ञों द्वारा तैयार की गई है।
- राष्ट्रीय पाठ्यचर्या की रूपरेखा 2005 बालकों के मूल्यांकन के लिए सतत् एवं व्यापक मूल्यांकन पर बल देती है। इसके अन्तर्गत कहा गया है कि शिक्षक को बालकों में नवीन सोच, तर्क करने की क्षमता, सृजनात्मक चिन्तन एवं वैज्ञानिक अन्वेषक के गुण विकसित करना चाहिए।

राष्ट्रीय शिक्षा नीति-2020
(National Education Policy, 2020)

भारत में समय-समय पर शिक्षा नीति में बदलाव किया जाता रहा है। देश में पहली शिक्षा नीति पूर्व प्रधानमन्त्री इन्दिरा गांधी ने वर्ष 1968 में शुरू की थी। इसके बाद राजीव गाधी ने वर्ष 1986 में दूसरी शिक्षा नीति बनाई, जिसमें नरसिम्हा राव सरकार ने वर्ष 1992 में कुछ संशोधन किए थे।

वर्तमान में भारत में 34 साल पुरानी शिक्षा नीति चल रही थी, जो कि बदलते परिवेश के साथ प्रभावहीन हो रही थी। इसी कारण मानव संसाधन विकास मंत्रालय ने भारत की नई शिक्षा नीति-2020 में प्रस्तुत की, जिसे कैबिनेट ने मंजूरी देकर पारित किया।

इस नई शिक्षा नीति-2020 का मसौदा पूर्व इसरो प्रमुख के. कस्तूरीरंगन की अध्यक्षता में विशेषज्ञों की एक समिति द्वारा तैयार किया गया है, *नई शिक्षा नीति 2020 के महत्त्वपूर्ण प्रावधान इस प्रकार हैं*

- नई शिक्षा नीति के तहत् पाँचवीं क्लास तक मातृभाषा, स्थानीय या क्षेत्रीय भाषा में पढ़ाई का माध्यम होगा, हालाँकि इस नीति में यह भी कहा गया है कि किसी भी भाषा को थोपा नहीं जाएगा।
- वर्ष 2030 तक स्कूली शिक्षा में 100% GER (Gross Enrollment Ratio) के साथ माध्यमिक स्तर तक एजुकेशन फॉर ऑल का लक्ष्य रखा गया है।
- स्कूल पाठ्यक्रम के 10+2 ढाँचे की जगह 5+3+3+4 का नया पाठ्यक्रम संरचना लागू करने का प्रावधान किया गया है, जो क्रमशः 3 से 8, 8 से 11, 11 से 14 एवं 14 से 18 वर्ष के बच्चों के लिए है। इसमें अब तक दूर रखे गए उन 6 साल के बच्चों को स्कूली पाठ्यक्रम के तहत लाने का प्रावधान है, जिन्हें विश्व स्तर पर बच्चे की मानसिक विकास के लिए महत्त्वपूर्ण चरण के रूप में मान्यता दी गई है।
- ई-पाठ्यक्रम क्षेत्रीय भाषाओं में विकसित किए जाएँगे, जिसके अन्तर्गत वर्चुअल लैब विकसित की जाएगी और एक राष्ट्रीय शैक्षिक टेक्नोलॉजी फोरम (NETF) की स्थापना की जाएगी।
- पढ़ने-लिखने एवं जोड़-घटाव (संख्यात्मक ज्ञान) की बुनियादी योग्यता पर बल दिया गया है।
- NCERT, 8 वर्ष की आयु तक के बच्चों के लिए प्रारम्भिक बचपन देखभाल और शिक्षा (NCPFECCE) के लिए एक राष्ट्रीय पाठ्यक्रम एवं शैक्षणिक ढाँचा विकसित करेगा।
- स्कूलों में शैक्षणिक धाराओं, पाठ्यक्रम गतिविधियों एवं व्यावसायिक शिक्षा के बीच विशेष अन्तर नहीं करने का प्रावधान किया गया है।
- सामाजिक एवं आर्थिक रूप से वंचित समूहों (SEDG) की शिक्षा के लिए विशेष प्रावधान किया गया है।
- नई शिक्षा नीति 2020 में शिक्षा पर सकल घरेलू उत्पाद का 6% खर्च किया जाएगा, जोकि अभी 4.43% है।
- संगीत एवं कला को पाठ्यक्रम में शामिल कर इसे बढ़ावा दिया जाएगा।
- बुनियादी साक्षरता और संख्यात्मक ज्ञान पर एक राष्ट्रीय मिशन की स्थापना का प्रावधान किया गया है, इसके तहत् वर्ष 2025 तक कक्षा 3 स्तर तक के बच्चों के लिए आधारभूत कौशल विकास सुनिश्चित किया गया है।
- कक्षा 6 से ही शैक्षणिक पाठ्यक्रम में व्यावसायिक शिक्षा को शामिल किया गया है और इसके लिए इण्टरनशिप की भी व्यवस्था का प्रावधान है।
- छात्रों की प्रगति एवं मूल्यांकन तथा छात्रों को अपने भविष्य से जुड़े निर्णय लेने में सहायता प्रदान करने हेतु कृत्रिम बुद्धिमत्ता आधारित सॉफ्टवेयर के प्रयोग पर बल दिया गया है।

अभ्यास प्रश्न

1. आधुनिक शिक्षाविदों के अनुसार शिक्षा प्रक्रिया में तीसरे ध्रुव के रूप में कौन शामिल है?

(a) शिक्षक (b) छात्र
(c) पाठ्यक्रम (d) कक्षा

2. 'Curriculum' शब्द की उत्पत्ति किस भाषा से हुई है?

(a) अंग्रेजी (b) फ्रेंच
(c) स्पेनिश (d) लैटिन

3. पाठ्यक्रम के द्वारा छात्र को किस प्रकार का ज्ञान प्रदान किया जाता है?

(a) सैद्धान्तिक (b) व्यावहारिक
(c) 'a' और 'b' (d) इनमें से कोई नहीं

4. एक विद्यालयी पाठ्यक्रम को सर्वोत्तम तरीके से परिभाषित किया जा सकता है

(a) विद्यालय द्वारा विद्यार्थी का विभिन्न क्षेत्रों में ज्ञानार्जन
(b) विद्यालय द्वारा संगठित छात्र का अनुभव
(c) शिक्षण के लिए प्रयुक्त समस्त सामग्री एवं विधियाँ
(d) छात्रों की समस्त क्रियाओं को सक्रिय बनाने वाली सामग्री

5. पाठ्यचर्या के सन्दर्भ में निम्नलिखित में से कौन-सा कथन सही नहीं है? **[KVS PRT 2017]**

(a) पाठ्यचर्या आदेशात्मक होती है
(b) पाठ्यचर्या का सम्बन्ध उस समस्त पाठ्यवस्तु से है, जो किसी शैक्षिक संस्था में पढ़ाई जानी है
(c) पाठ्यचर्या विभिन्न अध्यापकों के लिए भिन्न-भिन्न होती है
(d) पाठ्यचर्या का क्षेत्र व्यापक होता है

6. निम्नलिखित में से पाठ्यक्रम का उद्देश्य क्या है?

(a) छात्रों में सामाजिक गुणों का विकास
(b) छात्रों में निर्णय लेने की क्षमता का विकास
(c) छात्रों में प्रजातन्त्र की भावना का विकास
(d) उपरोक्त सभी

7. शिक्षण के क्रियात्मक उद्देश्यों को पूरा करने के लिए पाठ्यक्रम में किस पर जोर दिया जाता है?

(a) सिद्धान्त एवं अवधारणा **[Rajasthan BEd 2017]**
(b) क्रिया एवं प्रयोग
(c) विद्यालय प्रबन्धन
(d) उपरोक्त में से कोई नहीं

8. एक आदर्श पाठ्यक्रम के क्या लाभ हैं?

(a) समय एवं ऊर्जा की बचत
(b) ज्ञान की प्राप्ति
(c) व्यक्तित्व का विकास
(d) उपरोक्त सभी

9. किस पाठ्यक्रम का निर्माण बालकों की रुचि, प्रवृत्ति एवं क्षमताओं को ध्यान में रखे बिना किया जाता है?

(a) बाल-केन्द्रित पाठ्यक्रम
(b) विषय केन्द्रित पाठ्यक्रम
(c) क्रिया केन्द्रित पाठ्यक्रम
(d) उपरोक्त सभी

10. 'कोर' पाठ्यक्रम के अन्तर्गत किस विषय को सम्मिलित किया जाता है?

(a) विज्ञान एवं सामाजिक अध्ययन को
(b) अंग्रेजी एवं गणित को
(c) अंग्रेजी एवं सामाजिक अध्ययन को
(d) गणित तथा विज्ञान को

11. कोर पाठ्यक्रम के अन्तर्गत

(a) एक कोर्स के द्वारा अनेक सम्बन्धित कोर्सों (Courses) को प्रतिस्थापित किया जाता है
(b) समस्त वर्ग के छात्रों को एकसमान प्रारम्भिक अनुभव प्रदान किए जाते हैं
(c) विभिन्न विषय-वस्तुओं के मध्य प्रकार्यात्मक सह-सम्बन्ध स्थापित करने का प्रयास किया जाता है
(d) पाठ्यक्रम का निर्माण छात्रों की रुचियों, योग्यताओं तथा अनुभवों के अनुरूप किया जाता है

12. पाठ्यक्रम निर्माण में किन सिद्धान्तों का प्रयोग किया जाता है?

(a) जीवन की उपयोगिता
(b) क्रियाशीलता
(c) लचीलापन
(d) उपरोक्त सभी

13. पाठ्यक्रम को अधिक उपयोगी बनाने हेतु आवश्यक है

(a) भारतीय अर्थव्यवस्था का ज्ञान
(b) भारतीय संस्कृति का ज्ञान
(c) भारत का भौगोलिक ज्ञान
(d) भारत के इतिहास का ज्ञान

14. पाठ्यक्रम निर्माण में किस बात को मुख्य रूप से ध्यान में रखना चाहिए?
(a) शिक्षा के उद्देश्यों को
(b) छात्रों की आवश्यकताओं, रुचियों एवं योग्यताओं को
(c) 'a' और 'b' दोनों को
(d) शिक्षण अनुसन्धानों को

15. क्या आप समझते हैं कि बालकों और बालिकाओं दोनों के लिए समान (एक ही) पाठ्यचर्या हो?
(a) जी नहीं, दोनों की पाठ्यचर्या बिल्कुल अलग-अलग होनी चाहिए
(b) जी हाँ, रोजगार के योग्य बनाने की शिक्षा दोनों के लिए समान रूप से जरूरी है
(c) जी नहीं, बालिकाओं के लिए पाठ्यचर्या उनकी शारीरिक एवं भावनात्मक आवश्यकता के अनुरूप होनी चाहिए
(d) जी हाँ, दोनों में कोई अन्तर नहीं होना चाहिए

16. छात्रों के लिए तैयार की गई पाठ्यचर्या
(a) उत्पादकता उन्मुख होनी चाहिए
(b) ऐसी होनी चाहिए, जिसमें लोचशीलता हो
(c) सार्थक होनी चाहिए
(d) उपरोक्त सभी

17. पाठ्यक्रम लोचशील (Flexible) होना चाहिए। यदि ऐसा नहीं होगा, तो
(a) वह छात्रों में लोकप्रिय नहीं हो पाएगा
(b) वह सामाजिक भावनाओं को प्रोत्साहित नहीं कर पाएगा
(c) वह विषय-केन्द्रित हो जाएगा
(d) उससे अलग-अलग व्यक्तित्व वाले छात्रों का विकास नहीं हो पाएगा

18. पाठ्यचर्या में विभिन्न गतिविधियों और अनुभवों का समावेश आवश्यक रूप से होना चाहिए **[IG BEd 2019]**
(a) आनन्द प्राप्ति एवं उबाऊपन से स्वतन्त्रता हेतु
(b) प्रत्येक बच्चे द्वारा किसी गतिविधि में निपुणता प्राप्त करने हेतु
(c) बच्चों की सभी क्षमताएँ समान रूप से विकसित करने हेतु
(d) सहगामी गतिविधियाँ कठिन विषयों के लिए अधिगम में सहायक होती हैं

19. आधुनिक समय में पाठ्यक्रम निर्माण में निम्नलिखित तथ्य पर सर्वाधिक बल प्रदान किया गया है
(a) छात्रों के सार्थक अनुभव
(b) विषय-वस्तु के संगठन में तार्किकता
(c) विषय-वस्तु एवं विधियों में शिथिलता
(d) 'a' और 'c' दोनों

20. पाठ्यक्रम मूल्यांकन के अन्तर्गत किसका सहारा लिया जाता है?
(a) चेक लिस्ट (b) प्रश्नावली
(c) कार्यशाला (d) ये सभी

21. सम्पूर्ण पाठ्यक्रम के सभी पक्षों के मूल्यांकन के लिए एक निश्चित समय में विद्यार्थियों की परीक्षा लेनी है, ऐसे में विद्यार्थियों से किस प्रकार के प्रश्न पूछना अधिक उचित होगा?
(a) निबन्धात्मक (b) व्याख्यात्मक
(c) आलोचनात्मक (d) वस्तुनिष्ठ

22. पाठ्यक्रम गतिविधियों के संचालन में किसकी भूमिका महत्त्वपूर्ण होती है?
(a) छात्र की (b) शिक्षक की
(c) पाठ्यसूची की (d) विद्यालय की

23. किसी कारण से यदि आपका पाठ्यक्रम पूरा नहीं हो पाया है और इसी बीच आपको एक विवाह समारोह में सम्मिलित होना है, तो आपको क्या करना चाहिए?
(a) पाठ्यक्रम पूरा करने के लिए अपने किसी साथी शिक्षक की सहायता लेनी चाहिए
(b) विवाह में सम्मिलित नहीं होना चाहिए
(c) पाठ्यक्रम पूरा करने के लिए अतिरिक्त कक्षाएँ लेनी चाहिए
(d) उपरोक्त सभी

24. पाठ्यक्रम सम्बन्धी अतिरिक्त क्रियाओं को विद्यालय में सम्मिलित करने का मुख्य कारण है
(a) शिक्षकों को व्यस्त रखना
(b) प्रशासनिक दर्शन
(c) छात्र-निवेदन
(d) माता-पिता का आग्रह

25. सहपाठ्यक्रम गतिविधियाँ पाठ्यक्रम में किस रूप में कार्य करती हैं?
(a) सहयोगी (b) सहायक
(c) पूरक (d) केन्द्रिक

26. निम्न में से कौन विद्यालय की पाठ्य-सहगामी क्रियाओं का भाग नहीं है?
(a) वाद-विवाद प्रतियोगिता (b) संगीत एवं गायन स्पर्द्धा
(c) कक्षा व्याख्यान (d) ड्रामा

27. क्षेत्र के आधार पर सहपाठ्यक्रम गतिविधियों को कितने भागों में बाँटा गया है?
(a) दो (b) चार
(c) पाँच (d) आठ

28. **निम्न में से क्या इनडोर सहपाठ्यक्रम का भाग नहीं है?**
(a) चित्रांकन एवं रंगाई (b) संगीत एवं नृत्य
(c) सामूहिक परेड एवं योग (d) कला एवं शिल्प

29. **किस गतिविधि से बच्चे का रचनात्मक विकास तीव्रता से होता है?**
(a) मौन-पाठन से
(b) संगीत एवं नृत्य से
(c) कार्यों की अधिकता
(d) पाठ्य-वस्तु का केन्द्रीकरण

30. **निम्न में से क्या सहपाठ्यक्रम गतिविधियों के अन्तर्गत शामिल है?**
(a) निबन्ध लेखन (b) खेल प्रतियोगिता
(c) सांस्कृतिक कार्यक्रम (d) ये सभी

31. **निम्नलिखित में से कौन एक सहपाठ्यक्रम गतिविधि के अन्तर्गत नहीं आता है?**
(a) योग (b) व्यायाम
(c) लिपिक कार्य (d) लोकनृत्य

32. **निम्न में कौन-सा सहपाठ्यक्रम व्यक्तित्व विकास के साथ-साथ ज्ञान का निर्माण भी करता है?**
(a) योग (b) व्यायाम
(c) देशभक्ति गायन (d) बहस एवं वाद-विवाद

33. **सौन्दर्य का विकास एवं चरित्र का निर्माण कैसे होता है?**
(a) औपचारिक शिक्षा से (b) अनौपचारिक शिक्षा से
(c) सहपाठ्यक्रम से (d) पाठ्यक्रम से

34. **सहपाठ्यक्रम गतिविधियाँ छात्रों के लिए क्यों आवश्यक हैं?**
(a) छात्रों के शारीरिक विकास के लिए
(b) छात्रों के मानसिक विकास के लिए
(c) छात्रों में आत्मविश्वास की वृद्धि के लिए
(d) उपरोक्त सभी

35. **निम्नलिखित में कौन एक सहपाठ्यक्रम गतिविधियों की भूमिका में शामिल नहीं है?**
(a) आत्म-मूल्यांकन का अवसर देता है
(b) कौशल विकास में भूमिका निभाता है
(c) अपनेपन की भावना विकसित करता है
(d) भ्रमण को हतोत्साहित करता है

36. **मनोविज्ञान के इतिहास में सबसे पहली पाठ्य-पुस्तक निम्नलिखित में से किसने लिखी थी?** **[UK BEd 2019]**
(a) विलियम जेम्स ने (b) आर. एस. वुडवर्थ ने
(c) विलियम मैक्डूगल ने (d) एन. एल. मन ने

37. **राष्ट्रीय पाठ्यचर्या की रूपरेखा 2005 का अनुवाद संविधान की कौन-सी अनुसूची में दिया गया है?**
(a) 12वीं अनुसूची (b) 10वीं अनुसूची
(c) 8वीं अनुसूची (d) 6वी अनुसूची

38. **राष्ट्रीय पाठ्यचर्या की रूपरेखा-2005 बालकों के मूल्यांकन के लिए किस प्रकार के मूल्यांकन पर बल देती है?**
(a) सतत एवं व्यापक मूल्यांकन
(b) अधिगम एवं अभिप्रेरणा
(c) अभिवृत्ति एवं अभिरुचि
(d) उपरोक्त में से कोई नहीं

39. **भारत में पहली शिक्षा नीति किस वर्ष पारित की गई थी?**
(a) वर्ष 1982 (b) वर्ष 1967
(c) वर्ष 1980 (d) वर्ष 1968

40. **के. कस्तूरीरंगन की अध्यक्षता में किस शिक्षा नीति का मसौदा तैयार किया गया है?**
(a) शिक्षा नीति 1968 (b) शिक्षा नीति 1986
(c) शिक्षा नीति 2020 (d) इनमें से कोई नहीं

41. **नई शिक्षा नीति-2020 के तहत स्कूल पाठ्यक्रम का क्या आधार रखा गया है?**
(a) 3+3+5+2 (b) 5+3+3+4
(c) 4+5+2+3 (d) 5+3+4+2

42. **नई शिक्षा नीति-2020 के तहत् शिक्षा पर सकल घरेलू उत्पाद का कितना प्रतिशत खर्च किय जाना है, जो कि अभी-4.43% है?**
(a) 12% (b) 08%
(c) 10% (d) 06%

उत्तरमाला

1. (c)	2. (d)	3. (c)	4. (b)	5. (c)	6. (d)	7. (b)	8. (d)	9. (b)	10. (d)
11. (b)	12. (d)	13. (b)	14. (c)	15. (d)	16. (d)	17. (d)	18. (b)	19. (a)	20. (d)
21. (d)	22. (b)	23. (c)	24. (c)	25. (c)	26. (c)	27. (a)	28. (c)	29. (b)	30. (d)
31. (c)	32. (d)	33. (c)	34. (d)	35. (d)	36. (a)	37. (c)	38. (a)	39. (d)	40. (c)
41. (b)	42. (d)								

शिक्षण व्यवसाय के प्रति अभिवृत्ति

(Aptitude Towards Teaching Profession)

शिक्षण अथवा अध्यापन को प्राचीन समय में एक सेवा के रूप में देखा जाता है, जो सामाजिक हित व बच्चों के सर्वांगीण विकास में महत्त्वपूर्ण भूमिका निभाते हैं। शिक्षण के कार्य में समयानुसार बदलाव आया और वह एक व्यवसाय के रूप में परिणत हो गया अर्थात् शिक्षण के लिए शिक्षक कुछ वेतन लेकर शिक्षण कार्य करने लगें। यह वर्तमान में भी विद्यमान है। जिसका उद्देश्य निश्चित शुल्क या पारिश्रमिक के बदले सेवा या निर्देश प्रदान करना है।

यह व्यवसाय विशिष्ट प्रशिक्षण पर आधारित होता है, जो निस्वार्थ रूप से परामर्श तथा सेवा को प्रत्यक्ष तथा निश्चित रूप से प्रदान करने के प्रतिबद्ध होते हैं। एक व्यावसायिक व्यक्ति प्रत्यक्ष अथवा अप्रत्यक्ष दोनों रूपों में सेवा प्रदान कर सकते हैं

यह व्यवसाय दीर्घकालिक प्रशिक्षण पर आधारित होते हैं तथा इसमें आचरण सम्बन्धी नियम तथा जवाबदेही निश्चित होती है। इसके अलावा यह सिर्फ आर्थिक लाभ आधारित नहीं होता है, बल्कि सेवा रूप में कार्य करता है। अत: शिक्षण व्यवसाय अन्य व्यवसायों से भिन्न है।

शिक्षण व्यवसाय का अर्थ

(Meaning of Teaching Profession)

शिक्षण व्यवसाय दो शब्दों Teaching + Profession से मिलकर बना है, जिसमें टीचिंग का अर्थ शिक्षण तथा प्रोफेशन का अर्थ व्यवसाय अथवा पेशा होता है। वर्तमान समय में शिक्षण एक व्यवसाय के रूप में विकसित है। शिक्षण व्यवसाय में मानव को एक संसाधन एवं राष्ट्रीय नागरिकों के निर्माण सम्बन्धी दायित्व एवं कर्त्तव्यों को पूरा करने के लिए उत्तरदायी माना जाता है। इस व्यवसाय में भी सैद्धान्तिक तथा प्रायोगिक दोनों सिद्धान्तों का पालन किया जाता है।

इस प्रकार शिक्षण व्यवसाय समाज की आवश्यकताएँ इच्छाएं तथा रुचियों आदि के अनुरूप एक प्रक्रिया के रूप में कार्य करती है और अपने में बदलाव लाती है, जैसा कि आधुनिक समय में शिक्षण व्यवसाय में भी नए नए शोधों, आविष्कारों के द्वारा समाज की आवश्यकता के अनुरूप बदलाव आ रहा है।

शिक्षण व्यवसाय को वर्तमान में निम्न प्रकार से समझा जा सकता है

1. **एक बौद्धिक कार्य के रूप में** ऐसा कहा जाता है कि शिक्षण केवल बातचीत करना नहीं है, क्योंकि शिक्षण में अधिगम की क्रियाओं को निरन्तर संगठित करना पड़ता है तथा उचित एवं सहयोगी अधिगम वातावरण का निर्माण करता है।

   अधिगम अनुभवों को प्रदान करते समय शिक्षक को कक्षागत वातावरण का निरन्तर विश्लेषण एवं मूल्यांकन करना होता है तथा शिक्षार्थियों के एक ऐसे समूह जो रुचि एवं सीखने की गति के आधार पर एक-दूसरे से भिन्न होते हैं, के व्यवहार में पूर्व निर्धारित परिवर्तनों को प्राप्त करने हेतु एक उपयुक्त कार्ययोजना विकसित करनी पड़ती है, ऐसी सभी क्रियाएँ जो एक शिक्षक द्वारा संचालित की जाती हैं, वह बौद्धिक क्रियाएँ होती हैं।

2. **विज्ञान के रूप में** शिक्षण केवल कला ही नहीं बल्कि विज्ञान भी है। यह प्राकृतिक रहस्यों को जानने के प्रति प्रेरित करता है, यह तार्किकता को बढ़ाता है। शोध आविष्कार, सिद्धान्त जो शिक्षक एवं शिक्षार्थी दोनों के लिए महत्त्वपूर्ण हैं। इसका प्रमुख उदाहरण है। अत: यह वैज्ञानिकता को बढ़ावा देता है।
3. **सामाजिक सेवा के रूप में** शिक्षण एक सामाजिक सेवा होती है, यह सर्वसाधारण द्वारा स्वीकार किया जा चुका है कि शिक्षा राष्ट्र में परिवर्तन लाने का सशक्त माध्यम है।

   संयुक्त राज्य अमेरिका, रूस जैसे विकसित देश इस कथन के स्पष्ट उदाहरण हैं। अत: शिक्षण के द्वारा समाज का विकास होता है।
4. **क्रमबद्ध ज्ञान के रूप में** शिक्षण व्यवसाय क्रमबद्ध ज्ञान पर निर्भर करता है, जिसे जीवन के सामाजिक, मनोवैज्ञानिक, ऐतिहासिक, राजनीतिक तथा आर्थिक पक्षों से व्युत्पन्न किया जाता है। यह समाज के धार्मिक एवं आध्यात्मिक विश्वासों से भी प्रभावित होता है।
5. **दीर्घकालीन सेवा विकास के रूप में** शिक्षण व्यवसाय में शिक्षक, शिक्षण के प्रत्येक स्तर पर सीखता है, यह शिक्षक के दीर्घकालीन विकास को प्रोत्साहित करता है, क्योंकि इसमें निरन्तर परिवर्तित हो रहे समाज की आवश्यकताओं को ध्यान में रखना पड़ता है। यह राष्ट्र के राजनैतिक आदर्श व आर्थिक स्थिति, दोनों से प्रभावित होता है।

शिक्षण व्यवसाय की विशेषताएँ (Characteristics of Teaching Profession)

- शिक्षक को विशिष्ट प्रशिक्षण देना, जिससे वह अपने ज्ञान को प्रभावशाली ढंग से दूसरो से दूसरों तक पहुँच सके तथा अधिगमकर्त्ता प्राप्त ज्ञान का उपयोग अपने दैनिक जीवन में कर सके।
- स्वायतशासी नियामक संस्थाएँ अथवा परिषद्;
  जैसे—NCTE, NCERT अथवा अन्य द्वारा शिक्षकों के विषय वस्तुगत अधिकारों, प्राध्यापकों आदि का चयन, वेतन तथा कार्य एवं मूल्यांकन का कार्य आदि का निर्धारण किया जाता है।
- शिक्षक के ज्ञान को संवद्धित्त करने तथा उनमें नवीनता लाने के लिए नए शोध-पत्र तथा शोध जर्नल उपलब्ध होते हैं।
- शिक्षक को व्यक्तिगत तथा व्यावसायिक स्वायत्ता प्राप्त होती है। जिसके कारण वे अपने शिक्षण उद्‌देश्यों को प्राप्त करने के लिए उपयुक्त शिक्षण विधि, सहायक अधिगम सामग्री आदि का प्रयोग कर पाते हैं।
- शिक्षण व्यवसाय समाज द्वारा सम्मानित व्यवसाय होता है, जो बच्चों के भविष्य को बनाता है।
- शिक्षण व्यवसाय द्वारा शिक्षक समाज तथा राष्ट्र दोनों के प्रगति में सहायता प्रदान करता है।
- शिक्षण व्यवसाय द्वारा शिक्षक ना केवल ज्ञान बाँटता है, बल्कि ज्ञान-विज्ञान तथा कलात्मक विधि का सूत्रपात और विस्तार करता है।
- शिक्षण व्यवसाय के अपने आचरण सम्बन्धी नियम एवं मूल्य होते हैं।
- शिक्षण व्यवसाय द्वारा अन्य व्यवसायों का जन्म होता है। इसलिए शिक्षण व्यवसाय को अन्य व्यवसायों की जननी कहा जाता है।
- शिक्षण व्यवसाय के द्वारा कुशलताएँ, अध्यापन, उपयुक्त दक्षताएँ, प्रतिबद्धताएँ आदि व्यवहारगत निष्पादन के क्षेत्र में विकसित होते हैं।
- शिक्षण व्यवसाय के लिए विशिष्ट शैक्षिक तथा व्यावसायिक योग्यता की आवश्यकता होती है।
- अध्यापक अपने व्यवसाय में लम्बी अवधि तक अध्ययन/अध्यापन करने की प्रक्रिया से गुजरता है, तब जाकर अध्यापक ज्ञान, प्रशिक्षण और अनुभव अर्जित करता है।

शिक्षण का स्तर (Level of Teaching)

शिक्षण की प्रक्रिया में शिक्षा का क्रियात्मक एवं व्यावहारिक रूप देखा जाता है। शिक्षक इस प्रक्रिया में प्रभावी शिक्षा प्रदान करने का प्रयास करता है, जिससे कि छात्र आसानी से ज्ञानार्जन कर अपने व्यवहार एवं व्यक्तित्व में सुधार कर सके। यहाँ प्रभावी शिक्षा, शिक्षण के स्तर को दिखाती है। अत: शिक्षा के स्तर को निर्धारित करने के लिए विद्वानों एवं शिक्षा मनोवैज्ञानिकों ने तीन स्तर निर्धारित किए हैं, *जो इस प्रकार हैं*

1. स्मृति स्तर या स्मरण शक्ति स्तर की शिक्षण व्यवस्था (हरबर्ट शिक्षण मॉडल)
2. बोध स्तर या समझ स्तर की शिक्षण व्यवस्था (मॉरिसन शिक्षण मॉडल)
3. चिन्तन स्तर या विचारात्मक स्तर की शिक्षण व्यवस्था (हण्ट शिक्षण मॉडल)

स्मृति स्तर या स्मरण शक्ति स्तर (हरबर्ट शिक्षण मॉडल)

Memory Level (Herbert Teaching Model)

यह शिक्षण अधिगम की प्रक्रिया का सबसे निचला स्तर होता है। इसमें शिक्षण का कार्य केवल स्मृति पर निर्भर होता है अर्थात् इसमें शिक्षक एवं छात्र दोनों ही सबसे निम्न मानसिक धरातल पर अपनी शिक्षण प्रक्रिया को पूरा करते हैं। अत: इसे स्मृति स्तर का शिक्षण भी कहा जाता हैं।

इस स्तर के शिक्षण अधिगम का उद्देश्य दी गई विषय सामग्रियों को रट लेना होता है। इसमें छात्र बिना सोचे-समझे विषय सामग्री को रट लेते हैं। यहाँ बौद्धिकता का स्तर काफी निम्न होता है, इसलिए इस स्तर पर उच्च स्तरीय पाठ्य सामग्रियों का उपयोग नहीं किया जाता है।

यह स्तर, अन्य विचारवान स्तरों के लिए आधारशिला प्रदान करता है। स्मृति स्तर के शिक्षण में संकेत अधिगम, शृंखला अधिगम तथा अनुक्रिया पर महत्त्व दिया जाता है। प्रश्नोत्तर विधि इसमें कोई महत्त्व नहीं रखती। स्मृति स्तर के प्रारूप को और अधिक स्पष्ट करने के लिए, स्मृति स्तर के मॉडल का अध्ययन महत्त्वपूर्ण है।

स्मृति स्तर के शिक्षण का मॉडल

(Model of Memory Level of Teaching)

स्मृति स्तर के शिक्षण मॉडल का वर्णन हरबर्ट ने किया है। इस मॉडल के प्रारूप का वर्णन चार पक्षों में किया गया है, *जो इस प्रकार है*

1. उद्देश्य

- मानसिक पक्षों का प्रशिक्षण।
- तथ्यों का ज्ञान प्रदान करना।
- सीखे हुए तथ्यों का प्रत्यास्मरण रखना।
- सीखे हुए ज्ञान का प्रत्यास्मरण करना तथा पुन: प्रस्तुत करना।

स्मृति स्तर के शिक्षण मॉडल का प्रारूप ऐसा होना चाहिए, जिसके द्वारा उपरोक्त उद्देश्यों की प्राप्ति की जा सके।

2. संरचना

हरबर्ट ने शिक्षण प्रक्रिया में प्रस्तुतीकरण पर अधिक बल दिया है। हरबर्ट की पंचपदी प्रणाली स्मृति स्तर के शिक्षण को संरचना का प्रारूप प्रदान करती है। अत: *हरबर्ट के पाँच सोपान इस प्रकार हैं*

(i) **तैयारी करना/योजना** शिक्षक पाठ्य-वस्तु के सार्थक विचारों को अपने चेतन मस्तिष्क में लाता है और छात्रों को उन तथ्यों के लिए अनुभव प्रदान करता है, जिससे छात्र उन तथ्यों को प्रत्यास्मरण कर सकें।

(ii) **प्रस्तुतीकरण** शिक्षक नवीन तथ्यों को छात्रों के समक्ष प्रस्तुत करता है। नवीन ज्ञान को प्रस्तुत करने में यह ध्यान रखा जाता है कि उसका छात्रों के पूर्व ज्ञान से सम्बन्ध स्थापित किया जा सके। प्रस्तुतीकरण में शिक्षक के कार्य सुनिश्चित होने चाहिए तथा शिक्षक को पाठ्य-वस्तु को प्रस्तुत करना चाहिए।

प्रस्तुतीकरण के प्रारूप की तीन प्रमुख विशेषताएँ होती हैं

(a) **सुनिश्चितता** प्रस्तुतीकरण में पाठ्य-वस्तु का रूप निश्चित होता है।

(b) **पूर्वकथनीयता** प्रस्तुतीकरण द्वारा किस प्रकार का ज्ञान प्रदान किया जाएगा, इसका कथन पहले ही तैयार कर लिया जाता है।

(c) **ज्ञान के स्वरूप का अवलोकन** ज्ञान के विशिष्ट रूप का प्रस्तुतीकरण ऐसा किया जाता है, जिसका अवलोकन हो सके अर्थात् देखा जा सके।

(iii) **तुलना एवं समरूपता** यदि शिक्षक प्रथम दो सोपानों का अनुसरण भली-प्रकार कर चुका है, तब छात्र नवीन तथ्यों की समानता की तुलना कर सकते हैं। नए तथा पुराने विचारों में सम्बन्ध भी स्थापित कर सकते हैं और उनमें सम्मिलित तथ्यों का चयन कर सकते हैं।

(iv) **सामान्यीकरण** इस सोपान के अन्तर्गत छात्र दो या दो से अधिक तथ्यों में सम्मिलित तत्त्वों को बताने का प्रयास कर सकता है और उनके आधार पर कोई सिद्धान्त निकाल सकता है, जिसको सामान्यीकरण कहते हैं।

(v) **उपयोग** नवीन सीखे हुए ज्ञान एवं सिद्धान्तों का अन्य तथ्यों अथवा समस्याओं के समाधान में प्रयोग होता है। इसके लिए आवश्यक होता है, कि शिक्षक ऐसी समस्याएँ, प्रस्तुत करें, जिसमें छात्र सीखे हुए ज्ञान का सही प्रयोग कर सके।

3. सामाजिक प्रणाली

शिक्षण एक सामाजिक एवं व्यावसायिक प्रक्रिया है। इसमें सामाजिक व्यवस्था का विशेष महत्त्व होता है। छात्र और शिक्षक इसके सदस्य होते हैं। छात्र, शिक्षण में श्रोता होता है, जो शिक्षक को आदर्श मानकर उसका अनुसरण करता है।

4. मूल्यांकन प्रणाली

स्मृति स्तर के शिक्षण का मूल्यांकन मौखिक तथा लिखित परीक्षाओं द्वारा किया जाता है। परीक्षा में रटने की (स्मरण करने) क्षमता पर ही अधिक बल दिया जाता है। इसके लिए वस्तुनिष्ठ परीक्षण में प्रत्यास्मरण होने वाले पदों एवं अन्य सम्बन्धित पदों आदि का प्रयोग किया जाता है।

बोध या समझ स्तर (मॉरिसन शिक्षण मॉडल)

Understanding Level (Morrison Teaching Model)

शिक्षण अधिगम का यह स्तर स्मृति स्तर से थोड़ा ऊँचा होता है। इस स्तर पर पाठ्य सामग्री को रटने के बजाय ज्ञान को अच्छी तरह समझने का प्रयास किया जाता है।

इस स्तर को शिक्षण में छात्रों के मानसिक शक्तियों के विकास के अवसर, स्मृति स्तर से अधिक होता है। अत: इस स्तर पर छात्रों को इस प्रकार का ज्ञान प्रदान किया जाता है, जिसका व्यावहारिक जीवन में उपयोग हो।

इस स्तर पर छात्रों को किसी नियम व सिद्धान्त की जानकारी देने के साथ उसके व्यावहारिक उपयोग को भी बताया जाता है। इस प्रकार यह स्तर केवल ज्ञान पर बल न देकर उसके पूर्ण बोध पर बल देता है। जिससे छात्र जो भी ज्ञान प्राप्त करें उसे समझ सके तथा उसका व्यावहारिक जीवन में प्रयोग कर सके।

बोध स्तर के शिक्षण के लिए यह आवश्यक है कि इससे पूर्व स्मृति स्तर पर शिक्षण हो चुका हो। इसके बिना बोध स्तर शिक्षण सफल नहीं हो सकता।

बोध स्तर के शिक्षण में शिक्षक छात्रों के समक्ष पाठ्य-वस्तु को इस प्रकार प्रस्तुत करता है कि छात्रों को बोध के लिए अधिक से-अधिक अवसर मिले और छात्रों में आवश्यक सूझ-बूझ उत्पन्न हो। इस प्रकार के शिक्षण में शिक्षक और छात्र दोनों ही काफी सक्रिय रहते हैं।

बोध स्तर के शिक्षण का मॉडल

(Model of Understanding Level of Teaching)

मॉरिसन ने बोध स्तर के शिक्षण मॉडल को चार चरणों में प्रस्तुत किया है, *जिनका विवरण इस प्रकार है*

1. उद्देश्य

मॉरिसन के प्रतिमान का उद्देश्य बोध स्तर पर शिक्षण कार्य पूर्ण करना है। इसमें शिक्षण की क्रियाओं द्वारा तथ्यों के रहने पर ही बल नहीं दिया जाता है, अपितु पाठ्य-वस्तु के समझ पर अधिक बल दिया जाता है। साथ ही छात्रों के व्यक्तित्व के विकास को भी ध्यान में रखा जाता है।

2. संरचना

मॉरिसन ने बोध स्तर की शिक्षण व्यवस्था को पाँच सोपानों में विभाजित किया है। इन पाँच सोपानों का अनुसरण करने में बोध स्तर के लिए शिक्षण तथा अधिगम की परिस्थितियाँ उत्पन्न की जा सकती हैं।

इन पाँच सोपानों का क्रम इस प्रकार है

(i) **अन्वेषण** *इस सोपान में निम्नलिखित क्रियाएँ सम्मिलित की जाती हैं*

- पूर्व ज्ञान का पता लगाने के लिए परीक्षण किया जाता है और प्रश्न पूछे जाते हैं, इन्हें पूर्व व्यवहार भी कहते हैं।
- शिक्षक पाठ्य-वस्तु का विश्लेषण करके उसके अवयवों को क्रमबद्ध रूप में तर्कपूर्ण ढंग से व्यवस्थित करता है। इस सन्दर्भ में यह ध्यान रखना होता है कि पाठ्य-वस्तु का क्रम मनोवैज्ञानिक दृष्टि से वैध होना चाहिए।
- अन्वेषण की तीसरी क्रिया में शिक्षक यह निश्चित करता है कि नवीन पाठ्य-वस्तु की इकाइयों को किस प्रकार प्रस्तुत किया जाए।

(ii) **प्रस्तुतीकरण** पाठ्य-वस्तु के प्रस्तुतीकरण में शिक्षक अधिक क्रियाशील रहता है और *उसे प्रमुख रूप से निम्नलिखित तीन क्रियाएँ करनी पड़ती हैं*

- शिक्षक को नवीन पाठ्य-वस्तु को छोटी-छोटी इकाइयों में प्रस्तुत करना पड़ता है।
- प्रस्तुतीकरण के साथ-साथ शिक्षक छात्रों की समस्याओं का निदान भी करता रहता है कि नवीन पाठ्य-वस्तु का उन्हें बोध हुआ है अथवा नहीं और कक्षा के कितने छात्र पाठ्य-वस्तु को नहीं समझ सके हैं।
- निदान के आधार पर शिक्षक तत्काल यह निर्णय लेता है कि पाठ्य-वस्तु की पुनरावृत्ति तब तक की जानी चाहिए जब तक अधिकांश छात्र नवीन पाठ्य-वस्तु को पूर्ण रूप से न समझ लें। नवीन पाठ्य-वस्तु की पुनरावृत्ति कक्षा में तीन बार तक की जा सकती है।

(iii) **अनुकूलन** जब छात्र प्रस्तुतीकरण की परीक्षा को उत्तीर्ण कर ले, तब उन्हें अनुकूलन की ओर अग्रसर करना चाहिए। *अनुकूलन की निम्नलिखित विशेषताएँ हैं*

- अनुकूलन पाठ्य-वस्तु की गहनता पर बल देता है।
- प्रत्येक छात्र अपनी आवश्यकतानुसार अध्ययन करता है।

- अनुकूलन के समय छात्रों को पुस्तकालय तथा प्रयोगशाला में स्वयं अधिक कार्य करना पड़ता है। अनुकूलन के लिए गृहकार्य दिए जाते हैं, ताकि अनुकूलन के क्रम एवं विकास को समझा जा सके।
- अनुकूलन के समय छात्र और शिक्षक दोनों ही अधिक क्रियाशील रहते हैं। शिक्षक का मुख्य कार्य छात्रों को निर्देश देना और उनकी क्रियाओं का पर्यवेक्षण करना होता है।

(iv) **व्यवस्था** जब छात्र स्वामित्व परीक्षा में सफल हो जाता है, तब अनुकूलन का कालांश समाप्त हो जाता है। इसके बाद छात्र व्यवस्था कालांश अथवा वर्णन कालांश में प्रवेश करता है। यह पाठ्य-वस्तु की प्रकृति पर निर्भर करता है कि छात्र अनुकूलन के बाद व्यवस्था की ओर अथवा वर्णन की ओर अग्रसर हो।

(v) **वर्णन** अथवा वर्णन कालांश (Description Period) में प्रत्येक छात्र मौखिक रूप में पाठ्य-वस्तु को शिक्षक तथा अपने साथियों के समक्ष प्रस्तुत करता है। वह सीखे हुए विषय को सारांश रूप में भी प्रस्तुत करता है।

मॉरिसन के स्वामित्व वर्णन की योजना के अनुसार इसमें प्रत्येक दिन का वर्णन कालांश में होता है। वर्णन स्तर को लिखित रूप में भी प्रस्तुत किया जा सकता है।

3. सामाजिक प्रणाली

बोध स्तर के शिक्षण की सामाजिक प्रणाली विभिन्न सोपानों में बदलती रहती है। प्रस्तुतीकरण सोपान में सामाजिक प्रणाली स्मृति स्तर के समान होती है। शिक्षक छात्रों के व्यवहार को नियन्त्रित करता है। शिक्षक अधिक क्रियाशील रहता है, परन्तु अनुकूलन कालांश में सामाजिक प्रणाली बदल जाती है।

इसमें छात्र और शिक्षक दोनों ही अधिक क्रियाशील रहते हैं। शिक्षक निर्देश देता है और छात्र की स्वत: अभिप्रेरणा अधिक महत्त्वपूर्ण कार्य करती है, जबकि प्रस्तुतीकरण में शिक्षक छात्रों को अभिप्रेरणा देता है।

4. मूल्यांकन प्रणाली

बोध स्तर के शिक्षण में कई स्तरों पर मूल्यांकन किया जाता है। अनुकूलन में प्रवेश करने के लिए प्रस्तुतीकरण की परीक्षा पास करना आवश्यक होता है। व्यवस्था अथवा वर्णन के लिए अनुकूलन परीक्षा उत्तीर्ण कर लेना आवश्यक होता है। व्यवस्था कालांश के अन्त में लिखित परीक्षा को अधिक महत्त्व दिया जाता है, जबकि वर्णन में मौखिक परीक्षा को प्रयुक्त किया जाता है।

विचारात्मक या चिन्तन स्तर
(हण्ट शिक्षण मॉडल) Reflective Level (Hunt Teaching Model)

चिन्तन मानव के विकास का महत्त्वपूर्ण स्तर है। इस स्तर पर शिक्षक अपने छात्रों में चिन्तन, तर्क तथा कल्पना शक्ति को बढ़ाता है, जिससे छात्र इन उपागमों के माध्यम से अपनी समस्याओं का समाधान कर सकें। इस स्तर पर शिक्षण में स्मृति तथा बोध, दोनों स्तरों का शिक्षण निहित होता है।

यह शिक्षण का सर्वोत्तम स्तर होता है और पूर्णतया विचारवान तथा स्वतन्त्र होता है। इस प्रकार के शिक्षण स्तर में छात्र अपनी अभिव्यक्ति, धारणा, विचार, मान्यता तथा ज्ञान के अनुसार समस्या-समाधान के लिए विचार तथा तर्क करते हुए नवीन ज्ञान की खोज करते हैं।

यह एक उत्पादक स्थिति होती है, जिसमें निर्माण, खोज, शोध व सृजन को महत्त्व दिया जाता है। इस स्तर पर छात्र स्वयं रुचि लेकर, स्वेच्छा से चिन्तन, मनन, तर्क व कल्पना करते हुए समस्या-समाधान खोजते हैं और स्वयं को अधिक आत्मविश्वास वाला, क्रियाशील तथा सक्रिय छात्र बनाते हैं।

इस स्तर में शिक्षण छात्रों के बौद्धिक व्यवहार के विकास के लिए अवसर प्रदान करता है, जो सृजनात्मक क्षमताओं के विकास में सहायक होता है। इस स्तर के शिक्षण में स्मृति तथा बोध स्तर का शिक्षण निहित पाया जाता है।

चिन्तन स्तर या विचारात्मक स्तर के शिक्षण का मॉडल (Model of Reflective Level of Teaching)

हण्ट को चिन्तन स्तर के शिक्षण का प्रवर्तक माना जाता है। इसलिए इस शिक्षण स्तर के प्रारूप को **हण्ट शिक्षण प्रतिमान** भी कहा जाता है। चिन्तन स्तर के शिक्षण प्रतिमान के प्रारूप का अध्ययन चार सोपानों में किया जा सकता है, *जो इस प्रकार है*

1. उद्देश्य

समस्या-समाधान की क्षमताओं का छात्रों में विकास करना। छात्रों में आलोचनात्मक तथा सृजनात्मक चिन्तन का विकास करना। छात्रों की मौलिक तथा स्वतन्त्र चिन्तन क्षमताओं का विकास करना।

2. संरचना

चिन्तन स्तर के शिक्षण की संरचना का प्रारूप समस्या की प्रकृति पर निर्धारित किया जाता है। समस्याएँ दो प्रकार की होती हैं—व्यक्तिगत एवं सामाजिक।

व्यक्तिगत समस्या के समाधान के लिए प्रमुख रूप से दो आयामी का अनुसरण किया जाता है—डी वी की समस्यात्मक परिस्थिति एवं कर्ट लेविन की समस्यात्मक परिस्थिति।

(i) **डी वी की समस्यात्मक परिस्थिति** डीवी की समस्यात्मक समस्या को *निम्न दो परिस्थितियों में प्रस्तुत किया जाता है*

(a) व्यक्ति को उसमें लक्ष्य को प्राप्त करने के मार्ग में बाधाएँ दिखाई देती हैं। इसे **पथ-रहित परिस्थिति** कहते हैं। ऐसे में जब वह अपने लक्ष्य को प्राप्त करने का प्रयास करता है और मार्ग में बाधाएँ आ जाती हैं, तब उसे तनाव हो जाता है, इसलिए वह उन बाधाओं पर विजय पाने के लिए समाधान के विषय में सोचता है। अतः यहाँ समस्यागत परिस्थितियाँ उत्पन्न हो जाती हैं।

(b) जब व्यक्ति को दो लक्ष्य समान रूप से आकर्षित करते हैं, तब उसके सामने यह समस्या होती है कि किस लक्ष्य को प्राप्त किया जाए? इसे **दो नोक वाली पथ परिस्थिति** कहा जाता है। दो समान आकर्षित करने वाले लक्ष्यों की परिस्थिति में व्यक्ति में तनाव की स्थिति हो जाती है कि वह उनमें से किस लक्ष्य की ओर अग्रसर हो, इस प्रकार व्यक्ति के सामने समस्यात्मक परिस्थिति उत्पन्न हो जाती है।

कभी ऐसी भी स्थिति उत्पन्न हो जाती है कि एक ही लक्ष्य को दो मार्गों से प्राप्त किया जा सकता है और दोनों ही मार्ग सुगम होते हैं।

इस प्रकार यहाँ व्यक्ति के सामने यह समस्यागत परिस्थितियाँ उत्पन्न हो जाती है, कि वह कौन-से मार्ग का चुनाव करें।

(ii) **कर्ट लेविन की समस्यात्मक परिस्थिति** कर्ट लेविन का विचार यह है कि व्यक्ति का कोई-न-कोई लक्ष्य होता है, जिससे उसका व्यवहार नियन्त्रित होता है।

प्रत्येक व्यक्ति का अपना जीवन क्षेत्र होता है, जिसकी प्रकृति सामाजिक तथा मनोवैज्ञानिक होती है। व्यक्ति और लक्ष्य की स्थिति तनाव उत्पन्न करती है, जिससे समस्यात्मक परिस्थिति बन जाती है।

3. सामाजिक प्रणाली

चिन्तन स्तर की सामाजिक प्रणाली स्मृति तथा बोध स्तर से बिल्कुल ही भिन्न होती है। छात्र अधिक क्रियाशील रहता है। कक्षा का वातावरण खुला तथा स्वतन्त्र होता है। सीखने की परिस्थितियाँ अधिक विविधतापूर्ण होती हैं। इस स्तर पर छात्रों की स्वतः अभिप्रेरणा का अधिक महत्त्व होता है।

इस स्तर पर सामाजिक अभिप्रेरणा का विशेष महत्त्व होता है। छात्र में अध्ययन के प्रति विशेष अनुराग उत्पन्न होता है। चिन्तन स्तर पर शिक्षक का स्थान गौण होता है। शिक्षण के लिए वाद-विवाद तथा सेमिनार आदि विधियाँ अधिक प्रभावशाली होती हैं।

इस स्तर पर छात्र समस्या के प्रति जितना अधिक संवेदनशील होता है, उसमें उतना ही मौलिक चिन्तन का विकास होता है।

4. मूल्यांकन प्रणाली

चिन्तन स्तर के शिक्षण के प्रतिमान का मूल्यांकन करना कठिन होता है। चिन्तन स्तर के शिक्षण की निष्पत्तियों के लिए निबन्धात्मक परीक्षा अधिक उपयोगी होती है। *इस स्तर की परीक्षा की व्यवस्था करते समय निम्नलिखित पक्षों को ध्यान में रखना चाहिए*

- छात्रों की अभिवृत्तियों तथा विश्वासों का मापन किया जाए।
- अधिगम की क्रियाओं में छात्रों की तल्लीनता की भी जाँच की जाए।
- छात्रों की समस्या-समाधान प्रवृत्ति का भी मापन किया जाए।
- छात्रों की आलोचनात्मक तथा सृजनात्मक क्षमताओं के विकास का भी मूल्यांकन किया जाए।

चिन्तन स्तर के मूल्यांकन के लिए वस्तुनिष्ठ परीक्षा अधिक उपयोगी नहीं होती है। अतः छात्रों की इन क्षमताओं के विकास का मूल्यांकन निबन्धात्मक परीक्षाओं द्वारा किया जा सकता है।

अभ्यास प्रश्न

1. एक व्यावसायिक द्वारा दी गई सेवा किस प्रकार की हो सकती है?
(a) प्रत्यक्ष (b) अप्रत्यक्ष
(c) (a) और (b) दोनों (d) मार्गदर्शक

2. शिक्षण व्यवसाय किन नियमों का पालन करते हुए अपनी जिम्मेदारी व जवाबदेही को सुनिश्चित करता है?
(a) दीर्घकालीन प्रशिक्षण
(b) आचरण सम्बन्धी नियम
(c) उत्तरदायित्व पूर्ण कार्य
(d) उपरोक्त सभी

3. शिक्षण व्यवसाय किसके अनुरूप चलकर शिक्षण की प्रक्रिया को पूर्ण करता है?
(a) समाज की आवश्यकताएँ
(b) समाज की इच्छाएँ
(c) रुचियों
(d) उपरोक्त सभी

4. निम्न में से शिक्षण व्यवसाय के प्रति अभिवृत्ति में शिक्षण व्यवसाय कार्य करती है
(a) एक बौद्धिक कार्य के रूप में
(b) सामग्री विज्ञान के रूप में
(c) सामाजिक सेवा के रूप में
(d) उपरोक्त सभी

5. सभी क्रियाएँ जो एक शिक्षक द्वारा संचालित की जाती हैं, वे कौन-सी क्रियाएँ होती हैं?
(a) सामाजिक क्रियाएँ (b) अधिगम क्रियाएँ
(c) बौद्धिक क्रियाएँ (d) नैतिक क्रियाएँ

6. कौन-सी सेवा शिक्षा राष्ट्र में परिवर्तन लाने का सशक्त माध्यम है?
(a) शैक्षणिक सेवा (b) सामाजिक सेवा
(c) राजनैतिक सेवा (d) अधिगम सेवा

7. शिक्षण व्यवसाय का कौन-सा रूप समाज के धार्मिक एवं आध्यात्मिक विश्वासों से भी प्रभावित होता है?
(a) सम्प्रेषणीय विकास
(b) क्रमबद्ध ज्ञान
(c) सेवाकालीन विकास
(d) उपरोक्त सभी

8. शिक्षण व्यवसाय में शिक्षक, शिक्षण के प्रत्येक स्तर पर सीखता है, यह शिक्षक को किस विकास को प्रोत्साहित करता है?
(a) सामाजिक सेवा विकास
(b) अर्थव्यवस्था कालीन सेवा
(c) सेवाकालीन दीर्घकालीन विकास
(d) सम्प्रेषण सेवा

9. राष्ट्र के राजनैतिक आदर्श एवं आर्थिक स्थिति दोनों से क्या प्रभावित होता है?
(a) मनोवैज्ञानिक विकास
(b) ज्ञानकेन्द्र स्थिति
(c) शिक्षण व्यवसाय
(d) पाठशाला

10. निम्न में से कौन शिक्षण व्यवसाय की विशेषता नहीं है?
(a) समाज का सम्मानित व्यवसाय
(b) अन्य व्यवसायों की जननी
(c) प्रतिबद्धताओं की अवहेलना
(d) आचरण एवं सामाजिक मूल्यों के निर्माण में सहायक

11. निम्न में से कौन शिक्षा जगत में शिक्षण के तीन स्तरों में शामिल है?
1. स्मृति स्तर 2. बोध स्तर 3. चिन्तन स्तर
कूट
(a) केवल 1 (b) 1 और 2
(c) 2 और 3 (d) ये सभी

12. शिक्षण के सतत क्षेत्र को प्रमुख रूप से तीन स्तरों में विभाजित किया गया है, निम्न में इनमें कौन-सा एक शामिल नहीं है?
(a) स्मृति स्तर या स्मरण शक्ति स्तर की शिक्षण व्यवस्था
(b) भाव स्तर की शिक्षण व्यवस्था
(c) बोध या समझ स्तर की शिक्षण व्यवस्था
(d) चिन्तन स्तर की शिक्षण व्यवस्था

13. हरबर्ट शिक्षण मॉडल आधारित है?
(a) चिन्तन स्तर की शिक्षण व्यवस्था
(b) बोध या समझ स्तर की शिक्षण व्यवस्था
(c) स्मृति या स्मरण शक्ति स्तर की शिक्षा व्यवस्था
(d) उपरोक्त में से कोई नहीं

14. **किस स्तर की शिक्षण क्रिया में बालक विषय-वस्तु के तथ्यों को कण्ठस्थ कर सकता है?**
(a) बोध या समझ स्तर की शिक्षण क्रिया में
(b) स्मृति या स्मरण शक्ति स्तर की शिक्षण क्रिया में
(c) चिन्तन स्तर की शिक्षण क्रिया में
(d) उपरोक्त में से कोई नहीं

15. **निम्न में कौन-सा कथन सत्य नहीं है?**
(a) स्मृति स्तर के शिक्षण का मूल्यांकन मौखिक व लिखित परीक्षाओं द्वारा किया जाता है
(b) प्रारम्भिक कक्षाओं के बच्चों में स्मृति स्तर की प्रक्रिया धीमी होती है
(c) स्मृति स्तर शिक्षण के बच्चों में अन्त:क्रिया अधिक होती है
(d) स्मृति स्तर का शिक्षण तथ्यों को रटने पर बल देता है

16. **स्मृति स्तर पर भूलने की प्रक्रिया काफी सक्रिय होती है, इसका प्रमुख कारण है**
(a) इस स्तर पर तथ्यों पर ध्यान नहीं दिया जाता है
(b) इस स्तर पर तथ्यों को अत्यधिक समझना पड़ता है
(c) इस स्तर पर तथ्य काफी रटे हुए होते हैं
(d) उपरोक्त सभी

17. **स्मृति के शिक्षण में किसको महत्त्व दिया जाता है?**
(a) संकेत अधिगम (b) शृंखला अधिगम
(c) अनुक्रिया (d) ये सभी

18. **स्मृति स्तर के शिक्षण को अधिक बेहतर बनाने के लिए निम्नलिखित में से कौन सुझाव दिए जा सकते हैं**
1. पाठ्य-वस्तु को क्रमबद्ध तरीके से प्रस्तुत किया जाए।
2. अभ्यास के लिए ज्यादा समय दिया जाए।
3. थकान के समय शिक्षण न किया जाए।
उपरोक्त कथनों में कौन-सा/से कथन सही है/हैं?
(a) केवल 1 (b) केवल 2
(c) 1 और 2 (d) ये सभी

19. **स्मृति स्तर के शिक्षण अधिगम की सबसे बड़ी खामी है**
(a) रटने की व्यवस्था (b) अनुशासनहीनता
(c) मानसिक बाधा (d) ये सभी

20. **किस स्तर की शिक्षण व्यवस्था रटने की प्रवृत्ति पर बल देती है?**
(a) स्मृति की शिक्षण व्यवस्था
(b) बोध स्तर की शिक्षण व्यवस्था
(c) चिन्तन स्तर की शिक्षण व्यवस्था
(d) उपरोक्त में से कोई नहीं

21. **हरबर्ट द्वारा दिए गए पंचपदीय प्रणाली के निम्नलिखित सोपानों को पुनर्व्यवस्थित कीजिए**
1. प्रस्तावना व तैयारी तथा उद्देश्य कथन
2. प्रस्तुतीकरण
3. तुलना व सम्बन्ध
4. निष्कर्ष एवं सामान्यीकरण
5. प्रयोग तथा अभ्यास
कूट
(a) 1, 3, 4, 2 और 5
(b) 1, 2, 3, 4 और 5
(c) 2, 1, 3, 5 और 4
(d) 4, 1, 2, 3 और 5

22. **स्मृति स्तर पर शिक्षण का मूल्यांकन किस प्रकार किया जाता है?**
(a) मौखिक परीक्षा द्वारा
(b) लिखित परीक्षा द्वारा
(c) 'a' और 'b' दोनों द्वारा
(d) उपरोक्त में से कोई नहीं

23. **निम्नलिखित में से किस चिन्तक ने बोध स्तर के शिक्षण के लिए शिक्षण प्रतिमान दिया है?**
(a) मॉरिसन (b) हरबर्ट
(c) हण्ट (d) इनमें से कोई नहीं

24. **निम्न में से कौन-सा बोध का अर्थ है?**
(a) अर्थ का प्रत्यक्षीकरण करना, विचारों का बोध होना
(b) गहनता से परिचित होना, प्रकृति एवं स्वभाव को समझना
(c) भाषा में प्रयुक्त होने वाले अर्थ को समझना
(d) उपरोक्त सभी

25. **बोध स्तर की शिक्षा के लिए क्या आवश्यक है?**
(a) स्मृति स्तर की शिक्षा हो चुकी हो
(b) छात्र की आर्थिक स्थिति मजबूत हो
(c) छात्र बुद्धिमान हो
(d) उपरोक्त में से कोई नहीं

26. **मॉरिसन की बोध स्तर की शिक्षण व्यवस्था में शामिल पाँच सोपानों में निम्न में से कौन शामिल हैं?**
1. अन्वेषण 2. प्रस्तुतीकरण
3. अनुकूल 4. वर्णन
कूट
(a) 1 और 2 (b) 2 और 4
(c) 2, 3 और 4 (d) ये सभी

27. बोध स्तर के शिक्षण की विशेषता में क्या निहित नहीं होता है?
(a) छात्रों को सामान्यीकरण के लिए अवसर देना
(b) व्यक्तिगत क्रियाओं के लिए छात्रों को अवसर नहीं देना
(c) छात्रों को प्रत्यय प्राप्ति में सहायक होना
(d) छात्रों को गृहकार्य देना

28. बोध स्तर की शिक्षण व्यवस्था में निम्नलिखित सोपान हैं, इन सोपानों को पुनर्व्यवस्थित करें
1. व्यवस्था 2. अन्वेषण
3. प्रस्तुतीकरण 4. अनुकूलन
कूट
(a) 1, 2, 3 और 4
(b) 2, 3, 4 और 1
(c) 4, 3, 1 और 2
(d) 3, 4, 1 और 2

29. किस स्तर की शिक्षण प्रणाली में आन्तरिक प्रेरणा को बढ़ावा मिलता है?
(a) स्मृति स्तर (b) चिह्न स्तर
(c) बोध स्तर (d) इनमें से कोई नहीं

30. निम्नलिखित कथनों पर विचार कीजिए
1. स्मृति स्तर पर कक्षा का वातावरण निष्क्रिय नहीं होता है।
2. बोध स्तर पर कक्षा का वातावरण आलोचनात्मक हो सकता है।
उपरोक्त कथनों में कौन-सा/से कथन सही है/हैं?
(a) केवल 1
(b) केवल 2
(c) 1 और 2 दोनों
(d) न तो 1 और न ही 2

31. निम्नलिखित कथनों पर विचार कीजिए
1. बोध स्तर पर पाठ्य-वस्तु व्याख्यात्मक होती है।
2. चिन्तन स्तर पर पाठ्य-वस्तु तथ्यात्मक होती है।
उपरोक्त कथनों में कौन-सा/से कथन सही है/हैं?
(a) केवल 1
(b) केवल 2
(c) 1 और 2 दोनों
(d) न तो 1 और न ही 2

32. निम्न कथनों पर विचार करें
1. मॉरिसन के व्यवस्था कालांश से तात्पर्य छात्र द्वारा पाठ्य-वस्तु को अपनी भाषा में लिखित रूप में प्रस्तुत करना।
2. मॉरिसन बोध स्तर के मूल्यांकन में लिखित, मौखिक, निबन्धात्मक तथा वस्तुनिष्ठ विधियाँ अपनाई जाती हैं।
उपरोक्त कथनों में से कौन-सा/से कथन सही है/हैं?
(a) केवल 1
(b) केवल 2
(c) 1 और 2 दोनों
(d) उपरोक्त में से कोई नहीं

33. चिन्तन स्तर के शिक्षण हेतु हण्ट का शिक्षण प्रतिमान के सामाजिक प्रणाली के अन्तर्गत नहीं आता
(a) छात्र क्रियाशील तथा स्वयं प्रेरित होते हैं
(b) सामाजिक अभिप्रेरणा का विशेष महत्त्व होता है
(c) सहयोग, सामाजिक संवेदनशीलता तथा सहानुभूति का वातावरण रहता है
(d) निबन्धात्मक मूल्यांकन अधिक उपयोगी है

34. निम्न में से कौन-सा/से कथन सही है/हैं?
(a) चिन्तन स्तर के शिक्षण का प्रवर्तक हण्ट को माना जाता है
(b) चिन्तन स्तर के शिक्षण प्रतिमानों के प्रारूप का अध्ययन चार सोपानों में किया जाता है
(c) 'a' और 'b' दोनों
(d) उपरोक्त में से कोई नहीं

35. पूर्ण विचारवान, स्वतन्त्र निम्नलिखित में से किस प्रकार के शिक्षण की प्रकृति है?
(a) स्मृति स्तर
(b) बोध स्तर
(c) चिन्तन स्तर
(d) इनमें से कोई नहीं

36. शिक्षण के किस स्तर पर शिक्षकों को योग्य, अनुभवी, विषय व क्रिया विशेषज्ञ और प्रभावशाली होना चाहिए?
1. स्मृति स्तर 2. चिन्तन स्तर
3. बोध स्तर
कूट
(a) केवल 1 (b) केवल 2
(c) 1 और 2 (d) ये सभी

37. वाद-विवाद, विचार-विमर्श निम्नलिखित में से किस प्रकार के शिक्षण से सम्बन्धित हैं?
(a) बोध स्तर
(b) चिन्तन स्तर
(c) स्मृति स्तर
(d) उपरोक्त सभी

38. चिन्तन स्तर शिक्षण केन्द्रित होता है
1. समस्या-केन्द्रित
2. आलोचनात्मक दृष्टिकोण वाला
8. सृजनात्मक क्षमताओं का विकास

उपरोक्त कथनों में कौन-सा/से कथन सही है/हैं?
(a) केवल 1 (b) केवल 2
(c) 1 और 2 (d) ये सभी

39. निम्न में से कौन-सा चिन्तन स्तर के शिक्षण प्रतिमान का सोपान नहीं हैं?
(a) सामाजिक प्रणाली (b) राजनीतिक प्रणाली
(c) संरचना प्रणाली (d) मूल्यांकन प्रणाली

40. चिन्तन स्तर पर शिक्षण के लिए निम्नलिखित सुझाव दिया जा सकता है
1. प्रत्येक सम्बन्धित सोपान का अनुसरण किया जाए।
2. विद्यार्थियों का आकांक्षा स्तर ऊँचा हो।
3. छात्रों में सहानुभूति, प्रेम तथा संवेदनशीलता होनी चाहिए।

उपरोक्त कथनों में कौन-सा/से कथन सही है/हैं?
(a) केवल 1 (b) केवल 2
(c) 1 और 2 (d) ये सभी

उत्तरमाला

1. (c)	*2.* (d)	*3.* (d)	*4.* (d)	*5.* (c)	*6.* (b)	*7.* (b)	*8.* (c)	*9.* (c)	*10.* (c)
11. (d)	*12.* (b)	*13.* (c)	*14.* (b)	*15.* (c)	*16.* (c)	*17.* (d)	*18.* (d)	*19.* (d)	*20.* (a)
21. (b)	*22.* (c)	*23.* (a)	*24.* (d)	*25.* (a)	*26.* (d)	*27.* (b)	*28.* (b)	*29.* (c)	*30.* (c)
31. (a)	*32.* (c)	*33.* (d)	*34.* (c)	*35.* (c)	*36.* (b)	*37.* (b)	*38.* (d)	*39.* (b)	*40.* (d)

अध्याय 07

अच्छे शिक्षक के गुण

(Qualities of a Good Teacher)

शिक्षक शिक्षण प्रक्रिया का एक महत्त्वपूर्ण अंग होता है। शिक्षक के बिना शिक्षा की प्रक्रिया सफल रूप से नहीं चल सकती। शिक्षक का कार्य एवं दायित्व केवल कक्षा की ज्ञान तक ही सीमित नहीं होता है, बल्कि वह कक्षा के बाहर भी उचित निर्देशन, मार्गदर्शन तथा सहगामी क्रियाओं के माध्यम से बच्चों को सर्वांगीण विकास में सहायता करता है।

शिक्षक की क्रिया और व्यवहार का प्रभाव उसके विद्यार्थियों, विद्यालय और समाज पर पड़ता है। इस दृष्टि से कहा जाता है कि अध्यापक राष्ट्र का निर्माता होता है। अत: अध्यापक/शिक्षक को अपने कार्यों को सफलतापूर्वक पूरा करने के लिए कुछ निश्चित योग्यता एवं गुण होने चाहिए तभी वह शैक्षणिक कार्य में सफलता प्राप्त कर पाएगा।

शैक्षिक योग्यता

(Educational Qualification)

एक अध्यापक/शिक्षक में अध्यापन हेतु एक न्यूनतम शैक्षिक योग्यता का होना अनिवार्य होता है। इसके साथ ही अध्यापक का प्रशिक्षित होना भी अनिवार्य होता है। कक्षा के अनुसार, अध्यापक में अध्यापन हेतु *निम्न शैक्षिक योग्यता का होना आवश्यक होता है*

1. **प्राथमिक एवं सेकेण्डरी कक्षा के लिए शैक्षिक योग्यता** एक शिक्षक को प्राथमिक और सेकेण्डरी कक्षाओं में अध्यापन हेतु न्यूनतम शैक्षिक योग्यता के रूप में स्नातक के साथ बी.एड. या बी.टी.सी. या डी.एल.एड होना अनिवार्य है।
2. **हायर सेकेण्डरी कक्षा के लिए शैक्षिक योग्यता** हायर सेकेण्डरी कक्षाओं में पढ़ाने के लिए उसको एम. ए होना चाहिए या किसी विशेष विषय में ऑनर्स (Honours) होना चाहिए। तभी एक विषय विशेषज्ञ के रूप में कार्य कर सकता है।

शिक्षक के गुण (Qualities of a Teacher)

शिक्षक में वह सभी गुण होने आवश्यक हैं, जिससे बच्चे सीख सकें और उसे आत्मसात कर सके और जीवन में समाहित कर सकें। अत: एक शिक्षक में *निम्न गुणों का होना आवश्यक होता है*

- शिक्षक को कुशल एवं नवीनतम ज्ञान से जुड़ा होना चाहिए।
- उसमें सैद्धान्तिक के साथ-साथ तथ्यों का व्यावहारिक ज्ञान होना चाहिए।
- उसमें सिखाने की ललक होनी चाहिए।
- विद्यार्थियों में रुचि पैदा करने वाले होना चाहिए।
- विषयों के ज्ञान के साथ, परिस्थितियों का सामना करने की क्षमता व योग्यता होनी चाहिए।
- समय का पाबन्द होना चाहिए।
- चरित्रवान होना चाहिए तथा धैर्यवान होना चाहिए।
- कुशल वक्ता होना चाहिए।
- छात्रों के प्रति प्रेम एवं सहानुभूति रखने वाला होना चाहिए।
- दूसरों के साथ अच्छे सम्बन्ध स्थापित करने की योग्यता व कुशलता होनी चाहिए आदि।

इस प्रकार एक अच्छे शिक्षक में उपरोक्त गुण विद्यमान होने चाहिए तभी सभ्य समाज तथा राष्ट्र निर्माण हो सकता है। शिक्षक में निहित गुणों व कार्यों के सन्दर्भ में कुछ विद्वानों का *मत इस प्रकार है*

एच. जी. वेल्स के अनुसार, "शिक्षक इतिहास का वास्तविक निर्माता होता है।"

सर जॉन एडम्स के अनुसार, "अध्यापक मानव जाति का निर्माता होता है।"

अत: किसी योग्य शिक्षक में पाए जाने वाले गुणों का विस्तृत *विवरण इस प्रकार है*

शिक्षक के वैयक्तिक गुण
(Individual Qualities of Teacher)

1. **व्यवसाय के प्रति रुचि एवं निष्ठा** एक अध्यापक को अध्यापन व्यवसाय में रुचि और उसके प्रति निष्ठा होनी चाहिए। उसे केवल अपनी कमाई का साधन ही नहीं समझना चाहिए। प्रभावी शिक्षण हेतु आवश्यक होता है कि अध्यापक अपने विषय के प्रति लगाव व रुचि बनाए रखे तथा शिक्षण कार्य सुरुचिपूर्वक करें।
2. **अभिव्यक्ति की कुशलता** अपने विचारों को सहज एवं सरल ढंग से अभिव्यक्त करना एक ऐसी योग्यता होती है, जिसके बिना शिक्षण प्रभावी नहीं बन पाता है। अध्यापक को अपने शिक्षण कार्य के दौरान कभी कथन, कभी विवरण, कभी व्याख्यान, कभी व्याख्या और कभी स्पष्टीकरण आदि विधियों का प्रयोग करते रहना चाहिए।
3. **शिक्षण विधियों का प्रयोग** एक अच्छे शिक्षक में यह गुण भी होना आवश्यक है कि छात्र उसकी बात को अच्छी तरह से समझ सकें, इसके लिए उसे छात्रों के स्तर एवं विषय की प्रकृति के अनुसार शिक्षण विधि का प्रयोग करना चाहिए।
4. **सन्तुलित व्यक्तित्व** शिक्षक के कृतित्व एवं व्यक्तित्व का बालकों पर प्रत्यक्ष एवं अप्रत्यक्ष दोनों रूपों में ही प्रभाव पड़ता है।
   अत: आवश्यक है कि शिक्षक का व्यक्तित्व सौम्य व सन्तुलित होना चाहिए। एक अच्छे शिक्षक के लिए यह अत्यन्त आवश्यक है कि वह कक्षा की परिस्थितियों के अनुकूल सन्तुलित तरीके से छात्रों का मार्गदर्शन करें तथा उनके समक्ष अपने प्रभावशाली व अनुकरणीय व्यक्तित्व का प्रदर्शन करें।
5. **नैतिक चरित्र का प्रदर्शन** एक शिक्षक के लिए यह आवश्यक होता है कि वह सद्‌चरित्र हो,
   अत: शिक्षक को चरित्रवान होना चाहिए। वस्तुत: एक नैतिक एवं चारित्रिक गुणों वाला शिक्षक ही अपने छात्रों में नैतिक व आध्यात्मिक मूल्यों का विकास करने में सक्षम हो सकता है।
6. **संवेगात्मक सन्तुलन से युक्त** एक अच्छे शिक्षक के लिए यह आवश्यक होता है कि उसमें संवेगों का सन्तुलन बना रहे, क्योंकि संवेगात्मक रूप से असन्तुलित या कुसमायोजित व्यक्ति अपने छात्रों में सकारात्मक भावों तथा योग्यताओं का विकास करने में सदैव असफल रहता है। ऐसा शिक्षक न केवल अपने जीवन में अनेक समस्याओं का सामना करता है, बल्कि वह छात्रों का भी उचित विकास करने में असमर्थ रहता है।

शिक्षक के व्यावसायिक गुण
(Professional Qualities of a Teacher)

पहले शिक्षक को जन्मजात माना जाता था तथा यह स्वीकार किया जाता था कि शिक्षण हेतु किसी भी प्रक्रम के शिक्षण के प्रशिक्षण की आवश्यकता नहीं होती है, किन्तु अब शिक्षण को एक व्यवसाय के रूप में स्वीकार किया जाने लगा है।

अत: अब इसके लिए शिक्षा व प्रशिक्षण के कार्यक्रम आयोजित किए जाते हैं।

सामान्यत: एक अच्छे शिक्षक में निम्न व्यावसायिक गुणों का होना आवश्यक माना जाता है

1. **विषय-वस्तु का पूर्ण ज्ञान** एक कुशल शिक्षक में विषय-वस्तु का पूर्ण ज्ञान होना आवश्यक होता है। यदि अध्यापक या शिक्षक को विषय का पूर्ण ज्ञान नहीं होगा, तो वह विद्यार्थियों की विषय सम्बन्धी समस्याओं का समाधान नहीं कर पाएगा।
   शिक्षक को विषय-वस्तु पर पूर्ण अधिकार होने पर ही वह धैर्य तथा आत्मविश्वास के साथ शिक्षण कर पाएगा।
2. **विषय-वस्तु की प्रभावी ढंग से प्रस्तुति** शिक्षक के लिए यह आवश्यक होता है कि वह कक्षा में छात्रों को विभिन्न प्रकरण, सम्प्रत्यय, सूत्र, नियम या सिद्धान्त आदि को पढ़ाते समय उसे पूर्णता, यथार्थता तथा क्रमबद्धता के साथ तर्क-वितर्क व विश्लेषणात्मक ढंग से प्रस्तुत करे।
3. **बालकों की विभिन्नताओं का ज्ञान** कक्षा में विभिन्न छात्र पढ़ने, लिखने, समझने व कार्य करने की दृष्टि के साथ-साथ शारीरिक व मानसिक क्षमता में भिन्नता रखते हैं। अत: एक अच्छे अध्यापक में यह गुण होना चाहिए कि वह छात्रों की वैयक्तिक भिन्नताओं को ध्यान में रखे।
   यदि कोई शिक्षक छात्रों की वैयक्तिक भिन्नताओं के अनुसार अपने शिक्षण को नहीं चला पाता है, तो वह एक सफल शिक्षक नहीं बन सकता है।
   अत: एक अध्यापक के लिए यह आवश्यक है कि उसे बाल मनोविज्ञान का व्यावहारिक ज्ञान होना चाहिए।

4. **सहायक सामग्री का उचित प्रयोग** वर्तमान समय में विषय-वस्तु की जटिलता की समाप्ति की दृष्टि से अध्यापन में शिक्षा तकनीकी के साधनों का प्रयोग आवश्यक हो गया है।
   एक अच्छा शिक्षक वही है, जो छात्रों के स्तर, उनकी योग्यता एवं क्षमता तथा विषय वस्तु की प्रकृति को ध्यान में रखकर विषय-को सरल एवं रुचिकर बनाने की दृष्टि से समुचित शिक्षण सहायक सामग्री का प्रयोग करे।
5. **अभ्यास कार्य को प्रोत्साहित करना** शिक्षण के उपरान्त शिक्षक के लिए यह आवश्यक होता है कि वह पढ़ाए गए पाठ का बच्चों से पर्याप्त अभ्यास करवाए। पर्याप्त अभ्यास के बाद ही आगे का प्रकरण पढ़ाना चाहिए। अभ्यास कार्य लिखित तथा मौखिक दोनों रूपों में ही कराया जाना चाहिए।
   अत: अध्यापक को छात्रों को अभ्यास कार्य करने के लिए अधिक-से-अधिक प्रोत्साहित करने वाला होना चाहिए।

(vi) **जिज्ञासु होना** एक अच्छा शिक्षक वहीं है, जिसमें हमेशा सीखने की ललक बनी रहती है। इससे अध्यापक का स्वयं का ज्ञान तो बढ़ता ही है साथ ही वह अपने विद्यार्थियों को भी लाभ दे सकता है। चूँकि शिक्षा के क्षेत्र में अनुसंधान एवं नवाचार का महत्त्व दिन-प्रतिदिन बढ़ता जा रहा है।
अत: शिक्षक को एक अच्छा नवाचारी तथा अनुसन्धानकता भी होना चाहिए।

सामाजिक गुण (Social Qualities)

मानव एक सामाजिक प्राणी है तथा विद्यालय एक लघु समाज है। अत: शिक्षण प्रक्रिया में सक्रिय योगदान देने के लिए अध्यापक का एक प्रभावी सामाजिक प्राणी होना भी आवश्यक होता है।

अत: *एक योग्य शिक्षक में निम्न सामाजिक गुणों का होना आवश्यक है*

(i) **निष्पक्ष व्यवहार** अध्यापक ऐसा होना चाहिए जो छात्रों के साथ निष्पक्ष व्यवहार करे अर्थात् उसे प्रत्येक छात्र के साथ एक समान व्यवहार करना चाहिए। शिक्षक द्वारा कमजोर, बुद्धिमान, परिचित-अपरिचित, अमीर-गरीब तथा जाति-धर्म आदि के आधार पर पक्षपात नहीं किया जाना चाहिए। इससे छात्रों में हीन भावनाएँ जन्म लेती हैं तथा परस्पर वैमनस्य बढ़ता है।

(ii) **न्यायप्रियता का गुण** शिक्षक का व्यवहार और चरित्र ऐसा होना चाहिए जो छात्र के लिए आदर्श व अनुकरणीय हो। इसलिए शिक्षक को चरित्रवान होने के साथ-ही-साथ न्यायप्रिय भी होना चाहिए, जिससे वह अपने छात्रों में न्यायप्रियता की भावना का विकास कर सके।

(iii) **नेतृत्व का गुण** शिक्षक में नेतृत्व का गुण आवश्यक माना जाता है। नेतृत्व के गुणों से युक्त शिक्षक न केवल अपने छात्रों को सही दिशा हेतु मार्ग-निर्देशन तथा समूह में कार्य करने के लिए प्रेरित कर सकता है वरन् छात्रों में भी नेतृत्व की योग्यता तथा सह-अस्तित्व की भावना को विकसित कर सकता है।

शिक्षण में शिक्षक की भूमिका
(Role of Teacher in Teaching)

शिक्षक का कार्य केवल कक्षा में शिक्षण कार्य करने पर ही समाप्त नहीं होता है, बल्कि इसके अलावा छात्रों का उचित मार्गदर्शन करना, विद्यार्थियों की भावनाओं को समझना, विद्यालय में सामाजिक वातावरण का निर्माण करना, पाठ्य सहगामी क्रियाओं का संचालन करना आदि होता है। ये सभी कार्य करने वाले शिक्षक ही उत्तरदायी एवं कर्त्तव्यनिष्ठ कहलाते हैं। अत: एक कर्त्तव्यनिष्ठ एवं उत्तरदायी शिक्षक अपनी भूमिका *निम्न रूप में निभाता है*

1. **विषय-विशेषज्ञ के रूप में** अध्यापक के लिए आवश्यक होता है, कि वह बच्चों को औपचारिक शिक्षा के साथ अनौपचारिक शिक्षा भी दें। इस दायित्व के निर्वहन के लिए विषय-विशेषज्ञ का होना आवश्यक होता है। अत: एक कुशल अध्यापक से अपेक्षा होती है, कि उनमें विषय का पूर्ण ज्ञान हो, विषय से सम्बन्धित नवीनतम जानकारी हो, कुशल शिक्षण विधि को उपयोगी बनाने की झमता हों तथा साथ ही उसमें कर्त्तव्यनिष्ठ की भावना हो तभी वह अपनी सही भूमिका निभा पाएगा और व्यावहारिक ज्ञान बच्चों को दे पाएगा। अत: एक शिक्षक विषय विशेषज्ञ के रूप में अपनी भूमिका निभाता है।
2. **कुशल प्रबन्धक के रूप में** एक योग्य शिक्षक कुशल प्रबन्धक के रूप में *निम्न कार्यों को करता है*

   (i) **योजना निर्माण** शिक्षक कक्षा में जाने से पूर्ण विषय वस्तु और अनुदेशन सामग्री को क्रमवार में व्यवस्थित करता है, जैसे—व्यवस्था विश्लेषण, कार्य विश्लेषण, व्यवहार का अभिज्ञान, उद्देश्यों को सूत्र बद्ध करना आदि।

(ii) **व्यवस्था करना** विद्यालय में विभिन्न प्रकार की व्यवस्थाओं में शिक्षक अपने महत्त्वपूर्ण कर्त्तव्यों को निभाता है। वह समय-सारणी बनाने, पाठय सहगामी क्रियाओं का आयोजन करना, संचालन करना आदि में वह प्रधानाध्यापक के साथ सहगामी के रूप में भूमिका निभाता है।

(iii) **नेतृत्त्व करना** शिक्षक छात्रों में कार्यों के प्रति सक्रिय भागीदारी बढ़ाने हेतु उपाय करता है। इसके लिए वह सम्प्रेषण आव्यूह का सही चयन करता है तथा अभिप्रेरणा के माध्यम से उन्हें प्रेरित कर नेतृत्त्व गुण को प्रकट करता है।

(iv) **नियन्त्रण करना** शिक्षक, शिक्षण निरीक्षण, प्रेक्षण व जाँच के द्वारा एक नियन्त्रक की भूमिका निभाता है। इस रूप में वह शिक्षण व्यवस्था का मूल्यांकन करता है, अधिगम व्यवस्था का प्रेक्षण करता है तथा शिक्षण व्यवस्था का अवशोषण करता है।

3. **एक मनोवैज्ञानिक के रूप में** कक्षा में सभी छात्र एकसमान नहीं होते हैं। उनकी मानसिक योग्यता व रुचि अलग, अलग होती है। इसके साथ ही छात्रों की सामाजिक-आर्थिक पृष्ठभूमि में ही अन्तर पाया जाता है। अत: सभी छात्रों की जरूरतों को देखते हुए ज्ञान देने के लिए शिक्षक एक मनोवैज्ञानिक के रूप में कार्य करता है। वह बुद्धि परीक्षण, व्यक्तित्व परीक्षण व व्यक्तिगत अध्ययन आदि का उपयोग करके शिक्षण के उद्देश्य को पूरा करता है।

4. **अनुदेशक के रूप में** शिक्षण के दौरान कक्षा में शिक्षक एक अनुदेशक के रूप में कार्य करता है। एक अनुदेशक के रूप में शिक्षक निम्न कार्यों को करता है; जैसे—कक्षा में भेदभावरहित वातावरण का निर्माण करना, पाठ्यवस्तु को संगठित करना, छात्रों को प्रगति की निरन्तर जाँच करना, शिक्षण सामग्री को छात्रों के लिए उपयोगी बनाना तथा अनुदेशन अधिगम का मूल्यांकन करना और प्रतिपुष्टि करना।

5. **अनुसन्धानकर्त्ता के रूप में** शिक्षण में एक विज्ञान शिक्षक शोधकर्त्ता के रूप में महत्त्वपूर्ण भूमिका निभाता है। *इस रूप में वह निम्न कार्यों को करता है*
   - अपने अध्ययन एवं चिन्तन के आधार पर विषय वस्तु के अधिगम हेतु सम्भावित उद्दीपन अनुक्रिया हेतु पहल करना एवं उनके प्रभाव का अनुमान लगाना।
   - क्रियात्मक शोध में पहल करना।
   - परियोजनाओं पर विचार-विमर्श करना।
   - मूल-भूत समस्याओं पर कार्य करना।
   - विज्ञान से सम्बन्धित कार्यक्रमों व कार्यशालाओं में भाग लेना।

6. **मार्गदर्शक एवं परामर्शदाता के रूप में** शिक्षक छात्रों की समस्याओं के समाधान का हल खोजने में मदद करता है। इस तरह वह एक मार्गदर्शक एवं परामर्शदाता दोनों की भूमिका निभाता है। *इस रूप में वह निम्न कार्य करता है*
   (i) छात्रों की समस्याओं को धैर्यपूर्वक सुनना।
   (ii) उनकी समस्याओं से सम्बन्धित सूचनाओं को एकत्रित करना।
   (iii) छात्रों के अन्दर मौजूद क्षमताओं, योग्यताओं की जानकारी देना तथा उसे बाहर निकालना।
   (iv) वैकल्पिक समाधानों की जानकारी प्रदान करना आदि।

7. **समन्वयक के रूप में** एक शिक्षक को अन्य शिक्षकों और छात्र, प्रबन्धन में छात्रों, अभिभावकों व विद्यालय के बीच समन्वयक के रूप में कार्य करना पड़ता है।

   अत: इसके लिए यह आवश्यक होता है, कि शिक्षक को छात्रों, शिक्षकों एवं अभिभावकों से प्रेम पूर्ण सम्बन्ध हो, सामुदायिक परम्पराओं का ज्ञान हो, स्थानीय समुदाय से सम्बन्ध हो, विषम परिस्थितियों में विचलित ना होने का गुण हो तथा छात्रों की जरूरतों की पहचान हो, तभी वह सही समन्वयकर्त्ता के रूप में सही भूमिका निभा सकता है। इस प्रकार एक शिक्षक विभिन्न रूपों में अपनी भूमिका निभाता है।

अभ्यास प्रश्न

1. **शिक्षण प्रक्रिया का महत्त्वपूर्ण अंग होता है**
(a) समाज (b) शिक्षक
(c) नौकरशाह (d) राजनीतिज्ञ

2. **शिक्षक की क्रिया और व्यवहार का प्रभाव पड़ता है**
(a) छात्रों पर (b) विद्यालय पर
(c) समाज पर (d) इन सभी पर

3. **किसे राष्ट्र का निर्माता माना जाता है?**
(a) शिक्षक को (b) समाजसेवी को
(c) छात्र को (d) राजनीतिज्ञों को

4. **एक शिक्षक बनने हेतु न्यूनतम शैक्षिक योग्यता क्या है?**
(a) हाईस्कूल (b) स्नातक
(c) बी. एड (d) 'b' और 'c' दोनों

5. **हायर सेकेण्डरी क्लास में अध्यापन हेतु शिक्षक की न्यूनतम योग्यता क्या है?**
(a) हाईस्कूल (b) इण्टरमीडिएट
(c) स्नातक (d) परास्नातक

6. **शिक्षक नियुक्त होने के बाद भी शिक्षकों को प्रशिक्षण की आवश्यकता होती है, क्योंकि**
(a) इस प्रकार के कार्यक्रमों के आयोजित होने से शिक्षक का बौद्धिक विकास होता है
(b) वह बी.एड. में दिए गए प्रशिक्षण को समय के साथ-साथ भूल जाता है
(c) नए-नए अनुसन्धानों एवं शिक्षा में उनके प्रयोग की जानकारी शिक्षकों को मिलती रहनी चाहिए
(d) उपरोक्त सभी

7. **श्रेष्ठ शिक्षक वह है, जो** **[BHU BEd 2017]**
(a) सतत सीखने की प्रबल इच्छा रखता हो
(b) सभी सहयोगियों का प्रिय हो
(c) प्रधानाचार्य का प्रिय हो
(d) विद्यार्थी समुदाय में लोकप्रिय हो

8. **एक शिक्षक के लिए सर्वाधिक महत्त्वपूर्ण क्या है?**
(a) विषय की विषय-वस्तु में दक्षता **[KVS PRT 2017]**
(b) शिक्षण कौशलों में दक्षता
(c) विद्यार्थियों से परिचय
(d) अच्छा स्वास्थ्य

9. **एक कक्षा में एक अच्छे अध्यापक द्वारा क्या पालन करना चाहिए?** **[BHU BEd 2020]**
(a) तेज सीखने वालों को पढ़ाना
(b) मध्यगति से सीखने वालों को पढ़ाना
(c) धीमी गति से सीखने वालों को पढ़ाना
(d) सभी 'a', 'b', 'c' को साथ पढ़ाना

10. **यदि शिक्षक को विषय-वस्तु का पूर्ण ज्ञान न हो तो क्या होगा?**
(a) शिक्षक विद्यार्थियों की समस्या का समाधान नहीं कर सकेगा
(b) उसमें आत्मविश्वास की कमी प्रदर्शित होगी
(c) छात्रों की नजर में शिक्षक का सम्मान कम हो जाएगा।
(d) उपरोक्त सभी

11. **जिस कक्षा-कक्ष में विविध पृष्ठभूमि से विद्यार्थी आते हों, वहाँ एक प्रभावी शिक्षक** **[MP BEd 2019]**
(a) समूह में वैयक्तिक भिन्नता को बताने के लिए उनकी सांस्कृतिक जानकारी पर ध्यान देगा
(b) वंचित पृष्ठभूमि के विद्यार्थियों को कठिन परिश्रम करने के लिए कहेगा ताकि वे अपने साथियों के बराबर पहुँच सकें
(c) सांस्कृतिक जानकारी की अनदेखी करेगा और एक सर्वमान्य तरीके से अपने सभी विद्यार्थियों के साथ व्यवहार करेगा
(d) समान आर्थिक पृष्ठभूमि के विद्यार्थियों का समूह बनाएगा और उन्हें एकसाथ रखेगा

12. **प्राथमिक स्तर पर एक शिक्षक में निम्न में से किसे सबसे महत्त्वपूर्ण विशेषता माननी चाहिए?** **[UK BEd 2019]**
(a) पढ़ाने की उत्सुकता
(b) धैर्य और दृढ़ता
(c) शिक्षण पद्धतियों और विषयों के ज्ञान में दक्षता
(d) अति मानक भाषा में पढ़ाने में दक्षता

13. **एक शिक्षक को बच्चों को सिखाते समय निम्न में से किस पर ध्यान देना चाहिए?** **[UK BEd 2019]**
(a) कक्षा के आकार
(b) शिक्षण पद्धति एवं निर्देशन
(c) बालकों के वर्गीकरण
(d) उपरोक्त सभी

14. **शिक्षकों के लिए निम्नलिखित में से क्या सबसे अधिक महत्त्वपूर्ण है?** **[UK BEd 2019]**
(a) अच्छा अनुशासन रखना
(b) छात्रों की कठिनाइयों को दूर करना
(c) समय का पाबन्द होना
(d) अच्छा वक्ता होना

15. **निम्न में से कौन-सा कथन सफल अध्यापक के लिए सर्वाधिक उपयुक्त है?** **[BHU BEd 2017]**
(a) पाठ की स्पष्ट व्याख्या करता है
(b) केवल पाठ्यपुस्तक का प्रयोग करता है
(c) प्रश्न पूछता है
(d) छात्रों को प्रेरित करता है

16. **निम्न में से कौन-सा शिक्षक का व्यावसायिक गुण नहीं है?**
(a) विषय-वस्तु का पूर्ण ज्ञान
(b) बालकों की विभिन्नताओं का ज्ञान
(c) विषय-वस्तु की प्रभावी ढंग से प्रस्तुति
(d) निष्पक्ष व्यवहार

17. **विद्यालयों में बढ़ती अनुशासनहीनता के लिए एक उत्तरदायी कारण क्या है?** **[BHU BEd 2020]**
(a) आर्थिक परेशानी
(b) शिक्षकों द्वारा नेतृत्व प्रदान करने में कमी
(c) अभिभावकों द्वारा हस्तक्षेप
(d) बढ़ती आकांक्षाएँ

18. **नए प्रकरण का शिक्षण प्रारम्भ करने से पहले आपको यह पता लगा लेना चाहिए कि** **[BHU BEd 2017]**
(a) उस प्रकरण को पढ़ाने में कितना समय लगेगा
(b) कक्षा में कितने छात्र हैं
(c) छात्रों को उस प्रकरण के विषय में कितना पूर्व ज्ञान है
(d) शिक्षण में किस प्रकार की शिक्षण-अधिगम सामग्री की आवश्यकता है

19. **आपकी कक्षा का एक छात्र, कक्षा में रोज अनुशासनहीनता करता है। आप इस समस्या के समाधान हेतु निम्न में से क्या उपाय अपनाएँगे?** **[Rajasthan BEd 2017]**
(a) उसके वंशानुक्रम तथा वातावरण का पता लगाकर उसका सही दिशा में मार्गदर्शन करेंगे
(b) छात्र को रोज पीटेंगे जब तक कि वह कक्षा में अनुशासनहीनता करना नहीं छोड़ देता है
(c) स्कूल से उसका नाम काटने के लिए प्रधानाचार्य से कहेंगे
(d) उसको इलाज के लिए किसी अच्छे मनोचिकित्सक के पास लेकर जाएँगे

20. **निम्न में से कौन-सा शिक्षक का सामाजिक गुण है?**
(a) न्यायप्रियता (b) निष्पक्षता
(c) नेतृत्व (d) ये सभी

21. **शिक्षक के लिए विषय का पूर्ण ज्ञान क्यों आवश्यक होता है?**
(a) इससे उसे समाज में सम्मान मिलता है
(b) इसके अभाव में वह छात्रों की समस्या का सही समाधान नहीं कर सकता है।
(c) वह योग्य शिक्षक बन जाता है
(d) उपरोक्त में से कोई नहीं

22. **शिक्षक को आशावादी क्यों होना चाहिए?**
(a) इससे वह अपने छात्रों को आशावादी बना सकेगा
(b) वह छात्रों में अच्छे गुणों का विकास करा सकेगा
(c) वह कक्षा में अनुशासन बना सकेगा
(d) वह विनोदप्रिय बन सकेगा

23. **योग्य शिक्षक को भाषा पर अधिकार रखने का प्रमुख कारण है**
(a) वह अपने विचार सरलता से छात्रों के सामने रखने में सक्षम होगा
(b) भाषा शिक्षक को योग्य बनाती है
(c) भाषा विषय के ज्ञान में सहायक है
(d) इससे विधियों का ज्ञान होता है

24. **एक अच्छा शिक्षक वही माना जाता है, जो**
(a) समय का सही उपयोग करता है
(b) प्राचीन आदर्शों को मानता हो
(c) अपनी प्रतिष्ठा का ध्यान रखता हो
(d) सबके साथ प्रेम व सहानुभूति रखता हो

25. **शिक्षक का सबसे महत्त्वपूर्ण गुण है**
(a) अच्छा वक्ता हो
(b) समय का सदुपयोगी हो
(c) छात्रों की समस्याओं का समाधान करना
(d) अच्छा अनुशासन रखना

26. **एक आदर्श शिक्षक की प्रवृत्ति होती है**
(a) त्यागमयी (b) चतुर
(c) परावलम्बी (d) आत्ममुग्ध

27. **शिक्षक में किस गुण का होना आवश्यक है?**
(a) पक्षपात रहित (b) आलसी
(c) अकर्मण्य (d) अल्पभाषी

28. **शिक्षण की सफलता के लिए महत्त्वपूर्ण तत्त्व है**
(a) शिक्षक की शैक्षिक योग्यता
(b) समुदाय की आर्थिक स्थिति
(c) समाज का सहयोग
(d) शिक्षक की कुशलता

29. कक्षा में अध्यापन कराते समय शिक्षक को इस बात का ध्यान रखना चाहिए कि
(a) ब्लैक बोर्ड पर लिखावट स्पष्ट हो
(b) विषय-सामग्री महत्त्वपूर्ण हो
(c) मुख्य बातें ब्लैक बोर्ड पर इंगित हों
(d) उपरोक्त सभी

30. शिक्षण की सफलता के लिए क्या महत्त्वपूर्ण है?
(a) विद्यालय की सम्पन्नता
(b) शिक्षक की सम्पन्नता
(c) प्राचार्य की कुशलता
(d) शिक्षक की प्रवीणता

31. शिक्षक का वह गुण जो शिक्षण को प्रभावित नहीं करता है
(a) दयालुता
(b) प्रबन्धन क्षमता
(c) सामाजिक कुशलता तथा परिधान
(d) छात्रों से सहायता

32. शिक्षक यदि आत्मविश्वास से परिपूर्ण हो तो उसका छात्रों पर क्या प्रभाव होगा?
(a) वह शिक्षक को पसन्द करेगा
(b) वह प्रसन्नचित होगा
(c) उसे शिक्षक के प्रति सहानुभूति होगी
(d) उसमें साहस और कार्य करने की इच्छा शक्ति पैदा होगी

33. एक शिक्षक के रूप में आपका कौन-सा दायित्व सर्वाधिक महत्त्वपूर्ण होना चाहिए?
(a) बालक की जन्मजात क्षमताओं का विकास करना
(b) उसे अधिकतम ज्ञान प्रदान करना
(c) उसे आर्थिक रूप से मजबूत करना
(d) उसमें व्यावसायिक कुशलता का विकास करना

34. एक शिक्षक एक प्रभावी संचारक तभी बन सकेगा, यदि
(a) वह निर्देशात्मक साधनों का प्रयोग करता है
(b) वह जो कुछ पढ़ा रहा हो, उसका अर्थ अभ्यार्थियों को समझाने में सहायता करता है
(c) वह पढ़ाते हुए बीच में प्रश्न पूछता है
(d) वह विषय से सम्बन्धित प्रश्नों में सही उत्तर प्राप्त करने में अभ्यार्थियों की सहायता करता है

35. निम्न में से कौन-सा कार्य शैक्षिक नेतृत्व के अन्तर्गत नहीं आता है?
(a) शैक्षिक संसाधनों का उत्तम प्रयोग
(b) शैक्षिक संसाधनों हेतु उद्देश्य निश्चित करना
(c) संचालन का मूल्यांकन करना
(d) कार्य का निश्चय तथा प्रारूप का कार्य अधीनस्थों से कराना

36. एक कुशल प्रबन्धक के रूप में शिक्षक कौन-से कार्य को करता है?
(a) योजना निर्माण (b) व्यवस्था करना
(c) नियन्त्रण करना (d) ये सभी

37. एक शिक्षक मनोवैज्ञानिक के रूप में भिन्न व्यक्तित्व वाले बच्चों का मूल्यांकन किसके माध्यम से नहीं करता है?
(a) व्यक्तिगत अध्ययन (b) व्यक्तित्व परीक्षण
(c) बुद्धि परीक्षण (d) व्यवस्था विश्लेषण

38. एक अनुदेशक के रूप में शिक्षक किन कार्यों को नहीं करता है?
(a) छात्रों की प्रगति की जाँच करना
(b) शिक्षण सामग्री को उपयोगी बनाना
(c) परियोजनाओं पर विचार-विमर्श करना
(d) अनुदेशन अधिगम का मूल्यांकन करना

39. "योग्य विद्यार्थी ही योग्य शिक्षक बन सकता है।" इस उक्ति का क्या आशय है?
(a) शिक्षण एक चुनौती भरा काम है, यह अयोग्य छात्रों के वश की बात नहीं है
(b) जो छात्र पढ़ने से अच्छा नहीं है वह अच्छा शिक्षक भी नहीं बन सकता
(c) जो छात्र अध्ययनशील रहा है, वह आगे भी अध्ययनशील होकर अच्छा शिक्षक बन सकता है
(d) उपरोक्त में से कोई नहीं

40. एक योग्य शिक्षक समन्वयकर्त्ता के रूप में कार्य करता है, इसके लिए आवश्यक होता है, कि शिक्षक का ....
(a) छात्र, शिक्षक और अभिभावकों से सम्बन्ध हो
(b) सामुदायिक परम्पराओं का ज्ञान हो
(c) स्थानीय समुदाय के साथ सम्बन्ध हो
(d) उपरोक्त सभी

उत्तरमाला

1. (b)	2. (d)	3. (a)	4. (d)	5. (d)	6. (a)	7. (a)	8. (b)	9. (d)	10. (d)
11. (b)	12. (b)	13. (d)	14. (b)	15. (d)	16. (d)	17. (b)	18. (c)	19. (a)	20. (d)
21. (b)	22. (a)	23. (a)	24. (d)	25. (c)	26. (a)	27. (a)	28. (d)	29. (d)	30. (d)
31. (c)	32. (d)	33. (a)	34. (b)	35. (d)	36. (d)	37. (d)	38. (c)	39. (d)	40. (d)

अध्याय 08

शिक्षण कार्य के प्रति अभिवृत्ति
(Aptitude Towards Teaching Work)

शिक्षण कार्य एक नैसर्गिक प्रक्रिया है, जिसमें शिक्षक विद्यार्थी को समाज की आवश्यकताओं एवं विचारों के अनुरूप आवश्यक ज्ञान व कौशलता को विकसित करने का प्रयास करता है। यह व्यक्ति की विभिन्नताओं पर आधारित होता है। इसमें शिक्षक की कौशलता, प्रतिबद्धता, कर्त्तव्यनिष्ठा, पाठ्यक्रम, विद्यालय प्रशासन, सहायक सामग्री', छात्र-शिक्षक सम्बन्ध तथा छात्रों के कार्यों का मूल्यांकन आदि की महत्त्वपूर्ण भूमिका होती है, जो शिक्षक की प्रक्रिया को सफल बनाते हैं। इसलिए मानव के सर्वांगीण विकास हेतु, एवं सभ्य समाज तथा राष्ट्र निर्माण में महत्त्वपूर्ण योगदान देते हुए एक उद्देश्यपूर्ण एवं लक्ष्योन्मुखी शिक्षण कार्य का होना आवश्यक होता है।

शिक्षण कार्य (Teaching Work)

शिक्षण कार्य से आशय ऐसी प्रक्रिया से होता है, जो सीखने के लिए नियमों पर आधारित होता है एवं वह प्रेरणात्मक एवं सृजनात्मक होता है। इसके माध्यम से एक शिक्षार्थी शिक्षक से ज्ञानार्जन करता है तथा अर्जित ज्ञान व कौशल से अपने लक्ष्यों की प्राप्ति करता है। इस कार्य से शिक्षार्थी में मानवीय मूल्यों का विकास होता है।

जब कभी भी अधिगम को प्रेरित या संचालित करने के लिए किसी व्यवस्था या प्रणाली का निर्माण किया जाता है, तभी शिक्षण का कार्य प्रारम्भ हो जाता है। अधिगम की प्रक्रिया में शिक्षण बहुत ही महत्त्वपूर्ण कड़ी होती है और इसे शिक्षकों को अनेक उत्तरदायित्वों के साथ विभिन्न कार्यों के माध्यम से निभाना होता है।

शिक्षण कार्य के भाग
(Parts of Teaching Work)

शिक्षण कार्यों के अध्ययन को सुविधा के दृष्टिकोण से *तीन भागों में विभक्त किया जाता है*

1. कक्षा से सम्बन्धित शिक्षण कार्य।
2. कक्षा के बाहर चलने वाले शिक्षण से सम्बन्धित कार्य।
3. सामान्य कार्य।

1. कक्षा से सम्बन्धित शिक्षण कार्य
(Functions Related to Classroom)

शिक्षण की प्रक्रिया में कक्षा के अन्दर होने वाले शिक्षण कार्य सबसे अधिक महत्त्वपूर्ण होते है। शिक्षण के इन कार्यों को निभाने में शिक्षक की महत्त्वपूर्ण भूमिका रहती है। *कक्षा से सम्बन्धित शिक्षण कार्यों में प्रमुख कार्य किए जाते हैं*

- कक्षा को संगठित एवं व्यवस्थित करना।
- पाठ्य विषयवस्तु एवं कार्यों का विश्लेषण करना।
- छात्रों को सीखने सम्बन्धी समस्याओं का निराकरण करना।
- छात्रों की शैक्षिक योग्यताओं का मूल्यांकन करना।
- अभिवृत्ति विकास, संग्रहालय एवं अन्य शैक्षिक समस्याओं का निराकरण करना।
- सुनिश्चित विधियों के माध्यम से शिक्षण उद्देश्यों की प्राप्ति हेतु पाठ्यक्रमों का निधारण एवं प्रस्तुतीकरण करना।
- शिक्षण की योजनाओं तथा प्रविधियों का निर्माण करना एवं उनका चुनाव करना।
- छात्रों को उनकी वैयक्तिक भिन्नताओं के आधार पर समझना एवं उसी के अनुरूप उनकी शिक्षा का संचालन करना।

2. कक्षा के बाहर चलने वाले शिक्षण से सम्बन्धित कार्य (Functions Related to Teaching Outside the Classroom)

कक्षा में छात्रों का शिक्षण कर लेने के पश्चात् ही शिक्षक का कार्य सम्पन्न नहीं हो जाता। समाज, स्कूल और परिवार के आपसी सौहार्दपूर्ण सम्बन्धों के माध्यम से ही शिक्षण की प्रक्रिया निर्विघ्न सुचारु रूप से चलती है।

खेलकूद, यात्रा, देशाटन, थियेटर, वाद-विवाद प्रतियोगिताओं इत्यादि के माध्यम से कक्षा के बाहर भी शिक्षण की प्रक्रिया जारी रहती है। अत: कक्षा के बाहर शिक्षण के महत्त्वपूर्ण कार्य *निम्नलिखित हैं*

- कक्षा के बाहर शिक्षण सम्बन्धी कार्यों के लिए छात्रों को संगठित एवं व्यवस्थित करना।
- विभिन्न क्रियाकलापों में सिद्धहस्तता प्राप्त करने के लिए छात्रों को स्वतन्त्र अनुभव एवं अभ्यास के अवसर प्रदान करना।
- छात्रों की व्यक्तिगत विभिन्नताओं के अनुरूप ही कक्षा के बाहर विविध कार्यों का चयन एवं निरीक्षण करना।
- शिक्षा की योजना के अनुरूप छात्रों को विभिन्न क्रियाकलापों एवं कौशलों का शिक्षण देना।
- छात्रों के विकास एवं सर्वांगीण व्यक्तित्व के विकास के लिए विभिन्न क्रियाकलापों द्वारा प्रयास करना।
- छात्रों की कक्षा के बाहर ही गतिविधियों का मूल्यांकन करना।
- छात्रों में सुधार के लिए उन्हें आवश्यक निर्देशन प्रदान करना।

3. सामान्य/मूलभूत कार्य (General/Basics Functions)

कक्षा के बाहर व अन्दर शिक्षण के कार्यों के अतिरिक्त भी कुछ ऐसे कार्य हैं, जो दोनों प्रकार के शिक्षण कार्यों से सम्बन्धित होते हैं, इन सभी कार्यों को सुसंगठित करते हुए छात्रों को निर्देशन प्रदान करना ही शिक्षक का उत्तरदायित्व होता है।

शिक्षण एवं अधिगम दोनों ही ऐसी प्रक्रियाएँ हैं, जिसके लिए मैत्रीपूर्ण, सौहार्दपूर्ण व उत्साह का वातावरण बहुत ही सकारात्मक भूमिका अदा करता है। इस प्रकार के वातावरण से सुरक्षा की भावना में वृद्धि होती है तथा शिक्षण का कार्य सुचारु ढंग से चलता रहता है।

कक्षा के बाहर अनेक शोधकार्य एवं अनुसन्धान होते रहते हैं। इनसे हमें कुछ नवीन निष्कर्ष एवं सिद्धान्त प्राप्त होते हैं।

शिक्षण के सामान्य कार्य को निम्न प्रकार से समझ सकते हैं

- छात्रों को नवीन अनुसन्धानों एवं सिद्धान्तों से परिचित कराना।
- छात्रों को निर्देशित करना और उन्हें कक्षा के कार्यों और कक्षा के बाहर के कार्यों के लिए एक सूत्र से बाँधने का प्रयास करना।
- छात्रों को सुरक्षा प्रदान करना।
- पाठ्यचर्या, पाठ एवं प्रशिक्षण सामग्री का निर्माण करना।
- नवीन अनुसन्धानों तथा नवीन प्रकाशित सामग्री एवं साहित्य से परिचित रहना।

अत: शिक्षण कार्य में एक योग्य शिक्षक से यह अपेक्षा की जाती है कि वह छात्रों के सर्वांगीण विकास हेतु कार्य करें, जिससे छात्रों के अन्दर दबी हुई आन्तरिक योग्यता एवं प्रतिभा बाहर निकले। बच्चों/छात्रों की आन्तरिक योग्यता एवं प्रतिभा को जानने के लिए शिक्षक के द्वारा शिक्षण के दौरान बच्चों के सोचने-समझने व उसके व्यवहार आदि पर ध्यान दिया जाता है तथा उसका मूल्यांकन किया जाता है। इसके लिए शिक्षक विभिन्न उपागमों का सहारा लेता है।

छात्रों के लिए अध्ययन (Study for Students)

किसी विषय के सब अंगों अथवा गूढ़ तत्त्वों का ज्ञान प्राप्त करने के लिए उसे देखने, समझने या पढ़ने की क्रिया अध्ययन कहलाती है अर्थात् किसी विषय-वस्तु को पढ़ना और आत्मसात करना अध्ययन कहलाता है।

छात्रों के लिए अध्ययन को निम्नलिखित भागों में बाँटा जा सकता है

1. **लम्बवत् अथवा ऊर्ध्वाधर अध्ययन** इस अध्ययन के अन्तर्गत छात्र पहले अध्ययन के आधार पर दूसरे अध्ययन को पढ़ने की तैयार करता है। कहने का तात्पर्य यह है कि छात्र जो पढ़ चुका है, उसी के आधार पर अगले पाठ को तैयार करता है। इसमें बच्चों का कौशल और ज्ञान निरन्तर बढ़ता है, जो उनके भविष्य में अध्ययन को बढ़ावा देता है। इस प्रकार का अध्ययन संरचनात्मक तथा प्रगतिशील होता है, जिसका उद्देश्य उच्च स्तर के ज्ञान को बढ़ाना होता है।
2. **क्षैतिज अध्ययन** ऐसा अध्ययन जिसमें छात्र एक सम्प्रत्यय (Concept) का अध्ययन करके उसको उसी से सम्बन्धित सम्प्रत्ययों से जोड़ता हो, क्षैतिज अध्ययन कहलाता है।
3. **व्यक्तित्व अध्ययन** इसमें किसी आदमी के मनोवैज्ञानिक गुणों तथा मनोसामाजिक और भौतिक पर्यावरण के सन्दर्भ में उसके मनोवैज्ञानिक इतिहास आदि का गहनता से अध्ययन किया जाता है।

4. **प्रतिनिधिक समूह अध्ययन** जब एक ही समय में अलग-अलग जन-समूहों का अवलोकन किया जाता है, तो उसे प्रतिनिधिक समूह अध्ययन कहा जाता है।
5. **अधोमुखी अध्ययन** इसमें एक अध्यापक और शोधकर्ता अलग-अलग समय पर एक ही बच्चे के व्यवहार परिवर्तन का अवलोकन करता है।

छात्रों का मूल्यांकन (Evaluation of Students)

शिक्षक अपनी शिक्षण प्रक्रिया को पूरी करने के बाद छात्रों का मूल्यांकन करता है कि छात्रों में सकारात्मक अभिवृत्ति व अभिरुचि का विकास कहाँ तक हुआ है तथा यह भी जानने का प्रयास करता है कि बच्चों ने किस हद तक ज्ञान को आत्मसात किया है। शिक्षक मूल्यांकन हेतु विभिन्न प्रकार की मूल्यांकन प्रविधियों का प्रयोग करता है। यह मूल्यांकन इसलिए किया जाता है कि बच्चों की कमी को जाना जा सके तथा भविष्य में उनकी कमी को दूर किया जा सके।

छात्रों/बच्चों के मूल्यांकन के सन्दर्भ में शिक्षक के द्वारा मूल्यांकन के निम्नलिखित सोपानों अथवा स्तरों का प्रयोग किया जाता है

छात्र मूल्यांकन के सोपान
(Stages of Students' Evaluation)

1. **शैक्षिक उद्देश्य का चयन** शिक्षा के उद्देश्यों का निर्धारण करना तथा किसी विषय-वस्तु या पाठ्यवस्तु से सम्बन्धित मूल्यांकन करना शैक्षिक उद्देश्य के चयन के अन्तर्गत आता है।
2. **उद्देश्यों का स्पष्टीकरण** शैक्षिक उद्देश्यों का चयन किए जाने वाले सभी उद्देश्यों की विस्तृत व्याख्या ही उददेश्यों का स्पष्टीकरण होता है। *इसे निम्नलिखित उदाहरणों द्वारा स्पष्ट किया जा सकता है*

   (i) शैक्षिक उद्देश्य (ii) पाठ्यवस्तु
   (iii) व्यवहार परिवर्तन

   पाठ्यवस्तु के भी कई उद्देश्य होते हैं, जो इस प्रकार हैं—ज्ञान उद्देश्य, कौशल उद्देश्य, अभिवृत्ति कौशल उद्देश्य तथा रुचि उद्देश्य।
3. **मूल्यांकन की प्रविधियों की रचना** शिक्षक को यदि बालक के व्यवहार में होने वाले परिवर्तनों को ज्ञात करना है, तो उसे मूल्यांकन की प्रविधियों की रचना करनी होगी इसके लिए शिक्षक को स्वयं अपने अन्दर रचनात्मक कौशलों का विकास करना होगा।
4. **परिस्थितियों की पहचान** परिस्थितियाँ ऐसी हों, जो व्यवहार की अभिव्यक्ति में सहायक हों ताकि शिक्षक, व्यवहार की उपस्थिति या अनुपस्थिति का ज्ञान प्राप्त कर सके।
5. **परीक्षणों या अन्य प्रविधियों की परीक्षा व चयन** ऐसे परीक्षणों या प्रविधियों का चयन किया जाना चाहिए, जो वांछित व्यवहारों के सम्बन्ध में अप्रत्यक्ष या प्रत्यक्ष रूप से प्रमाण प्रदान करती हैं और यदि इस प्रकिया में बनाए गए परीक्षण उपलब्ध न हों, तो प्रमाण या सामग्री को एकत्र करने के लिए नए आयामों की खोज की जानी चाहिए।
6. **लेखबद्ध प्रमाणों की व्याख्या** बालक के व्यवहार के सम्बन्ध में समस्त प्रमाण जब लेखबद्ध कर लिए जाएँ तब उन प्रमाणों का सतर्कतापूर्वक विश्लेषण किया जाना चाहिए। तत्पश्चात यह निर्णय हो कि बालक में होने वाले परिवर्तन कहाँ तक उत्तम एवं वांछनीय हैं।

अभ्यास प्रश्न

***1.* शिक्षण कार्यों में किन कारकों की महत्त्वपूर्ण भूमिका होती है?**

(a) शिक्षक की कौशलता
(b) छात्र की रुचि
(c) छात्रों के कार्यों का मूल्यांकन
(d) उपरोक्त सभी

***2.* शिक्षण कार्य की प्रक्रिया नहीं होती है**

(a) नियमों पर आधारित (b) केवल प्रेरणात्मक
(c) सृजनात्मक (d) भविष्योन्मुखी

***3.* जब कभी भी अधिगम को प्रेरित या संचालित करने के लिए किसी व्यवस्था या प्रणाली का निर्माण किया जाता है, तो क्या प्रारम्भ होता है?**

(a) कौशल नवप्रवर्तन (b) शैक्षणिक नवाचार
(c) शिक्षण के कार्य (d) शिक्षण प्रवृत्ति

***4.* शिक्षण कार्य के अन्तर्गत किसका समावेश होना अति आवश्यक होता है?**

(a) शिक्षण कार्यों के प्रति अभिवृत्ति
(b) शिक्षण सहायक प्रणाली

(c) शिक्षण की योग्यता एवं गुण
(d) उपरोक्त सभी

5. **कक्षा से सम्बन्धित शिक्षण कार्य को निभाने में किसकी महत्त्वपूर्ण भूमिका रहती है?**
(a) विद्यालय प्रशासन (b) विद्यार्थी
(c) शिक्षक (d) शैक्षणिक वातावरण

6. **निम्न में से कक्षा से सम्बन्धित शिक्षण कार्य कौन-सा है?**
(a) कक्षा को संगठित एवं व्यवस्थित करना
(b) पाठ्य विषयवस्तु एवं कार्यों का विश्लेषण करना
(c) छात्रों की शैक्षिक योग्यताओं का मूल्यांकन करना
(d) उपरोक्त सभी

7. **समाज, स्कूल एवं परिवार के आपसी सौहार्दपूर्ण सम्बन्धों के माध्यम से किस प्रकार की प्रक्रिया का निर्वहन सुचारु रूप से चलता है?**
(a) शिक्षण की प्रक्रिया (b) अधिगम की प्रक्रिया
(c) नवाचार की प्रक्रिया (d) कौशल की प्रक्रिया

8. **छात्रों की व्यक्तिगत विभिन्नताओं के अनुरूप ही कक्षा के बाहर किसका चयन एवं निरीक्षण करना चाहिए?**
(a) संवेगों का (b) विविध कार्यों का
(c) अभिप्रेरणों का (d) इनमें से कोई नहीं

9. **किस प्रकार के शिक्षण कार्य की प्रकृति में शिक्षक एवं छात्र की क्रियाओं का एक हो जाता है तथा इन सभी क्रियाओं को सभी प्रकार के कार्यों, शिक्षण विधियों एवं दशाओं का समावेश होता है?**
(a) सूचना देना
(b) वातावरण में सामंजस्य स्थापित करना
(c) सीखने का संगठन करना
(d) उपरोक्त सभी

10. **शिक्षण, छात्र एवं विषयवस्तु, इन तीनों में पारस्परिक आदान-प्रदान से क्या सम्भव होता है?**
(a) कौशल की प्रक्रिया (b) समावेशन की प्रक्रिया
(c) शिक्षण की प्रक्रिया (d) अधिगम की प्रक्रिया

11. **निम्न में से शिक्षक को शिक्षण कार्य के समय किन बातों का ध्यान देना चाहिए?**
(a) शिक्षक को छात्र की प्रकृति एवं स्वभाव का पूर्ण ज्ञान होना चाहिए
(b) शिक्षक को स्वयं का भी पूर्ण ज्ञान होना चाहिए
(c) उसे पाठ्यवस्तु की भी सम्पूर्ण जानकारी होनी चाहिए
(d) उपरोक्त सभी

12. **निम्नलिखित में से सत्य कथन की पहचान कीजिए**
(a) शिक्षण का एक महत्त्वपूर्ण कार्य छात्रों को सूचना देना है
(b) शिक्षक पाठ्यवस्तु सम्बन्धी सूचनाएँ देने के साथ-साथ अन्य व्यावहारिक ज्ञान भी देता है
(c) जो शिक्षक कहानी कला में निपुण होते हैं, वे बहुत प्रभावशाली ढंग से इन सूचनाओं को छात्रों तक पहुँचा पाते हैं
(d) उपरोक्त सभी

13. **शिक्षण का कार्य किसके बिना सम्भव नहीं हो सकता है?**
(a) सिखाने (b) अधिगम (c) कौशल (d) प्रवीणता

14. **बालकों को प्रोत्साहित करना एवं उन्हें प्रेरणा देना किसका महत्त्वपूर्ण कार्य होता है?**
(a) शिक्षण
(b) विद्यालय
(c) 'a' केवल 'b' दोनों
(d) उपरोक्त में से कोई नहीं

15. **अच्छी बातों की ओर बच्चों के संवेगों को मोड़ना किसके द्वारा सम्भव है?**
(a) कक्षा-कक्ष (b) विद्यालय वातावरण
(c) शिक्षण (d) ये सभी

16. **शैक्षिक कार्यक्रमों की सफलता किस पर निर्भर रहती है?**
(a) अध्यापक के व्यवहार
(b) अध्यापक की कार्य-प्रणाली
(c) अध्यापक की योग्यता
(d) उपरोक्त सभी

17. **छात्रों के किस पक्ष की अभिवृत्ति करना शिक्षक का प्रमुख दायित्व है?**
(a) भौतिक ज्ञान
(b) नैतिक मूल्य
(c) 'a' और 'b' दोनों
(d) उपरोक्त में से कोई नहीं

18. **सीखना समृद्ध हो सकता है, यदि** **[CTET Jan 2011]**
(a) वास्तविक दुनिया से उदाहरणों को कक्षा में लाया जाए, जिसमें विद्यार्थी एक-दूसरे से अन्त:क्रिया करें और शिक्षक उस प्रक्रिया को सुगम बनाए
(b) कक्षा में अधिक-से-अधिक शिक्षण-सामग्री का प्रयोग किया जाए
(c) शिक्षक विभिन्न प्रकार के व्याख्यान और स्पष्टीकरण का प्रयोग करें
(d) कक्षा में आवधिक परीक्षाओं पर अपेक्षित ध्यान दिया जाए

19. प्रायः शिक्षार्थियों की त्रुटियाँ ····· की ओर संकेत करती हैं।
(a) शिक्षार्थियों के सामाजिक-आर्थिक स्तर
(b) वे कैसे सीखते हैं?
(c) यान्त्रिक अभ्यास की आवश्यकता
(d) सीखने की अनुपस्थिति

20. निम्नलिखित में से कौन-सा सीखने का क्षेत्र है?
(a) व्यावसायिक (b) आनुभविक
(c) भावात्मक (d) आध्यात्मिक

21. वे शिक्षार्थी, जो संवृद्ध ज्ञान और शैक्षणिक दक्षता की हार्दिक इच्छा प्रदर्शित करते हैं, उनके पास होता है
(a) निष्पादन-परिहार अभिविन्यास **[CTET Nov 2012]**
(b) कार्य-परिहार अभिविन्यास
(c) नैपुण्यता अभिविन्यास
(d) निष्पादन-उपागम अभिविन्यास

22. किस अध्ययन के अन्तर्गत छात्र पहले अध्याय के आधार पर दूसरे अध्याय को पढ़ने की तैयारी करता है?
(a) अधोमुखी अध्ययन
(b) क्षैतिज अध्ययन
(c) लम्बवत् अध्ययन
(d) प्रतिनिधिक समूह अध्ययन

23. शैक्षिक उद्देश्यों के निर्धारण के बिना ········· नहीं किया जा सकता।
(a) मूल्यांकन (b) अपवर्जन
(c) गुणांकन (d) निदानात्मक

24. उद्देश्यों का स्पष्टीकरण प्राप्त करने के लिए किन-किन उदाहरणों द्वारा स्पष्ट किया जा सकता है?
(a) शैक्षिक उद्देश्य, व्यवहार परिवर्तन एवं गुणात्मक परिवर्तन
(b) कौशल परिवर्तन, पाठ्यवस्तु एवं व्यवहार परिवर्तन
(c) शैक्षिक उद्देश्य, पाठ्यवस्तु एवं व्यवहार परिवर्तन
(d) शैक्षिक अभिवृद्धि, पाठ्यवस्तु एवं रुचि परिवर्तन

25. मूल्यांकन की एक विशेषता लिखिए
(a) सम्पूर्ण गुण का मूल्यांकन करना
(b) सम्पूर्ण ज्ञान का मूल्यांकन करना
(c) सम्पूर्ण दर्शन का मूल्यांकन करना
(d) सम्पूर्ण व्यवहार का मूल्यांकन करना

26. संस्थागत क्षेत्र में मूल्यांकन किस प्रकार होता है?
(a) कक्षा, विषय-वस्तु, निष्पादन द्वारा
(b) कक्षा, पाठ्यक्रम, परख द्वारा
(c) कक्षा, पाठ्यक्रम, निष्पादन द्वारा
(d) कक्षा, भ्रमण, निष्पादन द्वारा

27. छात्रों की विषयगत योग्यता को भली-भाँति जाना जा सकता है
(a) परीक्षा प्रश्न से (b) मूल्यांकन के उपकरण से
(c) विचार-विमर्श से (d) अभिभावक परामर्श से

28. शिक्षक विद्यार्थियों को मानसिक तनाव से बचा सकते हैं, यदि वह उनकी समस्याओं को देखते हैं
(a) आलोचनात्मक दृष्टिकोण से
(b) वृत्तिक दृष्टिकोण से
(c) मानवीय धारणा से
(d) नैतिक धारणा से

29. कक्षा-शिक्षण में विद्यार्थी तब तक ध्यान केन्द्रित नहीं करेंगे, जब तक
(a) उनमें जिज्ञासा पैदा नहीं की जाएगी
(b) उनमें कड़ा अनुशासन नहीं होगा
(c) उनसे प्रश्न नहीं पूछे जाएँगे
(d) श्यामपट्ट का प्रयोग नहीं किया जाएगा

30. शुद्ध मातृभाषा प्रयोग करने वाले छात्रों के साथ क्या व्यवहार करेंगे?
(a) ऐसे छात्रों को समय-समय पर पारितोषिक देंगे
(b) मातृभाषा का प्रयोग न करने वाले को दण्ड देंगे
(c) उनको कक्षा में आगे बैठने को कहेंगे
(d) अशुद्ध भाषा के प्रयोग करने वाले छात्रों को कक्षा में पीछे बैठने को कहेंगे

31. मान लीजिए आपकी कक्षा के छात्र बहुत शरारती हैं। वे अपने शिक्षकों के लिए अनेक अशोभनीय बातें कक्षा के श्यामपट्ट पर लिख देते हैं। ऐसी स्थिति से आप किस प्रकार निपटेंगे?
(a) कक्षा-नायक को अपने विश्वास में लेंगे तथा ऐसे शरारती छात्रों की पहचान करेंगे
(b) आप अपने अवकाश काल में कक्षा की निगरानी करेंगे तथा आकस्मिक निरीक्षण द्वारा ऐसे छात्रों की पहचान करेंगे
(c) आप सम्पूर्ण कक्षा पर आर्थिक दण्ड लागू करेंगे
(d) आप सम्पूर्ण कक्षा के प्रति कठोर अनुशासनात्मक कार्यवाही के लिए प्रधानाचार्य को भेजे देंगे

32. मान लीजिए आपकी कक्षा में एक छात्र निरन्तर अनुपस्थित चल रहा है। ऐसी परिस्थिति में आप क्या करेंगे?
(a) आप उक्त छात्र की रिपोर्ट प्रधानाचार्य को दे देंगे
(b) आप उक्त छात्र के घर के निकट रहने वाले छात्र से घर का पता लेंगे और उसके माता-पिता से सम्पर्क करेंगे
(c) आप उक्त छात्र की अनुपस्थिति के लिए चिन्ताग्रस्त रहेंगे
(d) आप कक्षा उपस्थिति रजिस्टर से उसका नाम काट देंगे

33. **जब आप एक कक्षा को पढ़ा रहे हैं तो आपको पता चलता है कि कुछ विद्यार्थी आपकी कक्षा में उपस्थिति नहीं हैं, जबकि दूसरे शिक्षक की कक्षा में वे उपस्थित थे। आपका सबसे उचित निष्कर्ष क्या होगा?**
(a) विद्यार्थी शरारती हैं
(b) मैं उनके साथ नम्र हूँ
(c) मेरे शिक्षण में कुछ त्रुटि है
(d) विद्यार्थी बुद्धिहीन हैं

34. **कक्षा में सृजनात्मक चिन्तन के विकास हेतु शिक्षक को चाहिए कि वह कक्षा में**
(a) उन्मुक्त वातावरण रखे
(b) छात्रों को नियन्त्रित रखे
(c) उन्हें परम्पराओं से न हटने दे
(d) कदम-कदम पर उनको सही दिशा प्रदान करे

35. **कौन-सा गुण आप छात्रों में सबसे अधिक महत्त्वपूर्ण मानते हैं?**
(a) स्वतन्त्र रूप से विचार करना
(b) विनयशीलता
(c) आज्ञाकारिता
(d) परिश्रमी

36. **मान लीजिए आपकी कक्षा का एक छात्र अपनी पाठ्य-पुस्तक को घर भूल आता है। ऐसी परिस्थिति में आप क्या करेंगे?**
(a) आप स्वयं उसके लिए एक पाठ्य-पुस्तक खरीद देंगे
(b) आप अपनी 'भेंट प्रति' छात्र को दे देंगे
(c) आप उसे तत्काल कक्षा से बाहर निकाल देंगे
(d) आप बिना कारण पूछे कक्षा में ही डाँटेंगे

37. **छात्र विद्यालय में अनुशासन रखते हैं, क्योंकि**
(a) ये वहाँ शिक्षा प्राप्त करते हैं
(b) वे शिक्षकों से डरते हैं
(c) ऐसा करना स्वाभाविक है
(d) विद्यालय उनका पथ-प्रदर्शक है

38. **आप अपने विद्यार्थियों की प्रगति कैसे जानेंगे?**
(a) विद्यार्थियों की परीक्षा लेकर
(b) विद्यार्थियों से प्रगति बताने के लिए पूछकर
(c) शिक्षकों की सहायता लेकर
(d) संचयी अभिलेख रखकर

39. **छात्रों की पढ़ाई में स्पष्टतः सुधार कब आता है?**
(a) माता-पिता सक्रिय रूप से सहयोगी हों
(b) शिक्षक सक्रिय हो
(c) विद्यालय का प्रधानाध्यापक सक्रिय हो
(d) छात्र लक्ष्य-केन्द्रित हो और सक्रिय हो

40. **किसे अच्छा शिक्षक माना जाता है?**
(a) जो छात्रों को अच्छे अंक पाने के तरीके सिखाता है
(b) जो सख्त अनुशासन बनाए रखता है
(c) जो कभी अवकाश पर नहीं जाता है
(d) जो रोचक तरीके से पढ़ाता है, जिससे बच्चों में पढ़ाई के प्रति उत्सुकता बढ़ती है

41. **एक शिक्षक सफल हो सकता है, यदि वह**
(a) छात्रों को विषय का ज्ञान देता है
(b) विषय-वस्तु को सुव्यवस्थित ढंग से प्रस्तुत करता है
(c) छात्रों को परीक्षा में उत्तीर्ण होने के कारण तैयार करता है
(d) छात्रों को बेहतर नागरिक बनाने में मदद करता है

42. **सामान्यतः शिक्षण की प्रकृति होती है**
(a) एक सामाजिक प्रक्रिया
(b) एक गतिशील प्रक्रिया
(c) द्विध्रुवी प्रक्रिया
(d) उपरोक्त सभी

43. **शिक्षण कार्य किस प्रकार शिक्षार्थी के सर्वांगीण विकास में सहायक नहीं होती है?**
(a) बच्चों में रटने की प्रवृत्ति को डालकर
(b) ज्ञानात्मक विकास कर
(c) भावनात्मक ज्ञान विकास कर
(d) क्रियात्मक विकास कर

उत्तरमाला

1. (d)	2. (b)	3. (c)	4. (d)	5. (c)	6. (d)	7. (a)	8. (b)	9. (b)	10. (c)
11. (d)	12. (d)	13. (a)	14. (c)	15. (d)	16. (d)	17. (c)	18. (a)	19. (c)	20. (c)
21. (b)	22. (c)	23. (a)	24. (c)	25. (d)	26. (c)	27. (a)	28. (d)	29. (a)	30. (a)
31. (a)	32. (b)	33. (c)	34. (d)	35. (a)	36. (b)	37. (d)	38. (a)	39. (d)	40. (d)
41. (b)	42. (d)	43. (a)							

अध्याय 09

शिक्षण सहायक सामग्री

(Teaching Support Material)

शिक्षक द्वारा पाठ्य-पुस्तक के अध्यापन के दौरान जिन वस्तुओं अथवा सेवाओं को प्रयोग में लाया जाता है, उन्हें शिक्षण सहायक सामग्री (Teaching Aids) कहा जाता है। शिक्षक द्वारा विद्यार्थियों के समक्ष प्रस्तुत रोचकपूर्ण पाठ्य-सामग्री शिक्षण का आदर्श रूप होता है, जिसमें इन सामग्रियों की भूमिका महत्त्वपूर्ण होती है। उत्तम शिक्षण सामग्री का प्रयोग शिक्षार्थियों में विद्याध्ययन के प्रति रुचि पैदा करता है और उनमें शिक्षा-ग्राह्यता के प्रति सकारात्मक अभिवृत्ति का विकास करता है।

इन युक्तियों का प्रयोग छात्रों में उत्साह जागृति के साथ-साथ संचित ज्ञान को लम्बे समय तक स्मृति पटल पर रखने में भी सहायता करता है। इससे शिक्षक में भी अध्यापन के प्रति उत्साह का संचार होता है, परिणामस्वरूप कक्षा में सदैव सकारात्मक वातावरण बने रहने की सम्भावना प्रबल रहती है। **कार्टन ए. गुड** के अनुसार, "कोई भी ऐसी सामग्री जिसके माध्यम से शिक्षण प्रक्रिया को उद्दीप्त किया जा सके अथवा श्रवणेन्द्रिय संवेदनाओं के द्वारा आगे बढ़ाया जा सके, वह शिक्षण सामग्री कहलाती है।"

शिक्षण सहायक सामग्री के उद्देश्य

(Objectives of Teaching Support Material)

- शिक्षण में सहायक सामग्रियों का मुख्य उद्देश्य छात्रों में रोचक तरीकों से शिक्षण प्रदान करना होता है।
- यह सामग्री शिक्षण के दौरान पाठ्यवस्तु को समझने में सहायक होती है तथा लिखित या मौखिक रूप से पाठ्य-सामग्री को समझाने में भी इसका विशेष महत्त्व होता है।

शिक्षण सहायक सामग्री के महत्त्व

(Importance of Teaching Support Material)

- **प्रेरणा** सहायक सामग्री (दृश्य-श्रव्य) से सीखे हुए ज्ञान से छात्रों में उत्सुकता उत्पन्न होती है, साथ ही उनके प्रयोग द्वारा प्राप्त किया गया ज्ञान उसे प्रेरणा प्रदान करता है।
- **क्रिया का सिद्धान्त** इन सामग्रियों के प्रयोग से विद्यार्थियों को विभिन्न प्रकार की क्रियाएँ करने का अवसर मिलता है, वह खेल-खेल में जटिल पाठ्यक्रमों को भी आसानी से सीख लेते हैं।
- **शिक्षण में कुशलता** शिक्षण सहायक सामग्रियाँ शिक्षक को उसके अध्यापन प्रक्रिया में काफी मदद करती हैं, जिससे वह अपने विषय को बेहतर ढंग से छात्रों के समक्ष प्रस्तुत कर पाते है।
- **डिक्शनरी में वृद्धि** रेडियो, टेलीविजन, चलचित्र, भाषा, प्रयोगशाला आदि को सुनते-सुनते बच्चे इनसे सुने शब्दों का अनुसरण करते हैं, ये सामग्रियाँ उनके शब्द भण्डार में वृद्धि करने के साथ-साथ उनके अभिव्यक्ति कौशल को भी सुदृढ़ बनाती है।
- **अनुभवी शिक्षण** अनुभव से प्राप्त ज्ञान अधिक प्रभावी होता है, इसे दीर्घकाल तक याद रखा जा सकता है। इससे छात्रों में चिन्तन के विकास को भी प्रोत्साहन मिलता है।
- **स्पष्टीकरण** सहायक सामग्री के माध्यम से कठिन-से- कठिन पाठ्य वस्तु को प्रत्यक्ष देखकर छात्रों के मन में उपजी शंकाओं का समाधान हो जाता है।

शिक्षण सहायक सामग्रियों के प्रकार
(Types of of Teaching Support Material)

आधुनिक समय में शिक्षण कार्यों में नवाचार उपकरणों का मुख्य रूप से प्रयोग किया जा रहा है। प्रत्येक शैक्षणिक संस्थानों में इन उपकरणों की पूरी व्यवस्था की जा रही है, ताकि शिक्षण कार्यशैली को अधिक प्रासंगिक एवं प्रभावी बनाया जा सके।

इसी परिप्रेक्ष्य में शिक्षण सहायक सामग्रियों को निम्न भागों में विभाजित किया जा सकता है

1. दृश्य साधन (Visual Aids)

इसमें ऐसी सामग्रियों का उल्लेख किया जाता है, जिनको देखकर ज्ञान प्राप्त किया जा सकता है। उदाहरण के लिए- प्रोजेक्टर, फिल्म स्ट्रिप, परिचित्र, मानचित्र, श्यामपट्ट, चॉक बोर्ड, फोटोग्राफ इत्यादि।

दृश्य साधन के प्रकार

(i) **रेखाचित्र अथवा चार्ट** किसी वस्तु के प्रतिमान की अनुपलब्धता में रेखाचित्र, ग्राफ इत्यादि शिक्षण के लिए उपयोगी सामग्री के रूप में उपयोग किए जाते हैं। रेखाचित्र के माध्यम से विद्यार्थियों में समय-ज्ञान का विकास, अमूर्त तथ्य व विचार-बिन्दुओं को दृश्य रूप में प्रकटीकरण, सारांश प्रस्तुतीकरण, कालानुक्रमिक विधि (इतिहास विषय) से प्रस्तुति, चित्रात्मक संकेत इत्यादि का विकास होता है।

(ii) **नोटिस बोर्ड** नोटिस बोर्ड के द्वारा छात्रों को राजनीतिक, सामाजिक, आर्थिक, साहित्यिक, समसामयिक आदि पक्षों की जानकारी से सम्बन्धित सूचनाएँ दी जाती हैं।

(iii) **मानचित्र एवं ग्लोब** मानचित्र व ग्लोब का उपयोग स्थान की भौगोलिक स्थिति, एक स्थान से दूसरे स्थान की दूरी, क्षेत्रफल इत्यादि ज्ञात करने के लिए किया जाता है। मानचित्र विश्व की जलवायु, मौसम व पर्यावरण आदि विषयों को विद्यार्थियों को समझाने में सहायक होता है। मानचित्र दो आयामी (Two Dimensional) होता है और इसकी सतह सपाट होती है। ग्लोब पृथ्वी का लघु रूप होता है तथा यह तीन आयामी होता है।

(iv) **मॉडल्स** मॉडल्स वास्तविक वस्तुओं के प्रतिरूप होते हैं। विद्यार्थियों के शिक्षण के लिए इसका प्रयोग तब किया जाता है, जब प्रत्यक्ष वस्तुओं का उपयोग असम्भव हो जाता है। इसमें किसी वस्तु की कल्पना करके समझाई जाती है।

(v) **स्लाइड्स** शिक्षण में स्लाइड का उपयोग सूक्ष्मतर पदार्थों व वस्तुओं के अध्ययन के लिए किया जाता है। सूक्ष्मतर वस्तुओं को माइक्रोस्कोप के माध्यम से देखा जाता है।

(vi) **ब्लैकबोर्ड** अन्य शिक्षण सम्बन्धित उपकरणों के अभाव में वार्तालाप और श्यामपट्ट (ब्लैकबोर्ड)का अध्यापन कार्य में महत्त्वपूर्ण स्थान है। इसके माध्यम से शब्दों में प्रतीकों द्वारा शिक्षक विद्यार्थियों में बोधगम्य क्षमता का विकास करता है। परम्परागत शिक्षण प्रणालियों में श्यामपट्ट सर्वाधिक उपयोगी सहायक सामग्री है।

(vii) **फेलेनेल बोर्ड** यह बच्चों की कल्पनाशक्ति व सृजन क्षमता को विकसित करने का अच्छा माध्यम माना जाता है। फेलेनेल बोर्ड बनाने के लिए प्लाईवुड या हाई: बोर्ड के टुकड़े पर फेलेनेल खादी के कपड़े को खींचकर बाँध दिया जाता है, इसके बाद विभिन्न विषयों से सम्बन्धित चित्र, मानचित्र, रेखाचित्र इत्यादि को प्रदर्शित किया जाता है। इसके द्वारा किसी विषय के बारे में बच्चों को विशेष जानकारी दी जा सकती है।

(viii) **ग्राफ** ग्राफ के माध्यम से सांख्यिकी एवं उसके परिमाणात्मक सम्बन्धों को दृश्य रूप में प्रस्तुत किया जाता है। यह आँकड़ों का आलेखीय प्रस्तुतीकरण करता है।

(ix) **फ्लैश कॉर्ड्स** इसका प्रयोग मुख्यतया छोटी कक्षाओं के विद्यार्थियों के लिए किया जाता है। इसमें कार्ड के द्वारा शब्द चित्र, मात्राएँ आदि की जोड़ने का कार्य किया जाता है। यह पाठ्य वस्तु को रोचक तरीके से रखने की एक शिक्षण सामग्री होती है।

(x) **पत्र-पत्रिकाएँ** पत्र-पत्रिकाएँ शिक्षण सामग्री की दृश्य सामग्री है। इसके द्वारा पाठ्यक्रम के विषयों को उदाहरणस्वरूप प्रस्तुत कर शिक्षार्थी की बोधगम्य क्षमता विकास पर बल दिया जाता है।

(ix) **संग्रहालय** ऐसे स्थानों पर महत्त्वपूर्ण एवं दुर्लभ वस्तुओं का संग्रह होता है। संग्रहालयों के माध्यम से भी छात्रों को जानकारी उपलब्ध कराई जा सकती है।

(x) **पावर प्वॉइन्ट प्रेजेंटेशन** यह एक कम्प्यूटर प्रोग्राम है, जो उपयोगकर्त्ता को किसी विषय विशेष की प्रस्तुति का समर्थन करने के लिए स्लाइड बनाने और दिखाने की अनुमति देता है। यह उपयोगकर्त्ता को प्रस्तुति (प्रेजेंटेशन) को उपयोगी बनाने हेतु पाठ्य सामग्री, ग्राफिक्स, विषय सूची और मल्टी-मीडिया सामग्री को जोड़ने की सुविधा प्रदान करता है। इसके माध्यम से कोई व्यक्ति आसानी से एक स्लाइड विशेष को दिखाकर विषय सामग्री की व्याख्या कर सकता है। शिक्षण में इसके उपयोग द्वारा कोई

शिक्षक छात्रों को एकसाथ विभिन्न प्रकार की अवधारणाओं को समझा सकता है। इससे छात्रों में सीखने एवं समझने की क्षमता विकसित होती है।

(xi) **थ्री डी मॉडल** थ्री डी मॉडल को त्रि-आयामी रूप भी कहा जाता है। यह एक गणितीय प्रतिनिधित्व के विकास की प्रक्रिया है। इसके अन्तर्गत वास्तविक वस्तु उपस्थित या उपलब्ध नहीं होती है। यह मॉडल किसी वस्तु को वास्तविक रूप से तीन आयामों (ऊँचाई, चौड़ाई एवं गहराई) में प्रदर्शित करता है, जोकि किसी विषय वस्तु को समझने के लिए सरल और आसान बना देता है। शिक्षा के क्षेत्र में इसका उपयोग अधिकांश गणित विषय में त्री-विमीय आकृति व ग्राफिक्स को समझने एवं समझाने में किया जाता है। यह तकनीक दीर्घावधि समय तक चलने वाली और अधिक खर्चीली होती है।

2. श्रव्य साधन (Audio Aids)

इस श्रेणी में ऐसी सहायक सामग्री को रखा जाता है, जिनके द्वारा सुनकर ज्ञान प्राप्त किया जाता है; जैसे—फोनोग्राफ रिकॉर्ड, रेडियो प्रसारण तथा मैग्नेटिक टेपरिकॉर्डिंग आदि।

श्रव्य साधन के प्रकार

(i) **रेडियो** रेडियो, शिक्षा प्राप्ति का एक महत्त्वपूर्ण अंग है। हालाँकि वर्तमान समय में नवीन उपकरणो के अधिक उपयोग से इसमें कमी अवश्य देखी गई है, किन्तु ग्रामीण क्षेत्रों में आज भी उपयोग में लाई जाती है।

(ii) **टेप रिकॉर्डर** इसके माध्यम से विषय-वस्तु को विद्यार्थी की आवश्यकतानुसार प्रस्तुत किया जा सकता है। यह निदानात्मक और उपचारात्मक दोनों ही शिक्षण विधियों में प्रयुक्त किया जाता है।

(iii) **ग्रामोफोन** ग्रामोफोन रेडियो की तरह ही शिक्षण का प्राचीन माध्यम है। इसके द्वारा छात्रों को उच्चारण के शुद्धीकरण में सहायता मिलती है। इसके माध्यम से किसी घटना विवरण गीत, कहानी को सुना जा सकता है।

(iv) **डिजिटल ऑडियो प्लेयर** डिजिटल ऑडियो प्लेयर एक इलेक्ट्रॉनिक उपकरण (डिवाइस) है, जो उच्च-रिजॉल्यूशन मीडिया फाइलों को संग्रहित करने और चलाने में सक्षम होता है। डिजिटल ऑडियो प्लेयर को सामान्यत: MP3 (एमपीथ्री) प्लेयर के रूप में भी संग्रहित किया जाता है। कुछ ऑडियो प्लेयर को पोर्टेबल मीडिया प्लेयर भी कहा जाता है। एप्पल का लोकप्रिय ipod प्लेयर इसका सबसे अच्छा उदाहरण है। डिजिटल ऑडियो प्लेयर शिक्षा, अर्जित करने में महत्त्वपूर्ण भूमिका निभाती है। इसका उपयोग छात्र किसी विषय विशेष के सन्दर्भ में एक ही विषय-वस्तु को बार-बार सुनने में और अपनी समझ को विकसित करने में कर सकता है।

3. श्रव्य-दृश्य साधन (Audio-Visual Aids)

इस शिक्षण सामग्री के अन्तर्गत वे शिक्षण साधन आते हैं, जिनके द्वारा छात्र देखकर तथा सुनकर दोनों प्रकार से ही ज्ञान प्राप्त करता है। इसमें अधिगमकर्ता अधिगम के लिए दृश्य एवं श्रवणेन्द्रियों दोनों का उपयोग करता है। उदाहरणस्वरूप-टेलीविजन, चलचित्र, स्लाइड, कम्प्यूटर, ऑडियो-वीडियो रिकॉर्डिंग इत्यादि।

श्रव्य-दृश्य साधन के प्रकार

(i) **टेलीविजन** टेलीविजन का 20वीं शताब्दी के सर्वाधिक लोकप्रिय व उपयोगी साधनों में महत्त्वपूर्ण स्थान है। इसके द्वारा कम समय में जटिल पाठ्य सामग्री को देश के सभी हिस्से में पहुँचाया जाता है। यह विश्व के शैक्षणिक गतिविधियों और अन्य अभिनव प्रयोगों से आम जनता को साक्षात्कार कराता है।

(ii) **कम्प्यूटर** आधुनिक समय में कम्प्यूटर का श्रव्य-दृश्य शिक्षण सामग्री के रूप में महत्त्वपूर्ण स्थान है। इसके माध्यम से शिक्षण सहित मनोरंजन व अन्य पहलुओं को नवीन रूप दिया गया है।

(iii) **मल्टीमीडिया** मल्टीमीडिया एकसाथ कई साधनों का संयोजन है। इसमें मीडिया, ऑडियो, वीडियो, फिल्म इत्यादि सभी साधन सम्मिलित किए जाते हैं।

(iv) **डिस्प्ले बोर्ड** यह भी श्रव्य-दृश्य सामग्री का एक प्रमुख अंग है। इसमें श्यामपट्ट सहित, सफेद बोर्ड, चुम्बकीय बोर्ड, बुलेटिन बोर्ड, पेज बोर्ड इत्यादि शामिल किए जाते हैं। वर्तमान समय में इनका प्रयोग अधिक किया जाता है।

(v) **चलचित्र अथवा सिनेमा** वर्तमान समय में चलचित्र अथवा सिनेमा को शिक्षण का सर्वसुलभ और सस्ता माध्यम माना जाता है। इसके द्वारा कई जटिल समस्याओं एवं अनुसन्धानात्मक विषयों को छात्रों के समक्ष सरल व रोचकपूर्ण तरीके से प्रस्तुत किया जाता है।

(vi) **संवाद सामग्री** संवाद सामग्री आधुनिक समय के नवीन तकनीक की देन है। यह दृश्य-श्रव्य सामग्री के रूप में शिक्षार्थियों से परस्पर संवाद करती है, जिसमें इण्टरएक्टिव वीडियो, इण्टरनेट, वीडियो कॉलिंग आदि प्रचलित माध्यम शामिल होते हैं।

(vii) **प्रोजेक्टर** आधुनिक शिक्षा प्रणाली में सबसे अधिक प्रयोग किए जाने वाले उपकरण में से प्रोजेक्टर सबसे अहम भूमिका निभा रहा हैं। प्रोजेक्टर के माध्यम से अध्ययन अधिगम को और भी सरल व रोचक बनाया जाता है, जो रुचिकर एवं प्रभावशाली होते हैं।

प्रोजेक्टर एक ऐसा माध्यम है, जिसके माध्यम से बालक को सजीव एवं वास्तविकता अर्थात् देखने व सुनने का अनुभव होता है। प्रोजेक्ट के माध्यम से बालक का आनन्द एवं स्मरण शक्ति, अवलोकन शक्ति तथा जिज्ञासा इत्यादि का विकास होता है।

(viii) **विजुअल पेनटैब** यह एक डिजिटल ग्राफिक्स टैबलेट होता है, जिसे डिजिटाइजर, ग्राफिक्स पैड, पेन टैबलेट के नाम से भी जाता है, यह एक कम्प्यूटर इनपुट डिवाइस होता है, जो एक उपयोगकर्त्ता को ग्राफिक्स, चित्र व एनिमेशन आदि को हाथ से बनाने में सक्षम बनाता है, उदाहरण के लिए जिस तरह कोई व्यक्ति कलम/पेन्सिल और कागज के साथ चित्र आदि बनाता है, ठीक उसी तरह पेनटैब के माध्यम से किसी भी तरह के ग्राफिक्स को बनाया जाता है। इसका उपयोग शिक्षण, प्रशिक्षण आदि में समझने व समझाने में किया जाता है। इसके माध्यम से शिक्षार्थी को किसी तथ्य को प्रभावी तरीके से पढ़ाया जा सकता है।

(ix) **मैग्नेटिक बोर्ड** यह विशेष रूप से पेण्ट किए हुए सतहों के साथ फेरोमैग्नेटिक सामग्री की चादरें (sheet) होती है, जिस पर उपयुक्त मार्कर या पेन का उपयोग कर कुछ लिखा या रेखा खींची जाती है। मैग्नेटिक बोर्ड के दो रूप होते हैं, पहला मैग्नेटिक चॉकबोर्ड और दूसरा मैग्नेटिक मार्कर बोर्ड। इन दोनों बोर्ड का डिसप्ले गतिशील होता है, जिस पर लिखा या ग्राफिक्स बनाया जाता है।

अन्य शिक्षण सहायक सामग्री
(Other Teaching Support Material)

(i) **भ्रमण** शिक्षण प्रणाली में भ्रमण का भी महत्त्वपूर्ण स्थान है। इसे सामान्यत: सरस्वती यात्रा भी कहते हैं। ये पुस्तक के बाहर की दुनिया का व्यावहारिक ज्ञान प्रदान करती है, जहाँ छात्र वस्तुओं को प्रत्यक्ष रूप से देख-समझकर उसका ज्ञान अर्जन करते हैं। उसके सम्बन्ध में स्वतन्त्र विचार प्रस्तुत करने में सक्षम हो पाते हैं।

(ii) **भाषा खेल** भाषा सम्बन्धी खेलों का उपयोग भाषायी शिक्षक के लिए बेहद प्रभावी एवं महत्त्वपूर्ण माना जाता है। यह कक्षा के वातावरण को रोचक एवं उत्साहवर्द्धक बनाए रखता है।

(iii) **वॉल पेन्टिंग** अक्सर हमने देखा है कि नर्सरी, LKG, UKG कक्षाओं में भित्ति चित्र बने रहते हैं, जिसमें चित्रों के साथ वर्ण (Alphabet), फलों के नाम, नम्बर, जानवरों के नाम, वस्तुओं इत्यादि के चित्र बने रहते हैं, जिसे बच्चे देखकर उसे पढ़ते हैं। ऐसा शिक्षण उन्हें आसानी से याद भी हो जाता है, इसलिए भित्ति चित्रों का प्रयोग प्राथमिक कक्षाओं में किया गया है।

शिक्षण सहायक सामग्री प्रयोग करते समय ध्यान देने योग्य मुख्य बातें

- सामान्यत: सामग्रियाँ छात्रों के अनुभव, समझ और उनकी आयु के अनुसार ही होनी चाहिए।
- सामग्री का चयन करते समय छात्रों की रुचि की गहन जानकारी होनी चाहिए। अनावश्यक सामग्री का प्रयोग नहीं किया जाना चाहिए।
- यदि सामग्री उच्च तकनीक या नवाचार से सम्बन्धित हो तो संचालन की प्रक्रिया सरल होनी चाहिए, ताकि ऐसे तकनीक के माध्यम से सरलतापूर्वक ज्ञान अर्जित किया जा सके।
- जटिल तकनीक वाले सामग्रियों का सर्वप्रथम कृत्रिम उपयोग कर लेना चाहिए, ताकि वास्तविक उपयोग करते समय व्यावधान उत्पन्न न होने पाए।
- मुख्य रूप से उन्हीं उपकरणों का उपयोग करना चाहिए, जो छात्र के हितों के लिए उपयुक्त होते हैं। बेकार या अनावश्यक उपकरणों के उपयोग से बचना चाहिए, इससे छात्रों में अभिरुचि की भावना कमजोर होने लगती है।
- सहायक सामग्री के उपयोग में अतिशीघ्रता नहीं करनी चाहिए, क्योंकि शीघ्रता में उद्देश्यपूर्णता की भावना शून्य हो जाती है। सामग्री का उपयोग पूर्ण तैयारी के आधार पर सटीक होना चाहिए।
- अनुदेशात्मक सामग्री का प्रयोग उचित ढंग से होना चाहिए। यूनेस्को के 'प्रकाशन टीचिंग ऑफ मॉर्डन लैंग्वेज' में लिखा है कि ''शिक्षण के किसी सहायक साधन को गलत या बुरी तरह उपयोग करने से बचना चाहिए।''
- प्राय: दृश्य-श्रव्य उपकरण अधिक कीमती होते हैं। अत: उनकी उचित सुरक्षा आवश्यक होती है।

अभ्यास प्रश्न

1. शिक्षण में सहायक सामग्रियों का मुख्य उद्देश्य होता है
(a) रोचक तरीकों के माध्यम से शिक्षण प्रदान करना
(b) शिक्षण के साथ-साथ मनोरंजन करना
(c) पाठ्यवस्तु को समझाने में सहायता करना
(d) 'a' और 'c'

2. शिक्षण सहायक सामग्री के कार्यों में किसे शामिल किया जाता है?
(a) प्रेरणा प्रदान करना है (b) क्रिया का सिद्धान्त
(c) शिक्षण में कुशलता (d) ये सभी

3. शिक्षक निम्नलिखित के लिए शिक्षण सम्बन्धी सहायता-सामग्री का उपयोग करते हैं
(a) छात्रों को प्रभावित करने
(b) शिक्षण को रोचक बनाने
(c) छात्रों को एकाग्रचित बनाने
(d) छात्रों के समझ स्तर के अन्दर शिक्षण को रखने

4. शिक्षण में विभिन्न सहायक सामग्रियों का प्रयोग किया जाता है, क्योंकि इससे
(a) विद्यार्थी अधिक ध्यान देते हैं
(b) शिक्षण कार्य और रुचिकर हो जाता है
(c) शिक्षण कार्य सरल हो जाता है
(d) उपरोक्त सभी

5. शिक्षण सहायक सामग्री के माध्यम से शब्दकोष में वृद्धि दर्ज की जाती है, इसमें किसकी भूमिका महत्त्वपूर्ण होती है?
(a) रेडियो (b) टेलीविजन
(c) चलचित्र (d) ये सभी

6. शिक्षण सहायक सामग्रियों में से दृश्य साधन के रूप में किसे शामिल नहीं किया जाता है?
(a) रेखाचित्र/चार्ट (b) स्लाइड्स
(c) फोनोग्राफ (d) फ्लैश कार्ड्स

7. रेखाचित्र/चार्ट के माध्यम से छात्रों में किस प्रकार का विकास होता है?
(a) सारांश प्रस्तुतीकरण
(b) कालानुक्रमिक विधि (इतिहास विषय)
(c) चित्रात्मक संकेत
(d) उपरोक्त सभी

8. भौगोलिक स्थिति, स्थानों के मध्य की दूरी एवं वैश्विक जलवायु का अध्ययन करने हेतु किसे एक महत्त्वपूर्ण सामग्री माना जाता है?
(a) मानचित्र एवं ग्लोब (b) स्लाइड्स
(c) ग्राफ (d) प्रतिमान कार्ड्स

9. प्राथमिक कक्षाओं के विद्यार्थियों को मानचित्र-शिक्षण के लिए निम्नलिखित में से कौन-सी युक्ति सर्वाधिक उपयुक्त प्रतीत होती है? **[CTET Feb 2015]**
(a) अध्यापक द्वारा श्यामपट्ट पर मानचित्र बनाना तथा शिक्षार्थियों को विभिन्न स्थानों की स्थिति बताने को कहना
(b) शिक्षार्थियों को निर्देश देना कि वे घर से भारत का मानचित्र लेकर आए
(c) शिक्षार्थियों को एटलस दिखाना और विभिन्न स्थानों की स्थिति बताने के लिए कहना
(d) शिक्षार्थियों की सहायता करना कि वे अपने ही संकेतों का उपयोग करते हुए अपने निकटतम परिवेश का मानचित्र बनाएँ तथा वस्तुओं की सापेक्ष स्थिति और दिशा पर ध्यान केन्द्रित करें

10. मानचित्र पढ़ने के लिए आवश्यक कौशल में शामिल है **[CTET June 2011]**
(a) अभिव्यक्तात्मक योग्यताओं को बाहर निकलने के लिए विलक्षण सम्प्रेषण कौशल
(b) स्थान, दूरी और दिशाओं की सापेक्ष स्थिति को समझने की योग्यता
(c) ड्राइंग और पेन्टिंग में विलक्षण कुशलता
(d) ग्लोब पर स्थिति दर्शाने के लिए स्केच और गणनाओं का उपयोग करने की योग्यता

11. निम्नलिखित कथनों में से कौन-सा/से कथन सही है/हैं?
1. चार्टों के प्रयोग से अधिगम को प्रभावशाली बनाया जाता है
2. चार्ट दृश्यात्मक सार-संक्षेप प्रस्तुत करता है
3. मॉडल चित्र की अपेक्षा अधिक रोचकदार होते हैं

कूट
(a) 1 और 2 (b) 1 और 3
(c) 2 और 3 (d) 1, 2 और 3

12. श्यामपट्ट/ब्लैकबोर्ड का उपयोग किन कार्यों में किया जाता है?

(a) पाठ्य विवरण (b) सारांश एवं गृहकार्य
(c) मूल्यांकन कार्य (d) ये सभी

13. बच्चों की कल्पना शक्ति व सृजन क्षमता को विकसित करने का अच्छा माध्यम माना जाता है

(a) फ्लैश कार्ड्स (b) फ्लेनेल बोर्ड
(c) स्लाइड्स (d) ग्राफ

14. निम्नलिखित में से कौन-सा कथन असत्य है?

(a) कक्षा शिक्षण में फ्लेनल बोर्ड का महत्त्व बहुत अधिक है
(b) एपीडायस्कोप एक दृश्य सामग्री है, जिसका प्रयोग शिक्षण कार्य में होता है
(c) श्यामपट्ट पर चित्र बनाने के लिए रंगीन चौकों का इस्तेमाल होता है
(d) फ्लेनल बोर्ड का प्रयोग उच्च कक्षाओं में सिर्फ गणित विषय के शिक्षण में होता है

15. सांख्यिकी एवं परिणामात्मक सम्बन्धों का दृश्य रूप प्रस्तुत किया जाता है

(a) पत्र-पत्रिकाएँ द्वारा
(b) फ्लैश कार्ड्स द्वारा
(c) ग्राफ द्वारा
(d) प्रतिमान द्वारा

16. निम्न में से कौन-सा कथन सही है?

(a) ग्लोब शिक्षण सामग्री का दृश्य साधन है
(b) प्रतिमान काल्पनिक वस्तुओं के प्रतिरूप होते है
(c) स्लाइड सूक्ष्मतर पदार्थों के अध्ययन में सहायक होता है
(d) ग्राफ सांख्यिकी एवं परिमाणात्मक सम्बन्धों के दृश्य के रूप में प्रस्तुत करता है

17. फ्लैश कार्ड का उपयोग सबसे अधिक किया जाता है

(a) तकनीकी कक्षाओं में (b) प्रबन्धन के कक्षाओं में
(c) छोटी कक्षाओं में (d) इन सभी में

18. शिक्षण सहायक सामग्रियों के श्रव्य साधन में किसे शामिल किया जाता है?

(a) मैग्नेटिक टेपरिकॉर्डिंग (b) रेडियो प्रसारण
(c) ग्रामोफोन (d) ये सभी

19. निदानात्मक और उपचारात्मक दोनों शिक्षण विधियों में प्रयुक्त किया जाने वाला साधन है

(a) रेडियो (b) टेपरिकॉर्डर
(c) ग्रामोफोन (d) टेलीविजन

20. निम्नलिखित में से कौन-सा कथन असत्य है?

(a) ग्रामोफोन शिक्षण का आधुनिक माध्यम है
(b) डिजिटल ऑडियो प्लेयर शिक्षा अर्जित करने में सहायक होती है
(c) रेडियो का प्रभाव ग्रामीण क्षेत्रों में आज भी विधमान है
(d) डिजिटल ऑडियो प्लेयर फाइलों को संग्रहित करने में सहायक होता है

21. दृश्य-श्रव्य शिक्षण सहायक सामग्रियों में किसे शामिल नहीं किया जाता है?

(a) संग्रहालय (b) नाटक
(c) डिस्प्ले बोर्ड (d) संवाद सामग्री

22. छात्रों को देश-दुनिया की सामाजिक, आर्थिक, राजनीतिक और अन्य पहलुओं से अवगत कराने का काम करता है?

(a) टेलीविजन (b) कम्प्यूटर
(c) सिनेमा (d) संवाद सामग्री

23. शिक्षण सामग्रियों में किसे विद्युत मस्तिष्क की उपमा दी जाती है?

(a) रेडियो (b) टेलीविजन
(c) कम्प्यूटर (d) सिनेमा

24. श्रव्य-दृश्य सामग्री में शामिल प्रदर्शन बोर्ड में किसे शामिल नहीं किया जाता है?

(a) चुम्बकीय बोर्ड (b) बुलेटिन बोर्ड
(c) वॉल बोर्ड (d) पेज बोर्ड

25. मल्टीमीडिया में शामिल होता है

(a) ऑडियो (b) वीडियो
(c) फिल्म (d) ये सभी

26. एक कक्षा के अनुभाग 'अ' को पेट्रोलियम और कोयले के भण्डारों में रिक्तिकरण प्रकरण पढ़ाने के लिए 'मल्टीमीडिया कैप्सूल' (Multimedia Capsule) का प्रयोग किया गया, जबकि अनुभाग 'ब' को ग्रीन बोर्ड पर आरेख बनाते हुए पढ़ाया गया। बाद में यह पाया गया कि अनुभाग 'अ' के विद्यार्थियों ने एक बेहतर सीमा तक प्रकरण को समझ लिया। ऐसा होने का कारण यह हो सकता है, कि **[CTET Jan 2012]**

(a) ग्रीन बोर्ड एक अच्छी दृश्य सामग्री नहीं है
(b) बहु उपागम दैनिक जीवन-स्थितियों के अधिक नजदीक है
(c) मल्टीमीडिया सामग्रियों का प्रयोग अपेक्षाकृत अधिक मितव्यय (economical) है
(d) दृश्य-श्रव्य सामग्रियाँ बेहतर संधारण के लिए सभी इन्द्रियों को शामिल करती हैं

27. नलिनी कक्षा III के शिक्षार्थियों को 'जानवर हमारे साथी' प्रकरण से परिचित करना चाहती है। प्रकरण को और अधिक रोचक तरीके से प्रस्तुत करने के लिए निम्नलिखित में से कौन-सी युक्ति सर्वाधिक उपयुक्त होगी? **[CTET July 2013]**

(a) शिक्षार्थियों को पाठ्य-पुस्तक में जानवरों के दिए गए चित्रों को देचाने के लिए कहना
(b) विभिन्न जानवरों के चित्रों को प्रदर्शित करने वाले चार्ट का प्रयोग करना
(c) विभिन्न जानवरों के चित्रों को श्यामपट्ट पर बनाना
(d) जानवरों तथा उनकी उपयोगिता पर आधारित फिल्म प्रदर्शित करना

28. संवाद सामग्री के प्रचलित माध्यमों में शामिल है

(a) इण्टरनेट
(b) वीडियो कॉलिंग
(c) इण्टरेक्टिव
(d) उपरोक्त सभी

29. निम्नलिखित में से कौन-सा कथन दृश्य-श्रव्य सामग्री के सन्दर्भ में न्यूनतम सत्य है?

(a) दृश्य सामग्री छात्र अधिगम को उन्नत करती है
(b) श्रव्य सामग्री छात्र अधिगम को समुन्नत करती है
(c) दृश्य-श्रव्य सामग्री के प्रयोग द्वारा शिक्षकों की कमी की पूर्ति की जाती है
(d) शैक्षिक दूरदर्शन में ही शिक्षण संवर्द्धन की योग्यता विद्यमान है

30. एक शिक्षक पढ़ाते समय श्रव्य-दृश्य सामग्रियों एवं शरीरिक गतिविधियों का प्रयोग करता है, क्योंकि ये **[CTET Nov 2012]**

(a) अधिगम वृद्धि में अधिकतम इन्द्रियों का उपयोग करते हैं
(b) शिक्षक को आराम उपलब्ध कराते हैं
(c) प्रभावी आकलन को सुगम बनाते हैं
(d) शिक्षार्थियों को दिशा-परिवर्तन उपलब्ध कराते हैं

31. निम्न में कौन सही सुमेलन नहीं है

	साधन	प्रकार
(a)	श्रव्य	प्रमिमान
(b)	दृश्य	ग्राफ
(c)	श्रव्य-दृश्य	टेलीविजन
(d)	श्रव्य	चार्ट

32. निम्न कथनों पर विचार कीजिए

1. श्रव्य साधन में सुना और देखा जाता है।
2. दृश्य साधन में देखने के साथ-साथ सुना भी जा सकता है।
3. श्रव्य-दृश्य साधन में केवल सुना जाता, देखा नहीं जाता है।

उपरोक्त में से कौन-सा/से कथन असत्य है/हैं?

(a) केवल 1 (b) केवल 2
(c) केवल 3 (d) ये सभी

33. निम्न में से कौन सुमेलित नहीं है?

शिक्षण सहायक सामग्री के प्रकार		सामग्री
1. श्रव्य साधन	—	फोनोग्राफ रिकॉर्ड
2. दृश्य साधन	—	रेडियो
3. श्रव्य-दृश्य साधन	—	स्लाइड

कूट

(a) केवल 2 (b) 1 और 2
(c) 2 और 3 (d) 1, 2 और 3

34. दृश्य-श्रव्य और शारीरिक गतिविधियाँ एक शिक्षक को शिक्षण में मदद करती हैं, क्योंकि वे

(a) शिक्षार्थियों को दिशा प्रदान करती हैं
(b) शिक्षक को राहत प्रदान करती हैं
(c) इन्द्रियों का अधिकतम उपयोग करके सीखने में सहयोग करती हैं
(d) प्रभावी मूल्यांकन की सुविधा प्रदान करती हैं

35. वन्य जीवन पर कोई पाठ पढ़ाने के लिए निम्नलिखित में से कौन-सी विधि/सामग्री सबसे उपयुक्त मानी जाती है?

(a) मॉडल (b) दौरा (भ्रमण)
(c) फिल्म प्रदर्शन (d) स्लाइड प्रदर्शन

36. शैक्षणिक दौरों के दौरान अपने बच्चों से आपकी क्या अपेक्षाएँ नहीं होनी चाहिए?

(a) बच्चों को दौरे का आनन्द लेना चाहिए
(b) बच्चों का अवलोकन करके प्रश्न पूछने चाहिए
(c) बच्चों को कोई भी प्रश्न नहीं पूछने चाहिए
(d) बच्चों को अवलोकन करके अपनी डायरी में प्रश्न लिख लेने चाहिए

37. भाषा-खेल सम्बन्धित कार्य-विधियों में किसे शामिल किया जाता है?

(a) वाद-विवाद (b) कविता पाठ
(c) भाषण प्रतियोगिता (d) ये सभी

38. एक अध्यापक के लिए ब्लैक बोर्ड पर लिखने के लिए निम्नलिखित में से कौन-सी पद्धति सही है?

(a) तेजी से तथा जहाँ तक सम्भव हो स्पष्ट लिखना
(b) सर्वप्रथम विषयवस्तु को लिख देना तथा फिर विद्यार्थियों को उसे पढ़ने के लिए कहना
(c) सर्वप्रथम विद्यार्थियों से प्रश्न पूछना और फिर उत्तर को बिल्कुल वैसे ही लिखना
(d) मुख्य बातों को जहाँ तक सम्भव हो स्पष्टता से लिखना

39. जटिल तकनीक वाले सामग्रियों के सन्दर्भ में कौन-सा कदम उठाना चाहिए?

(a) जटिल तकनीक का उपयोग नहीं करना चाहिए
(b) पहले कृत्रिम उपयोग कर लेना चाहिए
(c) जटिल तकनीक का उपयोग ही करना चाहिए
(d) जटिल तकनीक को सुधार कर उपयोग करना चाहिए

40. शिक्षण सहायक सामग्री के रूप में किन उपकरणों का उपयोग करना चाहिए?

(a) जो छात्रों के हितों के अनुरूप हो
(b) अभिरुचि उत्पन्न करने वाला हो
(c) सरल उपकरण का उपयोग करना चाहिए
(d) उपरोक्त सभी

41. वर्तमान में एक छात्र घर पर बैठकर विश्व में होने वाली सभी घटनाओं, शैक्षिक आयोजनों एवं प्रतियोगिताओं की जानकारी प्राप्त कर लेता है, वह

(a) प्रतिदिन टेलीविजन पर फिल्म देखता है
(b) प्रतिदिन समाचार-पत्र पढ़ता है
(c) प्रतिदिन इण्टरनेट का उपयोग करता है
(d) प्रतिदिन घूमने जाता है

उत्तरमाला

1. (d)	2. (d)	3. (b)	4. (b)	5. (d)	6. (c)	7. (d)	8. (a)	9. (d)	10. (b)
11. (d)	12. (d)	13. (b)	14. (d)	15. (c)	16. (b)	17. (c)	18. (d)	19. (b)	20. (a)
21. (a)	22. (a)	23. (c)	24. (c)	25. (d)	26. (d)	27. (d)	28. (d)	29. (c)	30. (a)
31. (a)	32. (a)	33. (a)	34. (c)	35. (b)	36. (c)	37. (d)	38. (d)	39. (b)	40. (d)
41. (c)									

अध्याय 10

शिक्षण विधियाँ एवं नवाचार

(Teaching Methods & Innovation)

शिक्षण में अधिगम को सरल, स्पष्ट एवं सुगम तथा प्रभावकारी एवं रुचिकर बनाने के लिए विभिन्न शिक्षण पद्धतियों व विधियों का प्रयोग किया जाता है। इसके साथ ही इसमें नवाचार पद्धतियों को भी समय के अनुसार अपनाया जाता है, जिससे बच्चों में न केवल समझने की प्रवृत्ति को बढ़ावा मिलता है, बल्कि वह बच्चों को शिक्षण के प्रति आकर्षित एवं प्रोत्साहित करते हैं। अत: ऐसी महत्त्वपूर्ण शिक्षण विधियाँ तथा शिक्षण पद्धतियाँ प्रमुख हैं।

शिक्षण विधि (Teaching Methods)

शिक्षण विधि से तात्पर्य शिक्षक द्वारा निर्देशित ऐसी क्रियाओं से होता है, जिनके परिणामस्वरूप छात्र कुछ सीखते हैं। इस प्रकार शिक्षण विधि अनेक क्रियाओं का एक पुंज होता है।

दूसरे शब्दों में, जिस ढंग से शिक्षक शिक्षार्थी को ज्ञान प्रदान करता है, उसे शिक्षण विधि कहते हैं। 'शिक्षण विधि' पद का प्रयोग बड़े व्यापक अर्थ में होता है, एक ओर तो इसके अन्तर्गत अनेक प्रणालियाँ एवं योजनाएँ सम्मिलित की जाती हैं, दूसरी ओर शिक्षण की बहुत-सी प्रक्रियाएँ भी सम्मिलित की जाती हैं। अत: कक्षा में विषय-वस्तु को सरल एवं बोधगम्य बनाने तथा शिक्षार्थियों को उत्तम शिक्षा प्रदान करने हेतु जिन विधियों का शिक्षकों द्वारा उपयोग किया जाता है, उन्हें 'शिक्षण विधियाँ' कहते हैं।

शिक्षण विधियों के प्रकार (Types of Teaching Methods)

शिक्षण के लिए विभिन्न विधियों की आवश्यकता होती है। इसके माध्यम से शिक्षक, शिक्षार्थी का ज्ञानार्जन करता है तथा बच्चों में कौशलता के साथ-साथ उन्हें बदलते समय की समस्याओं से भी अवगत कराता है तथा समाधान के लिए विभिन्न तरीकों को अपनाता है।

शिक्षण विधि के दो प्रकार होते हैं

1. शिक्षक केन्द्रित
2. शिक्षार्थी केन्द्रित।

शिक्षक केन्द्रित विधि (Teacher-centred Method)

इस विधि में शिक्षक जटिल सम्प्रत्ययों की व्याख्या करते हैं तथा शिक्षार्थी उन्हें समझने का प्रयास करते हैं। इस विधि में अध्यापन के दौरान कक्षा का वातावरण पूर्णत: औपचारिक और कठोर होता है। परिणामत: विद्यार्थियों के कई प्रश्न अनुत्तरित रह जाते हैं और उनकी सहभागिता केवल व्याख्यान सुनने तक सीमित रह जाती है।

शिक्षक केन्द्रित विधि को **अनुदेशात्मक विधि** भी कहा जाता है। अनुदेशात्मक विधि व्याख्यान आधारित होती है, जिसमें कुछ विद्यार्थी व्याख्यान को समझने में सक्षम होते हैं और प्रश्नोत्तर प्रक्रिया में सहभागिता के क्रम को आगे बढ़ाते हैं, *इसके अन्तर्गत निम्नलिखित विधियाँ आती हैं,*

1. व्याख्यान विधि (Lecture Method)

यह विधि एक प्रकार से मौखिक शिक्षा का रूप होती है, जिसका अर्थ होता है—किसी पाठ्यपुस्तक को भाषण के रूप में पढ़ना।

व्याख्यान विधि का आशय शिक्षक द्वारा निर्मित और उपयोग में लाए जाने वाले नियोजित कार्य योजना से होता है। इसमें शिक्षक पाठ को पढ़ता है और छात्र निष्क्रिय होकर सुनता है।

यह विधि उच्च स्तर की कक्षाओं के लिए उपयोगी होती है। यह ज्ञान को सैद्धान्तिक रूप में प्रस्तुत करती है तथा इस विधि के अन्तर्गत शिक्षण को प्रभावी बनाने हेतु तैयारी, प्रस्तुति तथा मूल्यांकन जैसे कारकों का सहारा लिया जाता है।

थॉमस एम. रिस्क के अनुसार, "व्याख्यान, तथ्यों, सिद्धान्तों या अन्य सम्बन्धों का प्रतिपादन है, जिनको शिक्षक अपने सुनने वालों को समझाना चाहता है।"

गुण

- यह विषय-वस्तु की क्रमबद्धता की उत्तम विधि है।
- यह प्रभावशाली व आकर्षक, प्रेरणात्मक शिक्षण विधि है।
- यह उच्च कक्षाओं के लिए उपयोगी है।
- यह समय, परिश्रम व धन की दृष्टि से कम खर्चीली है।
- इसके द्वारा एक समय में विद्यार्थियों के बड़े समूह का शिक्षण सम्भव होता है।
- यह विद्यार्थियों को सुनने व ध्यान लगाने में प्रशिक्षित करती है।
- यह विद्यार्थियों में तर्कशक्ति का विकास करती है। इसमें विषय का तार्किक क्रम बना रहता है।

दोष

- यह निम्न कक्षाओं के लिए अनुपयोगी होती है।
- इसमें विद्यार्थी निष्क्रिय श्रोता बने रहते हैं तथा यह 'करके सीखने' के सिद्धान्त की पूर्ण अवहेलना करती है एवं केवल स्मृति पर केन्द्रित होती है।
- इसमें ध्यान अधिक समय तक केन्द्रित नहीं हो पाता, रुचि नहीं रह पाती तथा मौलिक चिन्तन के अवसर प्राप्त नहीं हो पाते।
- इसमें सैद्धान्तिक ज्ञान पर अधिक बल दिया जाता है। अत: यह एक प्रभुत्ववादी विधि मानी जाती है।

2. व्याख्यान-प्रदर्शन विधि (Lecture Demonstration Method)

भारतीय परिस्थितियों के अनुरूप यह सर्वाधिक उपयुक्त, व्यावहारिक व उपयोगी विधि मानी जाती है। यह किसी भी वस्तु की रचना व कार्यप्रणाली का वास्तविक रूप में ज्ञान कराती है।

इस विधि में विद्यार्थियों को भी क्रिया के पर्याप्त अवसर दिए जाते हैं। उन्हें प्रश्न पूछने व प्रदर्शन में सहायता देने के कई अवसर मिलते हैं। किसी घटना, परिस्थिति, वस्तु आदि को दृश्य रूप में विद्यार्थियों के समक्ष प्रदर्शित कर उसे स्पष्ट करना ही इस विधि का ध्येय होता है।

गुण

- यह मनोवैज्ञानिक सिद्धान्तों पर आधारित होती है।
- यह समय व धन की दृष्टि से कम खर्चीली होती है। अत: इसमें केवल एक उपकरण की आवश्यकता होती है तथा शिक्षक शीघ्र व कुशलतापूर्वक प्रदर्शन कर जटिल विषय-वस्तु को स्पष्ट कर देता है।
- इसमें सुनने की अपेक्षा देखी गई वस्तु अधिक समय तक याद रहती है।
- इससे विद्यार्थी वैज्ञानिक विधि व वैज्ञानिक सत्यता की ओर प्रेरित होते हैं।

दोष

- इस विधि में 'करके सीखने' के सिद्धान्त की अवहेलना की जाती है।
- इसमें विद्यार्थी केवल रुचिकर प्रदर्शन में ही सक्रिय रहते हैं।
- इसमें शिक्षक ही सभी कार्य करते हैं। अत: यह शिक्षक केन्द्रित विधि है।
- इसमें व्यक्तिगत भिन्नता के सिद्धान्त की अवहेलना की जाती है एवं सभी स्तर के विद्यार्थी एक ही गति से विकास करते हैं।
- प्रदर्शन पूर्व तैयारी न होने से या उपकरण के खराब होने से शिक्षण कार्य अप्रभावी हो जाता है।
- शिक्षक द्वारा कठिन भाषा का प्रयोग किया जाना, इस विधि को दुर्लभ बना देता है।
- इसमें प्रमुख तथ्यों के स्थान पर आंशिक तथ्यों पर अधिक ध्यान दिया जाता है।

3. समूह शिक्षण विधि (Team Teaching Method)

समूह शिक्षण विधि की शुरुआत अमेरिका में हुई थी। इस विधि को द्वितीय विश्व युद्ध के समय अमेरिकी क्षेत्र को प्रशिक्षण देने के लिए शुरू किया गया था। समूह शिक्षण पद्धति वृहत समूह में अध्यापन कार्य का एक परिवर्तनात्मक दृष्टिकोण है।

इसमें एक शिक्षक के स्थान पर दो या अधिक शिक्षक सम्मिलित होते हैं, जो योजना निर्माण, उसके क्रियान्वयन और शिक्षार्थियों के समूह में सीखने के अनुभव का मूल्यांकन करते हैं। इस शिक्षण विधि में एक ही समय में दो या अधिक शिक्षक विषय सम्बन्धी ज्ञान देते हैं। एक शिक्षक जहाँ प्रकरण सम्बन्धी व्याख्या और उसके सैद्धान्तिक पक्षों को रखता है, वहीं दूसरा शिक्षक उसके व्यावहारिक पक्षों का स्पष्टीकरण देता है। अन्य शिक्षक उस प्रकरण के समसामयिक पक्षों की जानकारी देते हैं और उसकी प्रासंगिकता और महत्ता को स्पष्ट करते हैं। पैनल चर्चा,

विचार गोष्ठी आदि शिक्षण सम्बन्धी विधियाँ इसी समूह शिक्षण के विभिन्न रूप कहे जा सकते हैं।

गुण

- यह विधि शिक्षण की गुणवत्ता में सुधार के दृष्टिकोण से महत्त्वपूर्ण मानी जाती है।
- इसमें शिक्षण तकनीकों और उपकरणों का उपयोग कर शिक्षार्थी के व्यावहारिक पक्ष को मजबूत किया जाता है।
- इसके द्वारा छात्रों को एक ही प्लेटफॉर्म पर अच्छे और कुशल शिक्षकों से जुड़ने का अवसर मिलता है और अच्छे संकाय को साझा करने का अवसर मिलता है।

दोष

- इस शिक्षण विधि से विशेष दक्षतापूर्ण/विशेषज्ञ शिक्षकों को ढूँढना जटिल हो जाता है।
- इसमें शिक्षण कार्य के लिए अधिक शिक्षकों की आवश्यकता होती है। इसे सभी विषयों के अध्यापन के लिए उपयुक्त नहीं माना जाता है।
- इसमें समय निर्धारण, योजना निर्माण और प्रबन्धन के लिए अधिक समय की आवश्यकता होती है।

सूक्ष्म शिक्षण

सूक्ष्म शिक्षण, शिक्षण का एक नवीन अनुसन्धान है, जिसमें एक समय में एक ही शिक्षण कौशल को चुना जाता है। यह शिक्षक के व्यवहार को निश्चित उद्देश्यों के अनुसार ढालने में सहायक होता है। इस प्रक्रिया के उपयोग द्वारा शिक्षक अपनी कक्षाओं को रोचक, उद्देश्यपूर्ण एवं ज्ञान की प्रयोगशाला के रूप में बनाने में समर्थ होते हैं। यह एक प्रशिक्षण तकनीक है और इसे किसी भी स्थिति में शिक्षण तकनीक समझना उचित नहीं है।

सूक्ष्म शिक्षण के उद्देश्य

- प्रशिक्षु को सीखने और नए शिक्षण कौशल को नियन्त्रित परिस्थितियों में आत्मसात् करने योग्य बनाना।
- शिक्षार्थियों में नए कौशल का विकास करना।
- प्रशिक्षु को शिक्षण में विश्वास करने योग्य बनाना।

सूक्ष्म शिक्षण के लाभ

- सूक्ष्म शिक्षण एक प्रशिक्षण उपकरण है, जिससे शिक्षण अभ्यास और प्रभावी शिक्षक तैयार किए जाते हैं।
- यह शिक्षण को सुगमता प्रदान करता है। इस प्रशिक्षण तकनीक का उपयोग वास्तविक एवं कृत्रिम दोनों कक्षा में किया जा सकता है।

4. टेलीविजन/वीडियो प्रस्तुति विधि
(Television-Video Presentation Method)

टेलीविजन या वीडियो प्रस्तुति विधि शिक्षण विधि की ऑडियो प्रस्तुति से अधिक बेहतर और दृश्यमान प्रकृति की होती है। इसके द्वारा शिक्षण गतिविधि अच्छे तरीके से शिक्षार्थी तक सम्प्रेषित/पहुँचाने में सहायता मिलता है।

गुण

- शिक्षण की इस विधि द्वारा कई महत्त्वपूर्ण व्यक्तियों/विशेषज्ञों या अध्यापकों को कक्षा में प्रस्तुत किया जा सकता है। अतः यह भौतिक रूप से उपस्थिति के बिना भी शिक्षण कार्य को बढ़ाने एवं संचालित करने का एक महत्त्वपूर्ण माध्यम है।
- यह मूलतः वयस्क शिक्षार्थियों के लिए विशेष रूप से उपयोगी होती है।
- इस विधि के अन्तर्गत चित्रमय व्याख्यान प्रस्तुति और अन्य शिक्षण सहायक सामग्री; जैसे—मॉडल, स्लाइड आदि के पूरक होते हैं।
- इससे दूरस्थ शिक्षा को बढ़ावा मिलता है, जो विद्यार्थियों के लिए आसान पहुँच की सीमा में होता है।
- शिक्षण की यह विधि मूलतः खगोल विज्ञान, भूगोल जैसे विषयों के लिए अधिक उपयोगी होती है।

दोष

- इस शिक्षण विधि में द्विमार्गीय (Two-way) सन्देशवाहन/संचार की सम्भावना न्यूनतम होती है।
- इसमें पाठ्य सम्बन्धी जटिल प्रसारण अवधि को समायोजित करने में कठिनाइयों का सामना करना पड़ता है।

5. समीक्षा रणनीति विधि
(Review Strategy Method)

शिक्षण सम्बन्धी शिक्षक केन्द्रित विधियों; जैसे—व्याख्यान विधि, प्रदर्शन विधि, समूह शिक्षण विधि, वीडियो प्रस्तुति विधि इत्यादि के पुनरावलोकन को समीक्षा रणनीति विधि कहा जाता है।

इसका उद्देश्य कक्षा में चल रहे अध्ययन-अध्यापन की प्रगति का लेखा-जोखा लेना होता है। इससे शिक्षण विधि में त्रुटियों और उसके उपचार को सुनिश्चित करने में सहायता मिलती है।

उच्च कक्षाओं के लिए अधिक उपयुक्त समीक्षा रणनीति को लिखित या मौखिक दोनों रूपों में क्रियान्वित किया जा सकता है।

6. **प्रश्नोत्तर शिक्षण विधि**
(Questions-Answer Teaching Method)

प्रश्नोत्तर शिक्षण नीति को **सुकराती विधि** भी कहा जाता है। यह विधि मनोवैज्ञानिक सिद्धान्तों पर आधारित होती है।

प्रश्नोत्तर क्रियाकलाप के दौरान छात्र अधिक सक्रिय प्रतिक्रिया व्यक्त करते हैं, जो छात्रों को ज्ञान मूल्यांकन का भी अवसर प्रदान करता है। *इस विधि के मूलत: तीन सोपान हैं*

(a) प्रश्न निर्माण
(b) प्रश्न का प्रस्तुतीकरण
(c) विद्यार्थी के माध्यम से नवीन ज्ञान का अनावरण

गुण

- इस शिक्षण विधि को सभी प्रकार के विषयों व परिस्थितियों के लिए प्रयोग किया जा सकता है।
- यह विधि शिक्षार्थी के सम्प्रेषण क्षमता को बढ़ाने में सहायक होती है।
- इससे छात्रों को अपने शिक्षण सम्बन्धी व्यक्तिगत समस्याओं का हल ढूँढने में सहायता मिलती है।

दोष

- शिक्षण में इस विधि को लागू करने के लिए शिक्षक में पर्याप्त कौशल का होना अपरिहार्य होता है।
- शिक्षण की यह पद्धति अविश्वस्त/संकोची छात्रों के लिए लाभदायक नहीं होती है।
- इस विधि से शिक्षण में अधिक समय की आवश्यकता होती है।

शिक्षार्थी केन्द्रित विधि

(Learners-centred Method)

इस शिक्षण विधि के अन्तर्गत शिक्षार्थी का केन्द्रीय स्थान होता है। इसमें विद्यार्थी के मनोविज्ञान को समझते हुए शिक्षा प्रदान की जाती है और उनकी समस्याओं का निराकरण किया जाता है। इस विधि का मुख्य उद्देश्य विद्यार्थी की अभिरुचि, अभिवृत्ति और क्षमताओं को ध्यान में रखकर शिक्षा प्रदान करना होता है। इस शिक्षण विधि के द्वारा छात्रों में स्वतन्त्र चिन्तनधारा और मनन को जन्म दिया जाता है।

शिक्षार्थी केन्द्रित शिक्षण विधि में व्यक्तिगत शिक्षण को महत्त्व दिया जाता है। इसमें शिक्षक का मुख्य ध्यान शिक्षार्थियों की कल्पनाओं, जिज्ञासाओं एवं कठिनाइयों को सुलझाने के प्रति होता है। इस शिक्षण विधि का यूएसए के शिक्षा मनोवैज्ञानिक **जॉन डिवी** ने समर्थन किया है। शिक्षार्थी केन्द्रित रणनीति के अन्तर्गत अपनाई जाने वाली शिक्षण *विधियों का विवरण निम्नलिखित है*

1. **कार्यक्रम अनुदेश विधि**
(Programme Instruction Method)

कार्यक्रम अनुदेश विधि शिक्षण की उच्च स्तर पर संरचित पद्धति का एक सामान्य उदाहरण है। यह तार्किक क्रम पर आधारित शिक्षण विधि है, जिसमें छात्र प्रत्येक चरण के पश्चात् तुरन्त प्रतिपुष्टि प्राप्त करने में सक्षम होते हैं।

गुण

- शिक्षण की यह विधि शैक्षणिक कार्य की प्रगति को जानने के लिए नियमित प्रतिपुष्टि के दृष्टिकोण से महत्त्वपूर्ण मानी जाती है।
- इसके माध्यम से शिक्षार्थी की सक्रिय भूमिका को सरलतापूर्वक सुनिश्चित किया जाना सम्भव है।
- शिक्षण के कार्यक्रम अनुदेश विधि को किसी भी विषय के अध्ययन-अध्यापन के लिए प्रयुक्त किया जा सकता है।

दोष

- तार्किक और उच्च स्तर पर संरचित प्रणाली होने के कारण यह शिक्षण विधि विद्यार्थियों के मध्य अरुचिपूर्ण सिद्ध होती है।
- इस शिक्षण विधि में कुछ समय उपरान्त शिक्षार्थियों में प्रेरणा का स्तर कम होने की सम्भावना बनी रहती है।

2. **अधिन्यास कार्य विधि** (Assignment Method)

अधिन्यास शिक्षण विधि का उपयोग विशेष प्रयोजन की पूर्ति हेतु किया जाता है। इस विधि के अन्तर्गत विद्यार्थियों की सुविधा के लिए सम्पूर्ण पाठ्यक्रम को अनेक खण्डों में विभाजित कर दिया जाता है। इसके माध्यम से छात्रों को सर्वेक्षण करना, संख्यात्मक समस्याओं का समाधान करना, अतिरिक्त जानकारी एकत्रित करना, जैसे कार्यों को पूर्ण करने का उत्तरदायित्व दिया जाता है।

अधिन्यास शिक्षण विधि में शिक्षक की भूमिका महत्त्वपूर्ण होती है। वह छात्रों के लिए योजना तैयार करते हैं और उस कार्य की प्रतिपूर्ति के लिए जानकारी एकत्र करने के लिए छात्रों का मार्गदर्शन करते हैं। इसके दो प्रकार होते हैं, गृह-अधिन्यास और विद्यालय अधिन्यास विधि, जिनका प्रयोग क्रमश: घरेलू स्तर पर (गृह कार्य के रूप में) और विद्यालयी स्तर पर किया जाता है।

गुण

- इस शिक्षण विधि में शिक्षार्थियों को स्वतन्त्र रूप से कार्य करने का अवसर प्राप्त होता है।
- यह विद्यार्थियों की समस्या समाधान क्षमता और विश्लेषणात्मक क्षमता को बढ़ाने का कारगर अवसर प्रदान करता है। इससे छात्रों में रचनात्मक क्षमता का भी विकास होता है।

- इससे विद्यार्थियों में स्वाध्याय के प्रति रुचि का विकास होता है और उत्तरदायित्व की भावना प्रबल होती है।
- यह विधि छात्रों में प्रयोगात्मक और वैज्ञानिक दृष्टिकोण के विकास के लिए महत्त्वपूर्ण होती है।

दोष

- अधिन्यास शिक्षण विधि में शिक्षार्थियों के मध्य पाठ्य सामग्री की अनुकृति की सम्भावना प्रबल होती है और नकल करने की प्रवृत्ति का विकास होता है।
- यह विधि छोटी कक्षाओं के लिए उपयुक्त नहीं होती है।
- इससे शिक्षक पर अतिरिक्त कार्यभार के दबाव की स्थिति उत्पन्न हो जाती है।

3. कम्प्यूटर आधारित शिक्षण विधि
(Computer Based Teaching Method)

कम्प्यूटर आधारित शिक्षण प्रणाली का उद्देश्य कम्प्यूटर के माध्यम से शिक्षा पद्धति को सुव्यवस्थित ढंग से संचालित करना होता है। इसके द्वारा सूचना प्रवाह को गत्यात्मक रूप दिया जाता है और शिक्षण प्रणाली को अधिक वैज्ञानिकतापूर्वक करने पर ध्यान केन्द्रित किया जाता है।

कम्प्यूटर आधारित शिक्षण विधि से ऑडियो-वीडियो टेप की प्रस्तुति परम्परागत पुस्तक की तुलना में अधिक प्रभावोत्पादक और शीघ्र पहुँच वाली होती है। इसमें सही जानकारी प्राप्त करने के अधिक विकल्प होते हैं और शिक्षार्थी की आवश्यकतानुसार प्रतिपुष्टि प्राप्त करने की स्थिति भी बनी रहती है।

गुण

- इस शिक्षण विधि में अन्य विधियों की तुलना में अधिक लचीलापन और नियन्त्रण की बेहतर सम्भावना होती है।
- इस विधि को अनुकरण (Simulation) अभ्यास, मॉडलिंग इत्यादि कार्यों के लिए अधिक प्रभावी ढंग से प्रयोग में लाया जा सकता है।
- इसमें सूचना प्रवाह की गतिशीलता और पाठ्य सामग्री की पर्याप्तता की दशा विद्यमान रहती है।

दोष

- शिक्षण की यह प्रणाली अवैयक्तिक और महँगी होती है, जो सभी के पहुँच की सीमा में नहीं होती है।
- इस व्यवस्था से शिक्षण प्रणाली के लिए सुव्यवस्थित संरचना का होना अत्यन्त आवश्यक होता है, अन्यथा शिक्षण प्रणाली विफल हो जाएगी।

4. परस्पर संवादी/संवादात्मक वीडियो विधि
(Interactive Video Method)

परस्पर संवादी/संवादात्मक वीडियो शिक्षण विधि में शिक्षार्थी को किसी विषय से सम्बन्धित जानकारी, क्रमरहित ढंग से आसानी से उपलब्ध हो जाती है।

यह विधि छात्र को एक ही प्लेटफॉर्म पर कई विषयों, मुद्दों या समस्याओं की जानकारी और उसके संशोधनात्मक उपाय की सरलता से आपूर्ति करने में सक्षम होती है। इसके माध्यम से शिक्षार्थी अपने परिणामों की प्रतिपुष्टि तत्काल प्राप्त कर सकते हैं।

गुण

- शिक्षण की यह विधि शिक्षार्थियों में निर्णय लेने की क्षमता में अभिवृद्धि करती है।
- यह विधि शिक्षण विधि का एक सरल और पारदर्शी माध्यम होता है, जो शिक्षार्थी को प्रेरित करता है।
- इससे प्राप्त शिक्षण सामग्री को टेक्स्ट, ग्राफिक्स, फिल्म और ऑडियो के रूप में ग्रहण किया जा सकता है।

दोष

- इस विधि में समय के साथ-साथ संसाधनों की भी अधिक आवश्यकता होती है।
- इण्टरएक्टिव वीडियो की नियन्त्रण प्रणाली शिक्षार्थी की पहुँच में नहीं होती है। अत: यह विद्यार्थी के विकल्प व पसन्द के अनुसार अध्ययन सामग्री उपलब्ध कराने में सक्षम नहीं होती है।
- इससे उनकी अपनी प्राथमिकता और जिज्ञासु प्रवृत्ति पर नियन्त्रण रखना उनकी मजबूरी बन जाती है। इस प्रकार यह शिक्षार्थी के सभी प्रकार के संदेहों को भी शान्त कर पाने में पूर्ण सफल नहीं होती है।

5. ब्रेनस्टोरमिंग विधि (Brainstorming Method)

इस विधि को विप्लव विधि भी कहते हैं। इस विधि में बच्चों के समूह के मध्य एक समस्या उत्पन्न की जाती है। इसमें बच्चे आपस में वार्ता करते हैं। इसमें स्वतन्त्र चिन्तन के माध्यम से विचारों पर बल दिया जाता है। प्रत्येक बच्चा एक-एक बिन्दु पर चर्चा करता है। इन सभी प्रक्रियाओं के मध्य निकले बिन्दुओं को अध्यापक ब्लैकबोर्ड पर लिखता जाता है।

गुण

- इस विधि से बच्चों के अन्तर्वैयक्तिक कौशल को बढ़ावा मिलता है। बालक किसी मुद्दे पर मानसिक संश्लेषण और विश्लेषण के माध्यम से निष्कर्ष पर पहुँचते हैं।

- इस विधि से बच्चों में सृजनशीलता को बढ़ावा मिलता है। इस विधि का मूल उद्देश्य बच्चों के मध्य स्वतन्त्र चिन्तन को बढ़ावा देना है एवं उन्हें एक संगठित चिन्तक के रूप में तैयार करना है।
- इस विधि का सबसे बड़ा लाभ यह है कि बालक एक जिम्मेदार नागरिक बनने की पहली सीढ़ी या पड़ाव को पूरा कर लेता है।

दोष

- इस विधि का सबसे बड़ा दोष है कि यह कम आयु के बालकों के लिए सही विधि नहीं है।
- इसमें यह आवश्यक नहीं होता है, कि बच्चे अच्छे चिन्तक हों और शिक्षक को इस विधि को अपनाने में रुचि हो।
  अतः यह विधि प्रयोगों के अधीन अपनाई जानी चाहिए, तभी सकारात्मक परिणाम प्राप्त होंगे।

6. संगोष्ठी विधि (Seminars)

संगोष्ठी विधि शिक्षण की महत्त्वपूर्ण विधि मानी जाती है। इसे समूह चर्चा विधि का ही एक अलग रूप माना जाता है। इस विधि में संगोष्ठी में भाग लेने वाले लोग एक पेपर पर अपने विचार प्रकट करने हेतु बिन्दुओं को तैयार करते हैं और संगोष्ठी के दौरान उस पर चर्चा करते हैं। इसके कई चरण होते हैं; जैसे–पेपर की तैयारी, पेपर की प्रस्तुति एवं चर्चा। इस विधि के माध्यम से विद्यार्थियों को किसी अवधारणा एवं सिद्धान्त को समझने के लिए अनुकूल वातावरण प्रदान किया जाता है।

गुण

- यह विधि बड़ी आयु के शिक्षार्थियों के लिए लाभकारी होती है, क्योंकि संगोष्ठी के दौरान वह अपने विचार प्रस्तुत करने में सक्षम होते हैं।
- इस विधि के माध्यम से बालक में प्रतिनिधित्व करने की क्षमता का विकास होता है।
- इस विधि को अनुसन्धान करने की प्राथमिक सीढ़ी के रूप में जाना जाता है, क्योंकि बालक या विद्यार्थी स्वयं के तर्कों के अधीन पेपर तैयार करता हैं। इसके साथ ही विद्यार्थी उसका बेहतर नियोजन करते हुए उसका प्रस्तुतीकरण भी करता है।

दोष

- यह विधि कम आयु के बालकों के लिए नुकसानदायक होती है।
- यह विधि बालकों के मस्तिष्क पर बल देती है, जिससे उनमें तनाव उत्पन्न होता है।
- यह विधि अधिक समय लेती है, जिस कारण अधिगम के लिए सृजनशीलता नकारात्मक रूप में प्रभावित होती है।

7. प्रकरण अध्ययन विधि (Case Study Method)

पारम्परिक अध्ययन विधि के विपरीत प्रकरण अध्ययन विधि आधुनिक तथ्यों के विश्लेषण पर बल देती है। यह अधिगम करने वाले बालकों के लिए सकारात्मक विधि मानी जाती है एवं पारम्परिक तरीके से सीखने की प्रक्रिया का विरोध करती है। इस विधि में बालकों को चुनौती का सामना करने, निर्णय लेने आदि प्रक्रिया में सक्षम बनाया जाता है। इसमें समाजशास्त्र, इतिहास, जीवविज्ञान, विधिक-विषय आदि के अध्ययन को शामिल किया जाता है। इस विधि की सबसे बड़ी विशेषता यह है कि यह छात्रों की प्रत्यक्ष सहभागिता पर बल देती है।

गुण

- यह विधि विद्यार्थियों की प्रत्यक्ष सहभागिता को बल प्रदान करती है।
- यह विधि बालकों को समग्र रूप से निर्णय लेने एवं समस्या का निदान करते हुए उपचार करने में सक्षम बनाती है।
- यह विधि किसी भी बिन्दु पर कई तरीके से सोचने एवं समझने में विद्यार्थियों को सक्षम बनाती है।

दोष

- इस विधि को आज भी संसाधनों की कमी का सामना करना पड़ रहा है। इसलिए प्रशिक्षित शिक्षकों की कमी के कारण इस विधि को लाभकारी नहीं माना जाता है।
- यह विधि सार्वभौमिक अध्ययन पद्धति के विपरीत होती है। अर्थात् प्रत्येक विषय के सन्दर्भ में इसे लाभकारी विधि नहीं माना जाता है।

8. समूह चर्चा विधि (Group Discussion Method)

लघु समूह शिक्षण विधियों में समूह चर्चा विधि महत्त्वपूर्ण स्थान रखती है। इस विधि को समूह के आपसी संचार विधि के रूप में भी जाना जाता है। समूह चर्चा विधि में तीन प्रकार की परिचर्चा को महत्त्व प्रदान किया जाता है

(a) नियोजित विधि
(b) आंशिक नियोजित विधि
(c) अनियोजित विधि

इस विधि को 'बज्ज सेशन' के रूप में भी जाना जाता है, जिसमें छोटे-छोटे समूहों के साथ, लघु चर्चा, संरचित एवं उद्देश्यपूर्ण चर्चा आदि को शामिल किया जाता है।

गुण

- समूह चर्चा विधि के द्वारा कक्षा के सभी छात्रों की भागीदारी सुनिश्चित होती है।

- इस विधि से आपसी संचार को बल मिलता है एवं अनेक नवीन तथ्यों की जानकारी स्पष्ट रूप से सामने आती है।
- समूह चर्चा विधि के माध्यम से कम समय में अधिक जानकारियों को एकत्रित करना सरल होता है।
- इस विधि से शिक्षक कम समय में अधिगम हेतु अधिक संसाधन उपलब्ध कराता है, जो बच्चों के लिए लाभकारी होते हैं।

दोष

- समूह चर्चा यदि सार्थक नहीं हुई, तो समय का व्यर्थ होना सम्भव होता है।
- यह आवश्यक नहीं कि सभी बालक बहिर्मुखी प्रतिभा के हों, क्योंकि समूह चर्चा के लिए बालकों को बहिर्मुखी होना आवश्यक होता है। अत: अन्तर्मुखी होने की दशा में समूह चर्चा विधि असफल हो जाती है।
- इस विधि में जो बालक वार्ता में सही रहता है और बढ़िया संचार या संप्रेषण कुशलतापूर्वक करने में सक्षम होता है, वह सफल रहता है, लेकिन सम्प्रेषण नहीं करने वाले बालकों के लिए यह विधि लाभकारी नहीं होती है।

शिक्षण की अन्य विधियाँ
(Other Methods of Teaching)

1. **निगमनात्मक एवं आगमनात्मक विधि** पाठ-विषय को प्रस्तुत करने की दो विधि होती हैं। पहली विधि निगमनात्मक विधि तथा दूसरी आगमनात्मक विधि कही जाती है। यह विधियाँ व्याकरण शिक्षण के लिए सबसे उपयुक्त मानी जाती हैं।
   (i) **निगमनात्मक विधि** इस विधि में छात्रों को सामान्य से विशिष्ट, ज्ञात से अज्ञात एवं सूक्ष्म से स्थूल की ओर ले जाकर ज्ञान या बोध कराया जाता है।
   (ii) **आगमनात्मक विधि** इस विधि में विशेष तथ्यों तथा घटनाओं के निरीक्षण तथा विश्लेषण द्वारा सामान्य नियमों अथवा सिद्धान्तों का निर्माण किया जाता है।
2. **संश्लेषणात्मक एवं विश्लेषणत्मक विधि** पाठ्य विषय के बड़े तथा जटिल विषयों को आसानी से समझाने हेतु संश्लेषणात्मक तथा विश्लेषणात्मक विधि का उपयोग किया जाता है। यह दोनों विधियाँ आपस में सम्बन्धित होती है। इसे पाठ्य को समझाने की दृष्टि से महत्त्वपूर्ण माना जाता है।
   (i) **संश्लेषणात्मक विधि** जब पाठ्य-वस्तु को प्रस्तुत करने से पहले उसके अंगों का ज्ञान देकर तब पूर्ण वस्तु का ज्ञान कराया जाता है, तो उसे संश्लेषणात्मक विधि कहते हैं; जैसे-हिन्दी पढ़ाने में पहले वर्णमाला सिखाकर तब शब्दों का ज्ञान कराया जाता है। तत्पश्चात् शब्दों से वाक्य बनाए जाते हैं।
   (ii) **विश्लेषणात्मक विधि** यदि पहले वाक्य सिखाकर तब शब्द और अन्त में वर्ण सिखाएँ जाएँ, तो वह विश्लेषणात्मक विधि कहलाती है। अर्थात् इसमें पूर्ण पाठ्य को छोटे-छोटे खण्डों में बाँटकर उसके सभी भागों का वर्णन किया जाता है।
3. **वस्तु विधि** किसी वस्तु पर दृष्टि पड़ते ही हमें उसका सामान्य परिचय मिल जाता है। अत: वस्तु विधि मूर्त वस्तु का ज्ञान प्रदान करने का सबसे सरल साधन माना जाता है, इसलिए आरम्भ से वस्तु विधि का सहारा लिया जाता है अर्थात् बच्चों को पढ़ाने के लिए वस्तुओं का प्रदर्शन करके उनके विषय में ज्ञान प्रदान किया जाता है। यहाँ तक की अमूर्त को भी मूर्त बनाने का प्रयास किया जाता है।
4. **दृष्टान्त विधि** वस्तु विधि का दूसरा रूप दृष्टान्त विधि होता है। वस्तु विधि में जिस प्रकार वस्तुओं के द्वारा ज्ञान प्रदान किया जाता है, उसी प्रकार दृष्टान्तों द्वारा दृष्टान्त दृश्य एवं श्रव्य से वस्तु का ज्ञान प्राप्त किया जाता है। अर्थात् बच्चों को जब कुछ-कुछ वस्तु एवं दृष्टान्त विधियों का ज्ञान होने लगता है तथा वह अप्रत्यक्ष वस्तुओं को भी समझने लगता है, तब कथन विधि का सहारा लिया जाता है, तो ऐसी क्रिया दृष्टान्त विधि कहलाती है।
5. **कथन विधि** वस्तु एवं दृष्टान्त विधियों से ज्ञान प्राप्त करते समय अथवा ज्ञान प्राप्ति के पश्चात् बच्चों को कुछ अनुमान करने एवं अप्रत्यक्ष वस्तु को भी समझने का अभ्यास हो जाता है, तब कथन विधि का सहारा लिया जाता है। इसमें वर्णन के द्वारा छात्रों को पाठ्य-वस्तु का ज्ञान दिया जाता है, परन्तु इस विधि में छात्र अधिकतर निष्क्रिय स्रोत बने रहते हैं एवं पाठन प्रभावशाली नहीं हो पाता।

   हर्बर्ट ने कथन विधि में पाँच सोपानों का प्रयोग किया है। यह हैं-प्रस्तावना, प्रस्तुतीकरण, तुलना या सिद्धान्त स्थापन, आवृत्ति तथा प्रयोग।
6. **करके सीखना या स्वानुभव** करके सीखना अर्थात् स्वानुभव द्वारा ज्ञान प्राप्त करना, वर्तमान में यह सर्वाधिक व्यापक शिक्षण सिद्धान्त माना जाता है। रूसो से लेकर मॉण्टेसरी एवं ड्यूबी तक शिक्षाशास्त्रियों ने बच्चों की ज्ञानेन्द्रियों को अधिक कार्यशील बनाने तथा उनके द्वारा शिक्षा देने पर अधिक बल दिया है। महात्मा गाँधी ने भी

करके सीखना के आधार पर भारत में बेसिक शिक्षा को जन्म दिया।

7. **शोध विधि** जर्मन प्रोफेसर आर्मस्ट्रॉन्ग द्वारा शोध विधि का प्रतिपादन किया था। इस विधि में छात्रों को उपयुक्त वातावरण में रखकर स्वयं किसी तथ्य को ढूँढने के लिए प्रेरित किया जाता है, इसका अर्थ यह नहीं है कि अध्यापक कुछ नहीं करता एवं छात्रों को मनमाना काम करने को छोड़ देता है।

   वास्तव में वह छात्र का यथाप्रदर्शन करता है एवं उसे गलत रास्ते से हटाकर सीधे रास्ते पर लाता है। यह उसका लक्ष्य रहता है कि जो ज्ञान छात्र अपने निरीक्षण अथवा प्रयोग द्वारा प्राप्त कर सकता है, उसे बताया न जाए। इस विधि का प्रयोग पहले तो विज्ञान की शिक्षा में किया गया था, अब धीरे-धीरे गणित, भूगोल एवं अन्य विषयों में भी इसका प्रयोग किया जाने लगा है।

8. **प्रोजेक्ट विधि** अमेरिका के प्रसिद्ध शिक्षाशास्त्री ड्यूबी, किलपैट्रिक तथा स्टीवेन्सन इत्यादि के सम्मिलित प्रयास से प्रोजेक्ट विधि का प्रतिपादन किया गया। इसके अनुसार, ज्ञानप्राप्ति के लिए स्वाभाविक वातावरण अधिक उपयुक्त होता है।

   इस विधि से पढ़ाने के लिए पहले कोई समस्या ली जाती है, जो प्राय: छात्रों के द्वारा उठाई जाती है और उस समस्या को हल करने के लिए उन्हीं के द्वारा योजना बनाई जाती है एवं योजना को स्वाभाविक वातावरण में पूर्ण किया जाता है।

शिक्षा में नवाचार
(Innovation in Education)

नवाचार का शाब्दिक अर्थ होता है—नव + आचार अर्थात् नया आचरण या व्यवहार। नवाचार वह होता है, जो किसी कार्य प्रणाली में परिवर्तन तथा नवीनता लाए। शिक्षा एवं शिक्षा देने वाले प्रशिक्षक के प्रशिक्षण में जो नए विचार, अवधारणाएँ, प्रयोग इत्यादि विकसित किए जाते हैं, वे सभी नवाचार की श्रेणी में आते हैं।

नवाचार केवल परिवर्तन ही नहीं होता है, बल्कि यह एक ऐसा विचार होता है, जो किसी विशेष उद्देश्य की प्राप्ति में सहायक होता है। नवाचार और उसका प्रयोग परीक्षण व प्रयोग की कसौटी पर खरा उतरने के बाद प्रभावित निष्कर्ष देता है। अत: इसे विज्ञान भी कहा जा सकता है।

विभिन्न विद्वानों ने नवाचार की निम्न परिभाषाएँ दी हैं

रोजर्स के अनुसार, ''नवाचार वह विचार है, जिसका उपयोग व्यक्ति नवीन विचारों के रूप में करता है।''

शैलिंगमैन के अनुसार, ''संस्कारों, प्रविधियों, प्रथाओं, ढंगों व लोकाचारों में परिवर्तन एवं मौलिकता ही नवाचार हैं।''

प्रो. उदय पारीक एवं टीवी राव महोदय के अनुसार, ''नवाचार से तात्पर्य उस नवीन विचार या कार्यप्रणाली से है, जिसे एक व्यक्ति या प्रणाली ने किसी उद्देश्य की पूर्ति के लिए उपयोगी पाया है।''

शिक्षण विधियों में नवाचार
(Innovation in Teaching Methods)

शिक्षण को और रोचक एवं प्रभावी बनाने के लिए वर्तमान समय में शिक्षण विधियों में महत्त्वपूर्ण नवाचार विचार, पद्धति का उपयोग किया जाता है, जो बच्चों को न केवल शिक्षण के प्रति आकर्षित करता है, बल्कि उन्हें प्रेरित करता है। ऐसे महत्त्वपूर्ण नवाचार तरीके व पद्धतियाँ तथा *विचार निम्न प्रकार है*

1. **रचनात्मक शिक्षण** यह हर युवा छात्र की रचनात्मक क्षमताओं की पहचान करने, प्रोत्साहित करने तथा परीक्षित करने में सहायक होता है। इसमें बच्चों को विषय वस्तु के तथ्यों को तलाशने की स्वतन्त्रता दी जाती है।
2. **ऑडियो-वीडियो शिक्षण** यह बच्चों में कल्पना को बढ़ाने में सहायता करते हैं। इससे न केवल बच्चों में सुनने की क्षमता बढ़ती है, बल्कि अवधारणाओं को बेहतर ढंग से समझने में सहायता मिलती है।
3. **रियल वर्ल्ड-लर्निंग** इसमें बच्चों को वास्तविक स्थितियों से तथ्यों व सामग्री को समझाया जाता है। इससे बच्चों में रुचि और उत्साह बढ़ता है।
4. **कक्षा से बाहर कक्षाएँ** यह बच्चों को किसी फिल्ड ट्रिप पर ले जाना तथा शिक्षण को प्रेरित करने की पद्धति है। इससे बच्चों में सीखने तथा याद रखने की प्रवृत्ति को बढ़ावा मिलता है।
5. **रोल-प्ले टीचिंग** यह शिक्षण पद्धति साहित्य-इतिहास तथा वर्तमान की घटनाओं के पठन-पाठन को रुचिकर बनाती है। यह बच्चों को कम्फर्ट जोन से बाहर निकालने तथा पारस्परिक कौशल को विकसित करने का शानदार तरीका माना जाता है।

6. **स्टोरी बोर्ड टीचिंग** यह किसी भी विषय को पढ़ाने का अच्छा तरीका माना जाता है। इसके माध्यम से ग्रहण शिक्षा को बच्चा लम्बे समय तक याद रखता है, यह संचार के रूप में प्रोत्साहित करता है।
7. **पहेलियाँ और खेल** जब बच्चों को खेल एवं पहेलियों के माध्यम से पढ़ाया जाता है, तो इससे बच्चो में रचनात्मक तरीके से सोचने एवं चुनौतियों का सामना करने की क्षमता का विकास होता है तथा इससे प्रोत्साहन मिलता है।
8. **प्रोजेक्ट (योजना) शिक्षण विधि** यह विधि छात्रों के जीवन से सम्बन्धित समस्याओं को वास्तविक रूप में प्रस्तुत करने में सहायक होता है। इसमें छात्र समस्या की अनुभूति करते हैं। यह क्रियात्मक रूप से विभिन्न विषयों का ज्ञान प्राप्त करने की दिशा में काफी महत्त्वपूर्ण साबित होती है।
9. **केस स्टडी विधि** यह नवाचारी शिक्षण पद्धति अध्यापक एवं छात्रों दोनों के लिए महत्त्वपूर्ण होता है। इसमें छात्र करके सीखता है तथा शिक्षक एक सलाहकार के रूप में कार्य करता है। इससे बच्चों में अभिव्यक्ति, अन्वेषण, निर्णय लेने, स्व मूल्यांकन करने की क्षमता तथा रचनात्मक आत्मविश्वास आदि कौशलों का विकास होता है।
10. **अन्य नवाचारी शिक्षण** शिक्षण को रोचक बनाने के लिए भ्रमण शिक्षण विधि, कहानी विधि, प्रदर्शन विधि, करके सीखना, आधुनिक नवीनतम शोधों, उपकरणों व तकनीकों का प्रयोग कर अध्यापन कार्य को करना आदि प्रमुख नवाचारी शिक्षण पद्धतियाँ हैं।

शिक्षण विधि में नवाचार की आवश्यकता
(Need of Innovation in Teaching Method)

शिक्षक समाज का वह हिस्सा है, जो शिक्षा के माध्यम से बदलाव का कारक होता है। विद्यालय एवं शिक्षक दोनों ही अपने परिवेश से प्रभाव ग्रहण करते हैं। शिक्षक प्रशिक्षण एवं स्कूली शिक्षा का गहन सम्बन्ध होता है, ये दोनों ही एक-दूसरे को प्रभावित करते हैं। प्रभावी शिक्षक प्रशिक्षण स्कूली शिक्षा के गुणवत्ता को सुनिश्चित करता है।

शिक्षण शिक्षा में नवाचार की आवश्यकता को निम्न सन्दर्भों में देखा जा सकता है

- शिक्षण को समय सापेक्ष परिवर्तन युक्त बनाने के लिए।
- शिक्षा में गुणात्मक एवं मात्रात्मक विकास के लिए।
- शिक्षा को तकनीकी युक्त बनाने के लिए।
- अभिव्यक्ति क्षमता एवं शिक्षण दक्षता के विकास हेतु।
- छात्राध्यापकों को प्रत्यक्ष एवं प्रभावी ज्ञान प्रदान करने योग्य बनाने हेतु।
- छात्राध्यापकों को क्रियाशील बनाने के लिए।
- छात्राध्यापकों में स्वस्थ दृष्टिकोण उत्पन्न करने के लिए।
- शिक्षक शिक्षा संस्थानों एवं विद्यालय में समन्वय स्थापित करने के लिए।
- शिक्षण विधियों में नवीनता लाने हेतु।
- सामाजिक आकांक्षाओं एवं अपेक्षाओं की पूर्ति हेतु।
- वैज्ञानिक एवं तकनीकी ज्ञान के प्रसार हेतु।
- शिक्षा के उद्देश्य, उसकी पाठ्चर्या में न्यूनतम विषय सामग्री के विकास के लिए।

शिक्षण विधि में नवाचार का महत्त्व
(Importance of Innovation in Teaching Method)

- नवाचार द्वारा शिक्षक बच्चों को बोझिल, उबाऊ एवं अरुचिकर शिक्षण से हटाकर आनन्दमयी एवं रुचिकर शिक्षा देने में सक्षम होते हैं।
- यह शिक्षक को अपने काम के प्रति रचनात्मक, जिम्मेदार, ठोस एवं व्यावहारिक दृष्टिकोण अपनाने में सहयोग करता है।
- नवाचार के माध्यम से शिक्षक परम्परागत शैक्षिक जड़ता को तोड़ते हुए नवीन दक्षताओं को विकसित कर सकता है।
- नवाचार के द्वारा शिक्षक स्वयं सृजनशील एवं अध्ययनशील बनते हैं।
- नवाचार से शिक्षक का शैक्षिक पुनरुत्थान होता है।
- छात्राध्यापक शिक्षण में प्रायोगिक एवं व्यावहारिक कार्यों को सम्पादित करने हेतु आवश्यक तैयारी एवं प्रभावी क्रियान्वयन कर सकते हैं।
- नवाचार के माध्यम से विद्यालय एवं समुदाय के मौजूदा संसाधनों का सर्वोत्तम उपयोग कर सकते हैं।
- छात्राध्यापक को सतत एवं व्यापक मूल्यांकन की अवधारणा को समझने में आसानी होती है।
- नवाचार के द्वारा ही शिक्षणोत्तर गतिविधियों का आयोजन सम्भव होता है।
- नवाचार से छात्राध्यापक बाल-केन्द्रित उपागम एवं गतिविधि आधारित शिक्षण अधिगम की प्रक्रिया को सरलता से सीख सकते हैं। इससे सम्बन्धों व अधिगम में सुधार सम्भव होता है।

अभ्यास प्रश्न

1. **शिक्षक द्वारा निर्देशित ऐसी क्रियाएँ जिनके परिणामस्वरूप छात्र कुछ सीखते हैं, क्या कहलाती है?**
(a) शिक्षण अभिक्रिया (b) शिक्षण व्यूह
(c) शिक्षण विधियाँ (d) शिक्षण रचना

2. **शिक्षण की प्रक्रिया में मुख्य रूप से कौन-सी शिक्षण विधियाँ निहित होती है?**
(a) शिक्षक केन्द्रित विधि (b) छात्र केन्द्रित विधि
(c) अनुदेशात्मक विधि (d) (a) और (b) दोनों

3. **निम्नलिखित में एक कौन-सी शिक्षक केन्द्रित विधियों के अन्तर्गत शामिल है?**
(a) व्याख्यान विधि
(b) व्याख्यान प्रदर्शन विधि
(c) समूह शिक्षण विधि
(d) उपरोक्त सभी

4. **निम्नलिखित कथनों पर विचार कीजिए**
1. **शिक्षक केन्द्रित विधि को अनुदेशात्मक विधि भी कहा जाता है।**
2. **अनुदेशात्मक विधि व्याख्यान आधारित होती है।**

उपरोक्त कथनों में कौन-सा/से कथन सही है/हैं?
(a) केवल 1 (b) केवल 2
(c) 1 और 2 (d) न तो 1 और न ही 2

5. **"व्याख्यान, तथ्यों, सिद्धान्तों या अन्य सम्बन्धों का प्रतिपादन है, जिनको शिक्षक अपने सुनने वालों को समझाना चाहता है।" यह कथन किसका है?**
(a) जीन पियाजे (b) थॉमस बर्डेन
(c) थॉमस एम. रिस्क (d) स्किनर

6. **निम्न कथनों पर विचार कीजिए**
1. **व्याख्या-प्रदर्शन विधि में 'करके सीखने' के सिद्धान्त की अवहेलना की जाती है।**
2. **व्याख्या-प्रदर्शन, विधि में विद्यार्थी केवल रुचिकर प्रदर्शन में ही सक्रिय रहते हैं।**
3. **व्याख्या-प्रदर्शन विधि में शिक्षक की सभी कार्य करते हैं।**

उपरोक्त में से कौन-सा/से विकल्प सत्य है/हैं?
(a) 1 और 2 (b) 2 और 3
(c) 1 और 3 (d) 1, 2 और 3

7. **निम्न में से कौन-सा एक व्याख्यान-प्रदर्शन विधि का गुण नहीं है?**
(a) यह मनोवैज्ञानिक सिद्धान्त पर आधारित है
(b) इससे विद्यार्थी वैज्ञानिक विधि व वैज्ञानिक सत्यता की ओर प्रेरित होते हैं
(c) इसमें ध्यान अधिक समय तक केन्द्रित नहीं हो पाता, रुचि नहीं रह पाती तथा मौलिक चिन्तन के अवसर प्राप्त नहीं हो पाते
(d) इस विधि में सुनने की अपेक्षा देखी गई वस्तु अधिक समय तक याद रहती है

8. **समूह शिक्षण विधि की शुरुआत कहाँ से हुई थी?**
(a) अमेरिका (b) जापान
(c) भारत (d) रूस

9. **निम्नलिखित में कौन-सा/से समूह शिक्षण विधि का/के गुण है/हैं?**
(a) यह विधि शिक्षण की गुणवत्ता में सुधार के दृष्टिकोण से महत्त्वपूर्ण है
(b) इसमें शिक्षण तकनीकों और उपकरणों का उपयोग कर शिक्षार्थी के व्यावहारिक पक्ष को मजबूत किया जाता है
(c) 'a' और 'b' दोनों
(d) उपरोक्त में से कोई नहीं

10. **सूक्ष्म शिक्षण के उद्देश्य के सम्बन्ध में निम्नलिखित कथनों पर विचार कीजिए**
1. **शिक्षार्थियों में नए कौशल का विकास**
2. **प्रशिक्षु को शिक्षण में विश्वास करने योग्य बनाना**
3. **प्रशिक्षु को सीखने और नए शिक्षण कौशल को नियन्त्रित परिस्थितियों में आत्मसात् करने योग्य बनाना**

उपरोक्त कथनों में कौन-सा/से कथन सही है/हैं?
(a) 2 और 3 (b) 1 और 3
(c) 1 और 2 (d) 1, 2 और 3

11. **कौन-सा/से सूक्ष्म शिक्षण विधि का उद्देश्य है/हैं?**
(a) शिक्षार्थियों में नए कौशल का विकास करना
(b) प्रशिक्षु को शिक्षण में विश्वास करने योग्य बनाना
(c) 'a' और 'b' दोनों
(d) इनमें से कोई नहीं

12. शिक्षण विधियों में किसे 'सुकरानी विधि' के नाम से भी जाना जाता है?
(a) टेलीविजन/वीडियो प्रस्तुति विधि
(b) कार्य अनुदेश विधि
(c) प्रश्नोत्तर-शिक्षण विधि
(d) समीक्षा नीति विधि

13. प्रश्नोत्तर या सुकराती विधि के सोपान कौन-से हैं?
(a) प्रश्न निर्माण
(b) प्रश्न का प्रस्तुतीकरण
(c) विद्यार्थी के माध्यम से नवीन ज्ञान का अनावरण
(d) उपरोक्त सभी

14. निम्न में से कौन-सी शिक्षण विधियाँ शिक्षार्थी केन्द्रित हैं?
(a) कार्यक्रम अनुदेश विधि
(b) सुपुर्द नियत कार्य अधिन्यास विधि
(c) कम्प्यूटर आधारित शिक्षण विधियाँ
(d) उपरोक्त सभी

15. शिक्षण के दौरान विद्यार्थियों की अधिकतम सहभागिता किसके द्वारा सम्भव है?
(a) व्याख्यान पद्धति
(b) निदर्शन पद्धति
(c) आगमनात्मक पद्धति
(d) पाठ्यपुस्तक पद्धति

16. छात्र-नियन्त्रित अनुदेश के प्रमुख उदाहरण कौन-से हैं?
(a) कैलर योजना
(b) अभिक्रमित अनुदेशन
(c) कम्प्यूटर सहायक अनुदेशन
(d) उपरोक्त सभी

17. प्रश्नोत्तर विधि, अन्वेषण विधि, सामूहिक वाद-विवाद विधि, संवेदनशील प्रशिक्षण विधि इत्यादि किसके उदाहरण हैं?
(a) समूह-नियन्त्रित अनुदेशन
(b) शिक्षक व छात्र नियन्त्रित अनुदेशन
(c) शिक्षक-नियन्त्रित अनुदेशन
(d) छात्र-नियन्त्रित अनुदेशन

18. निम्नलिखित में से शिक्षण विधियों के प्रकार कौन-से हैं?
(a) शिक्षक-नियन्त्रित अनुदेशन
(b) छात्र-नियन्त्रित अनुदेशन
(c) समूह-नियन्त्रित अनुदेशन
(d) उपरोक्त सभी

19. निम्न में से समूह चर्चा विधि में किन परिचर्चाओं को महत्त्व प्रदान किया जाता है?
(a) नियोजित विधि
(b) आंशिक नियोजित विधि
(c) अनियोजित विधि
(d) ये सभी

20. निम्नलिखित में से शिक्षण विधि कौन-सी है/हैं?
(a) निगमनात्मक एवं आगमनात्मक विधियाँ
(b) संश्लेषणात्मक एवं विश्लेषणात्मक विधियाँ
(c) वस्तु विधि
(d) उपरोक्त सभी

21. विशेष तथ्यों एवं घटनाओं के निरीक्षण एवं विश्लेषण द्वारा सामान्य नियमों अथवा सिद्धान्तों का निर्माण कौन-सी शिक्षण विधि द्वारा होता है?
(a) संवेगात्मक विधि (b) आगमनात्मक विधि
(c) प्रक्रियात्मक विधि (d) सिद्धान्तात्मक विधि

22. पहले अंगों का ज्ञान देकर तब पूर्ण वस्तु का ज्ञान कराया जाता है, तो उसे कौन-सी विधि कहते हैं?
(a) शिष्टात्मक विधि (b) संश्लेषणात्मक विधि
(c) विज्ञानात्मक विधि (d) ये सभी

23. वस्तु विधि में जिस प्रकार वस्तुओं के द्वारा ज्ञान प्रदान किया जाता है, उसी प्रकार दृष्टान्त विधि में क्या किया जाता है?
(a) दृष्टान्त दृश्य एवं श्रव्य
(b) अवलोकन व पुनरावलोकन
(c) प्रतिगमन व गमन
(d) उपरोक्त में से कोई नहीं

24. वस्तु एवं दृष्टान्त विधियों से ज्ञान प्राप्त करते समय जब बच्चों को कुछ अनुमान करने एवं अप्रत्यक्ष को भी समझने का अभ्यास हो जाता है, तो किस विधि का सहारा लिया जाता है?
(a) विश्लेषणात्मक विधि
(b) कथन विधि
(c) आगमनात्मक विधि
(d) निगमनात्मक विधि

25. वर्तमान में सर्वाधिक व्यापक शिक्षण सिद्धान्त कौन-सा है?
(a) करके सीखना या स्वानुभव
(b) सुकराती विधि
(c) व्याख्यान विधि
(d) संश्लेषणात्मक विधि

26. शोध विधि का प्रयोग पहले किसकी शिक्षा में किया गया था?
(a) सामाजिक विज्ञान
(b) विज्ञान
(c) राजनैतिक सिद्धान्त
(d) उपरोक्त में से कोई नहीं

27. अमेरिका के प्रसिद्ध शिक्षाशास्त्री ड्यूबी, किलपैट्रिक एवं स्टीवेन्सन इत्यादि के सम्मिलित प्रयास का परिणाम कौन-सी विधि है?
(a) शोध विधि
(b) प्रोजेक्ट विधि
(c) प्रतिशोधन विधि
(d) इनमें से कोई नहीं

28. एक ऐसा विचार क्या कहलाता है, जिसके लिए खोज एवं अभ्यास किसी विशेष उद्देश्य की प्राप्ति के लिए किए जाते हैं?
(a) नए कौशल
(b) नवाचार
(c) नवीन परिकल्पना
(d) उपरोक्त में से कोई नहीं

29. किस विद्वान ने कहा कि, "नवाचार वह विचार है, जिसका उपयोग व्यक्ति नवीन विचारों के रूप में करता है।"
(a) शैलिंगमैन
(b) रोजर्स
(c) बर्नार्ड शॉ
(d) शैक्षिक अनुसन्धान शब्दकोष

30. रचनात्मक शिक्षण विधि किस प्रकार शिक्षार्थियों के लिए नवाचार के रूप में कार्य करती है?
(a) रचनात्मक क्षमता की पहचान में
(b) प्रोत्साहित करने में
(c) परीक्षित करने में
(d) उपरोक्त सभी

31. किस नवाचार शिक्षण पद्धति में शिक्षक सलाहकार की भूमिका में कार्य करता है तथा छात्र करके सीखता है और कौशलों को अर्जित करता है?
(a) भ्रमण शिक्षण विधि
(b) केस स्टडी विधि
(c) स्टोरी-बोर्ड टीचिंग
(d) रोल-प्ले टीचिंग

32. शिक्षण विधि में नवाचार की आवश्यकता निम्न में से कौन-सी है?
(a) शिक्षक शिक्षा को तकनीकी युक्त बनाने के लिए
(b) अभिव्यक्ति क्षमता एवं शिक्षण दक्षता के विकास हेतु
(c) शिक्षण विधियों में नवीनता लाने हेतु
(d) उपरोक्त सभी

33. निम्नलिखित में से शिक्षण विधि में नवाचार के महत्त्व कौन-से हैं?
(a) नवाचार से शिक्षक का शैक्षिक पुनरुत्थान होता है
(b) नवाचार के द्वारा शिक्षक स्वयं सृजनशील एवं अध्ययनशील बनते हैं
(c) नवाचार के द्वारा ही शिक्षणोत्तर गतिविधियों का आयोजन सम्भव है
(d) उपरोक्त सभी

उत्तरमाला

1. (c)	2. (d)	3. (d)	4. (c)	5. (c)	6. (d)	7. (c)	8. (a)	9. (c)	10. (d)
11. (c)	12. (c)	13. (d)	14. (d)	15. (b)	16. (d)	17. (b)	18. (d)	19. (d)	20. (d)
21. (b)	22. (b)	23. (a)	24. (b)	25. (a)	26. (b)	27. (b)	28. (b)	29. (b)	30. (d)
31. (b)	32. (d)	33. (d)							

अध्याय 11

शिक्षण एवं शिक्षण सहायक प्रणाली (Teaching & Teaching Support System)

शिक्षण (Teaching)

शिक्षण एक ऐसी प्रक्रिया है, जिसमें बहुत से कारक शामिल होते हैं और सीखने वाला इस प्रक्रिया के माध्यम से ज्ञान तथा कौशल को अर्जित कर लक्ष्यों की प्राप्ति करता है। इस प्रकार शिक्षण मानवीय मूल्यों को विकसित करता है।

वर्तमान शिक्षा परिवेश में शिक्षण का उद्देश्य विद्यार्थियों में अधिगम करके सीखने की गतिशीलता लाना है, साथ ही बलपूर्वक ज्ञान को मस्तिष्क में बैठाना भी है।

शिक्षण के द्वारा ही शिक्षार्थी नवीन ज्ञान को अर्जित करता है, इस *सन्दर्भ में अनेक विद्वानों ने निम्नलिखित परिभाषाएँ दी हैं*

रियान्स के अनुसार, "दूसरों को सिखाने, दिशा-निर्देश देने और उन्हें निर्देशित करने की प्रक्रिया ही शिक्षण है।"

गेज के अनुसार, "शिक्षण एक पारस्परिक प्रभाव है, जिसका उद्देश्य दूसरे व्यक्तियों के व्यवहारों में अपेक्षित परिवर्तन लाना है।"

बी. ओ. स्मिथ के अनुसार, "अधिगम को अभिप्रेरित करने वाली क्रिया शिक्षण है।"

शिक्षण की प्रकृति (Nature of Teaching)

शिक्षण की प्रकृति सकारात्मक होती है, जो शिक्षण की प्रक्रिया के माध्यम से पूर्ण होती है। शिक्षण की प्रकृति विद्यार्थियों के संज्ञानात्मक, भावनात्मक तथा क्रियात्मक पक्षों को अभिप्रेरित करती है। शिक्षण प्रक्रिया में शिक्षक की भूमिका महत्त्वपूर्ण होती है, जिसके गहन विश्लेषण पर ही शिक्षण की प्रकृति का बोध होता है।

शिक्षण प्रकृति को निम्न रूपों द्वारा समझा जा सकता है

- शिक्षण कला एवं विज्ञान दोनों रूपों में होता है, क्योंकि यह कलात्मक विकास के साथ तार्किकता को भी बढ़ावा देती है।
- शिक्षण की प्रकृति त्रिध्रुवीय होती है, जिसमें शिक्षक, छात्र तथा पाठ्यक्रम शामिल होता है। **रॉस** नामक विद्वान् ने शिक्षण को द्विध्रुवीय, जबकि **जॉन डी.वी** ने त्रिध्रुवीय माना है।
- शिक्षण-उद्देश्यपूर्ण प्रक्रिया के रूप में कार्य करके उद्देश्यों की पूर्ति में सहायक होता है।
- शिक्षण, शिक्षक तथा छात्रों के बीच पारस्परिक सम्बन्धों की स्थापना करता है। अत: इसकी प्रकृति अन्त: प्रक्रिया के रूप में होती है।
- शिक्षण उपचारात्मक प्रक्रिया के रूप में कार्य करता है। अत: इसकी प्रकृति उपचारात्मक होती है।
- शिक्षण विकासात्मक प्रक्रिया के रूप में कार्य करता है। अत: इससे छात्रों का ज्ञानात्मक, भावनात्मक एवं क्रियात्मक विकास होता है।
- शिक्षण की प्रकृति भाषायी प्रक्रिया में सहायक होती है, जो भाषा विकास को बढ़ावा देती है।
- शिक्षण प्रशिक्षण से लेकर अनुदेशक तक की सतत् प्रक्रिया के रूप में कार्य करता है। अत: इसकी प्रकृति सतत् प्रक्रिया वाली है।

शिक्षण के उद्देश्य (Objectives of Teaching)

शिक्षण का मुख्य उद्देश्य शिक्षार्थियों में अधिगम उत्पन्न करना होता है। शिक्षण के उद्देश्यों को विद्वानों ने वर्गीकरण द्वारा समझाया है, *जो निम्न प्रकार है*

ब्लूम द्वारा प्रस्तुत वर्गीकरण (Bloom's Classification)

ब्लूम ने वर्ष 1956 में शिक्षण के निर्देशात्मक या अनुदेशात्मक उद्देश्य को तीन भागों में बाँटा, जिसे अंग्रेजी भाषा में 3H कहा गया। यह 3H है, Head (ज्ञानात्मक ज्ञान क्षेत्र), Heart (भावात्मक ज्ञान क्षेत्र) तथा Hand (मनोसंचालित ज्ञान क्षेत्र)। *इस प्रकार ब्लूम द्वारा वर्गीकृत शिक्षण उद्देश्यों का विवरण निम्न है*

ज्ञानात्मक ज्ञान क्षेत्र (Cognitive Domain)

ज्ञानात्मक ज्ञान क्षेत्र बौद्धिक क्षमता के विकास से सन्दर्भित है, *इसे छः मुख्य स्तर पर विभाजित किया गया है*

1. **ज्ञान** ज्ञान का सम्बन्ध वस्तु या उसकी जानकारी को स्मरण रखने से है।
2. **बोध** यह स्तर बोध के अर्थ को समझने की क्षमता से सम्बन्धित है।
3. **उपयोग** यह स्तर अमूर्त ज्ञान को मूर्त या व्यावहारिक रूप में लाने के सन्दर्भ में प्रयुक्त होता है।
4. **विश्लेषण** इसके द्वारा प्राप्त सूचना घटकों को विभाजित किया जाता है, जिससे उसका सही अर्थ निकल सके।
5. **संश्लेषण** यह मूलत: घटकों को समावेशित करने का स्तर है। इस स्तर को विश्लेषण स्तर का विलोम माना जाता है।
6. **मूल्यांकन** मूल्यांकन सतत प्रक्रिया के रूप में होता है। यह विशेष प्रयोजनों में प्रयुक्त तरीके और सामग्री के बारे में किया गया निर्णय होता है।

भावात्मक ज्ञान क्षेत्र (Affective Domain)

इस ज्ञान क्षेत्र में मनोभाव या मनोदृष्टि प्रेरणा, शिक्षण की सहभागिता, अनुशासन एवं इनके जैसे ही अन्य मूल्यों को समावेशित किया जाता है। *इसके पाँच मुख्य स्तर हैं*

1. **आकलन** जो हम सीखते हैं और उसकी महत्ता
2. **आग्रहण** सुनने की इच्छा
3. **प्रतिक्रिया** सहभागिता की इच्छा
4. **संयोजित करना** मिलान करना
5. **निरूपण** अन्तर करना, अभिव्यक्ति

मनोसंचालित ज्ञान क्षेत्र (Psychomotor Domain)

इस ज्ञान क्षेत्र को मनोगत्यात्मक, मनोप्रेरक या क्रियात्मक ज्ञान क्षेत्र भी कहा जाता है। यह तकनीकी कौशल के अधिग्रहण (Acquisition) से सम्बन्धित होता है।
इस ज्ञान क्षेत्र के भी पाँच स्तर हैं

1. **हस्तकौशल या कार्य साधन** इस क्षेत्र में शिक्षार्थी मशीनरी, उपकरण इत्यादि का उपयोग करने का प्रयत्न करता है, जिससे उसका आत्मविश्वास बढ़ता रहे।
2. **प्रतिरूपता** इस स्तर पर शिक्षार्थी के कौशल को उसी रूप में अपनाने का प्रयास किया जाता है, जिस रूप में शिक्षार्थी समझने में सक्षम होता है।
3. **स्पष्ट अभिव्यक्ति** यह स्तर सतत अभ्यास पर निर्भर करता है।
4. **परिशुद्धता** किसी कार्य को बार-बार करते रहने से उसमें सुधार एवं शुद्धता आती है।
5. **प्रकृतिकरण** इस स्तर पर शिक्षार्थी शिक्षण के अनुरूप कौशल को आत्मसात् करना, संशोधन करना, नई तकनीकों को नियत करना इत्यादि को आत्मसात् करता है।

गैग्ने और ब्रिग्स के द्वारा प्रस्तुत वर्गीकरण (Classification of Gagne and Briggs)

गैग्ने एवं ब्रिग्स ने भी ब्लूम की ही भाँति शिक्षण उद्देश्यों को विभिन्न स्तरों में विभाजित किया है। *अत: इनके द्वारा वर्गीकृत शिक्षण उद्देश्यों के स्तरों का विवरण इस प्रकार है*

1. **ज्ञानात्मक रणनीतियाँ** इस श्रेणी में किसी व्यक्ति के स्वयं के शिक्षण, स्मरण शक्ति एवं विचार कौशल को विकसित करने हेतु तकनीकों एवं विधियों को समावेशित किया जाता है।
2. **बौद्धिक कौशल** बौद्धिक कौशल किसी समस्या को सुलझाने, सीखने की अवधारणा और नियम सीखने में महत्त्वपूर्ण सिद्ध होते हैं।
3. **मनोदृष्टि** यह किसी व्यक्ति की आन्तरिक या मानसिक स्थिति को व्यक्त करता है।
4. **मौखिक सूचना** मौखिक सूचना का उपयोग किसी व्यक्ति द्वारा ज्ञान का आयोजन करने के सन्दर्भ में होता है।
5. **संचालन तन्त्र और शारीरिक क्षमता** इस स्तर पर मस्तिष्क, तन्त्रिका प्रणाली और स्नायु तन्त्र एक साथ कार्य करते हैं एवं उनमें सामंजस्य कैसे स्थापित करना है, इसके अन्तर्गत आता है।

शिक्षण की विशेषताएँ
(Characteristics of Teaching)

शिक्षण एक ऐसी प्रक्रिया है, जिसमें एक व्यक्ति दूसरे व्यक्ति को ज्ञान, कौशल तथा अभिरुचियों को सिखाने या प्राप्त करने में सहायता प्रदान करता है। इस प्रकार शिक्षण की विशेषता सकारात्मक होती है, जो शिक्षण की प्रक्रिया से पूर्ण होती है। शिक्षण की यह विशेषता ही विद्यार्थियों के संज्ञानात्मक, भावात्मक तथा क्रियात्मक पक्षों को अभिप्रेरित करती है। *इस आधार पर शिक्षण की प्रमुख विशेषताएँ निम्न हैं*

1. **शिक्षण एक गतिशील प्रक्रिया** समय के अनुसार शिक्षण में भी परिवर्तन होता रहा है। चूँकि तकनीकी संसाधनों की प्रगति ने शिक्षण के विविध रूपों को प्रभावित किया है। अधिगम के स्तर पर निवेश के कारण से भी शिक्षण को एक गतिशील संसाधन बनाया गया है। अत: इसे अन्य विषयों की अपेक्षा एक विकासशील एवं गतिशील प्रक्रिया मानना उचित होता है।
2. **शिक्षण एक द्विध्रुवी प्रक्रिया** प्राचीनकाल हो या मध्यकाल या फिर आधुनिक काल, शिक्षण प्रक्रिया हमेशा से द्विध्रुवी रही है और रहेगी। इस प्रक्रिया में शिक्षक और शिक्षार्थी हमेशा से दो ध्रुवों के रूप में विद्यमान रहे हैं। इसमें शिक्षक ज्ञान का निष्कासन करता है, तो शिक्षार्थी उस ज्ञान का अवशोषण करता है।
3. **शिक्षण एक सामाजिक क्रिया** शिक्षण और समाज का अटूट सम्बन्ध होता है। समाज की आवश्यकता के अनुरूप ही विद्यार्थी ज्ञानार्जन करता है। समाज के माध्यम से ही बालक में संस्कृति जन्य तर्कों का निर्माण होता है, जो उसे एक जिम्मेदार नागरिक बनने में सहायता करता है।
4. **शिक्षण सर्वांगीण विकास की प्रक्रिया है** शिक्षण से न केवल बालक के ज्ञानात्मक तर्कों की पूर्ति होती है, बल्कि उसके भावात्मक एवं क्रियात्मक तर्क भी इससे प्रभावित होते हैं। कुल मिलाकर शिक्षण प्रक्रिया बालक के सामाजिक, सांस्कृतिक, मनोवैज्ञानिक, आवेगिक मानस आदि के निर्माण में सहायक होती है। इससे बालक के सर्वांगीण विकास को बल मिलता है।
5. **अधिगम के लिए प्रेरित करना** शिक्षण विद्यार्थी में ऐसी भावना का विकास करता है, जिससे कि वह स्वयं सीखने के लिए प्रेरित हो। वस्तुत: विद्यार्थी को ज्ञान तभी दिया जा सकता है, जब वह ज्ञान प्राप्त करता चाहता हो। इस सन्दर्भ में शिक्षण प्रेरणा उत्पन्न करना है तथा शिक्षक बच्चों को सीखने के लिए प्रेरित करता है।
6. **विभिन्न क्रियाओं का मिश्रण** शिक्षण विभिन्न क्रियाओं का मिश्रण होता है। इसके अन्तर्गत विषय-वस्तु का प्रस्तुतीकरण, व्याख्या, अभिप्रेरणा आदि तत्त्वों को शामिल किया जाता है।
8. **जटिल सामाजिक प्रक्रिया** शिक्षण एक जटिल सामाजिक प्रक्रिया होती है। यह समाज के द्वारा, समाज के लिए एवं समाज के अन्दर संचालित होने वाली संगठित प्रक्रिया होती है। शिक्षण प्रक्रिया की अपनी विशेषता होती है तथा समाज में शामिल सदस्यों के मनोभावों तथा सामाजिक मूल्यों से प्रभावित होती है।
7. **शिक्षण एक व्यावसायिक क्रिया है** शिक्षण को एक व्यावसायिक क्रिया भी माना जाता है। इसके द्वारा एक ओर शिक्षक को छात्रों की प्रगति एवं उनके विकास की जाँच करने में सहायता मिलती है, तो दूसरी ओर शिक्षक को इसका पारिश्रमिक मिलता है।
9. **शिक्षण, कला एवं विज्ञान दोनों है** शिक्षण को कला एवं विज्ञान दोनों माना जाता है। कुछ लोगों में जन्म से ही शिक्षक बनने के गुण होते हैं। अत: वे अपने स्वाभाविक गुण के माध्यम से कुशल शिक्षक बन जाते हैं।
10. **शिक्षण में सम्प्रेषण कौशल की प्रधानता होती है** कोई भी शिक्षण तभी सफल माना जाता है, जब उसमें सम्प्रेषण कौशल की प्रधानता हो। सम्प्रेषण दो या दो से अधिक व्यक्तियों के बीच समझ के साथ होता है। शिक्षण प्रक्रिया में शिक्षक एवं विद्यार्थी के मध्य सम्प्रेषण होता है। सम्प्रेषण के अन्तर्गत शिक्षक विद्यार्थियों से प्रतिपुष्टि लेता है, जिससे शिक्षण को प्रभावी बनाया जाता है। इस प्रकार शिक्षण में सम्प्रेषण कौशल की प्रधानता अनिवार्य होती है।

शिक्षण की समस्याएँ (Teaching Problems)

शिक्षा का क्षेत्र अत्यन्त व्यापक है और इसमें प्रशासनिक से लेकर अनेक अन्य विविध प्रकार की समस्याएँ उत्पन्न होती रहती हैं और उनके त्वरित निवारण के प्रयास भी समय-समय पर किए जाते हैं।

शिक्षण सम्बन्धी समस्याओं को निम्नलिखित प्रकार से समझ सकते हैं

1. **दोषपूर्ण पाठ्यक्रम** भारत में शिक्षण का पाठ्यक्रम अत्यन्त संकुचित एवं पुराना है अर्थात् वर्तमान परिस्थितियों का ध्यान न रखते हुए पुरानी पाठ्यक्रम प्रणाली को अपनाया जाता है, जो पूरी तरह से सैद्धान्तिक नहीं होती है, जिससे छात्र परीक्षा में असफल हो जाते हैं।

पाठ्यक्रम के अन्तर्गत बार-बार पुरानी पाठ्योजनाएँ पढ़ाई जाती हैं, जिससे छात्रों में पठन-पाठ्य के प्रति रुचि नहीं बन पाती है। अत: शिक्षण में पाठ्यक्रम में निरन्तर बदलाव होते रहना चाहिए, जिससे छात्रों में सृजनशीलता, नेतृत्व क्षमता इत्यादि का विकास हो सके।

2. **दोषपूर्ण शिक्षण पद्धतियाँ** भारतीय विद्यालयों में शिक्षण की जो पद्धतियाँ अपनाई जाती है, वे बड़ी दूषित एवं अमनोवैज्ञानिक होती हैं, जिससे छात्रों में ज्ञान एवं कौशल का अभाव हो जाता है। दोषपूर्ण शिक्षण पद्धतियों के कारण विद्यार्थियों का शारीरिक एवं मानसिक स्तर का विकास नहीं हो पाता है।
3. **शिक्षक का व्यक्तित्व/उत्तरदायित्व** शिक्षण के प्रति समर्पण, लगाव व निष्ठा रखना तथा विद्यार्थियों में शिक्षा के प्रति रुचि जाग्रत करना, शिक्षक का प्रमुख उत्तरदायित्व होता है। यदि शिक्षक कक्षा-कक्ष में शिक्षा के प्रति उदासीनता दिखाता है, तो उसके इस व्यक्तित्व का प्रभाव छात्रों पर भी पड़ता है, जिससे छात्रों को शिक्षा अरुचिकर लगने लगती है। अत: शिक्षकों का व्यक्तित्व छात्रों के सर्वांगीण विकास में सहायता करता है।
4. **गृह कार्य** शिक्षकों द्वारा शिक्षार्थी को अधिक मात्रा में गृहकार्य दिया जाता है व दिया गया गृहकार्य ऐसा होता है, जो या तो बालकों को अस्पष्ट होता है या फिर उसका कक्षा में अभ्यास नहीं करवाया गया होता है, जिससे बालकों को पढ़ाई में कठिनाई होती है। अत: शिक्षक को विद्यार्थियों को वही गृहकार्य देना चाहिए, जो कक्षा में पढ़ाया गया हो तथा गृहकार्य उतना ही देना चाहिए, जितना विद्यार्थी सफलतापूर्वक कर सकें।
5. **शिक्षकों का अभाव** वर्तमान समय में हमारी शिक्षा पद्धति पुरानी व प्राचीन पद्धतियों पर आधारित है। इन पद्धतियों में शिक्षक की पर्याप्त मात्रा होती थी, परन्तु बढ़ती जनसंख्या व नई शिक्षण पद्धतियों के आगमन से देश में प्राय: शिक्षकों का अभाव पाया जाता है, जिससे बालकों को समुचित ढंग से शिक्षा नहीं मिल पाती है फलत: उनमें शिक्षा के प्रति रुचि कम होने लगती है।
6. **नीरस अध्ययन** अधिकांश विद्यालयों में और विशेषकर प्राथमिक स्तर पर बोझिल एवं परम्परागत ढंग से शिक्षण कराया जाता है, जिससे विद्यालय में पढ़ाई के प्रति विद्यार्थी अरुचिकर हो जाते हैं तथा अध्ययन नीरस लगने लगता है।
7. **अच्छे शोधकार्य का अभाव** भारतवर्ष में शिक्षण क्षेत्र में होने वाले शोध या अनुसन्धान कार्य शैशव अवस्था में कराए जाते हैं, जिस कारण अच्छे शोध कार्य का अभाव होता है। विद्यालयों में शोध/अनुसन्धान के कार्य को केवल परीक्षा उपयोगी समझ कर कराया जाता है। यदि विद्यार्थियों को अनुसन्धान कार्य नियमित रूप से कराया जाए, तो उनके अन्वेषण एवं कौशल तथा अधिगम का विकास होगा।

शिक्षण समस्या के समाधान के सुझाव

(Suggestions to Solve the Problem in Teaching)

शिक्षक के लिए यह आवश्यक होता है कि वह अपने शिक्षण को प्रभावी बनाकर छात्रों को अध्ययन के प्रति जागरूक बनाएँ एवं उनमें ऐसी भावनाएँ विकसित करें कि वे हर समय सीखने की जिज्ञासा रखें। अर्थात् शिक्षण प्रभाविकता में ही शिक्षण के सिद्धान्त, शिक्षण के उद्देश्य तथा शिक्षण के प्रतिमान निहित हैं। *इसी के आधार पर शिक्षण की समस्या के समाधान के निम्नलिखित उपाय किए जाने चाहिए*

1. **बालकों में रुचि जाग्रत करना** बालकों में किसी कार्य के प्रति निहित रुचि ही कार्य को आगे बढ़ाने में उसकी प्रेरक शक्ति होती है। इसी कारण शिक्षक का सर्वप्रथम कर्त्तव्य यह है कि वह बालकों में अध्ययन के प्रति आदत डालने के लिए रुचि उत्पन्न करें।
2. **विषय-वस्तु को जीवन से सम्बन्धित करना** बालकों के पुराने अनुभवों को नवीन ज्ञान से सम्बन्धित किया जाना चाहिए, इससे बालकों का ज्ञान स्थायी हो जाता है। उनमें अध्ययन की आदत पड़ती है। इस प्रकार से सीखे हुए ज्ञान को वे स्थायी बनाने में समर्थ होते हैं।
3. **परिणाम का ज्ञान कराना** बालकों को जो विषय-वस्तु अध्ययन करने के लिए दी जाए, उसके परिणाम का पहले ही छात्रों को ज्ञान करा दिया जाना चाहिए। यदि छात्रों को यह ज्ञात हो कि अमुक वस्तु के अध्ययन से उनको परीक्षा में अच्छे अंक प्राप्त होंगे, तो वे उस विषय-वस्तु का अध्ययन ध्यान से अवश्य करेंगे।
   परिणाम का ज्ञान छात्रों को क्रियाशील बनाता है, जिससे छात्रों में ज्ञान की रुचि जाग्रत होती है।
4. **उद्देश्य का ज्ञान कराना** अभ्यास उद्देश्यपूर्ण होना चाहिए। उद्देश्य के अभाव में अध्ययन सफल नहीं हो सकता। प्रत्येक प्रकार के अध्ययन का एक उद्देश्य होता है। यदि शिक्षक अध्ययन के उद्देश्य को बालकों के समक्ष स्पष्ट नहीं कर सकता, तो उसे अपने कार्य में सफलता नहीं मिल सकती है।
5. **विषय-वस्तु को नियोजित करना** प्रत्येक कार्य की सफलता का आधार पूर्व नियोजन होता है। अत: शिक्षक

को चाहिए कि वह बालकों में किसी विषय-वस्तु के अध्ययन के प्रति आदत डालने के लिए पाठ्य विषय को अध्ययन से पूर्व ही पूर्ण नियोजित कर लें।

6. **पर्याप्त संख्या में शिक्षकों की नियुक्ति** विद्यालय में प्रत्येक विषय के शिक्षक आवश्यक संख्या में होने चाहिए, जिससे विद्यार्थियों को शिक्षण कार्य में किसी प्रकार की कोई कठिनाई न आए।
7. **गृहकार्य की मात्रा में कमी** विद्यार्थियों का गृहकार्य उसी पाठ या परिकल्पना का होना चाहिए, जो कक्षा में भली-भाँति समझा दी गई है व शिक्षक को ज्ञात हो कि वह सभी विद्यार्थियों को पूरी तरह समझ आ गई है।

   गृहकार्य की मात्रा का भी ध्यान रखा जाना चाहिए। गृहकार्य इतना होना चाहिए कि छात्रों को अन्य गतिविधियों के लिए भी पर्याप्त समय प्राप्त हो सके।
8. **शिक्षक छात्र सम्बन्ध** शिक्षक छात्र सम्बन्ध मधुर होने चाहिए। शिक्षक का व्यक्तित्व ऐसा होना चाहिए कि छात्र अपनी समस्याओं को शिक्षक के सामने रख सके। शिक्षक को भी व्यक्तिगत रुचि लेकर छात्र की शिक्षण सम्बन्धी समस्याओं को हल करना चाहिए।

शिक्षण सहायक प्रणाली
(Teaching Support System)

अधिगम प्रक्रिया के दौरान ऐसे संसाधन जिनके कारण शिक्षण प्रक्रिया की तीव्रता में वृद्धि होती है, शिक्षक सहायक प्रणाली कहलाते हैं।

शिक्षण सहायक प्रणाली निम्नलिखित हैं

1. परम्परागत शिक्षण प्रणाली
(Traditional Teaching System)

प्राचीनकाल में गुरुकुल में शिक्षा का अध्ययन किया जाता था। शिक्षक अपने आश्रम में ही छात्रों को पढ़ाया करते थे। वे शिष्यों को कार्य भी देते थे, जिसे प्रत्येक विद्यार्थी बड़ी ही शालीनता से करता था।

इसका उदाहरण हमें रामायण और महाभारत में दिखाई देता है, लेकिन इस काल की शिक्षण व्यवस्था का सबसे बड़ा दोष यह था कि शिक्षण कार्य केवल राजा-महाराजा के वंशों के लिए होता था। आम जन-मानस में शिक्षण पद्धति की जानकारी न के बराबर थी।

प्राचीनकाल की शिक्षा की सबसे बड़ी विशेषता नैतिक शिक्षा से जुड़ी थी। नैतिक शिक्षा ही एक व्यक्ति को मनुष्य बनाती थी। इसमें सच्चाई, ईमानदारी, दया, धर्म और नैतिक ज्ञान आदि की शिक्षा भी दी जाती थी।

2. आधुनिक शिक्षण प्रणाली
(Modern Teaching System)

आधुनिक शिक्षा के युग में लोगों के जीवन में काफी परिवर्तन हुआ है। आधुनिक शिक्षा बालक के शारीरिक, मानसिक, सामाजिक तथा संवेगात्मक सभी प्रकार के विकास पर बल देती है। आज आधुनिक शिक्षण प्रणाली स्कूल-कॉलेजों आदि में दी जाती है।

कम्प्यूटर से लेकर प्रोजेक्टर तक सभी शैक्षिक संसाधन अधिकांशत: घर पर ही उपलब्ध होते हैं। साथ ही इण्टरनेट के माध्यम से अधिगम प्रक्रिया में तीव्रता पर बल दिया जाता है। ऐसी शिक्षा में बालक को क्रिया के आधार पर शिक्षा प्राप्त करने के लिए प्रोत्साहित किया जाता है।

आजकल शिक्षा के लिए नई-नई योजनाएँ बनाई जा रही हैं। ताकि देश से निरक्षरता समाप्त हो सके।

3. आईसीटी आधारित शिक्षण प्रणाली
(ICT Based Teaching System)

सूचना एवं संचार प्रौद्योगिकी (ICT) एक व्यापक क्षेत्र है, जिसमें सूचना के संचार के लिए सभी प्रकार की प्रौद्योगिकी समाहित होती हैं। यह रेडियो, टेलीविजन, सैलफोन, कम्प्यूटर आदि के अनुप्रयोगों से सूचना प्रसारण करता है।

यह उच्च शिक्षा में शैक्षिक अवसरों को विस्तृत करने, उच्च शिक्षा के क्षेत्र में उल्लेखनीय विकास एवं शिक्षा की गुणवत्ता बढ़ाने के लिए महत्त्वपूर्ण साधन है। इससे दूरवर्ती स्थानों में पढ़ाई की गुणवत्ता बढ़ाई जा सकती है।

यह छात्रों के प्रदर्शन, नियुक्ति, वेबसाइट एनालिटिक्स और ब्राण्ड के ऑडिट के लिए सोशल मीडिया मैट्रिक्स के विश्लेषण के प्रयोग में सहायक होता है।

यह उपग्रह और अन्य माध्यमों द्वारा पाठ्यक्रम वितरण के साथ दूरस्थ शिक्षा सुविधाजनक बनाने में सहायक होता है। इसके माध्यम से ई-लर्निंग और दूरस्थ शिक्षा कार्यक्रमों में शिक्षण अधिक रोचक और आसान हो जाती है।

इसके माध्यम से शिक्षण को इण्टरनेट तथा वर्ल्ड वाइड वेब के माध्यम से शिक्षार्थी तक पहुँचने में सहायता मिलती है। यह शैक्षणिक संस्था के दिन-प्रतिदिन की प्रशासनिक गतिविधियों को सरल तथा पारदर्शी तरीके से नियन्त्रित और समन्वय के साथ निगरानी करने में सहायक होती है।

यह उच्च शिक्षण संस्थानों में पंजीकरण, नामांकन, पाठ्यक्रम आवण्टन, उपस्थिति की निगरानी आदि की जानकारियाँ उपलब्ध कराने में सहायक होती है।

आईसीटी के घटक (Components of ICT)

(i) **कम्प्यूटर हार्डवेयर प्रौद्योगिकी** इस प्रौद्योगिकी के अन्तर्गत माइक्रो कम्प्यूटर, सर्वर, बड़े मेनफ्रेम, कम्प्यूटर के साथ-साथ इनपुट, आउटपुट एवं संग्रह करने वाली युक्तियाँ आती हैं।

(ii) **कम्प्यूटर सॉफ्टवेयर प्रौद्योगिकी** इसके अन्तर्गत ऑपरेटिंग सिस्टम, वेब ब्राउजर, डेटाबेस प्रबन्धन प्रणाली, सर्वर तथा व्यापारिक एवं वाणिज्यिक सॉफ्टवेयर आते हैं।

(iii) **दूरसंचार एवं नेटवर्क प्रौद्योगिकी** इस प्रौद्योगिकी के अन्तर्गत दूरसंचार के माध्यम से प्रोसेसर तथा इन्टरनेट से जुड़ने के लिए तार या बेतार पर आधारित, सॉफ्टवेयर, नेटवर्क सुरक्षा सूचना का कूटन (क्रिप्टोग्राफी) आते हैं।

आईसीटी के लाभ (Advantages of ICT)

वर्तमान समय में इनफॉर्मेशन एण्ड कम्यूनिकेशन टेक्नोलॉजी (ICT) की महत्ता काफी बढ़ गई है। मनोरंजन, चिकित्सा आदि जैसे विभिन्न क्षेत्रों में ऐप्लिकेशन्स (ऐप्स) की एक विस्तृत शृंखला आ जाने के साथ इसका शिक्षा क्षेत्र पर इसका असाधारण प्रभाव पड़ा है। विद्यार्थियों एवं शिक्षकों के लिए शिक्षा के एक मौलिक साधन के रूप में, ICTs से छात्रों को विभिन्न लाभ प्राप्त हो रहे हैं।

- **आसानी से उपलब्ध** ICTs के साथ लर्निंग का दायरा पारम्परिक कक्षा से परे चला गया है। छात्र दिन के किसी भी समय कहीं से भी शिक्षण कार्य कर सकते हैं।
- **क्लास-स्ट्रेन्थ की सीमा नहीं** ICTs की सहायता से किसी कक्षा में एक पारम्परिक कक्षा की तुलना से अधिक छात्र शामिल हो सकते हैं। जैसे-जैसे छात्र सामूहिक रूप से अपने कार्य करते हैं और अपने शिक्षण एवं समस्याओं पर चर्चा करते हैं, उनके सहयोग कौशल और संचार कौशल में सुधार नजर आता है।
- **प्रभावी शिक्षण को प्रोत्साहन** वीडियो, वेबसाइट, ग्राफिक्स और गेम्स जैसे विविध संसाधनों के उपयोग से शिक्षण अधिक दिलचस्प और प्रभावी बनता है। इससे कक्षा में छात्रों की सक्रिय भागीदारी और ज्ञान धारण को बढ़ावा मिलता है।
- **व्यक्तिगत शिक्षण और अप-टू-डेट लर्निंग** ICTs के विभिन्न साधनों की सहायता से, छात्र अपने तरीके से सीखने, ट्रैक करने और प्रबन्धित करने में सक्षम बनते हैं। साथ ही टेक्नोलॉजी की सहायता से छात्र और शिक्षक सभी सामग्रियों को स्वचालित रूप से अप-टू-डेट रखने में सफल रहते हैं।
- **लागत प्रभावी** ICTs से अधिगम (लर्निंग) कार्य लागत-प्रभावी बनता है। पारम्परिक कक्षाओं, पुस्तकों तथा अन्य शिक्षण सामग्री व लेखन सामग्री (स्टेशनरी) के मूल्य काफी कम हो जाते हैं। छात्रों और शिक्षकों को पढ़ने और पढ़ाने के लिए केवल ICTs टेक्नोलॉजी वाले एक डिवाइस की आवश्यकता होती है।
- **अधिक अभ्यास की उपलब्धता** ICTs से छात्रों और शिक्षकों को लर्निंग टेस्ट के लिए बड़ी संख्या में प्रैक्टिस पेपर्स उपलब्ध होते हैं। छात्र एक पेपर को जितनी बार चाहे कर सकते हैं। इससे छात्रों को अपने मजबूत और कमजोर पक्षों को समझने में मद्द मिलती है, जिससे उन्हें सुधार करने में आसानी होती है।
- **व्यक्तिगत मूल्यांकन** टेक्नोलॉजी की सहायता से एक शिक्षक प्रत्येक छात्र का उसके ज्ञान के आधार पर मूल्यांकन कर सकता है। इसके परिणामस्वरूप शिक्षक प्रत्येक छात्र के लिए व्यक्तिगत लर्निंग प्रोग्राम तैयार कर सकता है, जिससे उसके शिक्षा को बढ़ावा मिले।
- **प्रतियोगी परीक्षाओं में अच्छा प्रदर्शन** परीक्षाओं में ICTs डिवाइसों के उपयोग से छात्रों को एक शान्त, गम्भीर और सकारात्मक वातावरण मिलता है। इससे छात्र परीक्षा पर अधिक ध्यान लगाते हैं और बेहतर प्रदर्शन करते हैं।

उच्च शिक्षा में आईसीटी की भूमिका (Role of ICT in Higher Education)

- सूचना तकनीक का प्रयोग योजना बनाने, नीति निर्धारण तथा निर्णय लेने में महत्त्वपूर्ण साबित हुआ है।
- इससे दूरवर्ती संस्थाओं में अधिक पारदर्शिता प्रणाली लाने से उनकी प्रक्रियाओं और अनुपालन मापदण्डों को मजबूती प्राप्त होती है।
- यह छात्रों के प्रदर्शन, नियुक्ति वेबसाइट, विश्लेषण एवं ब्राण्ड के ऑडिट के लिए सोशल मीडिया, मैट्रिक्स का विश्लेषण करने में सहायक साबित होती है।
- इन्टरनेट (वर्चुअल क्लास रूम) उपग्रह एवं अन्य माध्यमों द्वारा पाठ्यक्रम वितरण के साथ दूरस्थ शिक्षा सुविधाजनक बना दी गई है।
- शिक्षण प्रणाली में कम्प्यूटर प्रणाली तथा शिक्षा तकनीकों का उपयोग भारत की प्रसिद्ध शिक्षा प्रणाली एवं संस्थाओं द्वारा अपनाया जा रहा है।

- शब्दों और प्रतीकों की विविधता कम्प्यूटर की महान शक्ति है, जो शैक्षणिक प्रयास का केन्द्र माना जाता है। ई-लर्निंग एवं दूरस्थ शिक्षा कार्यक्रमों में ऑनलाइन शिक्षा के माध्यम से शिक्षण अधिक रोचक होते जा रहे हैं।
- आईसीटी डिजिटल पुस्तकालय जैसे डिजिटल संसाधनों के सृजन की अनुमति देता है।
- आईसीटी शैक्षणिक संस्था के दिन-प्रतिदिन की प्रशासनिक गतिविधियों को आसान एवं पारदर्शी तरीके से नियन्त्रित करने तथा समन्वय एवं निगरानी के लिए विशेष अवसर प्रदान करता है।

आईसीटी का शिक्षा में उपयोग एवं सरकारी प्रयास

(Use of ICT in Education & Government Initiative)

डिजिटल शिक्षा को वर्तमान समय का महत्त्वपूर्ण नवाचार माना जाता है, इसे और बेहतर बनाने की दिशा में सरकार द्वारा कई कार्यक्रम, प्रयास या पहल शुरु किया गया है। *कुछ महत्त्वपूर्ण सरकारी पहल इस प्रकार हैं*

1. **स्वयं** एक विशाल ओपन ऑनलाइन पाठ्यक्रम की पहल है, जिसका अर्थ है, छात्रों को स्वयं पहल के तहत शैक्षणिक पाठ्यक्रम ऑनलाइन उपलब्ध कराना। इसके लिए ऑनलाइन पोर्टल swayam.gov.in है। इसमें उच्च माध्यमिक स्तर से स्नातक स्तर तक के पाठ्यक्रम उपलब्ध होते हैं। इस योजना का मुख्य उद्देश्य देश के गरीब व पिछड़े छात्रों को शिक्षा से जोड़ना है।
2. **स्वयं प्रभा** छात्रों को नि:शुल्क ऑनलाइन शिक्षा प्रदान करने वाला एक पोर्टल है, जिसका उद्देश्य कक्षा के व्याख्यान (Lecture) और अनुभवों को 32 डिजिटल शैक्षिक टेलीविजन के माध्यम से स्कूल से लेकर कॉलेज तक के इच्छुक छात्रों को उपलब्ध कराना है।

   यह मानव संसाधन विकास मन्त्रालय के तत्त्वावधान में कार्यरत् है। इसके माध्यम से वीडियो और विषय विशेषज्ञों के द्वारा इण्टरैक्टिव शिक्षण देने का प्रावधान है। इसकी शुरुआत वर्ष 2017 में की गई थी।
3. **मूक्स** वेब आधारित नि:शुल्क दूरस्थ शिक्षा कार्यक्रम है, जो नि:शुल्क ऑनलाइन पाठ्यक्रम प्रदान करके शिक्षा के क्षेत्र में भौगोलिक रूप से दूरस्थ क्षेत्र के छात्रों की भागीदारी सुनिश्चित करता है।
4. **नेशनल डिजिटल लाइब्रेरी** एक ऑनलाइन लाइब्रेरी है। इसके माध्यम से विद्यार्थियों को 70 लाख से अधिक किताबें ऑनलाइन उपलब्ध कराई जा रही हैं। यह भारत की सबसे बड़ी लाइब्रेरी है। सभी संस्थान या अंगीकृत महाविद्यालय भी इस लाइब्रेरी से https.//ndl.iitkgp.ac.in/ के माध्यम से जुड़े हैं। इसमें सभी बुकों को IIT खड़गपुर के सहयोग से डिजिटलाइज किया गया है। इससे देश के किसी भी भाग में कोई भी व्यक्ति NDL को लॉग-इन कर नेशनल डिजिटल लाइब्रेरी से जुड़कर लाभान्वित हो सकता है।
5. **राष्ट्रीय शैक्षणिक डिपॉजिटरी** एक ऑनलाइन डॉक्यूमेण्ट जमा बैंक है। इस बैंक का उपयोग शैक्षणिक संस्थानों द्वारा शैक्षिक डिग्री, प्रमाणपत्र और देश के उच्चतर शिक्षण संस्थानों द्वारा प्रदान किया जाने वाला डिप्लोमा प्रपत्रों आदि को सुरक्षित रखने में किया जा सकता है।
6. **ई-पाठशाला** यह ऑनलाइन शिक्षा को बढ़ावा देने की दिशा में महत्त्वपूर्ण पहल है, जो ऑनलाइन अध्ययन सामग्रियों को उपलब्ध कराता है।

   यह एक पोर्टल ऐप्प है, जिसको मानव संसाधन मन्त्रालय एवं एनसीईआरटी द्वारा संयुक्त रूप से वर्ष 2015 में प्रारम्भ किया गया था। इसमें एनसीईआरटी की कक्षा I-XII तक की अध्ययन सामग्री, अन्य शिक्षक सहायक सामग्री, शिक्षक प्रशिक्षण से सम्बन्धी मॉडल आदि संसाधन नि:शुल्क उपलब्ध होते हैं।
7. **भारत पढ़े ऑनलाइन** कोरोना संकट के दौर में मानव संसाधन, विकास मन्त्रालय ने भारत के ऑनलाइन शिक्षा पद्धति को बेहतर बनाने के लिए लोगों के विचार-सुझाव आमन्त्रित करने के उद्देश्य से 'भारत पढ़े ऑनलाइन' नामक एक साप्ताहिक अभियान की शुरुआत की है। इस अभियान का उद्देश्य ऑनलाइन शिक्षा प्रणाली में उपस्थित किसी भी बाधा को समाप्त करने हेतु भारत के सर्वाधिक प्रभावशाली व्यक्तियों को आमन्त्रित करना है।
8. **विद्यादान 2.0** ई-शिक्षण से सम्बन्धित विषय सामग्री में योगदान करने के लिए इसे शुरू किया गया है। यह एक राष्ट्रीय कार्यक्रम है, जिसमें व्यक्ति (शिक्षक, शिक्षाविद्-विषय, विशेषज्ञ आदि) और संगठन (विद्यालय आदि) शिक्षा के क्षेत्र में ई-शिक्षण में योगदान कर सकते हैं।

अभ्यास प्रश्न

1. शिक्षण का सामान्य अर्थ होता है
(a) शिक्षा प्रदान करने की क्रिया
(b) शिक्षा विकसित करने की क्रिया
(c) शिक्षा मूल्यांकन करने की क्रिया
(d) उपरोक्त सभी

2. दूसरों को सिखाने, दिशा-निर्देश देने और उन्हें निर्देशित करने की प्रक्रिया ही शिक्षण है।" यह कथन किसका है?
(a) गेज (b) रियान्स
(c) बी. ओ. स्मिथ (d) बोगार्ड्स

3. शिक्षण की प्रकृति कैसी होती है?
(a) अभिव्यकात्मक (b) नकारात्मक
(c) सकारात्मक (d) शिक्षणात्मक

4. शिक्षण की प्रकृति विद्यार्थियों के किन पक्षों को अभिप्रेरित करती है?
(a) संज्ञानात्मक (b) भावनात्मक
(c) क्रियात्मक (d) ये सभी

5. शिक्षण प्रकृति के रूपों में कौन एक असत्य है?
(a) कला एवं विज्ञान के रूप में
(b) उपचारात्मक प्रक्रिया के रूप में
(c) एक दिशानात्मक प्रक्रिया के रूप में
(d) एक भाषायी प्रक्रिया के रूप में

6. शिक्षण का मुख्य उद्देश्य होता है
(a) शिक्षार्थियों में अधिगम उत्पन्न करना
(b) ज्ञान का निरन्तर विकास करना
(c) भावनात्मक ज्ञान के क्षेत्र का विकास करना
(d) उपरोक्त सभी

7. शिक्षण के उद्देश्य के अन्तर्गत ज्ञानात्मक ज्ञान क्षेत्र के अन्तर्गत किसे शामिल किया जाता है?
(a) ज्ञान (b) बोध
(c) संश्लेषण (d) ये सभी

8. शिक्षण के उद्देश्य के भावात्मक ज्ञान क्षेत्र अन्तर्गत आकलन का सही अर्थ है
(a) सहभागिता की इच्छा
(b) जो हम सीखते हैं और उसकी महत्ता
(c) अभिव्यक्ति
(d) मिलान करना

9. मनोसंचालित ज्ञान क्षेत्र के अन्तर्गत किस स्तर को शामिल नहीं किया जाता है?
(a) स्पष्ट अभिव्यक्ति (b) प्रतिरूपता
(c) संयोजित करना (d) प्रकृतिकरण

10. निम्नलिखित में से मनोसंचालित ज्ञान क्षेत्र के किस स्तर के अन्तर्गत शिक्षार्थी शिक्षण के अनुरूप कौशल को आत्मसात् करता है तथा नवीन तकनीकों को अपनाता है?
(a) परिशुद्धता (b) प्रतिरूपता
(c) स्पष्ट अभिव्यक्ति (d) प्रकृतिकरण

11. गैग्ने एवं ब्रिग्स के द्वारा वर्गीकृत शिक्षण उद्देश्य के अन्तर्गत किसी समस्या को सुलझाना सीखने की अवधारणा एवं नियम सीखने में किसे महत्त्वपूर्ण माना जाता है?
(a) ज्ञानात्मक रणनीतियाँ
(b) मनोदृष्टि
(c) बौद्धिक कौशल
(d) संचालन तन्त्र और शारीरिक क्षमता

12. निम्न कथनों में से कौन शिक्षण की विशेषताओं को दर्शाता है?
(a) शिक्षण एक व्यावसायिक क्रिया है
(b) शिक्षण औपचारिक, अनौपचारिक प्रशिक्षण है
(c) शिक्षण का अवलोकन व विश्लेषण वैज्ञानिक ढंग से होता है
(d) उपरोक्त सभी

13. किसकी विशेषता विद्यार्थियों के संज्ञानात्मक, भावात्मक एवं क्रियात्मक पक्षों को अभिप्रेरित करती है?
(a) शिक्षण (b) अधिगम
(c) अभिवृत्ति (d) अभिप्रेरणा

14. निम्नलिखित में से शिक्षण की विशेषता कौन-सी है?
(a) शिक्षण एक गतिशील प्रक्रिया
(b) शिक्षण एक द्विध्रुवी प्रक्रिया
(c) शिक्षण एक सामाजिक क्रिया
(d) उपरोक्त सभी

15. शिक्षण विद्यार्थी में किसके लिए ऐसी भावना का विकास करता है, जिससे छात्र प्रेरित होता है?
(a) सामाजिक प्रक्रिया (b) अधिगम
(c) नवाचार (d) कौशल

16. किसके अन्तर्गत शिक्षक विद्यार्थियों से प्रतिपुष्टि लेता है, जिससे शिक्षण को प्रभावी बनाया जा सकता है?
(a) सर्वांगीण विकास (b) गतिशील प्रक्रिया
(c) सम्प्रेषण कौशल (d) व्यावसायिक क्रिया

17. शिक्षण के अर्थ को किसके परिप्रेक्ष्य में भली प्रकार से समझा जा सकता है?
(a) सामूहिक क्रियात्मक (b) विशिष्ठ समुदाय
(c) निर्वहन प्रवृद्धि (d) संज्ञानात्मक ज्ञान

18. प्रत्येक व्यक्ति में सामान्य शिक्षा एवं व्यक्तिगत संस्कृति का विकास किसका उद्देश्य होना चाहिए?
(a) सेवाकालीन अध्यापक का
(b) विद्यालय का
(c) शिक्षण का
(d) शैक्षणिक वातावरण का

19. निम्नलिखित में शिक्षण सम्बन्धी समस्या/समस्याएँ कौन-सी है/हैं?
(a) दोषपूर्ण पाठ्यक्रम (b) दोषपूर्ण शिक्षा पद्धतियाँ
(c) शिक्षक का व्यक्तित्व (d) ये सभी

20. दोषपूर्ण पाठ्यक्रम के कारण छात्र किसमें असफल होते हैं?
(a) व्यक्तित्व विकास में (b) शैक्षणिक पाठ्यचर्या में
(c) परीक्षा में (d) खेल विकास में

21. किस पद्धति में छात्र के शारीरिक एवं मानसिक स्तरों का ध्यान नहीं रखा जाता है?
(a) दोषपूर्ण शिक्षण पद्धतियाँ (b) दोषपूर्ण पाठ्यक्रम
(c) शिक्षक का मार्गदर्शन (d) शिक्षक का व्यक्तित्व

22. शिक्षक का प्रमुख व्यक्तित्व या उत्तरदायित्व क्या होता है?
(a) शिक्षण के प्रति समर्पण
(b) विद्यार्थियों में शिक्षा के प्रति रुचि जाग्रत करना
(c) शिक्षण के प्रति लगाव व निष्ठा
(d) उपरोक्त सभी

23. गृहकार्य के सन्दर्भ में सही कथन कौन-सा/से है/हैं?
(a) शिक्षकों द्वारा अधिक मात्रा में गृहकार्य दिया जाता है
(b) बालकों को कक्षा में अभ्यास नहीं करवाया जाता है
(c) अधिक गृहकार्य होने के कारण विद्यार्थी गृहकार्य करने में समर्थ नहीं होते हैं
(d) उपरोक्त सभी

24. बढ़ती जनसंख्या एवं नई शिक्षण पद्धतियों के आगमन से देश में किसका अभाव देखा जा रहा है?
(a) शिक्षक (b) विद्यालय
(c) प्रशासनिक व्यवस्था (d) इनमें से कोई नहीं

25. विद्यालयों में शोध या अनुसन्धान के कार्यों को क्या समझ कर कराया जाता है?
(a) परीक्षा उपयोगी (b) शोध उपयोगी
(c) सामाजिक उपयोगी (d) कर्त्तव्य उपयोगी

26. किसी बालक में कार्य को आगे बढ़ाने में प्रेरक शक्ति का कार्य कौन करता है?
(a) रुचि कार्य
(b) विशेष अधिगमता
(c) सामान्य सचेतता
(d) अभिव्यक्ति निर्माण

27. बालक के पुराने अनुभवों को नवीन ज्ञान से सम्बन्धित किया जाना, किस प्रकार की शिक्षा की समस्या के समाधान का उपाय है?
(a) विषय-वस्तु को जीवन से सम्बन्धित करना
(b) बालकों में रुचि जाग्रत करना
(c) परिणाम का ज्ञान कराना
(d) उपरोक्त में से कोई नहीं

28. निम्न में से शिक्षण की समस्या के समाधान के उपाय कौन-से हैं?
(a) बालकों में रुचि जाग्रत करना
(b) परिणाम का ज्ञान कराना
(c) उद्देश्य का ज्ञान कराना
(d) उपरोक्त सभी

29. परिणाम का ज्ञान छात्रों को क्या बनाता है, जिससे छात्रों में ज्ञान की रुचि जाग्रत होती है?
(a) अधिगमशीलता (b) कौशलता
(c) क्रियाशील (d) सम्प्रेषण

30. बालकों में किसी विषय-वस्तु के अध्ययन के प्रति आदत डालने के लिए शिक्षण किसका पूर्ण नियोजन करता है?
(a) विषय अध्ययन (b) पाठ्य विषय
(c) कौशलता नियोजन (d) प्रवीणता

31. शिक्षक को किस प्रकार की रुचि लेकर छात्र की शिक्षण सम्बन्धी समस्याओं को हल करना चाहिए?
(a) सामाजिक रुचि (b) अधिगम रुचि
(c) व्यक्तिगत रुचि (d) अन्वेषण रुचि

32. अधिगम प्रक्रिया के दौरान ऐसे संसाधन, जिनके कारण शिक्षण प्रक्रिया की तीव्रता में वृद्धि होती है, कहलाते हैं
(a) सहायक कौशल अधिगम
(b) शिक्षक सहायक प्रणाली
(c) शिक्षक अभिवृत्ति
(d) शिक्षण गतिविधि

33. प्राचीनकाल में गुरुओं द्वारा राजा-महाराजा के वंशों के लिए किस प्रकार का कार्य दिया जाता था?

(a) सामाजिक (b) युद्ध नीति
(c) शिक्षण (d) इनमें से कोई नहीं

34. शिक्षक सहायक प्रणाली में एक कौन शामिल होता/होते है/हैं?

(a) शिक्षण कौशल (b) सहायक शिक्षण
(c) शिक्षण सामग्री (d) ये सभी

35. निम्नलिखित कथनों पर विचार कीजिए

1. परम्परागत शिक्षण प्रणाली में शिक्षण कौशल तथा शिक्षण के विज्ञान विस्तृत होते हैं।
2. परम्परागत शिक्षण प्रणाली में शिक्षण कौशल तथा शिक्षण के विषय विस्तृत नहीं होते हैं।

उपरोक्त कथनों में कौन-सा/से कथन सही है/हैं?

(a) केवल 1
(b) केवल 2
(c) 1 और 2 दोनों
(d) उपरोक्त में से कोई नहीं

36. किस प्रकार की परीक्षाएँ छात्रों के क्रियात्मक एवं प्रयोगात्मक कौशल परीक्षण के लिए आवश्यक होती हैं?

(a) संज्ञानात्मक परीक्षण
(b) व्यावहारिक परीक्षण
(c) अभिप्रेक्षण परीक्षण
(d) संवेगात्मक परीक्षण

37. निम्नलिखित कथनों पर विचार कीजिए

1. परम्परागत शिक्षण प्रणाली में बौद्धिकता का विकास अपेक्षाकृत कम होता है।
2. शिक्षण उपदेशात्मक, निर्देशात्मक तथ्यों पर आधारित होता है।

उपरोक्त कथनों में कौन-सा/से कथन सही है/हैं?

(a) केवल 1 (b) केवल 2
(c) 1 और 2 दोनों (d) इनमें से कोई नहीं

38. कौन-सी शिक्षा प्रणाली बालक के शारीरिक, मानसिक, सामाजिक एवं संवेगात्मक सभी प्रकार के विकास पर बल देती है?

(a) परम्परागत शिक्षा प्रणाली
(b) आधुनिक शिक्षण प्रणाली
(c) आईसीटी आधारित शिक्षा प्रणाली
(d) नवसंचार आधारित शिक्षा प्रणाली

39. सूचना एवं संचार प्रौद्योगिकी (ICT) के विभिन्न घटक कौन-से हैं?

(a) कम्प्यूटर हार्डवेयर प्रौद्योगिकी
(b) कम्प्यूटर सॉफ्टवेयर प्रौद्योगिकी
(c) दूरसंचार एवं नेटवर्क प्रौद्योगिकी
(d) उपरोक्त सभी

40. किस प्रौद्योगिकी के अन्तर्गत माइक्रो कम्प्यूटर, सर्वर, बड़े मेनफ्रेम, कम्प्यूटर के साथ-साथ इनपुट, आउटपुट एवं संग्रह करने वाली युक्तियाँ आती हैं?

(a) कम्प्यूटर हार्डवेयर प्रौद्योगिकी
(b) कम्प्यूटर सॉफ्टवेयर प्रौद्योगिकी
(c) दूरसंचार एवं नेटवर्क प्रौद्योगिकी
(d) उपरोक्त में से कोई नहीं

41. निम्नलिखित में सूचना व संचार प्रौद्योगिकी (ICT) के लाभ कौन-से हैं?

(a) संचार की तीव्र गति
(b) लागत प्रभावशीलता
(c) व्यापक उपलब्धता
(d) उपरोक्त सभी

42. आईसीटी निम्न में से किसमें महत्त्वपूर्ण भूमिका निभाता है?

(a) छात्र शिक्षार्थी प्रबन्धन
(b) सामान्य प्रबन्धन
(c) स्टाफ प्रबन्धन
(d) उपरोक्त सभी

43. उच्च शिक्षा के आईसीटी के सम्बन्ध में एक कौन-सा/से कथन सही है/हैं?

1. इससे दूरवर्ती स्थानों में पढ़ाई की गुणवत्ता बढ़ाई जा सकती है।
2. यह उपग्रह और अन्य माध्यमों द्वारा पाठ्यक्रम वितरण के साथ दूरस्थ शिक्षा में सहायक होता है।

कूट

(a) केवल 1 (b) केवल 2
(c) 1 और 2 दोनों (d) इनमें से कोई नहीं

44. आईसीटी आधारित शिक्षा प्रणाली उच्च शिक्षण संस्थाओं में किस प्रकार की जानकारियाँ उपलब्ध कराने में सहायक होती है?

(a) पाठ्यक्रम आवण्टन
(b) उपस्थिति की निगरानी
(c) पंजीकरण
(d) उपरोक्त सभी

45. **किस डिजिटल योजना का मुख्य उद्देश्य देश के गरीब व पिछड़े छात्रों को शिक्षा से जोड़ना है?**
(a) स्वयं
(b) डिजिटल युग
(c) नवसंचार क्रान्ति
(d) कल्याण योजना

46. **किसके माध्यम से वीडियो एवं विषय विशेषज्ञों के द्वारा इण्टरएक्टिव शिक्षण देने का प्रावधान किया गया है?**
(a) आयुषकवच
(b) नवाचार शिक्षा
(c) स्वयं प्रभा
(d) उपरोक्त में से कोई नहीं

47. **नेशनल डिजिटल लाइब्रेरी के सभी बुकों को डिजिटलाइज किसके सहयोग से किया गया है?**
(a) IIT खड़गपुर (b) IIT मद्रास
(c) IIT कानपुर (d) IIT मुम्बई

48. **ई-पाठशाला, जो ऑनलाइन शिक्षा की महत्त्वपूर्ण पहल है, जो उपलब्ध कराती है**
(a) कक्षा I-XII तक की अध्ययन सामग्री
(b) शिक्षक सहायक सामग्री
(c) शिक्षक-प्रशिक्षण से सम्बन्धित मॉडल
(d) उपरोक्त सभी

49. **'भारत पढ़े ऑनलाइन' कार्यक्रम है**
(a) एक साप्ताहिक अभियान
(b) डाक्यूमेण्ट जमा बैंक
(c) नि:शुल्क प्रशिक्षण केन्द्र
(d) डिजिटल लाइब्रेरी

50. **विद्यादान 2.0 को ई-शिक्षण में योगदान देने के लिए शुरू किया गया है, जिसमें कौन अपना महत्त्वपूर्ण योगदान देने के योग्य होते हैं?**
(a) शिक्षक (b) शिक्षाविद्
(c) विषय-विशेषज्ञ (d) ये सभी

उत्तरमाला

1. (a)	2. (b)	3. (c)	4. (d)	5. (c)	6. (d)	7. (d)	8. (b)	9. (c)	10. (d)
11. (c)	12. (d)	13. (a)	14. (d)	15. (b)	16. (c)	17. (b)	18. (c)	19. (d)	20. (c)
21. (a)	22. (d)	23. (d)	24. (a)	25. (a)	26. (a)	27. (a)	28. (d)	29. (c)	30. (b)
31. (c)	32. (b)	33. (c)	34. (d)	35. (b)	36. (b)	37. (c)	38. (b)	39. (d)	40. (a)
41. (d)	42. (d)	43. (c)	44. (d)	45. (a)	46. (c)	47. (a)	48. (d)	49. (a)	50. (d)

बाल-विकास एवं समाजीकरण
(Child-Development & Socialisation)

बाल-विकास की अवधारणा
(Concept of Child Development)

बाल-विकास का सामान्य अर्थ होता है—बालक का मानसिक व शारीरिक विकास। बालक का विकास शारीरिक, मानसिक, सामाजिक, संज्ञानात्मक, भाषायी तथा धार्मिक इत्यादि रूप में होता है। विकास का सम्बन्ध गुणात्मक (कार्य कुशलता, ज्ञान, तर्क, नवीन विचारधारा) एवं परिमाणात्मक (लम्बाई में वृद्धि, भार में वृद्धि तथा अन्य) दोनों से होता है।

शिक्षकों को एक निश्चित आयु के सामान्य बालकों की शारीरिक, मानसिक, सामाजिक तथा संवेगात्मक परिपक्वता का ज्ञान होना आवश्यक होता है, जिससे वे उनकी क्रियाओं को नियन्त्रित करके अपेक्षित शिक्षा प्रदान कर सकें।

स्किनर के अनुसार, ''विकास एक क्रमिक एवं मन्दगति से चलने वाली प्रक्रिया है।''

हरलॉक के अनुसार, ''बाल मनोविज्ञान का नाम बाल विकास इसलिए रखा गया, क्योंकि विकास के अन्तर्गत अब बालक के विकास के समस्त पहलुओं पर ध्यान केन्द्रित किया जाता है, किसी एक पक्ष पर नहीं।''

क्रो और **क्रो** के अनुसार, ''बाल मनोविज्ञान विज्ञान की वह शाखा है, जिसमें जन्म से परिपक्वावस्था तक विकसित हो रहे मानव का अध्ययन किया जाता है।''

बाल-विकास के सिद्धान्त
(Principles of Child Development)

बाल-विकास के सन्दर्भ में कुछ महत्त्वपूर्ण सिद्धान्तों का वर्णन इस प्रकार है

1. **निरन्तरता का सिद्धान्त** इस सिद्धान्त के अनुसार विकास 'एक न रुकने वाली' प्रक्रिया है। माँ के गर्भ से ही यह प्रक्रिया प्रारम्भ हो जाती है और मृत्युपर्यन्त चलती रहती है।
2. **समान प्रतिमान का सिद्धान्त** इस सिद्धान्त के अनुसार बालकों का विकास और वृद्धि उनकी अपनी वैयक्तिकता के अनुरूप होती है। वे अपनी स्वाभाविक गति से ही वृद्धि और विकास के विभिन्न क्षेत्रों में आगे बढ़ते रहते हैं और इसी कारण उनमें पर्याप्त विभिन्नताएँ देखने को मिलती हैं। किसी के विकास की गति तीव्र और किसी की मन्द होती है।

   गेसल के अनुसार, ''दो व्यक्ति समान नहीं होते, परन्तु सभी बालकों में विकास का क्रम समान होता है।''
3. **विकास क्रम की एकरूपता** यह सिद्धान्त बताता है कि विकास की गति एक जैसी न होने तथा पर्याप्त वैयक्तिक अन्तर पाए जाने पर भी विकास क्रम में कुछ एकरूपता के दर्शन होते हैं।
4. **वृद्धि एवं विकास की गति की दर एक-सी नहीं रहती** विकास की प्रक्रिया जीवन-पर्यन्त चलती तो है, किन्तु इस प्रक्रिया में विकास की गति हमेशा एक जैसी नहीं होती। शैशवावस्था के शुरू के वर्षों में यह गति कुछ तीव्र होती है, परन्तु बाद के वर्षों में यह मन्द पड़ जाती है। पुनः किशोरावस्था के प्रारम्भ में इस गति में तेजी से वृद्धि होती है, परन्तु यह अधिक समय तक नहीं बनी रहती।

5. **विकास सामान्य से विशेष की ओर चलता है** विकास और वृद्धि की सभी दिशाओं में विशिष्ट क्रियाओं से पहले उनके सामान्य रूप के दर्शन होते हैं।
   बालक का सामान्य स्तर से विकास होने के बाद ही बालक विशिष्ट स्तर की ओर अग्रसारित होता है।
6. **परस्पर-सम्बन्ध का सिद्धान्त** विकास के सभी आयाम; जैसे— शारीरिक, मानसिक, सामाजिक, संवेगात्मक आदि एक-दूसरे से परस्पर सम्बन्धित होते हैं। इनमें से किसी भी एक आयाम में होने वाला विकास अन्य सभी आयामों में होने वाले विकास को पूरी तरह प्रभावित करने की क्षमता रखता है।
7. **एकीकरण का सिद्धान्त** विकास की प्रक्रिया एकीकरण के सिद्धान्त (Principle of Integration) का पालन करती है। इसके अनुसार, बालक पहले सम्पूर्ण अंग को और फिर अंग के भागों को चलाना सीखता है। इसके बाद वह उन भागों में एकीकरण करना सीखता है। सामान्य से विशेष की ओर बढ़ते हुए विशेष प्रतिक्रियाओं तथा कोशिशों को एक साथ प्रयोग में लाना सीखता है।
8. **विकास की भविष्यवाणी की जा सकती है** एक बालक की अपनी वृद्धि और विकास की गति को ध्यान में रखकर उसके आगे बढ़ने की दिशा और स्वरूप के बारे में भविष्यवाणी की जा सकती है।
9. **विकास की दिशा का सिद्धान्त** इस सिद्धान्त के अनुसार, विकास की प्रक्रिया पूर्व निश्चित दिशा में आगे बढ़ती है। विकास की प्रक्रिया की यह दिशा व्यक्ति के वंशानुगत एवं वातावरणजन्य कारकों से प्रभावित होती है। इसके अनुसार बालक सबसे पहले अपने सिर और हाथों की गति पर नियन्त्रण करना सीखता है और उसके बाद फिर टाँगों को। इसके बाद ही वह अच्छी तरह बिना सहारे के खड़ा होना और चलना सीखता है।
10. **विकास लम्बवत् सीधा न होकर वर्तुलाकार होता है** बालक का विकास लम्बवत् सीधा न होकर वर्तुलाकार होता है। वह एक-सी गति से सीधा चलकर विकास को प्राप्त नहीं होता, बल्कि बढ़ते हुए पीछे हटकर अपने विकास को परिपक्व और स्थायी बनाते हुए वर्तुलाकार आकृति की तरह आगे बढ़ता है। किसी एक अवस्था में वह तेजी से आगे बढ़ते हुए उसी गति से आगे नहीं जाता, बल्कि अपनी विकास की गति को धीमा करते हुए वर्षों में विश्राम लेता हुआ प्रतीत होता है ताकि प्राप्त वृद्धि और विकास को स्थायी रूप दिया जा सके।
11. **आंशिक पुनर्बलन का सिद्धान्त** इसके प्रतिपादक जॉन डॉलार्ड नील मिलर हैं। पुनर्बलन से यह तात्पर्य है कि किसी अनुक्रिया (Response) को बार-बार दोहराने की सम्भावना का बढ़ना। यह सतत पुनर्बलन की अपेक्षा अधिक प्रभावी होता है। चूँकि पुनर्बलन के माध्यम से नवीन प्रतिक्रियाओं का भी जन्म होता है।

बाल विकास की अवस्थाएँ

(Stages of Child Development)

मनोवैज्ञानिकों ने मानव विकास को निम्नलिखित अवस्थाओं में विभाजित किया है

1. शैशवकाल (Infancy)

- इसमें जन्म से 2 वर्ष तक बच्चों का शारीरिक एवं मानसिक विकास तेजी से होता है।
- बालक इस अवस्था में पूर्णरूप से माता-पिता पर आश्रित रहता है।
- इस अवस्था में संवेगात्मक विकास भी होता है तथा इस अवस्था में सीखने की क्षमता की गति तीव्र होती है।
- जब नवजात शिशु शैशवकाल (Infancy) की ओर अग्रसर होता है, तो उसके अन्दर प्यार व स्नेह की आवश्यकता बढ़ने लगती है।

2. बाल्यकाल (Childhood)

बाल्यकाल (Childhood) को निम्नलिखित दो भागों में विभाजित किया गया है,

(i) **पूर्व बाल्यकाल**

- सामान्यतया 2 से 6 वर्ष तक की अवस्था। इस अवस्था में बालकों का बाहरी जुड़ाव होने लगता है। बच्चों में (नकल करने की प्रवृत्ति) अनुकरण एवं दोहराने की प्रवृत्ति पाई जाती है।
- समाजीकरण एवं जिज्ञासा दोनों में वृद्धि होती है। मनोवैज्ञानिक दृष्टि से यह अवस्था भाषा सीखने की सर्वोत्तम अवस्था मानी जाती है।

(ii) **उत्तर बाल्यकाल**

- 6 से 12 वर्ष तक की अवस्था। इस अवस्था में बच्चों में बौद्धिक, नैतिक, सामाजिक, तर्कशीलता इत्यादि का व्यापक विकास होता है।
- पढ़ने की रुचि में वृद्धि के साथ-साथ स्मरण क्षमता का भी विकास होता है। बच्चों में समूह भावना का विकास होता है अर्थात् समूह में खेलना, समूह में रहना, समलैंगिक व्यक्ति को ही मित्र बनाना इत्यादि।

- जीवन में अनुशासन तथा नियमों की महत्ता समझ में आने लगती है।
- खोजी दृष्टिकोण एवं घूमने की प्रवृत्ति का विकास होता है।

3. किशोरावस्था (Adolescence)

- 12 से 18 वर्ष के बीच की अवस्था। अत्यन्त जटिल अवस्था तथा साथ ही व्यक्ति के शारीरिक संरचना में परिवर्तन देखने को मिलता है।
- यह वह समय होता है, जिसमें बालक बाल्यावस्था से परिपक्वता की ओर उन्मुख होता है।
- इस अवस्था में किशोरों की लम्बाई एवं भार दोनों में वृद्धि होती है, साथ ही माँसपेशियों में भी वृद्धि होती है।
- 12-14 वर्ष की आयु के बीच लड़कों की अपेक्षा लड़कियों की लम्बाई एवं माँसपेशियों में तेजी से वृद्धि होती है एवं 14-18 वर्ष की आयु के बीच लड़कियों की अपेक्षा लड़कों की लम्बाई एवं माँसपेशियाँ तेजी से बढ़ती हैं।
- इस काल में प्रजनन अंग विकसित होने लगते हैं एवं उनकी काम की मूल प्रवृत्ति जाग्रत होती है।
- किशोरावस्था के शारीरिक बदलावों का प्रभाव किशोर जीवन के सामाजिक और मनोवैज्ञानिक पहलुओं पर पड़ता है। अत: इस अवस्था में उन्हें शिक्षकों, मित्रों एवं अभिभावकों के सही मार्गदर्शन एवं सलाह की आवश्यकता पड़ती है।

4. युवा प्रौढ़ावस्था (Adulthood)

- सामान्यतया यह 18 से 40 वर्ष तक की अवस्था होती है।
- किशोरावस्था एवं युवा प्रौढ़ावस्था (Adulthood) की कोई निश्चित उम्र नहीं होती। यह अवस्था मानव विकास में एक निश्चित परिपक्वता ग्रहण करने से प्राप्त होती है।

5. परिपक्व प्रौढ़ावस्था (Mature Age)

- सामान्यतया 40 से 65 वर्ष की अवस्था।
- शारीरिक विकास में गिरावट आने लगती है अर्थात् बालों का सफेद होना, माँसपेशियों में ढीलापन तथा चेहरे पर झुर्रियाँ आना इत्यादि।

6. वृद्ध प्रौढ़ावस्था (Old Age)

- 65 से अधिक वर्ष की अवस्था।
- शारीरिक क्षमता का कमजोर होना।
- सामाजिक, आध्यात्मिक, धार्मिक तथा सांस्कृतिक क्रियाकलापों के प्रति रुझान।

विकास के आयाम
(Dimensions of Development)

मनोवैज्ञानिकों ने अध्ययन की सुविधा के दृष्टिकोण से विकास को निम्नलिखित भागों में बाँटा है

शारीरिक विकास (Physical Development)

शरीर के बाह्य परिवर्तन; जैसे—ऊँचाई, शारीरिक अनुपात में वृद्धि इत्यादि जिन्हें स्पष्ट रूप से देखा जा सकता है, किन्तु शरीर के आन्तरिक अवयवों के परिवर्तन बाह्य रूप से दिखाई तो नहीं पड़ते, किन्तु शरीर के भीतर इनका समुचित विकास होता रहता है।

प्रारम्भ में शिशु अपने हर प्रकार के कार्यों के लिए दूसरों पर निर्भर रहता है, धीरे-धीरे विकास की प्रक्रिया के फलस्वरूप वह अपनी आवश्यकताओं की पूर्ति में सक्षम होता जाता है।

बालक की वृद्धि एवं विकास के बारे में शिक्षकों को पर्याप्त जानकारी रखना इसलिए भी अनिवार्य होता है, क्योंकि बच्चों की रुचियाँ, इच्छाएँ, दृष्टिकोण एवं एक तरह से उसका पूर्ण व्यवहार शारीरिक वृद्धि एवं विकास पर ही निर्भर करता है।

मानसिक विकास (Mental Development)

संज्ञानात्मक या मानसिक विकास (Cognitive or Mental Development) से तात्पर्य बालक की उन सभी मानसिक योग्यताओं एवं क्षमताओं में वृद्धि और विकास से होता है, जिनके परिणामस्वरूप विभिन्न प्रकार की समस्याओं को सुलझाने में अपनी मानसिक शक्तियों का पर्याप्त उपयोग कर पाता है।

कल्पना करना, स्मरण करना, विचार करना, निरीक्षण करना, समस्या-समाधान करना, निर्णय लेना इत्यादि की योग्यता संज्ञानात्मक विकास के फलस्वरूप ही विकसित होते हैं।

जन्म के समय बालक में इस प्रकार की योग्यता का अभाव होता है, धीरे-धीरे आयु बढ़ने के साथ-साथ उसमें मानसिक विकास की गति भी बढ़ती रहती है।

संज्ञानात्मक विकास के बारे में शिक्षकों को पर्याप्त जानकारी इसलिए होनी चाहिए, क्योंकि इसके अभाव में वह बालकों की इससे सम्बन्धित समस्याओं का समाधान नहीं कर पाएगा।

यदि कोई बालक मानसिक रूप से कमजोर है, तो इसके क्या कारण हैं, यह जानना उसके उपचार के लिए आवश्यक होता है।

विभिन्न अवस्थाओं और आयु स्तर पर बच्चों की मानसिक वृद्धि और विकास को ध्यान में रखते हुए उपयुक्त पाठ्य-पुस्तकें तैयार करने में भी इससे सहायता मिलती है।

सामाजिक विकास (Social Development)

सामाजिक विकास का शाब्दिक अर्थ होता है—समाज के अन्तर्गत रहकर विभिन्न पहलुओं को सीखना। समाज के अन्तर्गत ही चरित्र निर्माण, अच्छा व्यवहार (सद्गुण) तथा जीवन से सम्बन्धित व्यावहारिक शिक्षा इत्यादि का विकास होता है।

बालकों के विकास की प्रथम पाठशाला परिवार को माना गया है, तत्पश्चात् समाज को। सामाजिक विकास के माध्यम से बालकों का जुड़ाव व्यापक हो जाता है। सम्बन्धों के दायरे में वृद्धि अर्थात् माता-पिता एवं भाई-बहन के अतिरिक्त दोस्तों/मित्रों से जुड़ना आदि का विकास होता है।

सामाजिक विकास के माध्यम से बालकों में सांस्कृतिक, धार्मिक तथा सामुदायिक विकास इत्यादि की भावनाएँ उत्पन्न होती हैं। बालकों के मन में आत्म-सम्मान, स्वाभिमान तथा विचारधारा का जन्म होता है।

बालक समाज के माध्यम से ही अपने आदर्श व्यक्तियों का चयन करता है तथा उनसे कुछ बनने की प्रेरणा लेता है। अत: एक शिक्षित समाज में ही व्यक्ति का उत्तम विकास सम्भव हो सकता है।

सांवेगिक विकास (Emotional Development)

संवेग, जिसे भाव भी कहा जाता है का अर्थ होता है ऐसी अवस्था जो व्यक्ति के व्यवहार को प्रभावित करती है। भय, क्रोध, घृणा, आश्चर्य, स्नेह, खुशी इत्यादि संवेग के उदाहरण हैं। बालको में आयु बढ़ने के साथ ही इन संवेगों का विकास भी होता रहता है।

संवेगात्मक विकास (Emotional Development) मानव वृद्धि एवं विकास का एक महत्त्वपूर्ण पहलू है। बालक का संवेगात्मक व्यवहार उसकी शारीरिक वृद्धि एवं विकास को ही नहीं, बल्कि बौद्धिक, सामाजिक एवं नैतिक विकास को भी प्रभावित करता है। बालक के सन्तुलित विकास में उसके संवेगात्मक विकास की अहम भूमिका होती है।

बाल-विकास को प्रभावित करने वाले कारक (Factors Affecting Child-Development)

बाल विकास को प्रभावित करने वाले कारकों को विद्वानों ने दो भागों में विभाजित किया है, *जो निम्न प्रकार हैं*

1. आन्तरिक कारक
2. बाह्य कारक

आन्तरिक कारक (Internal Factors)

बाल विकास को आन्तरिक कारक बहुत हद तक प्रभावित करते हैं। ये कारक बाल-विकास के लिए महत्त्वपूर्ण आधार निर्मित करते हैं। *प्रमुख आन्तरिक कारकों व प्रकारां का विवरण इस प्रकार हैं*

1. **वंशानुगत कारक** बालक के रंग-रूप, आकार, शारीरिक गठन, ऊँचाई इत्यादि के निर्धारण में उसके आनुवंशिक गुणों का महत्त्वपूर्ण योगदान होता है।
2. **शारीरिक कारक** जो बालक जन्म से ही दुबले-पतले, कमजोर, बीमार तथा किसी प्रकार की शारीरिक समस्या से पीड़ित रहते हैं, उनकी तुलना में सामान्य एवं स्वस्थ बच्चे का विकास अधिक होना स्वाभाविक ही होता है। शारीरिक कमियों का स्वास्थ्य पर ही नहीं अपितु वृद्धि एवं विकास पर भी प्रतिकूल प्रभाव पड़ता है।
3. **बुद्धि** बुद्धि को अधिगम (सीखने) की योग्यता, समायोजन योग्यता, निर्णय लेने की क्षमता इत्यादि के रूप में परिभाषित किया जाता है। जिस प्रकार बालक के सीखने की गति अधिक होती है, उसका मानसिक विकास भी तीव्र गति से होता है। बालक अपने परिवार, समाज एवं विद्यालय में अपने आपको किस तरह समायोजित (Adjustment) करता है, यह उसकी बुद्धि पर निर्भर करता है।
4. **संवेगात्मक कारक** बालक में जिस प्रकार के संवेगों/भावों (Emotions) का जिस रूप में विकास होता है वह उसी रूप में सामाजिक, मानसिक, नैतिक, शारीरिक तथा भाषा सम्बन्धी विकास को पूरी तरह प्रभावित करने की क्षमता रखता है।
5. **सामाजिक प्रकृति** बच्चा जितना अधिक सामाजिक रूप से सन्तुलित होता है, उसका प्रभाव उसके शारीरिक, मानसिक, संवेगात्मक, भौतिक तथा भाषा सम्बन्धी विकास पर भी उतना ही अनुकूल दिखाई पड़ता है। सामाजिक दृष्टि से कुशल बालक अपने वातावरण से दूसरों की अपेक्षा अधिक सीखता है।

बाह्य कारक (External Factors)

बालक के विकास की प्रक्रिया को प्रभावित करने में उपरोक्त *आन्तरिक कारकों के साथ ही निम्नलिखित बाह्य कारकों की भी विशेष भूमिका रहती है। अत: इनका विवरण इस प्रकार है*

1. **गर्भावस्था के दौरान माता का स्वास्थ्य एवं परिवेश** गर्भावस्था में माता को अच्छा मानसिक एवं शारीरिक स्वास्थ्य बनाए रखने की सलाह इसलिए दी जाती है कि

उससे न केवल गर्भ के अन्दर बालक के विकास पर असर पड़ता है, बल्कि आगे के विकास की बुनियाद भी मजबूत होती है।

2. **जीवन की घटनाएँ** जीवन की घटनाओं का बालक के जीवन पर प्रभाव पड़ता है।
   यदि बालक के साथ अच्छा व्यवहार हुआ है, तो उसके विकास की गति सही होगी अन्यथा उसके विकास पर प्रतिकूल प्रभाव पड़ेगा।
3. **भौतिक वातावरण** बालक का जन्म किस परिवेश में हुआ है, वह किस परिवेश में किन लोगों के साथ रह रहा है इन सबका प्रभाव उसके विकास पर पड़ता है। परिवेश की कमियों, प्रदूषणों, भौतिक सुविधाओं का अभाव इत्यादि कारणों से भी बालक का विकास प्रतिकूल रूप से प्रभावित होता है।
4. **सामाजिक-आर्थिक स्थिति** बालक की सामाजिक एवं आर्थिक स्थिति का प्रभाव भी उसके विकास पर पड़ता है। निर्धन परिवार के बच्चे को विकास के अधिक अवसर उपलब्ध नहीं होते।
   अच्छे विद्यालय में पढ़ने, सांस्कृतिक कार्यक्रमों में भाग लेने इत्यादि का अवसर आर्थिक रूप से कमजोर बच्चों को नहीं मिलता, इसके कारण उनका विकास सन्तुलित नहीं होता है।

समाजीकरण (Socialisation)

बाल विकास के दृष्टिकोण से बालकों के सर्वांगीण विकास में समाज की महत्त्वपूर्ण भूमिका होती है। मानव की प्रत्येक अवस्था; जैसे—शैशवावस्था, बाल्यावस्था, किशोरावस्था, प्रौढ़ावस्था इत्यादि, में समाजीकरण की प्रक्रिया होती रहती है। इस सन्दर्भ में फ्रायड, दुर्खीम, मीड, कूले तथा एरिक्सन द्वारा दिए गए सिद्धान्त महत्त्वपूर्ण हैं।

समाजीकरण के अभिकर्ता के रूप में परिवार (अभिभावक), शिक्षक, समुदाय, पड़ोस, स्कूल, खेल तथा धर्म इत्यादि का असाधारण योगदान होता है। अत: बालकों के सामाजिक, सांस्कृतिक सांवेगिक, नैतिक, चारित्रिक तथा अन्य विकास में समाजीकरण की प्रक्रिया एक उत्प्रेरक के रूप में कार्य करती है।

समाजीकरण की परिभाषाएँ
(Definitions of Socialisation)

रॉस के अनुसार, ''सहयोग करने में 'हम की भावना' का विकास और उनके साथ काम करने की क्षमता का विकास तथा संकल्प समाजीकरण कहलाता है।''

जॉनसन के अनुसार, ''समाजीकरण सीखना है, जो सीखने वाले को सामाजिक कार्य करने योग्य बनाता है।''

फिचर के अनुसार, ''समाजीकरण वह प्रक्रिया है, जिसके फलस्वरूप व्यक्ति सामाजिक व्यवहारों को स्वीकार करता है और उसके साथ अनुकूलन करता है।''

समाजीकरण की विशेषताएँ
(Characteristics of Socialisation)

- समाजीकरण, सीखने की एक प्रक्रिया है। समाजीकरण सांस्कृतिक गुणों को पीढ़ी-दर-पीढ़ी हस्तान्तरित करता है।
- समाजीकरण के अन्तर्गत सीखने का कार्य विभिन्न संस्थाओं, समूहों तथा एजेंसियों के माध्यम से होता है।
- समाजीकरण की प्रक्रिया व्यक्ति की आत्मा को विकसित कर व्यक्तित्व का उचित विकास करती है।
- समाजीकरण व्यक्ति को एक जैविकीय प्राणी से सामाजिक प्राणी बनाता है।
- समाजीकरण की प्रक्रिया से व्यक्ति विकास की अवस्थाओं के अनुसार सामाजिक गुणों को सीखता है।
- समाजीकरण से सामाजिक अन्त: क्रियाओं का विकास होता है।
- व्यक्ति में समूहों के आदर्शों, परम्पराओं, लोकाचार तथा धार्मिक रीति-रिवाज आदि समाजीकरण से ही आता है।

समाजीकरण के प्रकार
(Types of Socialisation)

समाजीकरण एक ऐसी प्रक्रिया है, जो जीवन पर्यन्त चलती रहती है, इस समाजीकरण को मनोवैज्ञानिकों ने अध्ययन के दृष्टिकोण से विभिन्न भागों में बाँटा है, *जो इस प्रकार हैं*

1. प्राथमिक समाजीकरण (Primary Socialisation)

यह बालकों में भविष्य में होने वाले समाजीकरण के लिए आधार सृजित करता है। समाजीकरण की इस अवस्था में बालक अपने जीवन की शुरुआत करता है। बालक समाज के माध्यम से ही व्यावहारिक ज्ञान सीखता है। शिक्षा, संस्कृति, मूल्य तथा अभिवृत्ति (attitude) का विकास इसी चरण में होता है। प्राथमिक समाजीकरण के मुख्य अभिकर्ता (agent) के रूप में परिवार एवं मित्रों (friends) की भूमिका होती है।

2. द्वितीय/गौण समाजीकरण
(Secondary Socialisation)

इसके माध्यम से बालक सामुदायिक तरीके से सीखने के व्यवहार को अपनाता है। इस प्रकार के समाजीकरण या माहौल विद्यालयों में, खेल के मैदानों एवं पड़ोसियों के सन्दर्भ में देखने

को मिलता है जो बालकों को व्यावहारिक रूप से सभ्य बनाने में महत्त्वपूर्ण भूमिका निभाता है।

समाजीकरण की अवस्थाएँ
(Stages of Socialisation)

समाजीकरण एक निरन्तर चलने वाली सतत् प्रक्रिया है। इसका क्रमिक विकास होता है। *अध्ययन के दृष्टिकोण से समाजीकरण को निम्न अवस्थाओं में विभाजित किया गया है*

शैशवकाल (Infancy)

- समाजीकरण की प्रक्रिया की शुरुआत जन्म से ही आरम्भ हो जाती है।
- अनुकरण की प्रवृत्ति के आधार पर बच्चों में भाषा तथा अनेक प्रकार के व्यवहार का विकास होता है जो सीखने की प्रक्रिया का अभिन्न अंग होता है।
- माता-पिता पर निर्भरता।
- प्रथम वर्ष तक बच्चों में शर्मीलेपन (shyful) का भाव दिखना।
- दूसरे का ध्यान अपनी तरफ खींचने का प्रयास करना।

प्रारम्भिक बाल्यावस्था (Early Childhood)

- बच्चों में आक्रामकता की प्रवृत्ति अर्थात् नाराज होने की प्रवृत्ति।
- आपस में झगड़ने की प्रवृत्ति।
- अभिभावक के निर्देशों को इनकार करने की प्रवृत्ति।
- सहानुभूति एवं सहयोग की भावना का विकास।
- जिज्ञासा की प्रवृत्ति।

उत्तर बाल्यावस्था (Later Childhood)

- इस अवस्था में बालकों में अन्य लोगों के विचारों एवं सुझावों को स्वीकार करने की प्रवृत्ति बढ़ जाती है।
- प्रतियोगिता की भावना का विकास।
- सहानुभूति की भावना का विकास।
- बालकों में पक्षपात एवं भेदभाव की प्रवृत्ति का विकास।
- बालकों में दायित्व एवं जवाबदेही का विकास।

किशोरावस्था (Adolescence)

- समाजीकरण की जटिल अवस्था।
- समकक्ष मित्रों एवं समूहों के साथ समायोजन करना।
- सामाजिक व्यवहार में परिवर्तन अर्थात् सामाजिक सूझ-बूझ का विकास, आत्मविश्वास का मजबूत होना तथा विषम लिंग के प्रति आकर्षण का भाव इत्यादि।
- मित्रों के चयन में नवीन मानदण्ड अर्थात् बालक एवं बालिकाएँ दोनों समान विचार, समान मूल्य तथा समान उद्देश्य इत्यादि से सम्बन्धित मित्रों का चयन करना।
- विचारक **जोजेफ** का मानना है कि "अधिकांश किशोर ऐसे लोगों को मित्र बनाना चाहते हैं जिन पर विश्वास किया जा सके, जिनसे खुले मन से बात की जा सके।"

समाजीकरण के सिद्धान्त
(Principles of Socialisation)

समाजीकरण से सम्बन्धित कुछ मनोवैज्ञानिकों ने अपने सिद्धान्त प्रस्तुत किए हैं, *जिनमें से प्रमुख निम्नवत् है*

1. **दुर्खीम का सिद्धान्त** दुर्खीम का मत है कि प्रत्येक समाज में अपनी विचारधारा, मूल्य, आदर्श, भाव, विश्वास, मानक, संस्कार तथा मान्यताएँ प्रचलन में होती हैं। सम्बन्धित समाज के सदस्यों में उनके प्रति स्वीकृति पाई जाती है। वे उनके अनुसार ही व्यवहार करना सीखते हैं। समाज की मान्यताएँ, मानक एवं रीति-रिवाज उसका प्रतिनिधित्व करते हैं। लोग उन्हें मानते हैं। इसे दुर्खीम ने सामूहिक प्रतिनिधित्व (Collective Representation) का नाम दिया है।

   बालक जिस समाज में जन्म लेता है, वह उस समाज के लोगों के आचरण एवं व्यवहार के अनुसार आचरण एवं व्यवहार करने लगता है। इस प्रकार उसका समाजीकरण होता रहता है। उसमें सामूहिक चेतना की भावना विकसित होती है। किसी भी समाज के बच्चों को देखें तो उन पर उनके समाज की मान्यताओं, मानकों, आदर्शों एवं संस्कारों का प्रभाव स्पष्टत: दिखाई पड़ता है। उन्हीं के परिप्रेक्ष्य में उनका समाजीकरण होता है।

2. **कूले का सिद्धान्त** इस सिद्धान्त को स्व-दर्पण सिद्धान्त भी कहा जाता है। कूले के अनुसार बालक का समाजीकरण, सामाजिक अन्तर्क्रिया पर निर्भर करता है। उनके अनुसार समाज के अन्य लोगों तथा विभिन्न पहलुओं के सम्पर्क में आते रहने से बालक की अपने बारे में स्व-अवधारणा विकसित तथा व्यापक होती जाती है।

3. **मीड का सिद्धान्त** मीड ने समाजीकरण की व्याख्या आत्म-चेतना सिद्धान्त के आधार पर की है। इस सिद्धान्त को 'मैं और मुझे' का सिद्धान्त भी कहा जाता है। मीड ने समाजीकरण में भूमिका निर्वाह को महत्त्वपूर्ण माना है। इन विचारों से हमारी भावनाएँ, हमारे संवेग, विचार, दृष्टिकोण, मूल्य आदि प्रभावित होते हैं तथा उनमें आवश्यकतानुसार परिवर्तन एवं परिमार्जन होता है।

4. **एरिक्सन का मनोसामाजिक सिद्धान्त** एरिक एरिक्सन की मूल अभिरुचि इस बात में थी कि बालकों, किशोरों आदि में व्यक्तिगत पहचान किस तरह से विकसित होती है और समाज उस पहचान को बनाने में किस तरह से मदद करता है? चूँकि उनके सिद्धान्तों में व्यक्तिगत, सांवेगिक तथा सांस्कृतिक या सामाजिक या सामाजिक विकास को समन्वित किया गया है। अत: इसे **मनोसामाजिक सिद्धान्त** कहा जाता है। चूँकि इस सिद्धान्त में पूरी जीवन-अवधि में होने वाले विकास को आठ विभिन्न अवस्थाओं में बाँटकर अध्ययन किया जाता है। उनके इस सिद्धान्त को कुछ मनोवैज्ञानिकों द्वारा जीवन-अवधि विकास सिद्धान्त भी कहा जाता है। *इन सभी अवस्थाओं का वर्णन निम्नवत् है*
   (i) **विश्वास बनाम अविश्वास** यह पहला मनोसामाजिक चरण होता है, जिसे जीवन के पहले वर्ष में अनुभव किया जाता है।
   (ii) **स्वायत्तता बनाम शर्म** यह स्थिति शैशवावस्था और बाल्यावस्था (1-3 वर्ष) के बीच होती है।
   (iii) **पहला बनाम अपराधबोध** यह स्थिति पाठशाला जाने प्रारम्भिक वर्ष के बीच (3-5 वर्ष) होती है।
   (iv) **परिश्रम बनाम हीनभावना** यह स्थिति बाल्यावस्था के मध्य में (6-12 वर्ष) परिलक्षित होता है।
   (v) **पहचान बनाम पहचान भ्रान्ति** यह स्थिति 12 वर्ष की होती है। यह किशोरावस्था की स्थिति होती है।
   (vi) **आत्मीयता बनाम लगाव** यह स्थिति युवावस्था के प्रारम्भिक वर्षों (20-30 वर्षों) में होता है।
   (vii) **जननात्मकता बनाम स्थिरता** यह स्थिति 40 से 50 वर्ष के व्यक्ति में होता है अर्थात् इस अवस्था में जननात्मकता का भाव उत्पन्न होता है।
   (viii) **सम्पूर्णता बनाम निराशा** यह स्थिति व्यक्ति में वृद्धावस्था (60 वर्ष से ऊपर) में अनुभव होता है।

5. **ब्रोनफेनब्रेन्नर का पारिस्थितिपरक सिद्धान्त** यूरी ब्रोनफेनब्रेन्नर ने बालक के विकास की व्याख्या करने के लिए एक सिद्धान्त का निर्माण किया है, जिसे पारिस्थितिपरक सिद्धान्त (Ecological Theory) कहा गया है। इस सिद्धान्त में बालक के विकास की व्याख्या सामाजिक सन्दर्भ के रूप में की गई है। इस सिद्धान्त के अनुसार बालक सम्बन्धों के एक जटिल तन्त्र, जो उनके आसपास के वातावरण से प्रभावित होता है, में विकसित होते हैं। इस सिद्धान्त को जैव-पारिस्थितिपरक मॉडल की संज्ञा दी गई है।

   ब्रोनफेनब्रेन्नर के इस पारिस्थितिपरक सिद्धान्त के अनुसार पर्यावरणीय तल के पाँच स्तर होते हैं, जो घनिष्ठ अन्तरवैयक्तिक अन्त:क्रिया से लेकर समाज या संस्कृति के विभिन्न विस्तृत प्रभावों तक विस्तारित होते हैं। *इन तन्त्रों का वर्णन निम्नलिखित है*
   (i) **लघुमण्डल** यह सामाजिक वातावरण का भीतरी मण्डल होता है, जिसमें छात्र माता-पिता, शिक्षक, मित्र तथा अन्य के साथ अन्त: क्रिया करते हैं।
   (ii) **मध्यमण्डल** यह मण्डल परिवार, पास-पड़ोस, स्कूल के आपसी सम्बन्धों से बना होता है। इसमें पारिवारिक अनुभूतियाँ तथा स्कूली अनुभूतियाँ आदि शामिल होती हैं।
   (iii) **बाह्यमण्डल** इस मण्डल में माता-पिता का कार्यस्थल, धार्मिक संस्थान, स्वास्थ्य एवं कल्याण केन्द्र, औपचारिक संगठन आदि सम्मिलित होते हैं।
   (iv) **वृहतमण्डल** यह बाहरी मण्डल होता है, इसके तहत् प्रथाओं, सामाजिक-आर्थिक स्तर तथा अन्य संसाधन होते हैं, जिसका प्रभाव बालकों के विकास पर पड़ता है।
   (v) **घटक्रमण्डल** इसमें छात्रों के विकास की सामाजिक ऐतिहासिक अवस्थाएँ सम्मिलित होती हैं।

6. **सिगमण्ड फ्रायड का मनोविश्लेषण सिद्धान्त** प्रसिद्ध ऑस्ट्रियन मनोविश्लेषक सिगमण्ड फ्रायड ने व्यक्ति से सम्बन्धित मनोविश्लेषणात्मक सिद्धान्त का प्रतिपादन किया। फ्रायड के अनुसार जैविक एवं सामाजिक गुण दोनों मिलकर व्यक्तित्व का निर्माण करते हैं।

   फ्रायड ने व्यक्तित्व को तीन भागों में विभाजित किया है, *जो इस प्रकार हैं*
   (i) **इदम्** व्यक्ति की शारीरिक एवं मूल आवश्यकताओं; जैसे-भूख, प्यास आदि इसके अन्तर्गत आता है।
   (ii) **अहम्** जब बालक सांसारिक परिवेश से परस्पर अन्त:क्रिया करता है, तो इसके परिणामस्वरूप जीवन के प्रथम वर्ष से ही अहम् का विकास प्रारम्भ हो जाता है।
   (iii) **पराअहम्** यह अन्तरात्मा की आवाज की तरह होता है, जो व्यक्ति में नैतिक, सामाजिक एवं सांस्कृतिक मूल्यों का विकास करता है।

समाजीकरण को प्रभावित करने वाले विभिन्न कारक

(Factors Affecting Socialisation)

किसी बालक के समाजीकरण की प्रक्रिया में महत्त्वपूर्ण कारकों का योगदान होता है, *जो इस प्रकार वर्णित हैं*

1. **पालन-पोषण** बालक के समाजीकरण पर पालन-पोषण का गहरा प्रभाव पड़ता है, जिस प्रकार का वातावरण बालक को प्रारम्भिक जीवन में मिलता है तथा जिस प्रकार से माता-पिता बालक का पालन-पोषण करते हैं उसी के अनुसार बालक में भावनाएँ तथा अनुभूतियाँ विकसित हो जाती हैं। दूसरे शब्दों में, बालक समाज विरोधी आचरण उसी समय करता है, जब वह स्वयं को समाज के साथ व्यवस्थापित नहीं कर पाता है।
2. **सहानुभूति** पालन-पोषण की भाँति सहानुभूति का भी बालक के समाजीकरण में गहरा प्रभाव पड़ता है। इसका कारण यह है कि सहानुभूति के द्वारा बालक में अपनत्व की भावना विकसित होती है, जिसके परिणामस्वरूप वह एक-दूसरे में भेदभाव करना सीख जाता है। वह उस व्यक्ति को अधिक प्यार करने लगता है, जिसका व्यवहार उसके प्रति सहानुभूतिपूर्ण होता है।
3. **सामाजिक शिक्षण** सामाजिक शिक्षण का भी बालक के समाजीकरण पर गहरा प्रभाव पड़ता है। ध्यान देने की बात यह है कि सामाजिक शिक्षण का आरम्भ परिवार से होता है, जहाँ पर बालक माता-पिता, भाई-बहन तथा अन्य सदस्यों से खान-पान तथा रहन-सहन आदि के बारे में शिक्षा ग्रहण करता रहता है।
4. **पुरस्कार एवं दण्ड** बालक के समाजीकरण में पुरस्कार एवं दण्ड का भी महत्त्वपूर्ण प्रभाव पड़ता है, जब बालक समाज के आदर्शों तथा मान्यताओं के अनुसार व्यवहार करता है, तो लोग उसकी प्रशंसा करते हैं। साथ ही वह समाज के हित को दृष्टि में रखते हुए जब कोई विशिष्ट व्यवहार करता है, तो उसे पुरस्कार भी मिलता है। इसके विपरीत जब बालक असामाजिक व्यवहार करता है, तो दण्ड दिया जाता है, जिसके भय से वह ऐसा कार्य फिर दोबारा नहीं करता।
5. **वंशानुक्रम** बालक में वंशानुक्रम से प्राप्त कुछ आनुवंशिक गुण होते हैं; जैस—मूलभाव, संवेग, सहज क्रियाएँ व क्षमताएँ आदि। इनके अतिरिक्त उनके अनुकरण एवं सहानुभूति जैसे गुणों में भी वंशानुक्रम की प्रमुख भूमिका होती है। ये सभी तत्व बालक के समाजीकरण के लिए उत्तरदायी होते हैं।
6. **परिवार** बालक के समाजीकरण में परिवार का प्रमुख स्थान होता है। इसका कारण यह है कि प्रत्येक बालक का जन्म किसी-न-किसी परिवार में ही होता है।
   जैसे—जैसे बालक बड़ा होता जाता है वैसे-वैसे वह अपने माता-पिता, भाई-बहनों तथा परिवार के अन्य सदस्यों के सम्पर्क में आते हुए प्रेम, सहानुभूति, सहनशीलता तथा सहयोग आदि अनेक सामाजिक गुणों को सीखता रहता है।
7. **पड़ोस** पड़ोस भी एक प्रकार का बड़ा परिवार होता है, जिस प्रकार, बालक परिवार के विभिन्न सदस्यों के साथ अन्त:क्रिया के द्वारा अपनी संस्कृति एवं सामाजिक गुणों का ज्ञान प्राप्त करता है, ठीक उसी प्रकार वह पड़ोस में रहने वाले विभिन्न सदस्यों एवं बालकों के सम्पर्क में रहते हुए विभिन्न सामाजिक ज्ञान प्राप्त करता रहता है। इस दृष्टि से यदि पड़ोस अच्छा है, तो उसका बालक के व्यक्तित्व के विकास पर अच्छा प्रभाव पड़ेगा और यदि पड़ोस खराब है, तो बालक के बिगड़ने की सम्भावना होती है।
8. **स्कूल** परिवार तथा पड़ोस के बाद स्कूल एक ऐसा स्थान है, जहाँ पर बालक का समाजीकरण होता है। स्कूल में विभिन्न परिवारों के बालक शिक्षा प्राप्त करने आते हैं। बालक इन विभिन्न परिवारों के बालक तथा शिक्षकों के बीच रहते हुए सामाजिक प्रतिक्रिया करता है, जिससे उसका समाजीकरण तीव्र गति से होने लगता है।
9. **बालक के साथी** प्रत्येक बालक अपने साथियों के साथ खेलता है। वह खेलते समय ऊँच-नीच, छोटा-बड़ा, जात-पात तथा अन्य प्रकार के भेद-भावों से ऊपर उठकर दूसरे बालकों के साथ अन्त:क्रिया द्वारा आनन्द लेना चाहता है। इस कार्य में उसके साथी महत्त्वपूर्ण भूमिका निभाते हैं।
10. **समुदाय** बालक के समाजीकरण में समुदाय अथवा समाज का गहरा प्रभाव होता है। प्रत्येक समाज अथवा समुदाय अपने-अपने विभिन्न साधनों तथा विधियों के द्वारा बालक का समाजीकरण करना अपना परम कर्त्तव्य समझता है।
11. **धर्म** धर्म का बालक के समाजीकरण में महत्त्वपूर्ण योगदान होता है। हम देखते हैं कि प्रत्येक धर्म के कुछ संस्कार, परम्पराएँ, आदर्श तथा मूल्य होते हैं। जैसे-जैसे बालक अपने धर्म अथवा अन्य धर्मों के व्यक्तित्व एवं समूहों के सम्पर्क में आता है, वैसे-वैसे वह उक्त सभी बातों को स्वाभाविक रूप से सीखता है।

समाजीकरण की प्रक्रिया में अध्यापक की भूमिका
(Role of Teacher in Socialisation Process)

- विद्यालय न केवल शिक्षा का एक औपचारिक साधन है, बल्कि यह बच्चे के समाजीकरण की प्रक्रिया को तीव्र गति प्रदान करता है और विद्यालय के इस कार्य में शिक्षक की भूमिका सर्वाधिक अहम होती है।
- स्कूल में खेल प्रक्रिया द्वारा बच्चे सहयोग, अनुशासन, सामूहिक कार्य आदि सीखते हैं।
- इस प्रकार, विद्यालय बच्चे में आधारभूत सामाजिक व्यवहार तथा व्यवहार के सिद्धान्तों की नींव डालता है।
- समाजीकरण की प्रक्रिया को तीव्र गति प्रदान करने के लिए शिक्षक का सर्वप्रथम कार्य यह होता है कि वह बालक के माता-पिता से सम्पर्क स्थापित करके उसकी रुचियों तथा मनोवृत्तियों के विषय में ज्ञान प्राप्त करे एवं उन्हीं के अनुसार उसे विकसित होने के अवसर प्रदान करे।
- शिक्षक को चाहिए कि वह स्कूल में विभिन्न सामाजिक योजनाओं के द्वारा बालकों को सामूहिक क्रियाओं में सक्रिय रूप से भाग लेने के अवसर प्रदान करे।
- बालक के समाजीकरण में स्वस्थ मानवीय सम्बन्धों का गहरा प्रभाव पड़ता है। अत: शिक्षक को चाहिए कि वह दूसरे बालकों, शिक्षकों तथा स्कूल के प्रधानाचार्य के साथ स्वस्थ मानवीय सम्बन्ध स्थापित करे।

अभ्यास प्रश्न

1. बाल-विकास का सामान्य अर्थ होता है
(a) बालकों का मानसिक विकास
(b) बालकों का शारीरिक विकास
(c) 'a' और 'b' दोनों
(d) बालकों की लम्बाई में वृद्धि

2. बच्चे के विकास के सिद्धान्तों को समझने में शिक्षक की सहायता करता है
(a) शिक्षार्थी की आर्थिक पृष्ठभूमि को पहचानने में
(b) शिक्षार्थी को क्यों पढ़ना चाहिए यह औचित्य स्थापित करने में
(c) शिक्षार्थियों को भिन्न अधिगम-शैलियों को प्रभावी रूप से सम्बोधित करने में
(d) शिक्षार्थी के सामाजिक स्तर को पहचानने में

3. बाल विकास का निम्नलिखित में से कौन-सा सिद्धान्त यह बताता है कि लगभग बालकों के गत्यात्मक और भाषायी विकास में एक निश्चित प्रतिमान और क्रम दिखाई पड़ता है?
(a) निरन्तरता का सिद्धान्त
(b) विकास क्रम की एकरूपता का सिद्धान्त
(c) एकीकरण का सिद्धान्त
(d) विकास की दिशा का सिद्धान्त

4. बाल विकास का कौन-सा सिद्धान्त यह बताता है कि शारीरिक विकास की दृष्टि से पिछड़े बालक संवेगात्मक, सामाजिक एवं बौद्धिक विकास में भी उतने ही पीछे रह जाते हैं?
(a) परस्पर सम्बन्ध का सिद्धान्त
(b) विकास क्रम की एकरूपता का सिद्धान्त
(c) एकीकरण का सिद्धान्त
(d) विकास की दिशा का सिद्धान्त

5. बाल-विकास का कौन-सा सिद्धान्त यह बताता है कि जिन बच्चों में औसत से अधिक वृद्धि होती है, वे शारीरिक, सामाजिक एवं संवेगात्मक विकास में भी काफी आगे बढ़े हुए पाए जाते हैं?
(a) परस्पर सम्बन्ध का सिद्धान्त
(b) विकास क्रम की एकरूपता का सिद्धान्त
(c) एकीकरण का सिद्धान्त
(d) विकास की दिशा का सिद्धान्त

6. बाल-विकास का कौन-सा सिद्धान्त यह बताता है कि एक बालक पहले पूरे हाथ को, फिर अँगुलियों को और फिर हाथ और अँगुलियों को एकसाथ चलाना सीखता है?
(a) परस्पर सम्बन्ध का सिद्धान्त
(b) सामाजिक अधिगम का सिद्धान्त
(c) एकीकरण का सिद्धान्त
(d) निरन्तरता का सिद्धान्त

7. बाल-विकास का निम्नलिखित में से कौन-सा सिद्धान्त यह बताता है कि बालक सबसे पहले अपने सिर और भुजाओं की गति पर नियन्त्रण करना सीखता है और उसके बाद फिर अपने पैरों पर?
(a) विकास क्रम की एकरूपता का सिद्धान्त
(b) परस्पर सम्बन्ध का सिद्धान्त
(c) विकास की दिशा का सिद्धान्त
(d) एकीकरण का सिद्धान्त

8. बाल विकास के विभिन्न सिद्धान्तों के आधार पर निम्नलिखित में से कौन-सा/से कथन सत्य है/हैं?
1. विकास की प्रक्रिया क्रमबद्ध रूप से आगे बढ़ती है।
2. विकास धीरे-धीरे एवं निश्चित समय पर होता है।
3. एक ही जाति विशेष के सभी सदस्यों में विकास की कुछ समान विशेषताएँ दिखाई पड़ती हैं।

(a) केवल 1 (b) 1 और 3
(c) केवल 2 (d) ये सभी

9. बाल-विकास का निम्नलिखित में से कौन-सा सिद्धान्त यह बताता है कि बालकों का विकास उनकी वैयक्तिकता के अनुरूप होता है?
(a) वैयक्तिक अन्तर का सिद्धान्त
(b) निरन्तरता का सिद्धान्त
(c) विकास क्रम की एकरूपता का सिद्धान्त
(d) परस्पर सम्बन्ध का सिद्धान्त

10. आंशिक पुनर्बलन **[CTET Nov 2012]**
(a) वास्तविक कक्षा-कक्ष में अनुप्रयुक्त नहीं किया जा सकता
(b) पशुओं को प्रशिक्षित करने में सर्वाधिक कार्य करता है
(c) सतत पुनर्बलन की अपेक्षा अधिक प्रभावी होता है
(d) सतत पुनर्बलन की अपेक्षा कम प्रभावी होता है

11. बाल-विकास के आंशिक पुनर्बलन के सिद्धान्त के प्रतिपादक हैं
(a) गेसेल (b) नील मिलर
(c) स्किनर (d) मॉस्लो

12. सार्थक अधिगम की प्रकिया विकास की किस अवस्था से आरम्भ होती है?
(a) किशोरावस्था से (b) वयस्कावस्था से
(c) शैशवावस्था से (d) बाल्यावस्था से

13. मानव विकास की किस अवस्था में बच्चों के सीखने की गति सर्वाधिक होती है?
(a) बाल्यावस्था (b) शैशवावस्था
(c) प्रौढ़ावस्था (d) किशोरावस्था

14. बच्चों में अनुकरण एवं दोहराने की प्रवृत्ति किस काल में पाई जाती है?
(a) शैशवकाल (b) पूर्व बाल्यकाल
(c) उत्तर बाल्यकाल (d) किशोरावस्था

15. पूर्व बाल्यकाल की अवस्था होती है
(a) जन्म से 2 वर्ष पूर्व तक
(b) 0 से 4 वर्ष तक
(c) 2 से 6 वर्ष तक
(d) 5 से 8 वर्ष तक

16. मनोवैज्ञानिक दृष्टि से कौन-सा काल भाषा सीखने की सर्वोत्तम अवस्था है?
(a) शैशवकाल (b) पूर्व बाल्यकाल
(c) उत्तर बाल्यकाल (d) किशोरावस्था

17. भाषा विकास के लिए प्रारम्भिक बचपन ······· काल है। **[CTET Feb 2016]**
(a) कम महत्त्वपूर्ण (b) अमहत्त्वपूर्ण
(c) अतिसंवेदनशील (d) निरपेक्ष

18. भाषा के विकास के लिए सबसे संवेदनशील समय निम्नलिखित में से कौन-सा है? **[CTET Sept 2016]**
(a) मध्यावस्था का काल
(b) वयस्कावस्था
(c) प्रारम्भिक बचपन का समय
(d) जन्म पूर्व का समय

19. निम्नलिखित में से कौन-सा आयु समूह परवर्ती बाल्यावस्था श्रेणी के अन्तर्गत आता है? **[CTET Feb 2015]**
(a) 11 से 18 वर्ष (b) 18 से 24 वर्ष
(c) जन्म से 6 वर्ष (d) 6 से 11 वर्ष

20. इस अवस्था में बालकों में नई खोज करने की और घूमने की प्रवृत्ति बहुत अधिक बढ़ जाती है
(a) शैशव (b) उत्तर बाल्यकाल
(c) किशोरावस्था (d) प्रौढ़ावस्था

21. निम्नलिखित में से किस अवस्था में बच्चे अपने समवयस्क समूह के सक्रिय सदस्य हो जाते हैं? **[CTET June 2011]**
(a) किशोरावस्था (b) प्रौढ़ावस्था
(c) पूर्व बाल्यावस्था (d) बाल्यावस्था

22. किशोर ····· का अनुभव कर सकते हैं। **[CTET Nov 2012]**
(a) बचपन में किए गए अपराधों के प्रति डर के भाव
(b) आत्मसिद्धि के भाव
(c) जीवन के बारे में परितृप्ति
(d) दुश्चिन्ता और स्वयं से सरोकार

23. शिक्षकों, मित्रों एवं अभिभावकों के सही मार्ग दर्शन की आवश्यकता बालकों को किस अवस्था में होती है?
(a) उत्तर बाल्यावस्था
(b) किशोरावस्था
(c) युवा प्रौढ़ावस्था
(d) परिपक्व प्रौढ़ावस्था

24. मानव विकास की किस अवस्था के बाद व्यक्ति परिपक्व हो जाता है?
(a) बाल्यावस्था (b) शैशवावस्था
(c) प्रौढ़ावस्था (d) किशोरावस्था

25. 12-14 वर्ष की आयु के बीच ……… की अपेक्षा ……… की लम्बाई एवं माँसपेशियों में तेजी से वृद्धि होती है एवं 14-18 वर्ष की आयु के बीच ……… की अपेक्षा ……… की लम्बाई एवं माँसपेशियाँ तेजी से बढ़ती हैं।
(a) लड़कियों, लड़कों; लड़कों, लड़कियों
(b) लड़कों, लड़कियों; लड़कियों, लड़कों
(c) लड़कों, लड़कियों; लड़कों, लड़कियों
(d) उपरोक्त में से कोई नहीं

26. 'मैं कौन हूँ', 'मैं क्या हूँ', 'मैं भी कुछ हूँ' आदि जैसी प्रबल भावनाएँ, बालक के विकास कि किस अवस्था की सूचक होती हैं?
(a) किशोरावस्था (b) शैशवावस्था
(c) प्रौढ़ावस्था (d) बाल्यावस्था

27. किस अवस्था में घनिष्ठ मित्रता की प्रवृत्ति पाई जाती है?
(a) किशोरावस्था में
(b) बाल्यावस्था में
(c) शैशवावस्था में
(d) उपरोक्त में से कोई नहीं

28. शिक्षा मनोविज्ञान में ……… अवस्थाओं में होने वाले मानव विकास का अध्ययन किया जाता है।
1. शैशवावस्था 2. बाल्यावस्था
3. किशोरावस्था 4. वयस्कावस्था
कूट
(a) 1 और 2 (b) 1, 2 और 3
(c) 1 और 3 (d) ये सभी

29. किस अवस्था में सामाजिक, आध्यात्मिक, धार्मिक तथा सांस्कृतिक क्रियाकलापों के प्रति झुकाव उत्पन्न होता है?
(a) वृद्ध प्रौढ़ावस्था (b) परिपक्व प्रौढ़ावस्था
(c) युवा प्रौढ़ावस्था (d) इनमें से कोई नहीं

30. मानव-विकास को निम्न क्षेत्रों में विभाजित किया जाता है, जो हैं **[CTET Jan 2012]**
(a) शारीरिक, आध्यात्मिक, संज्ञानात्मक और सामाजिक
(b) शारीरिक, संज्ञानात्मक, संवेगात्मक और सामाजिक
(c) संवेगात्मक, संज्ञानात्मक, आध्यात्मिक और सामाजिक-मनोवैज्ञानिक
(d) मनोवैज्ञानिक, संज्ञानात्मक, संवेगात्मक और शारीरिक

31. बाल-विकास के विभिन्न आयामों की जानकारी शिक्षकों के लिए क्यों आवश्यक है?
1. बालक की समस्याओं का निदान करने के लिए।
2. बालक के लिए उपयुक्त शिक्षण विधि अपनाने के लिए।
3. बालक के लिए उपयुक्त शैक्षिक वातावरण के निर्माण के लिए।
कूट
(a) केवल 1 (b) केवल 2
(c) केवल 3 (d) ये सभी

32. निम्नलिखित में से बाल विकास के आयामों में शामिल है
(a) शारीरिक विकास (b) मानसिक विकास
(c) संवेगात्मक विकास (d) ये सभी

33. निम्नलिखित में से कौन-सा विकास छोटे बच्चों में मानसिक व संज्ञानात्मक विकास में सर्वाधिक मददगार होता है?
(a) सामाजिक विकास
(b) शारीरिक विकास
(c) सांवेगिक विकास
(d) भाषायी विकास

34. बाल-विकास के विभिन्न आयाम एवं इनके अधिगम के सम्बन्ध के सन्दर्भ में निम्नलिखित में से कौन-सा कथन असत्य है?
(a) विकास के विभिन्न आयामों का आपस में घनिष्ठ सम्बन्ध है एवं ये अधिगम को प्रभावित करते हैं
(b) बालकों का विकास एवं अधिगम एक निरन्तर चलने वाली प्रक्रिया है
(c) शारीरिक विकास, विशेषकर छोटे बच्चों में मानसिक व संज्ञानात्मक विकास में मददगार है
(d) उपरोक्त में से कोई नहीं

35. संज्ञानात्मक या मानसिक विकास के फलस्वरूप विकास होता है
(a) कल्पना शक्ति (b) स्मरण शक्ति
(c) निर्णयन शक्ति (d) ये सभी

36. जन्म के समय बालक में किस प्रकार की योग्यता का अभाव होता है?
(a) मानसिक योग्यता (b) सामाजिक योग्यता
(c) सांवेगिक योग्यता (d) शारीरिक योग्यता

37. जब किशोर में किसी वस्तु, समस्या या परिस्थिति के लिए निजी स्तर पर निर्णय लेने की क्षमता का विकास परिपक्व होने लगता है, तो इस विकास को कहते हैं
(a) भाषायी विकास
(b) संज्ञानात्मक विकास
(c) सामाजिक विकास
(d) मनोगत्यात्मक विकास

38. किसके परिणामस्वरूप बालक अपने निरन्तर बदलते हुए वातावरण में ठीक प्रकार समायोजन करने में सक्षम हो पाता है? सर्वाधिक उपयुक्त विकल्प का चयन करें
(a) संज्ञानात्मक विकास
(b) शारीरिक विकास
(c) भाषायी विकास
(d) संवेगात्मक विकास

39. निम्नलिखित में से कौन-सा बालक के सामाजिक विकास को प्रभावित नहीं करता है?
(a) बुद्धि
(b) तर्कशक्ति
(c) भाषा प्रयोग की क्षमता
(d) उपरोक्त में से कोई नहीं

40. बालक का संवेगात्मक विकास निम्नलिखित में से किसे प्रभावित करता है?
1. उसके शारीरिक विकास
2. उसके सामाजिक विकास
3. उसके नैतिक विकास

कूट
(a) केवल 2 (b) 1 और 3
(c) 2 और 3 (d) ये सभी

41. आपकी कक्षा का एक छात्र, राजू शारीरिक विकास की दृष्टि से काफी पिछड़ा हुआ है। आपको विकास के निम्नलिखित में से किस आयाम में राजू के पिछड़ने की चिन्ता हो सकती है?
1. संवेगात्मक विकास 2. बौद्धिक विकास
3. सामाजिक विकास

कूट
(a) केवल 1 (b) केवल 2
(c) 1 और 3 (d) ये सभी

42. निम्नलिखित में से कौन बाल-विकास को प्रभावित करने वाला आन्तरिक कारक है?
1. बुद्धि 2. शारीरिक कारण
3. आनुवंशिक गुण

कूट
(a) केवल 1 (b) 1 और 2
(c) केवल 3 (d) ये सभी

43. निम्न में से कौन बाल-विकास को प्रभावित करने वाला आन्तरिक कारक नहीं है?
(a) संवेगात्मक कारक (b) शारीरिक कारक
(c) भौतिक वातावरण (d) सामाजिक कारक

44. निम्नलिखित में से कौन बाल-विकास को प्रभावित करने वाला बाह्य कारक है?
1. आर्थिक स्थिति 2. सामाजिक स्थिति
3. जीवन की घटनाएँ

कूट
(a) 1 और 2 (b) 2 और 3
(c) 1 और 3 (d) ये सभी

45. निम्न में से कौन बाल-विकास को प्रभावित करने वाला बाह्य कारक नहीं है?
(a) सामाजिक-आर्थिक स्थिति (b) भौतिक वातावरण
(c) जीवन की घटनाएँ (d) बुद्धि

46. निम्न में से किसका मिलान उचित है? **[CTET July 2013]**
(a) शारीरिक विकास : वातावरण
(b) संज्ञानात्मक विकास : परिपक्वता
(c) सामाजिक विकास : वातावरण
(d) संवेगात्मक विास : परिपक्वता

47. शिक्षक बाल मनोविज्ञान के ज्ञान द्वारा बालकों की
1. बुद्धि तथा रुचियों की जानकारी लेकर शिक्षा देता है।
2. प्रकृति को जानकर शिक्षा देता है।
3. आर्थिक स्थिति तथा पारिवारिक स्थिति की जानकारी लेकर शिक्षा देता है।

कूट
(a) केवल 1 (b) 2 और 3
(c) 1 और 3 (d) ये सभी

48. बालक जैसे-जैसे बड़ा होता है, उसकी सामाजिक प्रवृत्तियों में क्या बदलाव दृष्टिगोचर होते हैं?
(a) सामाजिक प्रवृत्तियों में कमी होती जाती है
(b) सामाजिक प्रवृत्तियों में वृद्धि होती जाती है
(c) सामाजिक प्रवृत्तियाँ समान रूप से पाई जाती हैं
(d) सामाजिक प्रवृत्तियाँ आयु के साथ असम्बन्धित होती हैं

49. बालक के सामाजिक विकास का बुनियादी एवं प्रारम्भिक कारक है

(a) बालक की समलैंगिक माता-पिता के साथ घनिष्ठता
(b) बालक की मित्र एवं परिवारजनों के प्रति अभिवृत्तियाँ
(c) सामाजिक परिपक्वता
(d) घरेलू वातावरण

50. समाजीकरण एक प्रक्रिया है **[CTET Feb 2015]**

(a) मूल्यों, विश्वासों तथा अपेक्षाओं को अर्जित करने की
(b) मित्रों के साथ सामाजिक बनने की
(c) घुलने-मिलने तथा समायोजन की
(d) एक समाज की संस्कृति की आलोचना करना सीखने की

51. समाजीकरण के सन्दर्भ में निम्नलिखित में से किस संस्था की महत्त्वपूर्ण भूमिका होती है?

(a) परिवार (b) समाज
(c) समुदाय (d) ये सभी

52. "समाजीकरण सीखना है, जो सीखने वाले को सामाजिक कार्य करने योग्य बनाता है।" समाजीकरण के सन्दर्भ में यह कथन निम्नलिखित में से किस मनोवैज्ञानिक का है?

(a) फिशर (b) रास
(c) जॉनसन (d) किंबल यंग

53. निम्नलिखित में से कौन-सी विशेषता समाजीकरण की नहीं है?

(a) समाजीकरण, सीखने की एक प्रक्रिया है
(b) समाजीकरण सांस्कृतिक गुणों का एक पीढ़ी से दूसरी पीढ़ी में हस्तान्तरित करता हे
(c) समाजीकरण व्यक्ति को एक जैविकीय प्राणी से सामाजिक प्राणी बनाता है
(d) व्यक्ति के समाजीकरण में समुदाय की कोई भूमिका नहीं होती

54. ...... एक प्रक्रिया है, जिसके माध्यम से मानव शिशु समाज के सक्रिय सदस्य के रूप में निष्पादन करने के लिए आवश्यक कौशलों का अर्जन करना प्रारम्भ करता है।

(a) सीखना (b) परिपक्वता
(c) विकास (d) समाजीकरण

55. निम्नलिखित में से कौन-सा समाजीकरण का एक प्रमुख प्रकार है? **[UPTET 2016]**

(a) कम्प्यूटर
(b) आनुवंशिकता
(c) राजनीतिक दल
(d) परिवार

56. निम्नलिखित में कौन-से समाजीकरण के गौण वाहक हो सकते हैं? **[CTET Sep 2016]**

(a) विद्यालय और पास-पड़ोस
(b) विद्यालय और निकटतम परिवार के सदस्य
(c) परिवार और रिश्तेदार
(d) परिवपार और पास-पड़ोस

57. निम्नलिखित कथनों के बारे में विचार कीजिए

1. शैशवावस्था में बच्चे पूर्ण रूप से माता-पिता पर निर्भर रहते हैं।
2. प्रारम्भिक बाल्यावस्था में बालकों में सहयोग एवं सहानुभति की भावना का विकास होता है।
3. किशोरावथा समाजीकरण की जटिल अवस्था नहीं है।

समाजीकरण की अवसथा के सन्दर्भ में उपरोक्त कथनों में से कौन-सा/से कथन सही नही है/है?

(a) 1 एवं 2 (b) 2 एवं 3
(c) केवल 2 (d) केवल 3

58. सबसे अधिक गहन और जटिल समाजीकरण होता है **[CTET June 2011]**

(a) किशोरावस्था के दौरान
(b) पूर्व बाल्यावस्था के दौरान
(c) प्रौढ़ावस्था के दौरान
(d) व्यक्ति के पूरे जीवन में

59. कूले के अनुसार समाजीकरण के प्राथमिक समूहों में किसे शामिल किया जाता है, जो काफी महत्त्वपूर्ण होते हैं?

(a) परिवार (b) पड़ोस
(c) खेल समूह (d) ये सभी

60. विकास के मनोसामाजिक सिद्धान्त का प्रतिपादन ...... ने किया था। **[UPTET 2016]**

(a) एरिक्सन (b) फ्रायड
(c) कोहलर (d) वाटसन

61. पारिस्थितिपरक सिद्धान्त के अन्तर्गत जब कोई बालक सामाजिक मूल्य तथा सामाजिक-आर्थिक स्तर पर समायोजन करता है तो, वह बालक किस मण्डल में है?

(a) वृहतमण्डल (b) लघुमण्डल
(c) घटनामण्डल (d) मध्यमण्डल

62. मनोविश्लेषण सिद्धान्त का प्रतिपादन निम्नलिखित में से किस मनोवैज्ञानिक ने किया है?

(a) सिगमण्ड फ्रायड (b) एरिक्सन
(c) लेविन कर्ट (d) डोलार्ड एवं मिलर

63. कौन-सा सिद्धान्त व्यक्त करता है कि मानव मस्तिष्क एक बर्फ की बड़ी चट्टान के समान है, जो कि अधिकांशतः छिपी रहती है एवं उसमें चेतन के तीन स्तर हैं? **[RTET 2011]**
(a) गुण सिद्धान्त
(b) प्रकार सिद्धान्त
(c) मनोविश्लेषणात्मक सिद्धान्त
(d) व्यवहारवाद सिद्धान्त

64. निम्नलिखित में सिगमण्ड फ्रायड के किस तत्त्व के अन्तर्गत मानव में नैतिक सामाजिक एवं सांस्कृतिक मूल्यों का विकास होता है?
(a) इदम् (b) अहम्
(c) पराअहम् (d) उपरोक्त सभी

65. ······ के अनुसार इदम्, अहम् तथा पराअहम् व्यक्तित्व के तीन घटक है। **[UPTET 2016]**
(a) बण्डूरा (b) युंग
(c) एडलर (d) फ्रायड

66. फ्रायड के अनुसार **[UPTET 2016]**
(a) "ग्रहण किए या सीखे हुए तथ्यों को धारण करने या पुनःस्मरण करने की असफलता को विस्मरण कहते हैं"
(b) "विसमरण का अर्थ है किसी समय प्रयत्न करने पर भी किसी पूर्व अनुभव का स्मरण करने या पहले की सीखी हुई किसी क्रिया को करने की असफलता"
(c) "विस्मरण वह प्रवृत्ति है, जिसके द्वारा दुख अनुभवों को स्मृति से अलग कर दिया जाता है"
(d) उपरोकत में से कोई नहीं

67. परिवार एक साधन है **[UPTET Nov 2011]**
(a) अनौपचारिक शिक्षा का
(b) औपचारिक शिक्षा का
(c) गैर-औपचारिक शिक्षा का
(d) दूरस्थ शिक्षा का

68. निम्नलिखित में से कौन-सी संस्था सामाजिक परम्पराओं के हस्तान्तरण में सबसे अधिक योगदान करती है? **[BTET April 2011]**
(a) परिवार
(b) विद्यालय
(c) पड़ोस
(d) उपरोक्त में से कोई नहीं

69. समाजीकरण वह प्रक्रिया है, जिसे बच्चे वे वयस्क सीखते हैं **[PTET July 2011]**
(a) परिवार से (b) विद्यालय से
(c) श्रेष्ठ जनों से (d) इन सभी में

70. शिक्षकों को यह सलाह दी जाती है कि वे अपने शिक्षार्थियों को सामूहिक गतिविधियों में शामिल करें, क्योंकि सीखने को सुगम बनाने के अतिरिक्त ये .... में भी सहायता करती हैं।
(a) दुश्चिन्ता (b) समाजीकरण
(c) मूल्य द्वन्द्व (d) आक्रामकता

71. निम्न में से कौन-सी समाजीकरण की निष्क्रिय एजेन्सी है? **[CTET Sep 2014]**
(a) स्वास्थ्य क्लब (b) परिवार
(c) ईको क्लब (d) सार्वजनिक पुस्तकालय

72. "जन-संचार माध्यम समाजीकरण का एक महत्त्वपूर्ण माध्यम बनता जा रहा है।" **[CTET Sep 2015]**
निम्न में से कौन-सा सबसे उपयुक्त कथन है?
(a) समाजीकरण केवल माता-पिता और परिवार के द्वारा किया जाता है
(b) जन-संचार माध्यमों की पहुँच बढ़ रही है और जन-संचार माध्यम अभिवृत्तियों, मूलयों और विश्वासों को प्रभावित करता है
(c) बच्चे संचार माध्यमों के साथ प्रत्यक्ष रूप से अन्तःक्रिया नहीं कर सकते हैं
(d) संचार माध्यम पदार्थों के विज्ञापन और विक्रय के लिए एक अच्छा माध्यम है

73. विद्यालय और समाजीकरण के बारे में निम्नलिखित में से क्या सत्य है? **[CTET 2016]**
(a) समाजीकरण में विद्यालय की कोई भूमिका नहीं होती
(b) विद्यालय समाजीकरण का एक महत्त्वपूर्ण कारक है
(c) समाजीकरण में विद्यालय की बहुत थोड़ी भूमिका होती है
(d) विद्यालय समाजीकरण का पहला मुख्य कारक है

74. शिक्षा के सन्दर्भ में, समाजीकरण से तात्पर्य है **[UTET 2016, IG BEd 2019]**
(a) सामाजिक मानदण्डों का सदैव, अनुपालन करना
(b) अपने सामाजिक मानदण्ड बनाना
(c) समाज में बड़ों का सम्मान करना
(d) सामाजिक वातावरण में अनुकूलन और समायोजन

75. समाजीकरण में सम्मिलित हैं-सांस्कृतिक संचरण और ...... ।
(a) विद्रोहियों को निरुत्साहित करना
(b) वैयक्तिक व्यक्तितव विकास
(c) बच्चों को लेबलों में समायोजित करना
(d) संवेगात्मक समर्थन उपलब्ध करना

76. अल्प वयस्क बच्चों के अधिगम में अभिभावकों की भूमिका होनी चाहिए
(a) निषेधात्मक (b) अग्र सक्रिय
(c) संवेदनात्मक (d) उदासीन

77. बच्चों की सीखने की प्रकिया में माता-पिता को ...... भूमिक निभानी चाहिए।
(a) नकारात्मक
(b) अग्रोन्मुखी
(c) सहानुभूतिपूर्ण
(d) तटस्थ

78. विद्यार्थियों को विद्यालय में खेलना क्यों उचित है?
(a) यह उन्हें शारीरिक रूप से सशक्त बनाएगा
(b) यह शिक्षकों के लिए काम आसान करेगा
(c) यह समय बिताने में सहायक होगा
(d) यह सहयोग एवं सन्तुलन का विकास करेगा

79. निम्नलिखित कथनों पर विचार कीजिए
1. प्राथमिक समाजीकरण के माध्यम से बालक अपने जीवन की शुरुआत करता है।
2. प्राथमिक समाजीकरण के मुख्य अभिकर्त्ता के रूप में परिवार एवं मित्रों की भूमिका होती है।
3. द्वितीय समाजीकरण के रूप में विद्यमान, खेल का मैदान एवं पड़ोसियों की महत्त्वपूर्ण भूमिका होती है।

समाजीकरण के सन्दर्भ में उपरोक्त कथनों में से कौन-सा/से सही है/हैं?
(a) केवल 1 (b) 1 एवं 3
(c) 2 एवं 3 (d) ये सभी

उत्तरमाला

1. (c)	2. (c)	3. (b)	4. (a)	5. (a)	6. (c)	7. (c)	8. (d)	9. (a)	10. (c)
11. (b)	12. (c)	13. (b)	14. (b)	15. (c)	16. (b)	17. (c)	18. (c)	19. (d)	20. (b)
21. (a)	22. (d)	23. (b)	24. (d)	25. (b)	26. (a)	27. (a)	28. (b)	29. (a)	30. (d)
31. (d)	32. (d)	33. (b)	34. (d)	35. (d)	36. (a)	37. (b)	38. (a)	39. (d)	40. (d)
41. (d)	42. (d)	43. (c)	44. (c)	45. (d)	46. (c)	47. (c)	48. (d)	49. (a)	50. (a)
51. (d)	52. (c)	53. (d)	54. (d)	55. (d)	56. (b)	57. (d)	58. (a)	59. (d)	60. (a)
61. (a)	62. (a)	63. (c)	64. (c)	65. (d)	66. (c)	67. (a)	68. (a)	69. (d)	70. (b)
71. (d)	72. (b)	73. (b)	74. (d)	75. (b)	76. (c)	77. (b)	78. (d)	79. (d)	

अध्याय 13

अधिगम एवं अभिप्रेरणा
(Learning and Motivation)

अधिगम (Learning)

अधिगम का अर्थ होता है—सीखना। अधिगम एक प्रक्रिया है, जो जीवन-पर्यन्त चलती रहती है एवं जिसके द्वारा हम कुछ ज्ञान अर्जित करते हैं तथा जिसके द्वारा हमारे व्यवहार में परिवर्तन होता है। जन्म के तुरन्त बाद से ही बालक सीखना प्रारम्भ कर देता है। अधिगम व्यक्तित्व के सर्वांगीण विकास में सहायक होता है। इसके द्वारा जीवन के लक्ष्यों को प्राप्त करने में सहायता मिलती है। अधिगम के बाद व्यक्ति स्वयं और दुनिया को समझने के योग्य हो जाता है।

यदि छात्र किसी विषय-वस्तु के ज्ञान के आधार पर कुछ परिवर्तन करने एवं उत्पादन करने में सक्षम हो गया हो, तो उसके सीखने की प्रक्रिया को अधिगम कहा जाता है। वहीं सार्थक अधिगम से आशय निजी अनुभवों से ज्ञान की संरचनाओं का निर्माण करना होता है।

किसी विद्यार्थी में अधिगम तब उत्पन्न होता है, जब विद्यार्थी को सक्रिय बना दिया जाता है। इसमें विद्यार्थी के अन्दर सीखने की जिज्ञासा का होना आवश्यक होता है।

अधिगम की परिभाषाएँ (Definition of Learning)

वुडवर्थ के मतानुसार, "नवीन ज्ञान और नवीन प्रतिक्रियाओं को प्राप्त करने की प्रक्रिया, सीखने की प्रक्रिया है।"

क्रो एवं क्रो के मतानुसार, "सीखना, आदतों, ज्ञान और अभिवृत्तियों का अर्जन है।"

क्रॉनबेक के मतानुसार, "सीखना, अनुभव के परिणामस्वरूप व्यवहार में परिवर्तन द्वारा व्यक्त होता है।"

गेट्स एवं अन्य विद्वान् के मतानुसार, "अनुभवों एवं प्रशिक्षण द्वारा अपने व्यवहारों का संशोधन और परिमार्जन करना ही अधिगम है।"

अधिगम की प्रकृति (Nature of Learning)

- सीखना उद्देश्यपूर्ण के साथ-साथ लक्ष्य निर्देशित होता है।
- सीखना एक प्रक्रिया होती है, न कि परिणाम।
- अधिगम बालक या अध्येता के जीवन के प्रत्येक पक्ष को प्रभावित करता है।
- अधिगम एक सार्वभौमिक प्रक्रिया है। संसार का प्रत्येक बच्चा अधिगम करता है।
- अधिगम की प्रक्रिया एक समान नहीं होती है। अर्थात् किसी बालक में अधिगम तीव्र तो कुछ में धीमी गति से होता है।
- अधिगम हमेशा अग्रवर्ती होता है अर्थात् ऐसा नहीं कि बालक जो पिछले दिन सीखता है, अगले दिन या अन्य दिन पूर्णरूपेण भूल जाता है। वह थोड़ा बहुत अवश्य सीखता है और फिर वहीं से आगे बढ़ता है।
- अधिगम हमेशा स्थानान्तरित होता है। शिक्षा से शिक्षार्थी, शिक्षार्थी से अन्य शिक्षार्थी और यही क्रम आगे तक चलता है।
- अधिगम हमेशा लक्ष्योन्मुख होता है। इसमें कुछ पाने की तार्किक परिणति कार्य करती है।
- अधिगम से सकारात्मक विकास को बल मिलता है।
- अधिगम हमेशा ऊपर से नीचे की ओर सीखने के क्रम में और नीचे से ऊपर सीखने के क्रम का पालन करता है।
- अधिगम में बालक की समस्त इन्द्रियाँ एवं कर्मेन्द्रियाँ एकजुट होकर कार्य करती हैं, तभी प्रतिफल सकारात्मक होता है।

अधिगम की विशेषताएँ
(Characteristics of Learning)

- **सीखना सार्वभौमिक है** सीखने का गुण केवल किसी विशिष्ट स्थान या विशिष्ट मनुष्यों में ही नहीं पाया जाता वरन् संसार के सभी स्थानों में तथा सभी जीवधारियों में पाया जाता है। मनुष्य के साथ-साथ पशु-पक्षी तथा कीड़े-मकोड़े भी सीखते रहते हैं।
- **सीखना सम्पूर्ण जीवन चलता है** सीखना एक ऐसी प्रक्रिया है, जो जीवन-पर्यन्त चलती रहती है। व्यक्ति जन्म के समय से ही माता-पिता, भाई-बहन तथा परिवार के अन्य सदस्यों से सीखना आरम्भ करता है और वह जीवन भर विभिन्न सामाजिक और धार्मिक संस्थाओं, संगी-साथी, विद्यालय, अन्य व्यक्तियों आदि से कुछ-न-कुछ सीखता रहता है।
- **सीखना विकास है** व्यक्ति को प्रतिक्षण कुछ-न-कुछ नये अनुभव प्राप्त होते रहते हैं, जिनसे वह सीखता है। इसके फलस्वरूप उसका शारीरिक व मानसिक विकास होता है। इस प्रकार सीखना ही विकास का आधार है। **पेस्तालॉजी** ने वृक्ष और **फ्रॉबेल** ने उपवन के उद्धरण के द्वारा सीखने की इस विशेषता को स्पष्ट किया है।
- **सीखना परिवर्तन है** व्यक्ति अपने तथा दूसरों के अनुभवों के आधार पर अपने व्यवहारों, विचारों, इच्छाओं, मूल प्रवृत्तियों, भावनाओं आदि में परिवर्तन करता है और वास्तव में यही सीखना है। यह बात **गेट्स** तथा अन्य विद्वानों के विचारों से स्पष्ट हो जाती है। उनके अनुसार, "सीखना, अनुभव व प्रशिक्षण द्वारा व्यवहार में परिवर्तन है।"
- **सीखना अनुकूलन है** वातावरण से अभियोजन करने के लिए व्यक्ति को अनेक नये व्यवहारों, क्रियाओं, भाषा, उठने-बैठने के तरीकों, रहन-सहन, रीति-रिवाज आदि सीखने पड़ते हैं। अतः सीखने के बाद ही व्यक्ति नई परिस्थितियों से अपना अनुकूलन कर पाता है।
- **सीखना, अनुभवों का संगठन है** सीखना न तो नये अनुभवों की प्राप्ति है और न पुराने अनुभवों का योग ही है। सीखना, वास्तव में, नये और पुराने अनुभवों का संगठन है। जैसे-जैसे व्यक्ति को नये अनुभव होते जाते हैं, वह नई-नई बातें सीखता जाता है और अपनी आवश्यकतानुसार उन्हें संगठित करता जाता है।
- **सीखना उद्देश्यपूर्ण है** सीखना सदैव उद्देश्यपूर्ण होता है। व्यक्ति किसी उद्देश्य से प्रेरित होकर ही कार्य को सीखता है। उद्देश्य जितना ही प्रबल होता है सीखने की प्रक्रिया भी उतनी ही तीव्र होती है। उद्देश्य के अभाव में सीखना निष्फल रहता है।
- **सीखना विवेकपूर्ण है** सीखना यान्त्रिक कार्य न होकर विवेकपूर्ण कार्य है। वही बात शीघ्रता और सरलतापूर्वक सीखी जा सकती है, जो सोच-समझकर बुद्धि का प्रयोग करके की जाती है। बिना सोचे-समझे किसी बात को सीखने में सदैव असफलता ही हाथ लगती है।
- **सीखना सक्रिय है** किसी कार्य को सीखने के लिए व्यक्ति का सक्रिय होना अत्यन्त आवश्यक होता है। सक्रिय होकर सीखना ही वास्तविक सीखना कहलाता है। बालक तभी कुछ सीख सकता है जब वह सक्रिय होकर सीखने की प्रक्रिया में स्वयं भाग लेता है। इसी को ध्यान में रखते हुए आज बालकों की शिक्षा में मॉण्टेसरी, डाल्टन प्लान, किण्डरगार्टन, प्रोजेक्ट पद्धति आदि प्रगतिशील शिक्षण-विधियों को अपनाया जा रहा है।
- **सीखना व्यक्तिगत और सामाजिक दोनों है** व्यक्ति प्रायः स्वयं प्रयत्न करके तथा समाज से सीखता है। बहुत-सी बातों को वह दूसरों को देखकर और सुनकर सीखता है। वह समाज में ही रहने का ढंग, बातचीत करने की कला, उठने-बैठने का ढंग, परम्पराओं और प्रथाओं को मानने, दूसरों से उचित व्यवहार करना आदि सीखता है। इस प्रकार सीखना, व्यक्तिगत और सामाजिक दोनों ही होते हैं।
- अधिगम के सामाजिक निर्मितवादी उपागम की विशेषता होती है अधिगम के लिए दूसरों से सहयोग पर बल देना। अतः अधिगम सामाजिक अन्तः क्रिया, अन्तर्वैयक्तिक सम्बन्ध तथा दूसरों के सम्प्रेषण से प्रभावित होता है।

अधिगम में योगदान देने वाले कारक
(Factors Influencing Learning)

मनोवैज्ञानिकों ने अनुसन्धान के आधार पर यह माना कि अधिगम की प्रक्रिया में व्यक्तिगत एवं पर्यावरणीय दोनों कारकों का असाधारण योगदान होता है, इनके बिना अधिगम की प्रक्रिया पूर्ण नहीं हो सकती। *इन दोनों कारकों का वर्णन इस प्रकार किया जा सकता है*

व्यक्तिगत कारक (Personal Factors)

- बालक किसी भी क्रिया को सीखने का केन्द्र बिन्दु होता है। शिक्षा का उद्देश्य बालक का सर्वांगीण विकास करना होता है। इस दृष्टि से बालकों की रुचि, योग्यता, क्षमता, व्यक्तिगत भेद, बुद्धि आदि के आधार पर सम्पन्न की गई क्रिया प्रभावशाली सिद्ध होती है।

  बालक शिक्षण अधिगम प्रक्रिया का आधार होता है, इसलिए उसके अभाव में अधिगम की कल्पना भी नहीं की जा सकती है।

- बालकों को नया ज्ञान देने से पूर्व यह नितान्त आवश्यक होता है कि उनमें सीखने के प्रति जिज्ञासा उत्पन्न की जाए, क्योंकि ऐसा होने पर विद्यार्थी प्रतिकूल परिस्थितियों में भी किसी बात को सीखने में सफल हो जाता है।
- यदि किसी छात्र की एक विषय में शैक्षिक योग्यता सामान्य से अधिक है तो छात्र उस विषय में नया ज्ञान सुगमता से सीख लेगा।
- सीखने से पहले बालक का शारीरिक एवं मानसिक रूप से स्वस्थ रहना भी नितान्त आवश्यक है, क्योंकि बालक के ध्यान, रुचि व एकाग्रता पर इसका प्रभाव पड़ता है।
- स्किनर के अधिगम सिद्धान्त के अनुसार यदि व्यवहार को नियंत्रित करना हो, तो व्यक्ति के प्रबलन द्वारा नियंत्रित करना चाहिए।
- सीखने की प्रक्रिया में अभिप्रेरणा का महत्त्वपूर्ण योगदान होता है। अभिप्रेरणा से सीखने की इच्छा प्रबल होती है। यदि बालक को किसी नवीनतम ज्ञान अथवा कार्य को सीखने के लिए प्रेरित नहीं किया जाता है तो वह उस क्रिया में रुचि नहीं लेगा।
- विद्यालयों में समय-चक्र बनाते समय भी इस बात का ध्यान रखा जाता है कि पहले कठिन विषय तथा बाद में सरल विषय पढ़ाए जाएँ। मध्यान्तर की भी व्यवस्था इसी उद्देश्य से की जाती है।
- तीव्र बुद्धि वाला छात्र किसी भी ज्ञान को शीघ्रता एवं सरलता से सीख लेता है तथा मन्द बुद्धि वाले छात्र को सामान्य बुद्धि वाले छात्र के साथ भी सीखने में बाधा रहती है। बुद्धि-लब्धि तथा शैक्षिक लब्धि में उच्च सकारात्मक सह-सम्बन्ध होता है।
- किसी क्रिया को किस प्रकार सम्पादित किया जाता है, इससे भी अधिगम प्रभावित होता है। यद्यपि मनोवैज्ञानिक अधिगम की प्रक्रिया के सम्पादन पर एक मत नहीं हैं, फिर भी, यह बात अपनी जगह सत्य है कि बालक किसी भी क्रिया को अपने ही ढंग से ग्रहण करता है।

वातावरण से सम्बन्धित कारक
(Environmental Factors)

- बालक शिक्षा दो प्रकार के साधनों द्वारा प्राप्त करता है, औपचारिक तथा अनौपचारिक। इन दोनों ही प्रकार के साधनों का बालकों के अधिगम पर गहन प्रभाव पड़ता है।
- बालक की अधिगम प्रक्रिया पर उसके परिवार के वातावरण का काफी प्रभाव पड़ता है।
- कक्षा का भौतिक वातावरण छात्रों के अधिगम को प्रत्यक्ष रूप से प्रभावित करता है। भौतिक वातावरण के अन्तर्गत प्रकाश, वायु आदि आते हैं।
- कक्षा का मनोवैज्ञानिक वातावरण भी छात्रों के सीखने की प्रक्रिया को काफी हद तक प्रभावित करता है। यदि छात्रों में एक-दूसरे के प्रति सहयोग और सहानुभूति की भावना है, उनमें आपस में मधुर सम्बन्ध हैं, तो सीखने की प्रक्रिया सुचारु रूप से आगे बढ़ती रहती है।
- छात्रों के अधिगम पर उसके सामाजिक एवं सांस्कृतिक वातावरण का भी प्रभाव पड़ता है।
- सामान्यत: सांस्कृतिक वातावरण का आशय व्यक्ति द्वारा निर्मित या प्रभावित उन समस्त नियमों, विचारों, विश्वासों एवं भौतिक वस्तुओं की पूर्णता से होता है, जो जीवन को चारों ओर से घेरे रहते हैं।
- बालक के प्रभावी अधिगम की दृष्टि से यह अत्यन्त आवश्यक होता है कि उसे एक ऐसी समुचित सम्पूर्ण परिस्थिति प्रदान की जाए, जिसमें सीखने के सभी तत्त्व तथा दशाएँ विद्यमान हों।

  इसीलिए विद्यालय का सम्पूर्ण व्यवहार परिवेश इस प्रकार से निर्मित किया जाता है, जो विद्यार्थी को पूर्ण सन्तुष्टि प्रदान करे तथा उसकी शैक्षिक उपलब्धि स्तर को ऊँचा उठाने के साथ-साथ उसके मनोबल को भी बनाए रखे।

  अत: शिक्षण अधिगम के अन्तर्गत शिक्षक को विद्यार्थी को सीखने के लिए अभिप्रेरित करना चाहिए, सृजनात्मक विकास के लिए उपाय करना चाहिए एवं अति नियंत्रित नहीं करना चाहिए, जिससे सृजनात्मक विकास में बाधा पहुँचे।
- कक्षा कक्ष में विद्यार्थियों का अधिगम, अभिरुचि तथा अभिप्रेरणा का परिलक्षण होता है। अत: शिक्षक को अपनी संज्ञानात्मक शैली के साथ-साथ शिक्षार्थियों की संज्ञानात्मक शैली की पहचान करनी चाहिए।

अभिप्रेरणा (Motivation)

अभिप्रेरणा का शाब्दिक अर्थ होता है—किसी कार्य को करने की इच्छा शक्ति का होना अथवा किसी कार्य को करने के प्रति प्रेरित होना। अभिप्रेरणा एक आन्तरिक शक्ति होती है, जो उद्दीपन का परिणाम होती है, जिसके माध्यम से बालक निश्चित व्यवहार की दिशा में सक्रिय तथा नियन्त्रित होता है।

यह हमेशा सीखने के लिए छात्रों में उत्सुकता उत्पन्न कर उसे निरन्तर क्रियाशील रखती है, इसलिए **बी. एफ स्किनर** ने अभिप्रेरणा को सीखने का राजमार्ग बताया है।

यह व्यक्ति के समग्र विकास एवं सफलता प्राप्त करने का महत्त्वपूर्ण स्रोत माना जाता है।

अभिप्रेरणा के अर्थ को स्पष्ट करने हेतु मनोवैज्ञानिकों द्वारा कुछ परिभाषाएँ दी गई हैं, *जो इस प्रकार हैं*

गुड के अनुसार, "क्रिया को उत्तेजित करने, नियन्त्रित करने तथा नियन्त्रित रखने की प्रक्रिया को अभिप्रेरणा कहते हैं।"

बर्नार्ड के अनुसार, "जिस लक्ष्य के प्रति पहले कोई आकर्षण नहीं था, उस लक्ष्य के प्रति कार्य की उत्तेजना ही अभिप्रेरणा है।"

वुडवर्थ के अनुसार, "प्रेरक व्यक्ति की वह स्थिति है, जो उसे निर्धारित व्यवहार करने हेतु तथा निर्धारित उद्देश्य को प्राप्त करने हेतु उत्तेजित करती है।"

गेट्स व अन्य के मतानुसार, "प्रेरक प्राणी के अन्दर की वे शारीरिक तथा मनोवैज्ञानिक दशाएँ हैं, जो विशिष्ट प्रकार की क्रिया करने के लिए प्रेरित करती हैं।"

अभिप्रेरणा की विशेषताएँ

(Characteristics of Motivation)

- अभिप्रेरणा गतिशीलता/क्रियाशीलता की प्रतीक होती है। भावनात्मक प्रदर्शन के द्वारा छात्रों को अभिप्रेरित करने के लिए अध्यापक इसका प्रयोग करता है।
- किसी भी कार्य को पूरा करने के लिए अभिप्रेरणा एक महत्त्वपूर्ण स्रोत अथवा कारक होता है।
- सामान्यत: अभिप्रेरणा व्यक्ति के व्यवहार को उत्तेजित करती है। अभिप्रेरित व्यवहार अर्जित तथा जाग्रत होता है।
- यह किसी क्रिया को उत्तेजित रखने, निरन्तरता बनाए रखने एवं नियन्त्रित रखने की प्रक्रिया है।
- अभिप्रेरणा किसी कार्य को करने के लिए ऊर्जा (Energy) प्रदान करती है।

अभिप्रेरणा के प्रकार (Types of Motivation)

अभिप्रेरणा के प्रकार को दो रूपों में विभाजित किया जाता है, *जिसका वर्णन निम्नलिखित है*

1. आन्तरिक अभिप्रेरणा (Intrinsic Motivation)

जब बालक किसी विषय के बारे में सीखता है, तो इसका अर्थ है कि उसमें उसकी अभिरुचि है।

इस प्रकार की अभिप्रेरणा ऐसे कारकों पर निर्भर करती है जो बालक में पाई जाती हैं तथा जिन्हें बाहर से प्रत्यक्ष रूप से देखना सम्भव नहीं है। अत: वातावरण के साथ समायोजन करने से उत्पन्न आत्म-निर्णय तथा क्षमता के भाव की आवश्यकता को आन्तरिक अभिप्रेरणा कहा जा सकता है।

2. बाह्य अभिप्रेरणा (Extrinsic Motivation)

बाह्य अभिप्रेरणा से तात्पर्य एक ऐसे प्रोत्साहन से है, जो बालकों को बाहरी वातावरण में दिया जाता है तथा उसके व्यवहार को एक निश्चित दिशा में मोड़ा जाता है।

स्वार्ज के अनुसार, "बाह्य अभिप्रेरणा वह प्रोत्साहन होता है, जो बालक को बाहर से उस व्यक्ति द्वारा दिया जाता है, जो एक निश्चित दिशा में व्यवहार करने के लिए प्रेरित करता है।"

अभिप्रेरणा के कार्य

(Functions of Motivation)

- प्रेरणा हमारे शरीर की एक उत्तेजित अवस्था होती है अर्थात् जब हम उत्तेजित होते हैं, तो हमारे सम्पूर्ण शरीर में नई ऊर्जा का संचार हो जाता है और ऐसी स्थिति में हम कोई भी कार्य करने हेतु स्वयं को तत्पर पाते हैं।
- संवेग मानव व्यवहार के सन्तुलन बिन्दु होते हैं। यही कारण है कि हम अत्यधिक क्रोध की अवस्था में अथवा विपरीत परिस्थितियों में, न चाहते हुए भी सन्तुलित व्यवहार करते हैं तथा वातावरण एवं परिस्थितियों के साथ समायोजन करना सीख लेते हैं।
- प्रेरक हमारे व्यवहार को शक्ति प्रदान करते हैं। इसलिए परीक्षा के दिनों में विद्यार्थी सारी-सारी रात पढ़ता है अथवा एक गोलकीपर गोल बचाने के लिए अपनी पूरी शक्ति लगा देता है, इस बात की परवाह किए बगैर कि ऐसा करते समय उसे चोट भी लग सकती है।
- अभिप्रेरणा, चरित्र निर्माण में भी सहायक होती है।

अभिप्रेरणा देने वाले घटक

(Motivational Components)

1. **उत्तेजना** यह एक इंजन के समान होती है, लेकिन उसका मार्ग परिवर्तित करने वाला साधन नहीं।" उत्तेजना निम्न, मध्य एवं उच्च हो सकती है।

   डोनाल्ड हैब के अनुसार, "उत्तेजना अथवा जागरूकता शक्ति प्रदान करती है, लेकिन दिशा-निर्देश प्रदान नहीं करती।

2. **आकांक्षा** आकांक्षा का उत्तेजना स्तर से सीधा सम्बन्ध पाया जाता है। हम उस स्थिति में उत्तेजित हो उठते हैं जब हम देखते कुछ हैं और देखना कुछ और चाहते हैं।
3. **प्रोत्साहन** प्रोत्साहन लक्ष्य तक पहुँचने के साधन होते हैं। इनका स्वरूप पुरस्कार के रूप में भी हो सकता है और संकेत के रूप में भी।

   स्किनर के अनुसार, "पुनर्बलन ही प्रोत्साहन है अर्थात् धनात्मक तथा ऋणात्मक पुनर्बलन ही प्रोत्साहन का काम करते हैं।"
4. **दण्ड** दण्ड एक उद्दीपन के समान होता है, जिससे व्यक्ति बचने का प्रयास करता है अथवा उससे दूर भागना चाहता है।

   बोम्पस स्मिथ के अनुसार, "विद्यालयी दण्ड प्रतिशोध नहीं होता है। इसका उद्देश्य प्रशिक्षण होता है। दूसरे, उसके अवलोकन से अन्य बालकों का प्रशिक्षण। साथ ही, उसे तथा दूसरों को पुन: अपराध करने से बचाना होता है।"

शिक्षार्थी को अभिप्रेरित करने वाले कारक
(Factors Influencing Learners' Motivation)

शिक्षार्थी को सीखने के लिए अभिप्रेरित करने वाले महत्त्वपूर्ण *कारक इस प्रकार हैं*

शिक्षण गतिविधियाँ शिक्षण की सरल व रुचिकर विधियाँ बच्चों को सीखने के लिए प्रेरित करती हैं, जिससे उसमें रुचि आती है और इसके पश्चात् कार्य एवं व्यवहार में बदलाव आता है।

परीक्षा परिणाम सकारात्मक परीक्षा परिणाम बच्चों को अभिप्रेरित करता है और वह आगे कुछ करने को और उत्साहित होता है। उसमें सकारात्मक ऊर्जा का संचार होता है। वहीं नकारात्मक परिणाम बच्चों के मनोबल को हतोत्साहित करता है।

लक्ष्य का निर्धारण सीखने में लक्ष्य का महत्त्वपूर्ण स्थान होता है। यदि विद्यार्थी का लक्ष्य लाभप्रद होता है, तो वह लक्ष्य प्राप्ति के लिए प्रयत्नशील होता है और कम लाभ की प्राप्ति को छोड़ देता है।

प्रतियोगिता पाठ्यक्रम सहगामी क्रियाओं में प्रतियोगिता एक प्रेरणा विशिष्ट साधन होती है। विद्यालय में अध्यापक विद्यार्थियों के मध्य प्रतियोगी कार्यक्रमों के माध्यम से प्रेरणा प्रदान कर सकता है।

रुचियाँ कक्षा में बाह्य तथा आन्तरिक अभिप्रेरणा दोनों आवश्यक होते हैं। बाह्य प्रेरणा का सम्बन्ध बाह्य वातावरण से होता है। वहीं आन्तरिक अभिप्रेरणा का सम्बन्ध उनकी रुचियाँ, अभिरुचियाँ, दृष्टिकोण आदि से होता है। इसलिए शिक्षक को विद्यार्थी की रुचियों को पहचान कर शिक्षण कार्य करना चाहिए, क्योंकि इससे शिक्षार्थी प्रेरित होते हैं।

सहयोग सहयोग प्रेरणा का एक महत्त्वपूर्ण साधन होता है। सहयोग की भावना पर ही समूहों का निर्माण होता है। इससे अध्ययन कार्य को बढ़ावा मिलता है।

प्रशंसा करना विद्यार्थियों को अभिप्रेरित करने में प्रशंसा अधिक प्रभावशाली होती है। इससे बच्चों का उत्साहवर्द्धन होता है। इसलिए जब आवश्यक हो शिक्षक का कर्त्तव्य होना चाहिए कि वह विद्यार्थी को प्रोत्साहित करें।

पुरस्कार एवं दण्ड शिक्षक को विद्यार्थियों का उत्साहवर्धन करने के लिए उनके कार्य पर पुरस्कार प्रदान करना चाहिए। पुरस्कार विद्यार्थियों पर सकारात्मक प्रभाव डालते हैं। वहीं जब गलती हो, तो बच्चों को दण्ड भी देना चाहिए, क्योंकि यह भी अभिप्रेरणा का ही रूप होता है।

अभिप्रेरणा के सिद्धान्त
(Principles of Motivation)

अभिप्रेरणा के सिद्धान्त इस बात की व्याख्या करते हैं कि कोई व्यक्ति किसी व्यवहार को क्यों करता है। उसके व्यवहार के पीछे कौन-कौन से कारक कार्य करते हैं तथा वे किस प्रकार उसके व्यवहार को निर्धारित करते हैं। *इसी सम्बन्ध में अभिप्रेरणा के कुछ प्रमुख सिद्धान्त निम्न हैं*

1. **आवश्यकता-पदानुक्रम सिद्धान्त** मनोवैज्ञानिक **अब्राहम मॉस्लो** के अनुसार, आवश्यकताओं के कई स्तर होते हैं, जिन्हें व्यक्तिगत पूर्णता के उच्चतम स्तर तक पहुँचने के लिए एक व्यक्ति को पूरा करने के लिए प्रयत्न करना पड़ता है। इस प्रकार एक व्यक्ति को सबसे निचले स्तर पर अपनी प्राथमिक (शारीरिक) आवश्यकताओं को पूरा करने योग्य होना चाहिए।

   जब एक बार ये आवश्यकताएँ पूरी हो जाती हैं तब सुरक्षा महत्त्वपूर्ण होती हो जाती है। तत्पश्चात् किसी से जुड़े होने की आवश्यकता एवं स्नेह करने और स्नेह करवाने की आवश्यकता आती है। सबसे अन्त में आत्म यर्थाथता की आवश्यकता पूरी होती है।
2. **मूल प्रवृत्ति का सिद्धान्त** इस सिद्धान्त के अनुसार मनुष्य का प्रत्येक व्यवहार उसकी मूल प्रवृत्तियों द्वारा संचालित होता है।

   उसकी मूल प्रवृत्तियों के पीछे संवेग छिपे होते हैं, जो किसी कार्य को करने के लिए प्रेरित करते हैं। इस सिद्धान्त का प्रतिपादन मनोवैज्ञानिक मैक्डूगल ने किया है।

3. **मनोविश्लेषणात्मक सिद्धान्त** इस सिद्धान्त के अनुसार मनुष्य के व्यवहार को प्रभावित करने वाली अभिप्रेरणा के दो मूल कारक होते हैं

   (i) मूल प्रवृत्तियाँ (ii) अचेतन मन

   इस सिद्धान्त का प्रतिपादन फ्रायड ने किया है। इन्होंने अपने इस सिद्धान्त में दो मूल कारकों में से मूल प्रवृत्तियों की भी दो मूल प्रवृत्तियाँ (जीवन मूल प्रवृत्ति एवं मृत्यु मूल प्रवृत्ति) बताई हैं।

4. **प्रोत्साहन सिद्धान्त** इस सिद्धान्त के प्रतिपादक बोलस एवं वॉकमैन हैं। इनके अनुसार मनुष्य अपने पर्यावरण में स्थित वस्तु अथवा क्रिया से प्रभावित होकर कोई क्रिया करता है, तो इसे प्रोत्साहन कहते हैं।

   इन्होंने प्रोत्साहन को दो प्रकार-धनात्मक एवं ऋणात्मक प्रोत्साहन में विभाजित किया है।

5. **शरीर क्रिया सिद्धान्त** इस सिद्धान्त के प्रतिपादक मॉर्गन के अनुसार मनुष्य में अभिप्रेरणा किसी बाह्य उद्दीपक द्वारा उत्पन्न नहीं होती अपितु उसके शरीर के अन्दर के तन्त्रों में होने वाले परिवर्तनों के कारण उत्पन्न होती है।

शिक्षकों के लिए अभिप्रेरणा का महत्त्व
(Importance of Motivation for Teachers)

- शिक्षक को सरल शैली, सरल शब्द तथा व्यावहारिक ज्ञान के साथ बच्चों का मनोबल बढ़ाकर अभिप्रेरित करना चाहिए।
- एक सफल प्रेरक के रूप में स्वयं को छात्रों के समक्ष प्रस्तुत करना चाहिए।
- विषय-वस्तु को व्यावहारिकता के साथ जोड़कर पढ़ाना चाहिए।
- शिक्षक को शिक्षण के लिए एक नवीन दृष्टिकोण तथा प्रयोगों को अपनाना चाहिए।
- पुरस्कार के माध्यम से शिक्षकों को विद्यालय में प्रतिस्पर्द्धात्मक वातावरण उत्पन्न करना चाहिए।
- छात्रों में जिज्ञासा/उत्सुकता का भाव उत्पन्न करना चाहिए।
- शिक्षकों को उच्च नैतिक मूल्य प्रस्तुत करना चाहिए।
- शिक्षकों को लोकतान्त्रिक मूल्यों से प्रेरित होना चाहिए।
- अपने कार्य के प्रति अध्यापकों को स्वयं को अभिप्रेरित रखना चाहिए।

सीखने की प्रक्रिया/अधिगम में अभिप्रेरणा का महत्त्व
(Importance of Motivation in Learning)

- अधिगम की प्रक्रिया में अभिप्रेरणा व्यक्तित्व विकास एवं सामाजिक विकास में सहायक होती है।
- अभिप्रेरणा सीखने की प्रक्रिया को मनोकुल तथा प्रभावशाली बनाती है।
- अधिगम में उच्च आकांक्षा, स्पष्ट उद्देश्य तथ परिणामों का ज्ञान विद्यार्थी के आत्म-प्रेरणा के लिए प्रोत्साहन का कार्य करती है।
- अभिप्रेरणा शिक्षण में लोकतांत्रिक प्रवृत्तियों के विकास को प्रोत्साहित करती है।
- अभिप्रेरणा शिक्षा के उद्देश्यों व लक्ष्यों की प्राप्ति के मार्ग को आसान बनाने में सहायक होती है।
- प्रेरणा, शिक्षण में अनुशासन बनाने, ध्यान केन्द्रित करने, चरित्र निर्माण, पाठ्यक्रम के निर्माण आदि में महत्त्वपूर्ण भूमिका निभाती है।
- प्रेरणा छात्रों के व्यवहार को नियंत्रित करने निर्देशित करने तथा परिवर्तित करने में महत्त्वपूर्ण भूमिका निभाती है।
- प्रेरणा बालकों में आन्तरिक तथा बाह्य दोनों रूपों से समायोजित कर अधिगम को अनूकुल बनाने में सहायक होती है।

अभ्यास प्रश्न

1. अधिगम है **[MP BEd 2019]**

(a) जो कुछ हम जानते हैं, वह सब अधिगम किया हुआ है
(b) व्यवहार, ज्ञान और कौशल पर तुलनात्मक स्थायी प्रभाव है
(c) प्रत्यक्ष रूप से अवलोकन और मापन योग्य हैं
(d) विशिष्ट आयु स्तर तक सीमित है

2. सार्थक अधिगम है **[Rajasthan BEd 2019]**

(a) वयस्कों और अधिक सक्षम साथियों का अनुकरण
(b) उद्दीपक तथा उत्तर के बीच युग्मन तथा साहचर्य
(c) दी गई सूचना की निष्क्रिय ग्रहण
(d) निजी अनुभवों से ज्ञान की संरचनाओं का सक्रिय निर्माण

3. विद्यार्थी अधिगम तब उत्पन्न होता है, जब

(a) सक्रिय शिक्षण हो **[BHU BEd 2020]**
(b) अभिभावक सक्रिय हो
(c) प्राचार्य सतर्क हो
(d) विद्यार्थी को सक्रिय बना दिया जाए

4. अधिगम (सीखने) हेतु विद्यार्थी का सबसे बड़ा गुण क्या है? **[BHU BEd 2020]**

(a) अच्छी याददाश्त (b) अच्छी सम्प्रेषण क्षमता
(c) सीखने हेतु कठिन श्रम (d) सीखने हेतु जिज्ञासा

5. अधिगम के सन्दर्भ में शिक्षाशास्त्रियों एवं मनोवैज्ञानिकों ने विविध प्रकार की परिभाषाएँ दी हैं। इन परिभाषाओं के अनुसार अधिगम ……… चलने वाली एक निरन्तर प्रक्रिया है। **[Rajasthan BEd 2017]**

(a) जीवन-पर्यन्त (b) किशोरावस्था तक
(c) वृद्धावस्था तक (d) युवावस्था तक

6. अधिगम के सन्दर्भ में निम्न में से क्या सही है?

1. यह निरन्तर चलने वाली प्रक्रिया है।
2. यह विकास की प्रक्रिया है।
3. यह उद्देश्यपूर्ण होता है।
4. यह अनुभवों का संगठन है।

कूट

(a) 1 और 2 (b) 2 और 3
(d) 3 और 4 (d) ये सभी

7. अधिगम के सन्दर्भ में दिया गया कथन "व्यवहार के अर्जन में उन्नति की प्रक्रिया को सीखना कहते हैं।" किस मनोवैज्ञानिक का है?

(a) स्किनर (b) वाइगोत्स्की
(c) गिलफोर्ड (d) क्रो एण्ड क्रो

8. अधिगम के सामाजिक निर्मितिवादी (कन्स्ट्रक्टीविस्ट) उपागम की विशेषता है **[MP BEd 2019]**

(a) अधिगम के लिए बालक के संज्ञान पर बल देना
(b) अधिगम के लिए सूचना-प्रक्रम पर बल देना
(c) अधिगम के लिए दूसरों से सहयोग पर बल देना
(d) अधिगम के लिए अनुभवों पर बल देना

9. अधिगम प्रभावित होता है **[IG Nov BEd 2019]**

(a) सामाजिक अन्त:क्रिया से
(b) अन्तर्वैयक्तिक सम्बन्ध से
(c) दूसरों से सम्प्रेषण से
(d) उपरोक्त सभी

10. स्किनर के अधिगम सिद्धान्त के अनुसार यदि व्यवहार को नियन्त्रित करना हो, तो व्यक्ति को किसे नियन्त्रित करना चाहिए? **[KVS PRT 2017]**

(a) अनुक्रिया (b) निष्पादन (c) दण्ड (d) प्रबलन

11. निम्न में से कौन-सा अधिगम की प्रक्रिया में योगदान देने के व्यक्तिगत कारकों में शामिल है?

(a) बालक (b) बालक की शैक्षिक पृष्ठभूमि
(c) अभिप्रेरणा (d) ये सभी

12. निम्न में से कौन-सा अधिगम की प्रक्रिया के व्यक्तिगत कारकों में शामिल नहीं है?

(a) वंशानुक्रम (b) बुद्धि (c) परिपक्वता (d) दुश्चिन्ता

13. सीखने के व्यक्तिगत कारकों में निम्नलिखित में से कौन-सा सम्मिलित नहीं है?

(a) सीखने वाले की अभिवृत्ति
(b) शारीरिक एवं मानसिक स्वास्थ्य
(c) सामाजिक वंशक्रम का ज्ञान
(d) सीखने का समय तथा अवधि

14. अधिगम की प्रक्रिया में निम्न में से कौन-सा व्यक्तिगत कारक योगदान देता है?

(a) बालकों को सीखने की रुचि
(b) शारीरिक व मानसिक दशाएँ
(c) बुद्धि (d) ये सभी

15. अधिगम की प्रक्रिया में योगदान देने वाले पर्यावरणीय कारक निम्नलिखित में से कौन-से हैं?

(a) सामाजिक वंशक्रम का ज्ञान
(b) वातावरण का प्रभाव
(c) व्यक्तित्व का विकास
(d) उपरोक्त सभी

16. अधिगम के सामाजिक एवं सांस्कृतिक वातावरण के अन्तर्गत शामिल है
(a) प्रचलित रीति-रिवाज (b) मान्यताएँ
(c) आदर्श (d) ये सभी

17. बालकों की सीखने की प्रकिया में कौन-सा पर्यावरणीय कारक योगदान देता है?
(a) पर्यावरण का प्रभाव (b) वंशानुक्रम
(c) कक्षा का परिवेश (d) ये सभी

18. अधिगम की प्रकिया में कौन-सा पर्यावरणीय कारक इस बात पर बल देता है यदि समाज विकसित व शिक्षित होगा तो उस समाज के बच्चे भी पढ़ाई के प्रति सजग होंगे तथा सीखने के प्रति जिज्ञासु बने रहेंगे?
(a) सामाजिक व सांस्कृतिक कारक
(b) आर्थिक कारक
(c) राजनीतिक कारक
(d) समूह-अध्ययन कारक

19. शिक्षण अधिगम के अन्तर्गत शिक्षक का प्रमुख कार्य है **[Rajasthan BEd 2017]**
(a) बालक को सीखने के लिए अभिप्रेरित करना
(b) बालक को पढ़ना
(c) बालक को खेलने से रोककर उसे अध्ययन में लगाना
(d) बालक को केवल पाठ्यपुस्तक से पढ़ने के लिए प्रेरित करना

20. निम्नलिखित में से कौन-सी शिक्षण-अधिगम व्यूह रचना (कौशल) सृजनात्मकता के विकास में बाधा पहुँचाती है? **[CG BEd 2019]**
(a) विद्यार्थियों को लचीले ढंग से चिन्तन में सहायता करना
(b) विद्यार्थियों को जोखिम (खतरा) उठाने के लिए प्रोत्साहित करना
(c) शिक्षण-अधिगम के दौरान विद्यार्थियों को अतिनियन्त्रित करना
(d) विद्यार्थियों को अध्यवसायी और विलम्ब सन्तुष्टि हेतु मार्गदर्शन प्रदान करना

21. कक्षा-कक्ष में विद्यार्थियों का अधिगम परिलक्षण है **[IG BEd 2019]**
(a) उनकी संज्ञानात्मक क्षमताओं का
(b) माता-पिता के सहयोग का
(c) मानसिक स्वास्थ्य और समायोजन का
(d) अभिरुचि और अभिप्रेरणा का

22. निम्नलिखित में से कौन-सा अधिगम को अधिकतम करने के लिए सर्वाधिक उचित है? **[CG BEd 2019]**
(a) शिक्षिका को अपनी संज्ञानात्मक शैली के साथ-साथ अपने शिक्षार्थियों की संज्ञानात्मक शैली की पहचान करनी चाहिए
(b) शिक्षार्थियों में वैयक्तिक भिन्नता को सहज बनाने के लिए समान शिक्षार्थियों के जोड़ बनाए जा सकते हैं
(c) अधिकतम परिणाम लाने के लिए शिक्षक केवल एक अधिगम शैली पर ध्यान केन्द्रित करता है
(d) समान सांस्कृतिक पृष्ठभूमि वाले शिक्षार्थियों को एक कक्षा में रखना चाहिए ताकि मत वैभिन्य से बचा जा सके

23. निम्नलिखित में से ········ के अतिरिक्त सभी के कारण अधिगम अक्षमता उत्पन्न हो सकती है।
(a) शिक्षक की शिक्षण-शैली **[CG BEd 2019]**
(b) मन्दबुद्धिता
(c) जन्म से पहले माँ द्वारा मदिरा सेवन
(d) शैशवकाल के समय दिमागी बुखार

24. अभिप्रेरणा क्या है?
(a) किसी कार्य को करने की इच्छा शक्ति
(b) किसी कार्य को नहीं करने की इच्छा शक्ति
(c) अभिप्रेरणा सामान्यतया बालकों में निराशा का भाव उत्पन्न करती है
(d) उपरोक्त में से कोई नहीं

25. निम्नलिखित में से किस मनोवैज्ञानिक ने अभिप्रेरणा को सीखने का राजमार्ग बताया?
(a) स्किनर (b) रस्किन
(c) क्रो एवं क्रो (d) गेट्स

26. निम्न में से कौन एक अभिप्रेरणा की विशेषता नहीं है?
(a) इसमें क्रियाशीलता होती है
(b) यह व्यक्ति के व्यवहार को उत्तेजित करती है
(c) यह किसी कार्य को करने के लिए ऊर्जा प्रदान करती है
(d) यह व्यक्ति के कार्य में बाधा उत्पन्न करती है

27. किसी कार्य को अपनी स्वयं की इच्छा से न करके दूसरे की इच्छा से करना चाहता है, तो अभिप्रेरणा की कौन-सी स्थिति होगी?
(a) सकारात्मक स्थिति (b) नकारात्मक स्थिति
(c) उदासीन स्थिति (d) इनमें से कोई नहीं

28. मनोवैज्ञानिकों के अनुसार अभिप्रेरणा चक्र के क्रमिक कदम निम्नलिखित में से कौन-सा/से है/हैं?
(a) आवश्यकता (b) अन्तर्नोद
(c) प्रोत्साहन या लक्ष्य (d) ये सभी

29. जैविक आवश्यकता में शामिल है
(a) भूख (b) प्यास (c) काम (d) ये सभी

30. 'स्वत: अभिरुचि' का सम्बन्ध निम्नलिखित में से किससे है?
(a) आन्तरिक अभिप्रेरण (b) बाह्य अभिप्रेरण
(c) 'a' और 'b' दोनों (d) न तो 1 और न ही 2

31. यदि कोई व्यक्ति आत्मसम्मान, सामाजिक प्रतिष्ठा एवं विशेष उपलब्धि की आकांक्षा रखता है, तो उसके बारे में कहा जा सकता है कि वह
(a) आन्तरिक रूप से अभिप्रेरित है
(b) बाह्य रूप से अभिप्रेरित है
(c) आन्तरिक एवं बाह्य दोनों रूप से अभिप्रेरित है
(d) उपरोक्त में से कोई नहीं

32. रुचि, आदत व सामुदायिकता किस प्रकार के प्रेरक के उदाहरण हैं?
(a) अर्जित प्रेरक (b) जन्मजात प्रेरक
(c) मनोवैज्ञानिक प्रेरक (d) स्वाभाविक प्रेरक

33. मॉस्लो के अनुसार, निम्नलिखित प्रेरणाओं में सबसे अधिक शक्तिशाली प्रेरणाएँ कौन-सी है?
(a) दैहिक आवश्यकताएँ (b) व्यक्तिगत सामाजिक
(c) अर्जित प्रेरणाएँ (d) सामान्य सामाजिक

34. निम्नलिखित में से कृत्रिम प्रेरक है
(a) दण्ड (b) प्रशंसा
(c) पुरस्कार (d) ये सभी

35. अभिप्रेरणा का स्रोत कौन-सा है? **[UPTET June 2013]**
(a) आवश्यकता (b) चालक
(c) प्रेरक (d) इच्छा

36. निम्नलिखित में से प्रेरणा प्रदान करने वाला घटक है
(a) उत्तेजना (b) प्रोत्साहन
(c) दंण्ड (d) ये सभी

37. बाह्य अभिप्रेरणा में समावेशित किया जाएगा **[RTET July 2011]**
1. प्रशंसा एवं दोषारोपण 2. प्रतिद्वन्द्विता
3. पुरस्कार एवं दण्ड 4. परिणाम का ज्ञान
कूट
(a) 1 और 2 (b) 1, 2 और 3
(c) केवल 2 (d) ये सभी

38. बालकों के सीखने में प्रेरणा को किस रूप में उपयोगी माना जाता है? **[UPTET June 2013]**
(a) बालक की वैयक्तिकता का आदर
(b) पुरस्कार एवं दण्ड
(c) प्रशंसा एवं भर्त्सना
(d) उपरोक्त सभी

39. आवश्यकता का पदानुक्रम सिद्धान्त ……… द्वारा प्रतिपादित किया गया था। **[UPTET Feb 2016]**
(a) वाटसन (b) मॉस्लो
(c) कोह्लर (d) पावलॉव

40. मॉस्लो के आवश्यकता-पदानुक्रम सिद्धान्त के सबसे निचले स्तर में वर्णित है
(a) शारीरिक आवश्यकताएँ (b) सुरक्षा की आवश्यकता
(c) सम्मान की आवश्यकता (d) सामाजिक आवश्यकता

41. मॉस्लो के आवश्यकता-पदानुक्रम सिद्धान्त के अनुसार कौन-सी आवश्यकता सबसे अन्त में पूरी होती है?
(a) सम्मान (b) आत्म-यथार्थता
(c) सुरक्षा (d) सामाजिक

42. "अभिप्रेरणा की व्याख्या जन्मजात मूल प्रवृत्तियों के आधार पर की जा सकती है।" किसने कहा है? **[BTET April 2011]**
(a) मैक्डूगल ने (b) कर्ट लेविन ने
(c) फ्रायड ने (d) स्किनर ने

43. अभिप्रेरणा से सम्बन्धित सिद्धान्त एवं उनके प्रतिपादक का नाम दिया गया है, निम्न में से कौन-सा युग्म सही नहीं है?
(a) मूल प्रवृत्ति का सिद्धान्त—मैक्डूगल
(b) मनोविश्लेषण का सिद्धान्त—मॉस्लो
(c) शरीर क्रिया का सिद्धान्त—मॉर्गन
(d) अधिगम सिद्धान्त—कर्ट लेविन

44. उपलब्धि अभिप्रेरणा है
(a) चुनौतीपूर्ण कार्य करने में डटे रहने की प्रवृत्ति
(b) असफलता से बचने की प्रवृत्ति
(c) सफलता व असफलता को समान रूप से स्वीकार करने की तत्परता
(d) बिना विचारे, जल्दबाजी में कार्य करने की प्रवृत्ति

45. प्रेरणा किसकी व्याख्या करती है?
(a) व्यवहार क्या है
(b) व्यवहार के प्रभाव
(c) व्यवहार क्यों घटित होता है
(d) उपरोक्त में से कोई नहीं

46. निम्नलिखित में से कौन-सा सीखने के लिए अधिकतम रूप से अभिप्रेरित करता है? **[CTET Nov 2012]**
(a) बहुत सरल या कठिन लक्ष्यों का चयन करने की प्रवृत्ति
(b) लक्ष्यों को प्राप्त करने में व्यक्तिगत सन्तुष्टि
(c) बाह्य कारक
(d) असफलता से बचने के लिए अभिप्रेरणा

47. बच्चों को सीखने हेतु अभिप्रेरित करने के लिए शिक्षक को बढ़ावा देना चाहिए **[UPTET Nov 2013]**
(a) प्रतिस्पर्द्धा
(b) कक्षा में प्रथम आने वाले बच्चे को पुरस्कृत करके
(c) सीखने हेतु उचित स्थिति और वातावरण का सृजन
(d) कक्षा में प्रतिभाशाली बच्चों की प्रशंसा करके

48. एक आन्तरिक बल जो प्रोत्साहित करता है और व्यवहारपरक प्रतिक्रिया के लिए बाध्य करता है एवं उस प्रतिक्रिया को विशिष्ट दिशा उपलब्ध कराता है **[CTET Sept 2014]**

(a) अभिप्रेरण (b) अध्यवसाय
(c) संवेग (d) वचनबद्धता

49. निम्न में से कौन-सी शब्दावली प्राय: अभिप्रेरणा के साथ अन्त: बदलाव के साथ इस्तेमाल की जाती है? **[CTET Sept 2014]**

(a) पुरस्कार (प्रेरक)
(b) संवेग
(c) आवश्यकता
(d) उत्प्रेरणा

50. कोई शिक्षिका अपने विद्यार्थियों को अध्ययन करने हेतु आन्तरिक रूप से उत्प्रेरित करने के लिए कैसे प्रोत्साहित कर सकती है? **[CTET Sept 2016]**

(a) प्रतियोगितात्मक परीक्षण से
(b) व्यक्तिगत लक्ष्य निर्धारित करने और उनमें निपुणता पाने में उन्हें सहायता देकर
(c) साफ दिखाई पड़ने वाले इनाम देकर, जैसे-टॉफी
(d) उनमें चिन्ता और डर पैदा करके

51. निम्नलिखित में से शिक्षकों के लिए अभिप्रेरणा के महत्त्व में शामिल है

(a) पढ़ाने की शैली सरल होनी चाहिए
(b) छात्रों में जिज्ञासा का भाव उत्पन्न करना चाहिए
(c) शिक्षकों को उच्च नैतिक मूल्यों को प्रस्तुत करना चाहिए
(d) उपरोक्त सभी

52. सीखने में प्रेरणा की भूमिका होती है

(a) यह बाल व्यवहार में परिवर्तन लाती है
(b) यह चरित्र निर्माण में सहायता करती है
(c) यह मानसिक विकास को बढ़ाती है
(d) उपरोक्त सभी

53. सीखने की प्रक्रिया में, अभिप्रेरणा **[CTET June 2011]**

(a) शिक्षार्थियों की स्मरण-शक्ति को पैना बनाती है
(b) पिछले सीखे हुए को नए अधिगम से अलग करती है
(c) शिक्षार्थियों को एक दिशा में सोचने के योग्य बनाती है
(d) शिक्षार्थियों में सीखने के प्रति रुचि का विकास करती है

54. अधिगम के प्रक्रम में अभिप्रेरण **[UPTET Nov 2011]**

(a) सीखने वालों की स्मृति को तेज बनाता है
(b) पुराने अधिगम से नए अधिगम को विभेदित करता है
(c) एकदिशीय रूप से सोचने में सीखने वालों को प्रस्तुत करता है
(d) नए सीखने वालों में अधिगम के लिए रुचि का सृजन करता है

55. सीखने में प्रेरणा का स्थान अत्यन्त महत्त्वपूर्ण है, क्योंकि इससे बालकों में

(a) व्यक्तिगत विभिन्नताओं में कमी होती है
(b) शारीरिक विकास होता है
(c) अनुशासन की भावना का विकास होता है
(d) सामाजिक गुण सीमित रहते हैं

56. निम्नलिखित दिए गए कथनों में कौन सही है?

1. बालकों को सीखने के लिए उन्हें प्रेरित करना चाहिए।
2. बच्चों को सीखने के लिए शारीरिक व मानसिक रूप से स्वस्थ रहना बहुत आवश्यक है।
3. बुद्धि बालकों में खोजी दृष्टिकोण को बढ़ाती है।
4. अनुशासन छात्र जीवन का महत्त्वपूर्ण अंग है।

कूट

(a) 1 और 2 (b) 1 और 3
(c) 1, 2 और 4 (d) ये सभी

57. अधिगम में अभिप्रेरणा का क्या महत्त्व है?

(a) यह छात्रों में उत्सुकता उत्पन्न करती है
(b) छात्रों को कार्य के लिए आन्तरिक ऊर्जा प्रदान करती है
(c) यह छात्रों में नैतिक मूल्यों को बढ़ाता है
(d) उपरोक्त सभी

उत्तरमाला

1. (b)	2. (d)	3. (d)	4. (d)	5. (a)	6. (d)	7. (a)	8. (c)	9. (d)	10. (d)
11. (d)	12. (a)	13. (c)	14. (d)	15. (d)	16. (d)	17. (d)	18. (a)	19. (a)	20. (c)
21. (d)	22. (a)	23. (a)	24. (a)	25. (a)	26. (d)	27. (b)	28. (d)	29. (d)	30. (a)
31. (b)	32. (a)	33. (c)	34. (d)	35. (d)	36. (d)	37. (d)	38. (d)	39. (b)	40. (a)
41. (b)	42. (a)	43. (b)	44. (a)	45. (c)	46. (b)	47. (c)	48. (a)	49. (c)	50. (c)
51. (d)	52. (d)	53. (d)	54. (d)	55. (c)	56. (d)	57. (d)			

अध्याय 14

विद्यालय प्रशासन एवं पर्यवेक्षण

(School Administration & Supervision)

विद्यालय को शिक्षा एवं ज्ञान का मन्दिर कहा जाता है, विद्यालय एक ऐसी संस्था है, जहाँ दस शिक्षकों के मार्गदर्शन में छात्र अपनी क्षमता एवं योग्यता के अनुसार शिक्षा ग्रहण करते हैं। यह शिक्षा न सिर्फ उनका सर्वांगीण विकास करती है, बल्कि उन्हें वास्तविक जीवन की कठिनाइयों का सामना करने तथा अपने भविष्य का निर्माण करने की क्षमता भी प्रदान करती है।

शिक्षा के बदलते स्वरूप को ध्यान में रखते हुए विद्यालयों में पठन-पाठन का कार्य उसके अनुरूप क्रियान्वित करने के उद्देश्य को ध्यान में रखते हुए शिक्षा व्यवस्था का सुचारु रूप से संचालन के लिए विद्यालय में प्रशासनिक व्यवस्था एवं पर्यवेक्षण का होना अत्यन्त आवश्यक होता है।

विद्यालय प्रशासन एवं पर्यवेक्षण का अर्थ
(Meaning of School Administration & Supervision)

विद्यालय प्रशासन एवं पर्यवेक्षण से आशय वैसी प्रशासनिक कार्य प्रणाली से होता है, जो शिक्षक और छात्रों के मध्य अधिगम युग्म वातावरण का निर्माण करता है, आवश्यक सामग्रियों की उपलब्धता सुनिश्चित करता है, प्रबन्धन करता है तथा आवश्यकता अनुसार पर्यवेक्षण कर शिक्षण कार्य प्रणाली को प्रभावशाली बनाता है। यह शिक्षा से सम्बन्धित समस्त कार्यों को करता है। इसके साथ ही शिक्षा की क्रियान्वयन व्यवस्था एवं समय सारणी के निर्माण में भी अपनी महत्त्वपूर्ण भूमिका निभाता है। यह प्रशासन छात्रों के व्यक्तित्व निर्माण में भी महत्त्वपूर्ण भूमिका निभाता है। इसके कार्य प्रणाली की महत्ता को देखते हुए **वीश** और **रफनर** ने कहा है, कि "शैक्षिक प्रशासन वह प्रकिया है, जिसके द्वारा शिक्षा के लक्ष्यों को आसानी से प्राप्त किया जा सकता है।

अत: विद्यालय प्रशासन एवं पर्यवेक्षण विभिन्न स्तरों पर कार्य कर शिक्षा को सुलभ एवं सुगम बनाता है। विद्यालय में प्रशासन एवं पर्यवेक्षण विद्यालय के प्रबन्धन का महत्त्वपूर्ण घटक होता है।

विद्यालय प्रशासन एवं पर्यवेक्षण का स्तर
(Levels of School Administration & Supervision)

विद्यालय में उचित प्रशासन व पर्यवेक्षण के अभाव में विद्यालय में शैक्षिक व्यवस्था सही ढंग से नहीं चल सकती है। शिक्षा हमारे जीवन की दिशा भी निर्धारित करती है, इसी को ध्यान में रखते हुए विद्यालय प्रशासन एवं पर्यवेक्षण *प्रणाली को तीन स्तरों में विभाजित किया जाता है*

1. आन्तरिक स्तर पर संचालित प्रशासन व पर्यवेक्षण।
2. समिति स्तर पर प्रशासन व पर्यवेक्षण।
3. विभागीय स्तर पर प्रशासन व पर्यवेक्षण।

आन्तरिक स्तर पर प्रशासन व पर्यवेक्षण

- विद्यालय का आन्तरिक स्तर पर प्रशासन व पर्यवेक्षण विद्यालय के स्वरूप पर निर्भर करता है। प्रधानाध्यापक ही विद्यालय के समस्त कार्यों के प्रबन्धन व संचालन के लिए मुख्य रूप से उत्तरदायी होता है।
- प्रधानाध्यापक विद्यालय का प्रशासनिक अधिकारी होता है। यह छात्रों, अध्यापकों तथा स्थानीय समुदाय के मध्य सेतु का कार्य करता है। यह एक प्रशासक, वित्तीय प्रबन्धक, लेखाकार, निरीक्षणकर्त्ता आदि की समन्वित भूमिका निभाता है।
- प्रधानाध्यापक विद्यालय के भौतिक संसाधनों के साथ ही मानवीय संसाधनों का भी संरक्षक होता है। यह विद्यालय का बजट तैयार करता है एवं विभाग से प्राप्त धन का समुचित उपभोग भी करता है।
- यह विद्यालय के अध्यापकों, अन्य सहायक कर्मचारियों का निरीक्षण भी करता है तथा विद्यालय के दिन-प्रति संचालन को सुनिश्चित भी करता है एवं छात्रों तथा अध्यापकों से संवादरत रहता है।
- प्रधानाचार्य प्रवेश समिति, पाठ्यचर्या समिति, शैक्षणिक परामर्श समिति एवं परीक्षा समिति गठित करता है। ये सभी समितियाँ अपने-अपने निर्धारित क्षेत्रों में कार्य करती हैं। यह प्रवेश से लेकर पाठ्यचर्या व परीक्षा सम्बन्धित सभी क्रियाकलापों में महत्त्वपूर्ण भूमिका निभाता है।
- एक शिक्षक या शिक्षकों की समिति बनाई जाती है, जिसमें इसके लिए समय-सारणी समिति, पुस्तकालय समिति, छात्र सहायता समिति (15 से 20 प्रतिभाशाली छात्रों द्वारा) एवं छात्रवृत्ति समिति का गठन किया जाता है।
- इन सब के अतिरिक्त विद्यालयों में अनेक शिक्षणेत्तर गतिविधियों का आयोजन किया जाता है, जिससे छात्रों के व्यक्तित्व का अनुकूलतम सर्वांगीण विकास हो सके।

समिति स्तर पर प्रशासन व पर्यवेक्षण

समिति स्तर पर पर्यवेक्षण व प्रशासन के अन्तर्गत अनेक भौतिक संसाधनों की व्यवस्था की जाती है, जिसे विद्यालय की बुनियादी आवश्यकता समझी जाती है।

इसमें विद्यालय प्रबन्ध समिति, ग्राम शिक्षा समिति की महत्त्वपूर्ण भूमिका होती है। विद्यालय प्रबन्धन समिति विद्यालय संचालन एवं पर्यवेक्षण में मुख्य सहायक होता है। वहीं ग्राम शिक्षा समिति विद्यालयों के भौतिक संसाधनों की देखभाल, मरम्मत का कार्य सम्पादित कराता है। अत: यह विद्यालय एवं समुदाय के बीच कड़ी का काम करता है। अत: समिति स्तर पर भौतिक संसाधनों की उपलब्धता कराई जाती है एवं उसका निरीक्षण किया जाता है। *अत: विद्यालय के महत्त्वपूर्ण भौतिक संसाधन इस प्रकार हैं*

विद्यालय परिसर

- शिक्षकों द्वारा, विद्यार्थियों को विद्यालय परिसर की साफ-सफाई के महत्त्व के बारे में बताया जाना आवश्यक होता है और समय-समय पर साफ-सफाई के बारे में कई प्रतियोगिताएँ आयोजित करनी चाहिए।
- विद्यालय के वातावरण को स्वच्छ और सुन्दर बनाने के लिए पेड़-पौधे और फूलों के बगीचे लगाया जाना आवश्यक होता है। जिससे विद्यालय का वातावरण सुगन्धित और प्रदूषणरहित रहे और विद्यार्थियों का स्वास्थ्य भी उत्तम बना रहे।
- विद्यालय परिसर में सीसीटीवी कैमरे लगवाया जाता है, जिससे विद्यालय की प्रत्येक गतिविधि पर नजर रखी जा सके।
- विद्यार्थियों को भी स्कूल को स्वच्छ रखने में सहयोग करना चाहिए, उन्हें कचरा यहाँ-वहाँ नहीं फैलाना चाहिए, हमेशा कूड़ेदान में ही डालना चाहिए।
- विद्यालय परिसर का वातावरण ऐसा होना चाहिए, जिससे विद्यार्थी बिना डरे, स्वयं को सुरक्षित महसूस करें।

कक्षा

- विद्यालय के अन्तर्गत कक्षा सबसे महत्त्वपूर्ण भौतिक संसाधन होता है।
- बच्चों की चित्रकारी कला और शिल्प कार्य को समय-समय पर कक्षा की दीवारों और शेल्फ पर प्रदर्शित किया जाता है।
- कमरे की भौतिक बनावट और आकार ऐसा तैयार किया जाता है कि बच्चे छोटे-छोटे समूहों में बैठ सकें अथवा कहानी सुनाने या सुनने के लिए घेरे में बैठ सकें।
- विद्यालय और कक्षा स्थानों का प्रयोग शिक्षा सम्बन्धी संसाधनों के लिए किया जाता है अर्थात् 4 फीट की ऊँचाई तक कक्षाओं में काला रंगरोगन करके ब्लैक बोर्ड बनाया जाता है, ताकि बच्चे आसानी से चाक से लिख सकें।

पुस्तकालय

- पुस्तकालय एकान्त में बनवाया गया हो, जो शोरगुल से मुक्त हो। पुस्तकालय में विद्यार्थियों के बैठने की उत्तम व्यवस्था होनी चाहिए।
- पुस्तकालय में पाठ्यक्रम से सम्बन्धित पुस्तकों के अतिरिक्त कहानी, कविता, शिक्षाप्रद उपन्यास, खेल पत्रिकाएँ तथा समसामयिक पत्रिकाओं का होना भी अति आवश्यक होता है।

प्रयोगशाला

- आज के वैज्ञानिक युग में व्यावहारिक ज्ञान, कौशल एवं दृष्टिकोण को प्राप्त करने पर बल दिया जाता है।
- विद्यालय के विभिन्न स्तरों के पाठ्यकम में विभिन्न वैज्ञानिक विषयों का महत्त्वपूर्ण स्थान है। अत: उनके शिक्षण को व्यावहारिक रूप देने के लिए सुव्यवस्थित एवं सुसज्जित प्रयोगशालाओं की आवश्यकता होती है।
- इनके माध्यम से वैज्ञानिक विषयों के शिक्षण को भी रोचक बनाया जाता है और इन विषयों को यथार्थता प्रदान की जाती है।
- बालक स्वयं क्रिया करके या अन्वेषण करके ज्ञान प्राप्त करने में समर्थ होता है तथा अन्वेषणकर्ता का दृष्टिकोण अपनाता है।

कम्प्यूटर लैब

- कम्प्यूटर लैब एक ऐसा साधन व स्थान है, जहाँ छात्रों एवं लोगों को कम्प्यूटर ज्ञान एवं सेवाएँ प्रदान की जाती हैं।
- वर्तमान में सरकारी शिक्षा में एनसीईआरटी पाठ्यक्रम लागू करने के साथ ही प्राइमरी एवं अपर प्राइमरी कक्षाओं से ही कम्प्यूटर साक्षरता अनिवार्य की गई है। अत: छात्रों की कम्प्यूटर तक पहुँच बनाने के लिए विद्यालयों में कम्प्यूटर लैब की व्यवस्था करनी अत्यन्त आवश्यक हो गया है।
- कम्प्यूटर लैब में पर्याप्त मात्रा में कम्प्यूटर इण्टरनेट, छात्रों के बैठने की उचित व्यवस्था आदि का होना अत्यन्त आवश्यक होता है, साथ ही विद्यालय में प्रशिक्षित कम्प्यूटर अध्यापक की उपलब्धता पर ध्यान दिया जाता है।

असेम्बली हॉल

- सामान्यत: प्रत्येक विद्यालय में एक बड़ा हॉल होना आवश्यक होता है। शहरी क्षेत्रों के विद्यालय में तो इसका होना परमावश्यक होता है।
- इसकी लम्बाई व चौड़ाई का निर्धारण विद्यालय के छात्रों की संख्या पर आधारित होता है। इसका निर्माण ऐसा होना चाहिए कि एक ओर प्लेटफॉर्म बना हो, जिसका प्रयोग सेमिनार के समय प्रयुक्त संसाधनों तथा अन्य सांस्कृतिक कार्यक्रमों के लिए किया जा सके।

शौचालय

- विद्यालय में शौचालय अनिवार्य रूप से हो, इसे सुनिश्चित करना समिति का मुख्य कार्य होता है।
- विद्यालयों में बालक और बालिकाओं के लिए अलग-अलग शौचालयों की व्यवस्था की जाती है।
- अत: इन शौचालयों में पानी की व्यवस्था उत्तम होनी चाहिए, साथ ही शौचालयों के प्रयोग के पश्चात् हाथ धोने के लिए उत्तम सामग्रियों की व्यवस्था भी होनी चाहिए। शौचालय कक्ष के निकट कूड़ेदान की व्यवस्था होनी चाहिए। जिससे की सम्पूर्ण स्वच्छता सुनिश्चित हो सके।

पानी की व्यवस्था

गर्मी के दिनों में विद्यार्थियों के लिए ठण्डे पानी की व्यवस्था होनी चाहिए। पानी रखे जाने वाली टंकी की सप्ताह में एक बार सफाई होनी चाहिए। स्कूल परिसर से जल निकासी की उत्तम व्यवस्था होनी चाहिए, जिससे पानी का जमाव ना हो, बीमारियाँ ना फैले तथा साफ-सफाई रहे।

खेल का मैदान

- खेल-कूद जीवन का आवश्यक अंग हैं, विद्यार्थी जीवन में इसका महत्त्व कुछ अधिक ही है। यह शारीरिक एवं मानसिक विकास में बहुत सहायता करता है।
- खेल के मैदान में पर्याप्त रूप से घास होनी चाहिए, जिससे खेलते समय कोई विद्यार्थी गिरकर घायल न हो, साथ ही खेल के मैदान में दर्शकों के बैठने की पूरी व्यवस्था होनी चाहिए।

कार्यालय

सामान्य कक्ष, विशेष कक्षों तथा हॉल आदि के अतिरिक्त विद्यालय भवन में प्रधानाचार्य का दफ्तर या कार्यालय होना चाहिए, जिससे विद्यालय संचालन का कार्य सुचारु रूप से हो सके।

शिक्षक-कक्ष

शिक्षकों के लिए शिक्षक-कक्ष होना चाहिए, जिसमें उनके बैठने, फाइल एवं पुस्तकों के रखने की उपयुक्त व्यवस्था हो।

कैण्टीन

विद्यालय में कैण्टीन आदि के लिए व्यवस्था करना भी अत्यन्त आवश्यक होता है, जिसमें बिना लाभ प्राप्त किए बालकों के लिए दोपहर के भोजन या जलपान का प्रबन्ध हो।

छात्रावास

- विद्यालयों में छात्रावास की व्यवस्था भी होनी चाहिए। प्राय: बहुत से विद्यार्थी दूर स्थानों से पढ़ने आते हैं, वे प्रतिदिन घर से विद्यालय आना-जाना नहीं कर पाते। ऐसे छात्रों के लिए छात्रावास की व्यवस्था की जानी चाहिए, जिससे उनके समय की बचत हो तथा वे उस समय का सदुपयोग कर सकें।
- छात्रावास में छात्रों के भोजन, पीने के लिए स्वच्छ जल, खाना खाने के स्थान एवं विराम के लिए स्वच्छ बिस्तरों की व्यवस्था होनी चाहिए।

- प्रधानाध्यापक का यह कर्त्तव्य होता है कि वह समय-समय पर छात्रावास का निरीक्षण करें, जिससे उसे यह ज्ञात हो सके कि छात्रावास में दी जाने वाली सुविधाओं का स्तर क्या है और कैसे इनमें पर्याप्त सुधार किया जा सकता है।

विभागीय स्तर पर प्रशासन एवं पर्यवेक्षण

विद्यालयों में विभागीय स्तर पर प्रशासन एवं पर्यवेक्षण की भूमिका बेहद महत्त्वपूर्ण मानी जाती है। विद्यालयों में विभागीय स्तर पर प्रखण्ड शिक्षा पदाधिकारी, जिला शिक्षा पदाधिकारी; जैसे—प्रशासनिक अधिकारियों की भूमिका महत्त्वपूर्ण होती है। इसके अलावा विभागीय समितियों का योगदान महत्त्वपूर्ण होता है। विभागीय स्तर पर गठित समितियों के कार्य केवल अपने विभाग तक ही सीमित होते हैं। ऐसी समितियाँ मुख्य रूप से निदानात्मक तरीके से कार्य करती हैं। समस्याओं का समाधान अविलम्ब करती हैं।

शिक्षण, कक्षा-कक्ष, विद्यालय परिसर, पुस्तकालय, स्वच्छता सम्बन्धित, कम्प्यूटर लैब, प्रयोगशालाएँ, पेयजल सम्बन्धित, छात्रावास एवं खेलकूद सहित विभिन्न पाठ्यक्रमों के लिए अलग-अलग समितियों का गठन किया जाता है। ये अपनी रिपोर्ट विभागीय प्रमुख को देते हैं। विभागीय प्रमुख रिपोर्ट के अनुकूल आवश्यक कदम उठाती है। एक विद्यालय हेतु सबसे बड़ी समस्या अच्छी आधारित संरचना की कमी पाई जाती है। इसमें विभागीय पदाधिकारी, विभागीय समितियाँ तथा प्रधानाध्यापकों की भी महत्त्वपूर्ण भूमिका पाई जाती है।

विभागीय समिति की कार्य-प्रणाली लोकतान्त्रिक मानी जाती है, क्योंकि विभागीय समिति केन्द्रीय या आन्तरिक समिति के निर्देशानुसार कार्य करती है। *विभागीय स्तर पर प्रशासन एवं पर्यवेक्षण के अन्तर्गत निम्नलिखित बिन्दुओं को शामिल किया जाता है*

- **प्राथमिक कक्षा के शिक्षकों का दायित्व** विद्यालय के प्रशासन में प्राथमिक शिक्षकों की भूमिका महत्त्वपूर्ण होती है। एक प्राथमिक विद्यालय के प्रधानाचार्य की प्रशासनिक क्षमता पर विद्यालय प्रशासन सम्बन्धी मूलभूत सिद्धान्तों के ज्ञान का प्रभाव व्यापक रूप से पड़ता है। प्राथमिक शिक्षा का सर्वाधिक हित लाभ शिक्षक सुधार करना होता है।
- **प्रधानाचार्य का उत्तरदायित्व** विद्यालय प्रशासन में प्रधानाचार्य की भूमिका महत्त्वपूर्ण मानी जाती है। वह प्रत्यक्ष रूप से कार्यों का व्यापक निरीक्षण करता है। यह स्थानीय अधीक्षक के प्रति सीधे उत्तरदायी होता है। विद्यालय के प्रधानाध्यापकों से ऐसी आशा की जाती है कि वह विद्यालय में पाठ्यक्रमों को पढ़ाने का समुचित प्रबन्ध करें। साथ ही प्रधानाचार्य का यह प्रमुख दायित्व होता है कि वह शिक्षण योजना को गुणवत्तापूर्ण नेतृत्व प्रदान करें।
- **विद्यालय अधीक्षक का कर्त्तव्य** विद्यालय अधीक्षक नियमित रूप से विद्यालयों का निरीक्षण करते हैं। वह नियमों एवं नियन्त्रण की संस्तुति करता है, परिषद् के संगठनों में विशेष सहायता प्रदान करता है। विद्यालय परिषद् की विभिन्न मीटिंगों की अध्यक्षता करता है तथा विद्यालय सत्र का नियमित कलैण्डर तैयार करता है। एक अधीक्षक शिक्षकों को सूचनात्मक एवं सहयोगात्मक लाभ प्रदान करता है। अधीक्षक की भूमिका रचनात्मक एवं सृजनात्मक मानी जाती है।
- **पर्यवेक्षक एवं शिक्षक के मध्य मीटिंग** पर्यवेक्षक एवं शिक्षक विद्यालय प्रशासन में महत्त्वपूर्ण भूमिका निभाते हैं। समय-समय पर दोनों के मध्य बैठकों का आयोजन किया जाता है। विद्यालय की प्रगति के सन्दर्भ में उपयोगी विचारों का आदान- प्रदान करने हेतु इस बैठक को आवश्यक माना जाता है। पर्यवेक्षक का मुख्य उद्देश्य होता है, छात्रों को प्रभावी ढंग से पढ़ने में मद्द करना तथा अधिगम को उन्नत बनाना आदि।
- **एक उत्तम पर्यवेक्षक का कार्य** एक उत्तम पर्यवेक्षक सूझ-बूझ से नियमों को क्रियान्वित करता है। एक पर्यवेक्षक यह स्वीकरोक्ति करता है कि कुछ शिक्षक उससे अधिक उत्तम शिक्षण कार्य कर सकते हैं। वह अपनी पर्यवेक्षण कुशलताओं के स्वतन्त्र मूल्यांकन के लिए शिक्षकों का सहारा लेता है। वह नवीन विधियों के सन्दर्भ में अपने दृष्टिकोण को परिवर्तित कर सकता है। साथ ही एक उत्तम पर्यवेक्षक अपने सहयोगी शिक्षकों से कुछ-न-कुछ सीखने एवं ग्रहण करने हेतु सदैव तत्पर रहता है।
- **पर्यवेक्षण कार्य की प्रभावशीलता का मूल्यांकन** विद्यालय पर्यवेक्षण कार्य की प्रभावशीलता का मूल्यांकन करना आवश्यक माना जाता है। इससे विद्यालय की प्रशासनिक व्यवस्थाओं के बारे में पता चलता है एवं आवश्यकता पड़ने पर इसमें सुधार लाने की भी कोशिश की जाती है। विद्यालय में पर्यवेक्षण कार्य की प्रभावशीलता का मूल्यांकन कक्षा में दुर्व्यवहार की मात्रा में कमी के रूप में दिखता है। इससे असमानता की भावना उत्पन्न नहीं होती है। मूल्यांकन का मुख्य आधार अधिक सामुदायिक सन्तुष्टि के रूप में तथा व्यक्तिगत सन्तुष्टि के रूप में ना होकर शिक्षक में समुदाय द्वारा अपेक्षित सहयोग प्रदान करने के रूप में, शिक्षा के उद्देश्यों की प्राप्ति तथा उद्देश्यों की ओर उन्मुखता के रूप में, होता है। यह शिक्षण उद्देश्यों की पूर्ति के सन्दर्भ में विशेष रूप से महत्त्वपूर्ण होता है।

अभ्यास प्रश्न

1. शिक्षकों के मार्गदर्शन में छात्र जहाँ अपनी क्षमता एवं योग्यता के अनुसार शिक्षा ग्रहण करते हैं, क्या कहलाता है?
(a) शैक्षणिक गृह (b) विद्यालय
(c) कक्षा-कक्ष (d) अध्यापक कक्ष

2. शिक्षा व्यवस्था के सुचारु रूप से संचालन के लिए विद्यालय में किसका होना अत्यन्त आवश्यक है?
(a) प्रशासनिक व्यवस्था एवं पर्यवेक्षण
(b) पर्यवेक्षण एवं शैक्षिक नियोजन
(c) शैक्षणिक वातावरण एवं नियोजन
(d) उपरोक्त सभी

3. कौन हमारे जीवन की दिशा एवं दशा को निर्धारित करती है?
(a) सामाजिक वातावरण (b) शिक्षा
(c) प्रयोगशाला (d) प्रशासनिक संरचना

4. विद्यालय प्रशासन को अधिक प्रभावशाली ढंग से कार्य करने के लिए किया जाना चाहिए
(a) सत्ता का विकन्द्रीकरण (b) अनाग्रह प्रवृत्ति
(c) कार्मिक वर्ग का विकास (d) ये सभी

5. विद्यालय प्रशासन व पर्यवेक्षण प्रणाली को कितने स्तरों में विभाजित किया जाता है?
(a) तीन (b) चार (c) सात (d) आठ

6. यदि विद्यालय का आकार बड़ा हो तो प्रधानाचार्य पर्यवेक्षण व प्रशासन सम्बन्धी उत्तरदायित्व किसे सौंपते हैं?
(a) छात्रों को (b) शिक्षकों को
(c) अधीक्षकों को (d) इन सभी को

7. समस्त विद्यालय के प्रशासनिक कार्यों का संचालन कौन करता है?
(a) प्रधानाचार्य
(b) शिक्षक
(c) जिला शिक्षा अधिकारी
(d) प्रखण्ड शिक्षा अधिकारी

8. आन्तरिक स्तर पर विद्यालय में प्रशासन व प्रबन्धन सम्बन्धित समितियों का गठन कौन करता है?
(a) शिक्षक
(b) विभागीय अध्यक्ष
(c) प्रधानाचार्य
(d) प्रखण्ड शिक्षा अधिकार

9. प्रधानाचार्य किस समिति का गठन करता है?
(a) प्रवेश समिति (b) पाठ्यचर्या समिति
(c) शैक्षणिक परामर्श समिति (d) ये सभी

10. शिक्षण अधिगम को नियोजित करने हेतु किस समिति का गठन किया गया है?
(a) पुस्तकालय समिति
(b) छात्र सहायता समिति
(c) छात्रवृत्ति समिति
(d) उपरोक्त सभी

11. छात्र सहायता समिति में कितने प्रतिभाशाली छात्रों को सम्मिलित किया जाता है?
(a) 5-10 (b) 10-15
(c) 15-20 (d) 20-25

12. शिक्षणेत्तर गतिविधियों को संचालित करने हेतु निम्न में से किस समिति का गठन नहीं किया जाता है?
(a) खेलकूद समिति (b) प्रकाशन समिति
(c) सम्पर्क समिति (d) पाठ्यक्रम समिति

13. विद्यालय परिसर से तात्पर्य है
(a) विद्यालय व्यवस्था
(b) विद्यालय प्रशासन
(c) विद्यालय वातावरण
(d) उपरोक्त में से कोई नहीं

14. विद्यालय भवन में निम्नलिखित में कौन-सा भाग सम्मिलित नहीं किया जाता?
(a) छात्रावास भवन (b) प्रयोगशालाएँ
(c) जिम्नेजियम (d) नेशनल हाइवे

15. कौन-सी संस्था हमारी दैनिक दक्षता में वृद्धि करने का केन्द्र है?
(a) वाचनालय (b) खेल का मैदान
(c) विद्यालय (d) परिवार

16. विद्यालय में पेड़-पौधे लगाने से लाभ है
(a) पर्यावरण की स्वच्छता (b) विद्यालय साफ-सुथरा
(c) वनों में वृद्धि (d) स्वच्छता

17. शिक्षण को प्रभावशाली बनाने हेतु उपयुक्त सामग्री है
(a) विद्यालय का मैदान (b) विद्यालय की इमारत
(c) श्यामपट्ट (d) ये सभी

18. **विद्यालय का वातावरण सुगन्धित और प्रदूषणरहित रखने हेतु क्या करना चाहिए?**
(a) रंग-रोगन करना चाहिए
(b) बगीचे लगाना चाहिए
(c) सभागार को घेरना चाहिए
(d) पेयजल की सुविधा करनी चाहिए

19. **विद्यालय की प्रत्येक गतिविधि पर नियन्त्रण रखने हेतु विद्यालय परिसर में**
(a) निजी गार्ड नियुक्त करना चाहिए
(b) निरीक्षक की नियुक्ति करनी चाहिए
(c) पुलिस निगरानी बढ़ानी चाहिए
(d) सी.सी.टी.वी. कैमरे लगवाने चाहिए

20. **विद्यालय की कक्षा होनी चाहिए**
(a) गुप्त स्थानों पर
(b) रोशनीदार व हवादार
(c) खुले आकाश के नीचे
(d) पेड़ के नीचे

21. **कमरे की भौतिक बनावट और आकार कैसा होना चाहिए?**
(a) अत्यधिक बड़ा
(b) अत्यधिक छोटा
(c) सामान्य आकार का
(d) बच्चों की संख्या के अनुरूप

22. **कक्षा के कोने का उपयोग किस रूप में किया जाता है?**
(a) दण्डित करने के उद्देश्य से
(b) अलमारी रखने के उद्देश्य से
(c) अध्ययन सामग्री रखने हेतु
(d) सजाने के लिए

23. **विद्यालय का पुस्तकालय का निर्माण कहाँ किया जाता है?**
(a) एकान्त स्थान पर (b) कार्यालय के बगल में
(c) कैण्टीन के बगल में (d) शौचालय के बगल में

24. **निम्नलिखित में से कौन विद्यालय की भौतिक संरचना का उदाहरण नहीं है?** **[Delhi University BEd 2019]**
(a) खेल का मैदान (b) भवन
(c) प्रयोगशालाएँ (d) लाइब्रेरियन

25. **निम्नलिखित में से पुस्तकालय का मूल तत्त्व क्या है?**
(a) मासिक पत्रिका व समाचार-पत्र
(b) सामग्री
(c) पाठक व स्टाफ
(d) पुस्तकें

26. **निम्नलिखित में से कौन विद्यालय के पुस्तकालय की विशेषता है?**
(a) बैठने की व्यवस्था
(b) पानी की व्यवस्था
(c) पाठ्यक्रम के अतिरिक्त पुस्तकों की व्यवस्था
(d) उपरोक्त सभी

27. **प्रयोगशालाओं में शिक्षक की भूमिका छात्रों के समकक्ष कैसी होनी चाहिए?**
(a) प्रयोगकर्ता की (b) पर्यवेक्षक की
(c) निर्देशक की (d) इनमें से कोई नहीं

28. **प्रयोशालाओं में बालक किस प्रकार ज्ञान अर्जित करते हैं?**
(a) अनुसरण करके (b) देखकर
(c) अन्वेषण करके (d) मूर्त्त क्रिया द्वारा

29. **निम्नलिखित कथनों में से सत्य कथन की पहचान कीजिए**
1. मानव के मल-मूत्र की समुचित व्यवस्था को शौचालय कहते हैं।
2. एक विद्यालय में शौचालय अनिवार्य रूप से होना चाहिए।
3. विद्यालयों में बालक एवं बालिकाओं के लिए अलग-अलग शौचालयों की व्यवस्था होनी चाहिए।
4. अलग शौचालय की व्यवस्था न होने के कारण अधिकतर लड़कियाँ स्कूल जाना छोड़ देती है।

कूट
(a) 1, 3 एवं 4 (b) 2 एवं 3
(c) 1 एवं 4 (d) ये सभी

30. **'शौचालय' के समीप किसकी व्यवस्था अनिवार्य है?**
(a) जल (b) कूड़ेदान
(c) बागवानी (d) जल और कूड़ेदान दोनों

31. **स्कूल परिसर से जल की निकासी क्यों आवश्यक होता है?**
(a) पानी का जमाव न हो (b) बीमारियाँ न फैलें
(c) साफ-सफाई रहे (d) ये सभी

32. **खेलकूद विद्यार्थियों के लिए क्यों आवश्यक है?**
(a) मानसिक विकास के लिए
(b) शारीरिक विकास के लिए
(c) सर्वांगीण विकास के लिए
(d) उपरोक्त सभी

33. **खेल का मैदान किस के परिसर का आवश्यक तत्त्व माना जाता है?**
(a) अस्पताल (b) विद्यालय
(c) मन्त्रालय (d) इनमें से कोई नहीं

34. विद्यालय में कैण्टीन का उपयोग होता है
(a) जलपान के लिए
(b) शिक्षण कार्य के लिए
(c) मनोरंजन के लिए
(d) समय बिताने के लिए

35. छात्रावास में विद्यालय प्रशासन द्वारा किस प्रकार की सुविधा प्रदान नहीं की जाती है?
(a) स्वच्छ जल (b) स्वच्छ बिस्तर
(c) मनोरंजन (d) भोजनालय

36. एक विद्यालय हेतु सबसे बड़ी समस्या कौन-सी है? **[Bihar BEd 2020]**
(a) वित्त की कमी
(b) अच्छी आधारिक संरचना की कमी
(c) अच्छे अध्यापकों की कमी
(d) विद्यार्थियों की लगातार कमी होना

37. निम्नलिखित में से कौन-सी अवधारणा प्रजातान्त्रिक विद्यालय प्रशासन के अनुकूल नहीं है?
(a) प्रत्येक शिक्षक को शिक्षा क्षेत्र में एकसमान योगदान देना चाहिए
(b) समूह का कल्याण व्यक्ति के कल्याण में सन्निहित होता है
(c) सामूहिक एवं सहकारिता के आधार पर लिए गए निर्णय व्यक्तिगत निर्णयों से अधिक सुदृढ़ होते हैं
(d) प्रत्येक विचार को तार्किक आधार पर कसना चाहिए, ताकि अन्तिम निर्णय उत्तम बन सके

38. विद्यालय-पर्यवेक्षण का प्रमुख कार्य होता है
(a) छात्रों के कल्याण की प्रोन्नति
(b) शिक्षण कार्य दिवसों का संगठन
(c) विद्यालय व्यवस्थाओं का उत्तम प्रयोग
(d) पाठ्यक्रम का उत्तम क्रियान्वयन

39. विद्यालय पर्यवेक्षण में प्राथमिकता दी जानी चाहिए
(a) सुरक्षात्मक एवं क्रान्तिक उपायों को
(b) सुरक्षात्मक एवं सुधारात्मक उपायों को
(c) संरचनात्मक एवं सृजनात्मक उपायों को
(d) सुरक्षात्मक एवं क्रान्तिक उपायों को

40. विद्यालय का प्रधानाचार्य सीधे उत्तरदायी होता है
(a) स्थानीय विद्यालय बोर्ड के प्रति
(b) विद्यालय बोर्ड की शिक्षा समिति के प्रति
(c) स्थानीय अधीक्षक के प्रति
(d) राज्य अधीक्षक के प्रति

41. अध्यापक द्वारा किसी विषय की विषय-वस्तु के प्रस्तुतीकरण में निम्नलिखित में से कौन-सा असंगत है? **[KVS 2017]**
(a) वर्तमान कक्षा की अवस्थाएँ
(b) विद्यार्थियों का संज्ञानात्मक स्तर
(c) परीक्षा योजना
(d) निर्धारित उद्देश्य

42. पर्यवेक्षण का बुनियादी उद्देश्य होता है
(a) शिक्षकों को शिक्षण तकनीकियों में सुधार हेतु प्रोत्साहित करना
(b) शिक्षकों को अपने छात्रों को समझने में सहायता प्रदान करना
(c) शिक्षकों को छात्रों से व्यवहार करने में दक्ष बनाना
(d) छात्रों को प्रभावी ढंग से पढ़ने में मदद करना

43. शिक्षकों के पर्यवेक्षण के आधार पर जो प्रमुख उद्देश्य प्राप्त किया जाता है, वह है
(a) विद्यालय कार्मिकों का भरपूर उपयोग
(b) निर्धारित पाठ्यक्रम से शिक्षकों को बलपूर्वक जोड़ना
(c) छात्रों की उत्तरोत्तर प्रगति पर ध्यान रखना
(d) अधिगम प्रक्रियाओं को उन्नत बनाना

44. एक उत्तम पर्यवेक्षक निम्नलिखित में से कौन-सा कार्य नहीं करेगा
(a) वह यह स्वीकारोक्ति करें कि कुछ शिक्षक उससे अधिक उत्तम शिक्षण कार्य कर सकते हैं
(b) वह अपनी पर्यवेक्षण कुशलताओं के स्वतन्त्र मूल्यांकन के लिए शिक्षकों का सहारा ले
(c) नवीन विधियों के सन्दर्भ में अपने दृष्टिकोण को परिवर्तित कर दें
(d) वह अपने सभी सहयोगी शिक्षकों से किसी एक उत्तम शिक्षण विधि के प्रयोग की प्रत्याशा प्रकट करें

45. निम्नलिखित में से कौन-सा कर्त्तव्य विद्यालय अधीक्षक का नहीं है?
(a) स्थानीय विद्यालय नीतियों को निश्चित करना
(b) नियमों एवं नियन्त्रणों की संस्तुति करना
(c) परिषद् के संगठन में सहायता करना
(d) विद्यालय परिषद् की विभिन्न मीटिंगों की अध्यक्षता करना

46. प्रधानाचार्य का प्रमुख उत्तरदायित्व होता है
(a) निर्देशन योजना का प्रशासन एवं संगठन करना
(b) शिक्षण योजना को नेतृत्व प्रदान करना
(c) माता-पिता की आलोचना को सुनना
(d) विद्यालय अभिलेखों को तैयार करना

47. **पर्यवेक्षक एवं शिक्षक के मध्य मीटिंग का मुख्य उद्देश्य होना चाहिए**

(a) विद्यालय की प्रगति के सन्दर्भ में उपयोगी विचारों का आदान-प्रदान करने में सफल हो सकें

(b) विद्यालय सम्बन्धी कठिनाइयों के उपचार की व्यवस्था करना

(c) विद्यालय धन का उसके विकास कार्यों पर समुचित प्रयोग करना

(d) विद्यालय भवन एवं खेल के मैदानों के उचित प्रयोग सम्बन्धी व्यवस्था करना

48. **एक अधीक्षक को वर्तमान विद्यालयों में माना जाता है**

(a) एक मित्र, जो शिक्षकों को सूचनात्मक एवं सहयोगात्मक लाभ प्रदान करता है

(b) एक पर्यवेक्षक, जो शिक्षकों के शिक्षण की कक्षाओं में जाकर जाँच करता है

(c) एक नीति-निर्देशक, जो शिक्षकों से प्रत्याशित नीतियों की कसौटी को अपनाने की अपेक्षा व्यक्त करता है

(d) एक प्रशासक, जो सभी प्रशासनिक कार्य सम्पन्न करता है

49. **विद्यालय संगठन की उत्कृष्ट पहचान का चिह्न है**

(a) शिक्षण हेतु शिक्षकों की तैयारी

(b) समुदाय का आकार

(c) विद्यालय तन्त्र का आकार

(d) विद्यालय में प्रयोग की जाने वाली पाठ्यपुस्तकों की संख्या

50. **विद्यालय में पर्यवेक्षण कार्य की प्रभावशीलता का मूल्यांकन किया जाता हैं**

(a) अधिक सामुदायिक सन्तुष्टि के रूप में

(b) अधिक व्यक्तिगत सन्तुष्टि के रूप में

(c) शिक्षा के उद्देश्यों की ओर उन्मुखता में

(d) कक्षा में दुर्व्यवहार की मात्रा में कमी के रूप में

उत्तरमाला

1. (b)	2. (a)	3. (b)	4. (d)	5. (a)	6. (b)	7. (a)	8. (c)	9. (d)	10. (d)
11. (c)	12. (d)	13. (d)	14. (d)	15. (c)	16. (a)	17. (d)	18. (b)	19. (d)	20. (b)
21. (d)	22. (c)	23. (a)	24. (d)	25. (d)	26. (d)	27. (c)	28. (c)	29. (d)	30. (d)
31. (d)	32. (d)	33. (b)	34. (a)	35. (c)	36. (b)	37. (a)	38. (a)	39. (c)	40. (c)
41. (c)	42. (d)	43. (d)	44. (d)	45. (d)	46. (a)	47. (a)	48. (a)	49. (a)	50. (c)

अध्याय 15

आकलन एवं मूल्यांकन प्रणाली
(Assessment and Evaluation System)

आकलन (Assessment)

किसी व्यक्ति, वस्तु, शैक्षिक, ज्ञान आदि से सम्बन्धित जानकारी प्राप्त करने, समीक्षा करने और उसके उपयोग के तरीके को आकलन कहा जाता है। इसके द्वारा मात्रात्मक एवं गुणात्मक दोनों ही प्रकार की सूचनाएँ एकत्रित की जाती हैं।

आकलन वह प्रक्रिया है, जिसके द्वारा एकत्रित जानकारी का सम्बन्ध उस ज्ञात लक्ष्य या उद्देश्य से होता है, जिसके लिए वह निर्मित की गई होती है। जिन चीजों का आकलन किया जाता है, वे हैं ज्ञान, कौशल तथा प्रवृत्तियाँ जिनमें व्यवहार एवं क्षमताएँ भी शामिल होती हैं।

पारम्परिक रूप से ज्ञान को विभिन्न प्रकार की परीक्षाओं द्वारा मापा जाता है। **डा. बॉब** के अनुसार इनमें यह आधारभूत मान्यता निहित रहती है कि कोई व्यक्ति जो करता है तथा जो वह जानता है, उन दोनों के बीच में सम्बन्ध होता है, उस सम्बन्ध को निर्धारित करना ही वह आकलन होता है।

दूसरे शब्दों में यह कहा जा सकता है कि किसी व्यक्ति या किसी चीज के बारे में जानकारी प्राप्त करने, समीक्षा करने एवं उपयोग करने के तरीके को आकलन कहते हैं।

मूल्यांकन (Evaluation)

मूल्यांकन का अर्थ होता है, 'मूल्य का अंकन करना।' अर्थात् मूल्यों को अंकित करना ही मूल्यांकन कहलाता है। मूल्यांकन गुणों या विशेषताओं की वांछनीयता को स्पष्ट करता है।

किसी व्यक्ति में उपस्थित गुणों की मात्रा का विश्लेषणात्मक अथवा गुणात्मक विवरण मूल्यांकन प्रस्तुत करता है और यह बताता है कि किसी निश्चित उद्देश्य हेतु वह कितना उपयुक्त या सन्तोषप्रद है।

मूल्यांकन शिक्षण अधिगम प्रक्रिया का एक ऐसा सोपान है, जिसमें शिक्षक यह सुनिश्चित करता है कि उसके द्वारा की गई शिक्षण व्यवस्था तथा शिक्षण को आगे बढ़ाने की क्रियाएँ कितनी सफल रही हैं।

- **एन. एम. डांडेकर** के अनुसार "मूल्यांकन को छात्रों के द्वारा शैक्षिक उद्देश्यों के प्राप्त करने की क्रमबद्ध प्रक्रिया के रूप में परिभाषित किया गया है।"
- **एनसीईआरटी** के अनुसार, "मूल्यांकन एक ऐसी सतत व व्यवस्थित प्रक्रिया है, जो शैक्षिक उद्देश्यों की प्राप्ति की सीमा व अधिगम अनुभवों की प्रभावशीलता का आकलन करती है"।
- **रॉस** के अनुसार, "मूल्यांकन का प्रयोग बच्चे के सम्पूर्ण व्यक्तित्व अथवा किसी की समूची स्थितियों की जाँच प्रक्रिया के लिए किया जाता है।"

मूल्यांकन शिक्षक एवं शिक्षार्थी दोनों के लिए पुनर्बलन का कार्य करता है। वहीं आकलन का उद्देश्य बालकों की अभिवृत्ति क्षमता तथा ज्ञान का स्तर इत्यादि का मापन करना होता है।

आंकलन मूल्यांकन की संक्षिप्त प्रक्रिया होती है, जिसमें ज्ञान का परीक्षण ऊपरी स्तर पर होता है न कि विस्तृत स्तर पर। अतः आकलन तथा मूल्यांकन दोनों का उद्देश्य बालकों की विकास दर पता लगाना होता है।

मूल्यांकन की प्रकृति (Nature of Evaluation)

मूल्यांकन एक अत्यन्त ही व्यापक तथा बहुआयामी प्रत्यय है, जो पाठ्यवस्तु के ज्ञान के आकलन के अतिरिक्त विद्यालय पाठ्यक्रम से सम्बन्धित समस्त उद्देश्यों की एक विशाल तथा व्यापक श्रृंखला होती है, जो छात्र के सम्पूर्ण व्यक्तित्व के विकास से सम्बन्धित होती है।

मूल्यांकन प्रक्रिया के तीन प्रमुख अंग शिक्षण के उद्देश्य, मूल्यांकन के उपकरण, व्यवहार में परिवर्तन होते हैं।

शिक्षण उद्देश्यों की प्राप्ति हेतु विद्यालय में अधिगम क्रियाएँ आयोजित की जाती हैं, जिनमें छात्रों के व्यवहार में परिवर्तन होता है तथा इन व्यवहार परिवर्तनों की तुलना शैक्षिक उद्देश्य से करके मूल्यांकन किया जाता है। *मूल्यांकन की प्रकृति को निम्न तथ्यों के द्वारा भी व्यक्त किया जा सकता है*

- यह छात्रों के परिणामों की गुणवत्ता, मूल्य और प्रभाव एकता के आधार पर उनके भविष्य के कार्यक्रमों का निर्धारण करता है।
- मूल्यांकन का प्रमुख प्रयोजन व्यवहारगत परिवर्तन की दिशा, प्रकृति एवं स्तर के सम्बन्ध में निर्णय करना होता है।
- यह शिक्षा के उद्देश्यों की प्राप्ति की सीमा का निर्धारण करने वाली प्रक्रिया होती है।

मूल्यांकन के उद्देश्य

(Objectives of Evaluation)

- छात्रों की वृद्धि तथा विकास में सहायता करना।
- छात्रों के अर्जित ज्ञान की जाँच करना।
- छात्रों की वृद्धि तथा विकास में अवरोध की जाँच करना।
- छात्रों की शैक्षिक प्रगति में बाधक तत्त्वों को जानना।
- छात्रों की व्यक्तिगत विभिन्नताओं को जानना।
- छात्रों में प्रतियोगिता की भावना का विकास करना।
- छात्रों की कठिनाइयों को जानकर उनका निवारण करना।
- छात्रों को सीखने के लिए प्रेरित करना।
- अध्यापकों की शिक्षण की प्रभावशीलता को जाँचना।
- पाठ्यक्रम में सुधार के लिए आधार तैयार करना।
- शिक्षण विधियों तथा सहायक सामग्री की उपादेयता को जाँचना।
- छात्रों को शैक्षिक तथा व्यावसायिक निर्देशक के लिए तैयार करना।
- छात्रों का योग्यता आधारित वर्णन करना।
- शैक्षिक मानकों का वर्गीकरण करना।

मूल्यांकन के सिद्धान्त

(Principles of Evaluation)

मूल्यांकन की प्रक्रिया व कार्य प्रभावी रूप में सफल हों। इसके लिए कुछ महत्त्वपूर्ण सिद्धान्तों को निर्धारित किया गया है, जो निम्नलिखित हैं

1. **यह स्पष्ट रूप से बताया जाना चाहिए कि क्या मूल्यांकन किया जाना चाहिए** एक शिक्षक को मूल्यांकन के उद्देश्य के बारे में स्पष्ट होना चाहिए। उसे निर्देशात्मक उद्देश्यों को तैयार करना चाहिए और छात्र के व्यवहार को स्पष्ट रूप से परिभाषित करना चाहिए तथा उपलब्धि उपायों का चयन करने से पहले अपेक्षित अधिगम परिणाम स्पष्ट रूप से निर्देशित किया जाना चाहिए।
2. **व्यापक मूल्यांकन के लिए विभिन्न मूल्यांकन तकनीकों का उपयोग करना चाहिए** मूल्यांकन के लिए वस्तुनिष्ठ परीक्षण, निबन्ध परीक्षण, अवलोकन तकनीक आदि का उपयोग किया जाना चाहिए, जिससे छात्र की उपलब्धि और विकास की पूरी तस्वीर का सही आकलन किया जा सके।
3. **एक मूल्यांकनकर्त्ता को विभिन्न मूल्यांकन तकनीकों की सीमाओं को जानना चाहिए** शैक्षिक और मनोवैज्ञानिक मापन में नमूना त्रुटि एक सामान्य कारक होता है। एक उपलब्धि परीक्षण में सम्पूर्ण पाठयक्रम सामग्री शामिल नहीं हो सकती है।

   वस्तुनिष्ठ परीक्षणों पर अनुमान लगाने वाले छात्रों के कारण भी माप में त्रुटि पाई जा सकती है। इतना ही नहीं टेस्ट स्कोर की गलत स्कोर के कारण भी त्रुटि पाई जाती है। मूल्यांकन में जितनी भी तकनीकों का प्रयोग किया जाता है, उनकी एक सीमा होती है। इसलिए तकनीकों की सीमा का ज्ञान आवश्यक होता है।
4. **मूल्यांकन की तकनीक मापी जाने वाली विशेषताओं या प्रदर्शन के लिए उपयुक्त होनी चाहिए** मूल्यांकन तकनीक कुछ उपयोगों के लिए उपयुक्त होती है कुछ के लिए अनुपयुक्त होती है। इसलिए मूल्यांकन तकनीक का चयन करते समय तकनीकों की ताकत और सीमाओं के बारे में अच्छी तरह से पता होना चाहिए।
5. **मूल्यांकन अन्त का साधन है, लेकिन अपने आप में अन्त नहीं है** मूल्यांकन तकनीक का उपयोग शिक्षार्थी के बारे में निर्णय लेने के लिए किया जाता है, जो केवल शिक्षार्थी के बारे में डाटा ही एकत्रित नहीं करता है, बल्कि यह उपयोगी उद्देश्य में भी सहायता करता है। इसलिए इसका उपयोग उद्देश्य के लिए होता है। अत: यह अपने आप में अन्त नहीं होता है।

मूल्यांकन के कार्य (Functions of Evaluation)

मूल्यांकन के मुख्य कार्य निम्नलिखित हैं

1. पदस्थापन कार्य

- मूल्यांकन छात्रों के प्रारम्भिक व्यवहार के अध्ययन में सहायता करता है।
- पदस्थापन कार्य द्वारा प्रत्येक छात्र के लिए विशिष्ट अनुदेशन किए जा सकते हैं।
- छात्रों को व्यक्तिगत अनुदेशन (Instruction) प्रदान करना।
- छात्रों को उच्च शिक्षा के लिए तैयार करना।
- उच्च शिक्षा के छात्रों को अलग-अलग वृत्तियों एवं कार्यों के लिए तैयार करना।

2. अनुदेशन कार्य

- सही ढंग से नियोजित किए गए शिक्षण द्वारा अध्यापक को सही विधियों तथा प्रविधियों को चुनने का अवसर मिलता है।
- मूल्यांकन द्वारा छात्रों को वास्तविक तथा उपयुक्त उद्देश्य को चुनने में सहायता मिलती है।
- मूल्यांकन द्वारा सही अनुदेशन तकनीकी (Instructional Techniques) चुनने में भी सहायता मिलती है।
- इससे पाठ्यक्रम सुधार में सहायता मिलती है।
- इससे शिक्षक तथा शिक्षण को सुधारने का अवसर मिलता है।
- सही शिक्षण तकनीकी का चुनाव करने में इससे सहायता मिलती है।

3. निदानात्मक कार्य

- मूल्यांकन द्वारा छात्रों, कार्यक्रमों एवं शिक्षक की कमियों एवं कमजोरियों का पता चलता है।
- इसके द्वारा सही उपचारात्मक विधियाँ चुनने का अवसर मिलता है।
- छात्रों की अभिवृत्तियाँ, रुचियाँ तथा बुद्धिमत्ता को पहचानने का अवसर मिलता है। छात्रों की विशिष्ट आवश्यकताओं के लिए विशिष्ट अनुदेशन चुनने का अवसर मिलता है।
- कमजोर छात्रों की प्रगति तथा कमियों के बारे में जानकारी प्राप्त होती है तथा उनकी कमियों को दूर करने का अवसर मिलता है।

4. व्यवस्थापन कार्य

- इस कार्य से छात्रों के लिए सही शैक्षिक नीति पर निर्णय लेने में सहायता मिलती है।
- छात्रों का उनकी क्षमता के अनुसार विभिन्न वर्गों में विभक्तीकरण किया जा सकता है।
- छात्रों को उनकी अगली कक्षा में प्रोन्नत किया जा सकता है।
- पर्यवेक्षित निरीक्षण विधियों का प्रयोग किया जा सकता है।
- विभिन्न छात्रों का तुलनात्मक चार्ट बनाया जा सकता है।
- छात्रों तथा शिक्षण के प्रति सही जनमत का निर्माण तथा समाज के साथ समरूप रिश्तों का निर्माण करना आसान होता है।

5. निर्देशन कार्य

- छात्र को उसके कोर्स (पाठ्यक्रम) तथा करियर के चयन के बारे में सहायता करना।
- शिक्षार्थी को उनकी सीखने की गति तथा धीमेपन के बारे में बताना।
- अध्यापक को छात्र के बारे में जानने में सहायता करना, जिससे वह इसको शैक्षिक, व्यावसायिक तथा व्यक्तिगत निर्देशन दे पाए।

6. विकासात्मक कार्य

- छात्रों व अध्यापकों को सीखने तथा सिखाने की प्रक्रिया में आवश्यक प्रतिपुष्टि देना।
- अध्यापकों को शिक्षण तकनीकों में सुधार में सहायता करना, जिससे उनमें आवश्यक सुधार हो सके।
- शैक्षिक लक्ष्य तथा उद्देश्यों की प्राप्ति में सहायता करना।

मूल्यांकन के प्रकार (Types of Evaluation)

मनोवैज्ञानिकों ने मूल्यांकन प्रणाली को चार भागों में विभाजित किया है, *जो निम्न प्रकार हैं*

1. **निर्माणात्मक या रचनात्मक मूल्यांकन** बालकों के विकास की लगातार प्रतिपुष्टि के लिए निर्माणात्मक मूल्यांकन का उपयोग किया जाता है। इसके अन्तर्गत शिक्षक अध्यापन (शिक्षण) के दौरान यह जाँच करते हैं कि बच्चों ने अभिवृत्तियों, अभिभूतियों तथा ज्ञान को कितना प्राप्त किया है। यह मूल्यांकन अध्याय के बीच-बीच में किया जाता है।

   निर्माणात्मक मूल्यांकन को आंतरिक मूल्यांकन भी कहा जाता है। इस मूल्यांकन के द्वारा छात्र शिक्षण उद्देश्यों को प्राप्त करने के लिए अपनी सफलता या विफलता के विषय में प्रतिपुष्टि प्राप्त करते हैं। निर्माणात्मक मूल्यांकन के उपकरणों में सत्र परीक्षा, कक्षा परीक्षा तथा मासिक परीक्षा आदि शामिल होते हैं।

2. **योगात्मक/संकलनात्मक/अन्तिम मूल्यांकन** यह मूल्यांकन सत्र की समाप्ति के बाद होता है। इसके अन्तर्गत शिक्षक यह जाँच करते हैं कि बच्चों ने ज्ञान को

किस सीमा तक ग्रहण किया है। योगात्मक मूल्यांकन में मौखिक रिपोर्ट, परियोजनाओं, लिखित परीक्षाओं और शिक्षकों द्वारा किए गए आन्तरिक मूल्यांकन को शामिल किया जाता है। यह कार्यक्रम का महत्त्व ज्ञात करने की एक विधि है। इसे बाह्य मूल्यांकन भी कहते हैं।
योगात्मक परीक्षा के कार्यों में चुनाव, प्रोन्नति तथा प्रमाण-पत्र देना शामिल होता है। यह कभी-कभी नकारात्मक होते हैं। फोर्ट-फोलियो द्वारा भी योगात्मक मूल्यांकन किया जाता है।

3. **निदानात्मक मूल्यांकन** जो विद्यार्थी पढ़ाई के दौरान असफल हो जाते हैं। उन विद्यार्थियों की असफलता के कारणों का पता लगाना निदानात्मक मूल्यांकन कहलाता है। ये परीक्षण अधिक विस्तृत और व्यापक होते हैं। इसमें लघु एवं व्यक्तिगत साक्षात्कार का भी प्रयोग होता है।
4. **पदस्थापन मूल्यांकन/स्थानन मूल्यांकन** यह छात्रों के किसी विशेष कौशल या विशिष्ट क्षेत्र में किए गए अधिगम का मूल्यांकन करता है। इस मूल्यांकन का उद्देश्य शिक्षण सामग्री के लिए शिक्षार्थी के साथ सामंजस्य स्थापित करना होता है। इसी लक्ष्य को ध्यान में रखते हुए समय-समय पर कक्षा के प्रारम्भ में ही परीक्षाएँ आयोजित करवाई जाती हैं, ताकि छात्र की मानसिक स्थिति का पता चल सके। यह छात्रों के किसी विशेष कौशल या विशिष्ट क्षेत्र में किए गए अधिगम का मूल्यांकन करता है।

मूल्यांकन तकनीकों का वर्गीकरण

(Classification of Evaluation Techniques)

मूल्यांकन को मात्रात्मक एवं गुणात्मक तकनीक के रूप में वर्गीकृत किया जाता है

1. **मात्रात्मक तकनीक** मात्रात्मक या परिमाणात्मक तकनीक के अन्तर्गत *निम्न परीक्षाओं का वर्णन किया जाता है*
   (i) **लिखित परीक्षा** लिखित परीक्षा को पेन्सिल परीक्षण के नाम से भी जाना जाता है। इसमें परीक्षण के निर्देशानुसार प्रश्नों के उत्तर लिखे जाते हैं।
   (ii) **मौखिक परीक्षा** मौखिक परीक्षा लिखित परीक्षा की पूरक होती है; जैसे— पठन क्षमता एवं उच्चारण आदि।
   (iii) **व्यावहारिक परीक्षा** व्यावहारिक परीक्षा छात्रों के क्रियात्मक एवं प्रयोगात्मक कौशल के परीक्षण हेतु आवश्यक होता है। यह परीक्षा विशेष रूप से तकनीकी, कृषि विज्ञान एवं शिल्प आदि विषयों से सम्बन्धित होती है।
2. **गुणात्मक तकनीक** गुणात्मक तकनीक के अन्तर्गत संचित रिकॉर्ड, अवलोकन, साक्षात्कार एवं क्रम निर्धारण आदि का वर्णन किया जाता है, *जो इस प्रकार हैं*
   (i) **संचित रिकॉर्ड** यह अध्यापकों द्वारा छात्रों की गतिविधियों को जाँचने के लिए तैयार किया गया आलेख होता है, जिसके आधार पर उनकी प्रगति का मूल्यांकन किया जाता है। इससे छात्रों की रुचियों अभिवृत्तिओं एवं सामाजिक समायोजनों के प्रगतिशील विकास का रिकॉर्ड रखा जाता है। इसके अतिरिक्त वास्तविक रिकॉर्ड, छात्रों की डायरी आदि का प्रयोग भी मूल्यांकन प्रक्रिया में किया जाता है।
   (ii) **अवलोकन** अवलोकन, तकनीक का प्रयोग नियन्त्रित एवं अनियन्त्रित दोनों स्थितियों में छात्रों के व्यवहार का मूल्यांकन करने के लिए किया जाता है।
   (iii) **साक्षात्कार** गुणात्मक शोध में साक्षात्कार एक ऐसी तकनीक होती है, जिसमें प्रश्नों के माध्यम से सूचनाओं की प्राप्ति की जाती है तथा उस आधार पर मूल्यांकन किया जाता है।
   इसलिए कुछ विशेष कार्यों में मूल्यांकन हेतु साक्षात्कार तकनीक को महत्त्वपूर्ण माना गया है। क्योंकि सामान्यत: छात्र लिखने की अपेक्षा बातचीत करने के प्रति अधिक सजग होते हैं।
   (iv) **क्रम निर्धारण** यह तकनीक किसी विशेष स्थिति, वस्तु एवं विचार के विषय में निर्णय तथा अभिव्यक्ति से सम्बन्धित होता है। इसके अन्तर्गत छात्रों के समक्ष कोई विशेष स्थिति, वस्तु एवं आलेख आदि प्रस्तुत किए जाते हैं, जिस पर उन्हें अपना निर्णय देना होता है। उनके द्वारा लिए गए निर्णय के आधार पर उन्हें रेटिंग दी जाती है।

विद्यालय आधारित मूल्यांकन

(School Based Evaluation)

विद्यालय आधारित मूल्यांकन विद्यालय शिक्षा बोर्डों द्वारा ली जाने वाली परीक्षाओं के विपरीत, स्कूल स्तर पर किया गया मूल्यांकन होता है। यह मूल्यांकन विद्यालय द्वारा विकसित अनुसूची और बोर्ड द्वारा जारी किए गए मार्ग निर्देशों के अनुसार अध्यापकों द्वारा किया जाता है।

विद्यालय आधारित मूल्यांकन बाल-केन्द्रित, विद्यालय केन्द्रित और बहुआयामी मूल्यांकन होता है। इसलिए यह सच्चे अर्थों में शिक्षार्थी के सर्वांगीण विकास का सूत्रपात करता है।

विद्यालय आधारित मूल्यांकन परिचित वातावरण में अधिक सीखने में सभी शिक्षार्थियों की मद्द करता है। यह वैयक्तिक योग्यताओं तथा सहयोगात्मक योग्यताओं के विकास में योगदान देता है। अत: इस मूल्यांकन की प्रक्रिया में बाह्य परीक्षाओं की अपेक्षा शिक्षक अपने शिक्षार्थियों की क्षमताओं को बेहतर जानते हैं। यह विद्यालय के अन्दर और विद्यालय के बाहर दोनों स्थानों पर जीवन में सभी प्रकार की शिक्षा-प्राप्ति को प्रोत्साहित करता है।

विद्यालय आधारित मूल्यांकन की कार्यनीतियाँ/रणनीतियाँ

(Strategy of School Based Evaluation System)

इसमें अवलोकन, साक्षात्कार, स्व आकलन, सहकर्मी आकलन, समूह कार्य आकलन, विवरणिका आकलन, प्रतिक्रिया, प्रमाणिक आकलन, भूमिका निभाना, सिमुलेशन, जाँच सूची, क्रम निर्धारण मान आदि महत्त्वपूर्ण रणनीतियों का उपयोग कर मूल्यांकन किया जाता है। *अत: कुछ महत्त्वपूर्ण मूल्यांकन इस प्रकार हैं*

1. **वैयक्तिक अधिगम का आकलन** परीक्षा (लिखित/मौखिक), रचनात्मक लेखन (निबन्ध), कविता व कहानी लेखन चित्रकारी, शिल्पकार्य आदि की सहायता से व्यक्तिगत अधिगम का आकलन किया जा सकता है।
2. **समूह अधिगम का आकलन** शैक्षिक भ्रमण, सर्वेक्षण, कलाकृति, प्रयोगों, परियोजनाओं से जुड़ी आदि गतिविधियाँ समूह अधिगम आकलन में सहायक होती है।
3. **साथी समूह द्वारा आकलन** इसमें विद्यार्थी को किसी उत्पाद या घटना के लिए उत्कृष्टता के मानदण्डों के आधार पर अपने साथियों से प्रतिक्रिया या श्रेणी प्रदान करने के लिए कहा जाता है। इसमें सुनना, प्रतिक्रिया, सहयोग आदि को शामिल किया जाता है। इसके पश्चात् तुलनात्मक रूप से विद्यार्थियों का मूल्यांकन अथवा आकलन किया जाता है।
4. **स्व आकलन** शिक्षार्थियों की उनकी उपलब्धियाँ और सीखने के प्रतिफल के बारे में निर्णय लेने में खुद की भागीदारी स्व आकलन होती है। किसी कार्य को करने, उसमें उत्पन्न, समस्या, सुधार की आवश्यकता आदि स्व आकलन में सहायक होती है।
5. **विवरणिका** यह विद्यार्थियों के एक या एक से अधिक क्षेत्रों के प्रयासों, प्रगति और उपलब्धियों को प्रदर्शित करता है। इसके तहत् विभिन्न विषयों के लिए अलग-अलग कार्य योजना निर्धारित किया जाता है।
6. **लिखित परीक्षा** यह विद्यार्थियों के आकलन हेतु एक विश्वसनीय एवं लोकप्रिय माना जाता है। इससे परिणाम के साथ विद्यार्थी की दक्षता का भी पता चल पाता है।
7. **रिकॉर्डिंग तथा रिपोर्टिंग करना** शिक्षकों को यह जानने में मद्द करता है, कि प्रत्येक विद्यार्थी कितने बेहतर ढंग से सीख सकता है। इस कार्य में रिपोर्टिंग, रिकॉर्डिंग जैसे उपकरण मूल्यांकन करने व आगे की कार्य योजना में सहायक साबित होता है।

विद्यालय आधारित मूल्यांकन की विशेषताएँ

(Characteristics of School Based Evaluation System)

- यह पारम्परिक प्रणाली से अधिक विस्तृत अधिक व्यापक और सतत होती है।
- इसका मुख्य लक्ष्य शिक्षार्थी को सुनियोजित अधिगम और विकास की ओर उन्मुख करने में सहायता देना होता है।
- यह भविष्य के जिम्मेदार नागरिक के रूप में शिक्षार्थी की आवश्यकताओं का ध्यान रखता है।
- यह अधिक पारदर्शी भविष्यात्मक और शिक्षार्थियों, अध्यापकों और माता-पिता के बीच सहयोजन की अधिक गुंजाइश मुहैया कराने वाला होता है।
- विद्यालय आधारित मूल्यांकन शिक्षार्थी को अपनी क्षमता का उपयोग बेहतर तरीके से करने में सहायता देता है।
- यह अध्यापकों को ऐसे तरीके को खोजने के लिए सूक्ष्म दृष्टि प्रदान करता है, जो अलग-अलग शिक्षार्थियों के लिए अपनी समस्याओं और कठिनाइयों का समाधान करने में सहायक सिद्ध होते हैं।
- यह मूल्यांकन बाल-केन्द्रित होने के अलावा, विद्यालय केन्द्रित भी होता है अर्थात् इसका अर्थ यह है कि बाहर का कोई अभिकरण इस मूल्यांकन प्रक्रिया में हस्तक्षेप नहीं करता है।
- यह पूरी तरह से विद्यालय आधारित होता है और अध्यापक द्वारा किया जाता है। अध्यापक अपने विद्यार्थियों के बारे में सबसे अधिक जानता है। अत: इन्हें विद्यार्थियों का मूल्यांकन करने की जिम्मेदारी दी जाती है। इससे सही व सटीक मूल्यांकन सम्भव होता है।
- विद्यालय आधारित मूल्यांकन बहुआयामी होता है। इसके बहुआयामी स्वरूप का पता इस बात से लगता है कि यह शिक्षार्थियों के सामाजिक, भावात्मक, शारीरिक, बौद्धिक विकास और विकास के उन अन्य क्षेत्रों की आवश्यकता को स्वीकार करता है और उनका ध्यान रखता है, जो परस्पर सम्बन्धित होते हैं और जिन पर अलग से विचार नहीं किया जा सकता है।

सतत और व्यापक मूल्यांकन

(Continuous and Comprehensive Evaluation)

सतत और व्यापक मूल्यांकन (CCE) का अर्थ छात्रों के विद्यालय आधारित मूल्यांकन की प्रणाली से होता है, जिसमें छात्रों के विकास के सभी पक्ष शामिल होता हैं। यह एक बच्चे की विकास प्रक्रिया को दर्शाता है, जिसमें दोहरे उद्देश्यों पर बल दिया जाता है। ये उद्देश्य एक ओर मूल्यांकन में निरन्तरता और व्यापक रूप से सीखने के मूल्यांकन पर तथा दूसरी ओर व्यवहार के परिणामों पर आधारित होते हैं।

यहाँ सतत का अर्थ इस पर बल देना है कि छात्रों की वृद्धि और विकास के अभिज्ञात पक्षों का मूल्यांकन एक बार के कार्यक्रम के बजाय एक निरन्तर प्रक्रिया के रूप में हो, जिसमें सभी पक्ष शामिल हों। यहाँ व्यापक शब्द का अर्थ अनेक साधनों और तकनीकों के अनुप्रयोग को सन्दर्भित करता है। यह सीखने के क्षेत्रों में छात्र के विकास के मूल्यांकन पर लक्षित है, जैसे-ज्ञान समझ, व्याख्या, अनुप्रयोग, विश्लेषण, मूल्यांकन एवं सृजनात्मकता।

अत: सतत और व्यापक मूल्यांकन के लिए तार्किक आधार यह है, कि सीखने के एक से अधिक पक्षों का आकलन किया जाए। इस प्रकार यह मूल्यांकन इसलिए आवश्यक होता है, कि अधिगम का किस प्रकार अवलोकन किया जाए तथा उसमें सुधार किया जाए। यह अधिगम को अवलोकित कर रिकॉर्ड को और सुधारने पर बल देता है।

सतत एवं व्यापक मूल्यांकन के उद्देश्य

(Objectives of CCE)

- बोधात्मक, मनोप्रेरक और भावात्मक कौशलों के विकास में सहायता करना।
- सीखने की प्रक्रिया पर बल देना और याद रखने पर बल नहीं देना। मूल्यांकन को अध्यापन-अधिगम प्रक्रिया का अविभाज्य हिस्सा बनाना।
- सामाजिक उपयोगिता, वांछनीयता या एक कार्यक्रम की प्रभावशीलता का निर्धारण करना और छात्र, सीखने की प्रक्रिया तथा सीखने के परिवेश के बारे में उपयुक्त निर्णय लेना।
- अध्यापन और अधिगम प्रक्रिया को छात्र केन्द्रित क्रिया-कलाप बनाना।

सतत और व्यापक मूल्यांकन के कार्य एवं महत्त्व (Functions and Importance of CCE)

शिक्षा प्राप्ति की प्रक्रिया में, मूल्यांकन से शैक्षिक और सह-शैक्षिक पहलुओं का ध्यान रखने की अपेक्षा की जाती है। यदि कोई किसी क्षेत्र में कमजोर है, तो नैदानिक मूल्यांकन किया जाना चाहिए और उपचारी उपाय अपनाए जाने चाहिए।

सतत और व्यापक मूल्यांकन के कार्य एवं महत्त्व निम्न हैं

- यह अध्यापक को प्रभावकारी कार्यनीतियाँ आयोजित करने में सहायता देता है।
- सतत मूल्यांकन शिक्षार्थी की प्रगति की सीमा और मात्रा को नियमित रूप से आँकने में सहायता करता है (विशिष्ट शैक्षिक और सह-शैक्षिक क्षेत्रों के सन्दर्भ में योग्यता और उपलब्धि)।
- सतत मूल्यांकन कमजोरियों का निदान करने का कार्य करता है और अध्यापक को अलग-अलग शिक्षार्थियों की शक्तियों और कमजोरियों और उसकी आवश्यकताओं का पता लगाने में सहायता करता है।
- सतत मूल्यांकन के द्वारा बच्चे अपनी शक्तियों और कमजोरियों को जान पाते हैं। यह बच्चों में अध्ययन की अच्छी आदतें विकसित करने, गलतियों को सुधारने और अपने क्रियाकलापों को वांछित लक्ष्य प्राप्त करने की दिशा में मोड़ने के लिए अभिप्रेरित करता है।
- सतत और व्यापक मूल्यांकन अभिरुचियों और प्रवृत्ति वाले क्षेत्र अभिज्ञात करता है। यह अभिवृत्तियों और मूल्य प्रणालियों में होने वाले परिवर्तनों का पता लगाने में सहायता करता है। यह विषयों, पाठ्यक्रमों और जीवनवृत्तियों (Carrier) के चुनाव के बारे में, भविष्य के लिए फैसले करने में सहायक होता है।
- यह मूल्यांकन शिक्षार्थियों को अन्य कार्यक्रमों के लिए अभिप्रेरित करने, सूचना प्रदान करने, फीडबैक की व्यवस्था करने और शिक्षा प्राप्ति में सुधार करने लिए अनुवर्ती (उपयुक्त) कार्यवाही करने और शिक्षार्थी के विवरणों की एक व्यापक तस्वीर प्रस्तुत करने के एक साधन के रूप में सहायता करता है।

अभ्यास प्रश्न

1. ज्ञान, कौशल एवं प्रवृत्तियों के व्यवहार एवं क्षमताएँ किसमें शामिल की जाती है?
(a) स्वमूल्यांकन (b) आकलन
(c) निर्धारण (d) प्रशिक्षण

2. निम्न में से आकलन एवं मूल्यांकन दोनों के उद्देश्य कौन-से हैं?
(a) बच्चों की क्षमता (b) अनुभूति
(c) अधिगम का मापन (d) ये सभी

3. मूल्यांकन मुख्यत: सम्बन्धित होता है
(a) उद्देश्यों की प्राप्ति से
(b) छात्रों के व्यवहार परिवर्तन से
(c) 'a' तथा 'b' दोनों से
(d) लक्ष्यों की प्राप्ति से

4. कक्षा न्यूनतम व्यवहार हमें बताता है
(a) एक कक्षा में कम-से-कम कितने छात्रों के व्यवहार में परिवर्तन आए हैं
(b) प्रत्येक छात्र के व्यवहार में कितना परिवर्तन आया है
(c) अध्यापक के कक्षा शिक्षण में कितना परिवर्तन आया है
(d) कक्षा में न्यूनतम अंक कितने हैं

5. निम्न में से कौन-सा मूल्यांकन प्रक्रिया का प्रमुख अंग है?
(a) उद्देश्य (b) उपकरण
(c) व्यवहार परिवर्तन (d) ये सभी

6. निम्न में से कौन-सा मूल्यांकन के त्रिकोण का भाग नहीं है?
(a) शैक्षिक उद्देश्य
(b) मूल्यांकन
(c) शिक्षण अनुभव
(d) अधिगम अनुभव

7. मूल्यांकन के लिए तथ्य किसके द्वारा एकत्र किए जाते हैं?
(a) मूल्यांकन के उपकरण द्वारा
(b) न्यायदर्श के द्वारा
(c) निरीक्षण द्वारा
(d) स्वयं अध्यापक द्वारा

8. मूल्यांकन का 'आउट कम' क्या है?
(a) उद्देश्य (b) उपकरण
(c) व्यवहार परिवर्तन (d) पाठ्यक्रम परिवर्तन

9. मूल्यांकन के उपकरणों का चयन किसके आधार पर किया जाता है?
(a) उद्देश्यों के आधार पर
(b) पाठ्यक्रमों के आधार पर
(c) कक्षा के स्तर के आधार पर
(d) पाठ्यचर्या के आधार पर

10. मूल्यांकन का/के कार्य है/हैं?
(a) पदस्थापन कार्य (b) अनुदेशन कार्य
(c) निदानात्मक कार्य (d) ये सभी

11. मूल्यांकन का/के अनुदेशन कार्य है/हैं
(a) शिक्षक को उचित प्रविधियों को चुनने का अवसर मिलता है
(b) पाठ्यक्रम सुधार में सहायता प्राप्त होती है
(c) छात्रों को उपयुक्त उद्देश्य प्राप्त करने में सहायता प्राप्त होती है
(d) उपरोक्त सभी

12. मूल्यांकन के किस कार्य के अन्तर्गत छात्रों की अभिवृत्तियाँ, रुचियाँ तथा बुद्धिमत्ता को पहचानने का अवसर मिलता है?
(a) निदानात्मक कार्य
(b) व्यवस्थापन कार्य
(c) विकासात्मक कार्य
(d) पदस्थापन कार्य

13. मूल्यांकन में व्यवस्थापन के अन्तर्गत कौन-सा/से कार्य किए जाते है/हैं?
(a) छात्रों की सही शैक्षिक नीति चुनने में सहायता
(b) छात्रों का तुलनात्मक चार्ट बनाया जा सकता है
(c) पर्यवेक्षित निरीक्षण विधियों का प्रयोग
(d) उपरोक्त सभी

14. मूल्यांकन के विकासात्मक कार्य के अन्तर्गत कौन-से कार्य नहीं किए जाते हैं?
(a) अध्यापक को आवश्यक फीडबैक देना
(b) शिक्षण तकनीकी में सुधार का अवसर देना
(c) छात्रों की विशिष्ट आवश्यकताओं की जानकारी देना
(d) उद्देश्यों की प्राप्ति में सहायता देना

15. प्रारम्भिक मूल्यांकन द्वारा क्या नहीं किया जाता है?
(a) पाठ्यक्रम में परिवर्तन
(b) शैक्षिक कार्यक्रम के गुण-दोष का मूल्यांकन
(c) छात्रों की सीखने में परेशानियों का मूल्यांकन
(d) शैक्षिक कार्यक्रम को प्रभावपूर्ण बनाना

16. निम्न में कौन निर्माणात्मक मूल्यांकन का उपकरण नहीं है
(a) सत्र परीक्षा (b) कक्षा परीक्षा
(c) मासिक परीक्षा (d) वार्षिक परीक्षा

17. योगात्मक परीक्षा का मुख्य कार्य क्या नहीं है?
(a) चुनाव (b) प्रोन्नति
(c) प्रमाण-पत्र देना (d) निदानात्मक कार्य

18. योगात्मक परीक्षा के परिणाम किस प्रकार के होंगे?
(a) सदैव सकारात्मक (b) सदैव नकारात्मक
(c) कभी-कभी नकारात्मक (d) कहा नहीं जा सकता

19. योगात्मक मूल्यांकन कब किया जाता है?
(a) कक्षा शिक्षण के बीच में
(b) प्रत्येक यूनिट के बाद
(c) मास के अन्त में
(d) सत्र की समाप्ति पर

20. पोर्टफोलिया द्वारा किस प्रकार का मूल्यांकन किया जाता है?
(a) योगात्मक (b) प्रारम्भिक
(c) निदानात्मक (d) पदस्थापयन

21. निदानात्मक मूल्यांकन किन कमियों व समस्याओं का निदान करता है?
(a) छात्रों की सीखने की समस्या का
(b) शिक्षण की सिखाने की विधियों में कमी का
(c) पाठ्यक्रम में कठिनाई स्तर का
(d) उपरोक्त सभी

22. एक कक्षा में शिक्षण करते हुए अध्यापक पाता है कि छात्र कक्षा में रुचि नहीं ले रहा है तथा उसकी सीखने की प्रक्रिया रुकी हुई है। अध्यापक उस समस्या का निदान कैसे करेगा?
(a) मनोचिकित्सक की सहायता लेगा
(b) छात्र की निदानात्मक परीक्षा लेगा
(c) पहले छात्र का प्रारम्भिक मूल्यांकन करेगा
(d) छात्र का योगात्मक मूल्यांकन करेगा

23. निदानात्मक मूल्यांकन के लिए किया जाने वाला साक्षात्कार किस प्रकार का होगा?
(a) लघु तथा व्यक्तिगत (b) वृहद तथा सामूहिक
(c) वृहद तथा व्यक्तिगत (d) लघु तथा सामूहिक

24. पदस्थापन मूल्यांकन का मुख्य उद्देश्य क्या होता है?
(a) छात्रों की कठिनाइयों का मूल्यांकन
(b) पाठ्यचर्या की उपयोगिता का मूल्यांकन
(c) छात्रों का किसी विशेष कौशल या विशिष्ट क्षेत्र में किए गए अधिगम का मूल्यांकन
(d) शिक्षा के लक्ष्यों का मूल्यांकन

25. मूल्यांकन के किस प्रकार के अन्तर्गत कोई उत्तीर्ण या अनुत्तीर्ण नहीं होता, केवल उसका स्तर ऊँचा या नीचा हो सकता है?
(a) पदस्थापन मूल्यांकन (b) निदानात्मक मूल्यांकन
(c) योगात्मक मूल्यांकन (d) प्रारम्भिक मूल्यांकन

26. मूल्यांकन के मात्रात्मक तकनीकों के रूप में किसे शामिल किया जाता है?
(a) लिखित परीक्षा (b) मौखिक परीक्षा
(c) व्यावहारिक परीक्षा (d) ये सभी

27. मूल्यांकन के गुणात्मक तकनीकी के रूप में किसका उपयोग नहीं किया जाता है?
(a) संचित रिकॉर्ड (b) प्रश्नावली
(c) अवलोकन (d) साक्षात्कार

28. विद्यालय आधारित मूल्यांकन होता है
(a) बहुआयामी (b) एकल आयामी
(c) संकीर्ण (d) इनमें से कोई नहीं

29. विद्यालय आधारित आकलन **[CTET July 2018]**
(a) शिक्षार्थियों और शिक्षकों को अगम्भीर और लापरवाह बनाता है
(b) शिक्षा-बोर्ड की जवाबदेही कम कर देता है
(c) सार्वभौमिक राष्ट्रीय मानकों की प्राप्ति में बाधा उत्पन्न करता है
(d) परिचित वातावरण में अधिक सीखने में सभी शिक्षार्थियों की मदद करता है

30. विद्यालय आधारित मूल्यांकन विद्यार्थी के किस प्रकार विकास में योगदान देता है?
(a) वैयक्तिक योग्यताओं (b) सहयोगात्मक योग्यताओं
(c) 'a' और 'b' दोनों (d) इनमें से कोई नहीं

31. विद्यालय आधारित आकलन मुख्य रूप से किस सिद्धान्त पर आधारित होता है? **[CTET Jan 2012]**
(a) आकलन बहुत किफायती (मितव्ययी) होना चाहिए
(b) बाह्य परीक्षाओं की अपेक्षा शिक्षक अपने शिक्षार्थियों की क्षमताओं को बेहतर जानते हैं
(c) किसी भी कीमत पर विद्यार्थियों को अच्छे ग्रेड मिलने चाहिए
(d) विद्यालय, बाह्य परीक्षा निकायों की अपेक्षा ज्यादा सक्षम हैं

32. विद्यालय आधारित मूल्यांकन की कार्यनीतियों के अन्तर्गत वैयक्तिक अधिगम के आकलन में किसे शामिल नहीं किया जाता है?
(a) चित्रकारी (b) सर्वेक्षण
(c) शिल्पकार्य (d) निबन्ध लेखन

33. विद्यालय आधारित मूल्यांकन की कार्य नीतियों के सम्बन्ध में कौन-सा कथन सही नहीं है?
(a) समूह अधिगम का आकलन परियोजनाओं की कार्यविधियों से किया जाता है
(b) विवरणिका विद्यार्थियों के किसी क्षेत्र की प्रगति व उपलब्धियों को प्रदर्शित करता है
(c) मौखिक परीक्षा आकलन की एक विश्वसनीय कार्यनीति है
(d) रिकॉर्डिंग तथा रिपोर्टिंग मूल्यांकन करने व आगे की कार्य योजना में सहायक होते हैं

34. विद्यालय आधारित मूल्यांकन की विशेषता है
(a) यह व्यापक तथा सतत रूप से चलने वाली प्रक्रिया है
(b) इसका प्रमुख लक्ष्य शिक्षार्थी को सुनियोजित अधिगम की ओर उन्मुख करना है
(c) यह एक पारदर्शी प्रक्रिया है
(d) उपरोक्त सभी

35. विद्यालय आधारित मूल्यांकन विद्यार्थी के किस प्रकार के विकास को अधिक महत्त्व देता है?
(a) सामाजिक (b) भावात्मक
(c) शारीरिक (d) ये सभी

36. सतत एवं व्यापक मूल्यांकन में व्यापक का तात्पर्य क्या है?
(a) एक बार के कार्यक्रम के बदले निरन्तर मूल्यांकन
(b) छात्रों के शैक्षिक एवं सह-शैक्षिक पक्षों की किसी एक क्षमता का व्यापक मूल्यांकन
(c) छात्रों के ज्ञान, समझ, व्याख्या, अनुप्रयोग, विश्लेषण इत्यादि क्षमता का मूल्यांकन
(d) छात्रों की याद करने की क्षमता का व्यापक मूल्यांकन

37. सतत और व्यापक मूल्यांकन के लिए तार्किक आधार है **[Rajasthan 2017]**
(a) सीखने के एक से अधिक पक्षों का आकलन
(b) आकलन के अवसरों का अधिकतमिकरण
(c) मानव व्यक्तित्व की समग्र प्रकृति
(d) शिक्षकों पर बोझ बढ़ाना

38. सतत एवं व्यापक मूल्यांकन किसलिए आवश्यक है? **[CTET Feb 2015]**
(a) शिक्षण के साथ परीक्षण का ताल-मेल बैठाने के लिए
(b) शिक्षा बार्ड की जवाबदेही कम करने के लिए
(c) जल्दी-जल्दी की जाने वाली गलतियों की तुलना में कम अन्तराल पर की जाने वाली गलतियों को सुधारना
(d) यह समझने के लिए कि अधिगम का किस प्रकार अवलोकन किया जाता है, दर्ज किया जाता है व सुधार किया जा सकता है

39. सतत और व्यापक मूल्यांकन ……… बल देता है। **[CTET July 2018]**
(a) बोर्ड परीक्षाओं की अनावश्यकता पर
(b) सीखने को सुनिश्चित करने के लिए व्यापक स्केल पर निरन्तर परीक्षण पर
(c) सीखने को किस प्रकार अवलोकित कर रिकॉर्ड को और सुधारा जाए इस पर
(d) शिक्षण के साथ परीक्षाओं के सामंजस्य पर

40. सतत और व्यापक मूल्यांकन प्रणाली के उद्देश्य क्या है?
(a) बच्चों पर पड़ने वाले दबाव को कम करना
(b) अपेक्षाकृत अधिक कौशल वाले शिक्षार्थियों का निर्माण करना
(c) शिक्षण सामग्री में समय के अनुरूप परिवर्तन
(d) उपरोक्त सभी

41. निम्नलिखित में से कौन-सा सतत एवं व्यापक मूल्यांकन का एक उद्देश्य नहीं है?
(a) याद रखने पर बल देने के बदले सीखने की प्रक्रिया पर बल देना
(b) छात्रों के सीखने की प्रक्रिया एवं परिवेश के बारे में उपयुक्त निर्णय लेना
(c) अध्यापक एवं अधिगम प्रक्रिया को शिक्षक केन्द्रित कार्यकलाप बनाना
(d) बोधात्मक, मनोप्रेरक और भावात्मक कौशल के विकास में सहायता करना

उत्तरमाला

1. (b)	2. (d)	3. (c)	4. (b)	5. (d)	6. (c)	7. (a)	8. (c)	9. (a)	10. (d)
11. (d)	12. (a)	13. (d)	14. (c)	15. (a)	16. (d)	17. (d)	18. (c)	19. (d)	20. (a)
21. (d)	22. (a)	23. (a)	24. (c)	25. (a)	26. (d)	27. (b)	28. (a)	29. (d)	30. (c)
31. (b)	32. (b)	33. (c)	34. (d)	35. (d)	36. (c)	37. (a)	38. (d)	39. (c)	40. (d)
41. (c)									

अध्याय 16

शोध अभिक्षमता
(Research Aptitude)

शोध अथवा अनुसन्धान का सामान्य अर्थ खोज करने से होता है। अनुसन्धान किसी लक्ष्य या उद्देश्य का अनुगामी होता है। उसी उद्देश्य को आधार बनाकर क्रमबद्ध, व्यवस्थित तथा वैज्ञानिक तरीके से उसे प्राप्त करने की कला को ही शोध अथवा अनुसन्धान कहा जाता है।

शोध शब्द अंग्रेजी के Research के पर्याय के रूप में प्रयोग होता है, जिसका सामान्य अर्थ पुन: खोज करना या नए उद्देश्य को प्राप्त करना होता है। अनुसन्धान किसी-न-किसी समस्या के वैज्ञानिक या तार्किक समाधान के रूप में सामने आता है, क्योंकि समाधान के पश्चात् उस समस्या या खोज से जुड़े कुछ नवीन सिद्धान्तों या अवधारणाओं के बारे में ज्ञान प्राप्त होता है।

अत: अनुसन्धान अपने अर्थ में किसी विषय समस्या, उद्देश्य तक पहुँचने या समाधान करने हेतु उसको आधार बनाकर बार-बार उसकी खोज करना तथा उसके आधार पर नए सिद्धान्तों का निर्माण करना है।

शोध की परिभाषाएँ (Definitions of Research)

जेम्स ड्रेवर के अनुसार, ''किसी क्षेत्र में ज्ञान अथवा सत्यापन हेतु की जाने वाली क्रमबद्ध खोज को शोध कहा जाता है।''

जॉन डब्ल्यू वेस्ट के अनुसार, ''अनुसन्धान अधिक औपचारिक, व्यवस्थित तथा गहन प्रक्रिया है, जिसमें वैज्ञानिक विधि विश्लेषण को प्रस्तुत किया जाता है। अनुसन्धान में व्यवस्थित स्वरूप को शामिल कर निष्कर्ष प्राप्त कर उनका औपचारिक आलेख तैयार किया जाता है।''

सी. आर. कोठारी के अनुसार, ''अनुसन्धान पद से तात्पर्य एक ऐसी विधि से है, जिसमें सोपानों के रूप में समस्या की पहचान, परिकल्पना का निर्माण, तथ्य और प्रदत्तों का संकलन, संकलित तथ्य तथा विश्लेषण निहित रहता है, जिनकी अभिव्यक्ति समस्या विशेष के हल अथवा सैद्धान्तिक आधार के रूप में सामान्यीकृत धारणाओं के रूप में दिखाई देती है।''

जॉर्ज जे. मूले के अनुसार, ''समस्याओं के समाधान के लिए व्यवस्थित रूप से बौद्धिक ढंग से वैज्ञानिक विधि के प्रयोग तथा अर्थापन को शोध कहा जाता है।''

मुनरो के अनुसार, ''शैक्षिक अनुसन्धान का अन्तिम लक्ष्य सिद्धान्तों का प्रतिपादन करना एवं शिक्षा के क्षेत्र में नवीन प्रक्रियाओं का विकास करना है।''

शैक्षिक शोध की आवश्यकता
(Requirements of Educational Research)

शैक्षिक शोध शिक्षा व शिक्षण का एक महत्त्वपूर्ण बिन्दु है। *इसकी आवश्यकता को निम्न बिन्दुओं द्वारा समझा जा सकता है*

- **मौलिक प्रश्नों का उत्तर ज्ञात करने के लिए** शिक्षा सम्बन्धित वे प्रश्न जो अब तक अनुत्तरित हैं, उनके सही उत्तर शोध द्वारा ही ज्ञात होते हैं।
- **शैक्षिक समस्याओं के समाधान हेतु** शिक्षा के क्षेत्र में जो भी समस्याएँ आती हैं। उनका समाधान हमें शैक्षिक शोध द्वारा ही प्राप्त होता है।
- **शिक्षणशास्त्र के सिद्धान्तों के मूल्यांकन एवं नवीन सिद्धान्तों के प्रतिपादन हेतु** जो सिद्धान्त समय के साथ अपनी महत्ता खो देते हैं उनका मूल्यांकन किया जाता है तथा उनके स्थान पर नवीन सिद्धान्तों का प्रतिपादन शैक्षिक शोध द्वारा ही किया जाता है।

- **सुचारु कक्षा शिक्षण हेतु** किस प्रकार कक्षा का वातावरण अच्छा हो, प्रस्तुतीकरण प्रभावी हो, छात्रों एवं अध्यापकों की समस्याओं का निराकरण हो, इसके लिए भी निरन्तर शोध की आवश्यकता होती है।
- **पाठ्यपुस्तकों तथा पाठ्यक्रम के मूल्यांकन के लिए** समय के अनुसार पाठ्यक्रम को परिभाषित करना व उसके अनुसार पाठ्यपुस्तकों में परिवर्तन भी शैक्षिक शोध द्वारा सम्भव है।
- **माध्यमों की सार्थकता एवं उपयोगिता के मूल्यांकन के लिए** शैक्षिक शोध की आवश्यकता होती है।

शैक्षिक शोध की प्रकृति
(Nature of Educational Research)

- शैक्षिक शोध का मुख्य आधार शिक्षा दर्शन होता है।
- शैक्षिक शोध सूझ व कल्पना पर आधारित होता है।
- शैक्षिक शोध में अन्तरविषयात्मक पद्धति (Interdisciplinary Approach) का प्रयोग होता है।
- शैक्षिक शोध में निगमनात्मक तर्क का प्रयोग होता है।
- शैक्षिक शोध कार्य-कारण सम्बन्ध (Cause and Effect Relationship) पर आधारित होता है।
- शैक्षिक अनुसन्धान के लिए विशेषज्ञ होना आवश्यक नहीं है। इसको शिक्षक भी कर सकते हैं।
- शैक्षिक शोध वस्तुनिष्ठ न होकर विषयनिष्ठ होते हैं।
- शैक्षिक शोध अन्य शोधों से कम शुद्ध होते हैं, क्योंकि न्यादर्श जनसंख्या का पूर्ण प्रतिनिधित्व नहीं करता है।
- शैक्षिक अनुसन्धान को यान्त्रिक नहीं बनाया जा सकता है। यह कम खर्चीले होते हैं।

शैक्षिक शोध की विशेषताएँ
(Characteristics of Educational Research)

अनुसन्धान वैज्ञानिक विधि की तरह कार्य करते हैं, जो पूर्वाग्रह से मुक्त और व्यक्तिपरक होता है। *इस आधार पर अनुसन्धान की प्रमुख विशेषताएँ निम्नलिखित हैं*

- **वस्तुनिष्ठता** यह अनुसन्धान का सर्वाधिक महत्त्वपूर्ण पहलू होता है, क्योंकि सभी अनुसन्धान उद्देश्यपूर्ण होते हैं। इसमें घटनाओं या वस्तुओं को बिना किसी पूर्व धारणाओं या भेदभाव से परखा जाता है। इसमें साक्ष्यों का भली-भाँति परीक्षण, सत्यापन के अतिरिक्त दूसरों के विचारों का सम्मान भी किया जाता है।

  अनुसन्धान की प्रक्रिया पर शोधकर्ता की स्वयं की उपस्थिति, व्यवहार और दृष्टिकोण का प्रभाव नहीं पड़ता है।
- **निश्चयात्मकता** निश्चयात्मकता का सिद्धान्त प्रक्रिया एवं परिणाम दोनों पर ही लागू होता है। इस प्रक्रिया का ध्यान सूचनाओं अथवा प्रदत्तों के नियोजन, संकलन, परीक्षण इत्यादि सभी चरणों में रखा जाता है।
- **विश्वसनीयता** यह अनुसन्धान का महत्त्वपूर्ण भाग है, क्योंकि यह स्थिरता और सत्यापनशीलता को प्रस्तुत करती है।
- **वैधता** अनुसन्धान में वैधता का अर्थ त्रुटिरहित परिणाम से होता है तथा यह विश्वसनीयता की तुलना में अधिक महत्त्वपूर्ण होता है। यह मुख्य रूप से प्रक्रियाओं, अनुसन्धान उपकरणों, परीक्षण आदि से सम्बन्धित होता है। यह अनुसन्धान को सही दिशा में अग्रसर करने में सहायक होता है।
- **कार्यकारण सम्बन्ध की महत्ता** अनुसन्धान में कार्यकारण सम्बन्धों का महत्त्व विशेष होता है, क्योंकि यह वैज्ञानिक विधि है, जो किसी भी घटना के पीछे कारण सम्बन्धों को पढ़ता है।
- **तार्किकता** अनुसन्धान तार्किकता को विशेष महत्त्व देता है जिसमें आगमनात्मक एवं निगमनात्मक संकल्पनाओं को विशेष महत्त्व दिया जाता है। अत: कार्यकारण सम्बन्धों के साथ-साथ तार्किकता का महत्त्व अनुसन्धान में अधिक होता है।
- **अनुभवात्मक आधारित संकल्पना** शोध प्रत्यक्षीकरण तथा अवलोकनात्मक सिद्धान्तों पर आधारित होता है, क्योंकि शोध में इसका अनुभव वस्तुनिष्ठता तथा विश्वसनीयता को बढ़ावा देता है।

शोध के उद्देश्य (Objectives of Research)

किसी भी प्रकार का शोध/अनुसन्धान किसी भी लक्ष्य या उद्देश्य का अनुगामी होता है। अत: यह बात स्पष्ट है कि कोई भी अनुसन्धान लक्ष्य या उद्देश्यविहीन नहीं हो सकता। जैसे ही किसी शोध/अनुसन्धान की पृष्ठभूमि निर्मित की जाती है, उसी समय उसका उद्देश्य निर्धारित हो जाता है।

सामान्यत: अनुसन्धान के उद्देश्यों को चार भागों में बाँटा गया है

1. **सैद्धान्तिक उद्देश्य** इसके अन्तर्गत वैज्ञानिक विधि के माध्यम से नवीन सिद्धान्तों एवं नियमों का प्रतिपादन किया जाता है तथा यह कार्य व्याख्यात्मक प्रकृति के होते हैं।
2. **सत्यात्मक उद्देश्य** वस्तुत: ये दार्शनिक प्रकृति के होते हैं, जिसमें दर्शन के आधार पर अन्तिम परिणाम की प्राप्ति की जाती है।
3. **तथ्यात्मक उद्देश्य** वस्तुत: ये वर्णनात्मक प्रकृति के होते हैं। इसका कारण यह है कि इस उद्देश्य की प्राप्ति हेतु तथ्यों की खोज कर उनका विश्लेषण किया जाता है।

इसमें ऐतिहासिक अनुसन्धानों के प्रकारों का सहारा लिया जाता है।

4. **व्यावहारिक उद्देश्य** इन उद्देश्यों को विकासात्मक अनुसन्धान की श्रेणी में रखते हैं तथा इसकी प्राप्ति हेतु विभिन्न क्षेत्र में क्रियात्मक अनुसन्धान का सहारा लिया जाता है। इसमें केवल उपयोगिता को ही महत्त्व प्रदान किया जाता है।

शोध के प्रकार (Types of Research)

उद्देश्य के आधार पर शोध

1. **मौलिक शोध** (Fundamental Research)

मौलिक शोध ऐसे शोध को कहा जाता है, जहाँ शोधकर्ता का उद्देश्य किसी क्षेत्र में सिद्धान्त विकसित करना होता है। यहाँ वह इस बात की चिन्ता नहीं करता कि उसके द्वारा प्राप्त निष्कर्ष से किसी क्षेत्र की व्यावहारिक समस्या के समाधान में कोई सहायता मिलेगी या नहीं।

मौलिक शोध की निम्न विशेषताएँ होती हैं

- यह तथ्यों की स्थिति बताने में सहायता करता है।
- यह कोई त्वरित समाधान प्रस्तुत नहीं करता।
- यह किसी समस्या के उचित निष्कर्ष पर पहुँचने में सहायता करता है।
- यह हमारे ज्ञान में वृद्धि करता है।
- पहले से उपस्थित मूलभूत सिद्धान्तों के बारे में हमारी जानकारी बढ़ाता है।
- ये वर्णनात्मक, व्याख्यात्मक या गवेषणात्मक प्रकार के हो सकते हैं।
- इसका किसी नई खोज या आविष्कार में योगदान नहीं होता।

2. **अनुप्रयुक्त (व्यावहारिक) शोध** (Applied Research)

अनुप्रयुक्त शोध में शोधकर्ता का एक विशिष्ट उद्देश्य होता है। वह शोध इस परिप्रेक्ष्य में करता है कि उसके निष्कर्ष द्वारा किसी समस्या का समाधान हो।

इसमें शोधकर्ता एक प्रतिदर्श का चयन करता है तथा अध्ययन के निष्कर्ष द्वारा लक्षित जनसंख्या अथवा समूह के बारे में अनुमान लगाता है।

अनुप्रयुक्त शोध की निम्नलिखित विशेषताएँ हैं

- यह एक ऐसा शोध होता है, जो तकनीकी/सामाजिक शिक्षा के क्षेत्र में समस्याओं का समाधान प्रस्तुत करता है।
- यहाँ शोधकर्ता का उद्देश्य ऐसा समाधान प्रस्तुत करना होता है, जो अन्य क्षेत्रों में उपयोगी होता है।
- यह शोध मूलभूत शोध को अपना आधार बनाकर कार्य करता है।
- इस शोध के लिए सैद्धान्तिक आधार की आवश्यकता होती है, जिसके आधार पर समस्या का समाधान प्रस्तुत किया जाता है।
- यह वास्तविक जीवन की समस्या के समाधान की दिशा में भी कार्य करता है।
- यह मनुष्य के जीवन को सुखमय बनाने की दिशा में कार्य करता है, जबकि मूलभूत अनुसन्धान का मुख्य उद्देश्य केवल हमारे ज्ञान में वृद्धि करना होता है।

3. **क्रियात्मक शोध** (Functional Research)

क्रियात्मक अनुसन्धान वह प्रक्रिया है, जिसके द्वारा व्यावहारिक कार्यकर्ता वैज्ञानिक विधि से अपनी समस्याओं का अध्ययन, अपने निर्णय व क्रियाओं में सुधार लाने का एक प्रयास करता है।

शिक्षा के क्षेत्र में ये बहुत ही उपयोगी सिद्ध होता है। इसमें अनुसन्धानकर्ता बाहरी व्यक्ति न होकर विद्यालय का ही व्यक्ति होता है।

क्रियात्मक अनुसन्धान की निम्नलिखित विशेषताएँ हैं

- इसमें शिक्षा आदि व्यावहारिक क्रियाओं की दैनिक समस्याओं का विधिवत अध्ययन किया जाता है।
- इस अनुसन्धान के लिए विशेषज्ञ होना आवश्यक नहीं, बल्कि समस्या से सम्बन्धित व्यक्ति ही इस कार्य को कर सकता है।
- यह अनुसन्धान दैनिक समस्याओं के अध्ययन, व्यावहारिक क्रियाओं में सुधार एवं विकास की दृष्टि से महत्त्वपूर्ण होता है।
- सभी कार्यकर्ता वैज्ञानिक दृष्टिकोण से कार्य करते हैं तथा पूर्वाग्रह एवं पक्षपात से बचने का प्रयास करते हैं।
- कार्यकर्ता द्वारा वस्तुनिष्ठ विधि से अध्ययन एवं सुधार किया जाता है। इनका क्षेत्र संकुचित होता है। विद्यालय या किसी अन्य संस्थाओं तक ही सीमित रहता है। यह शोध अध्यापक अपनी कक्षा से सम्बन्धित समस्याओं के लिए करता है।
- शोधकर्ता इसका मूल्यांकन भी स्वयं ही करता है कि उसे समस्या के समाधान में कहाँ तक सहायता मिली।
- इसमें न किसी विशेष प्रशिक्षण व न ही किसी विशेष योग्यता की आवश्यकता होती है।

परिणाम के आधार पर शोध
(Research Based on Results)

1. **मौलिक या प्राथमिक अनुसन्धान** इसके अन्तर्गत ज्ञान के वर्तमान संग्रह में वृद्धि की जाती है तथा इसके द्वारा सिद्धान्त तथा अवधारणाएँ विकसित होती हैं। अकादमिक दृष्टि से यह अधिक महत्त्वपूर्ण माना जाता है।

2. **व्यावहारिक अनुसन्धान** इस अनुसन्धान के द्वारा किसी समस्या विशेष का समाधान करने वाले तत्त्व शामिल होते हैं अर्थात् यदि अनुसन्धानकर्ता तथ्यों के आधार पर किसी क्रियात्मक समस्या का समाधान करे, तो उसे व्यावहारिक अनुसन्धान कहेंगे।

तर्क के आधार पर शोध
(Research Based on Logic)

1. **आगमन** यह एक ऐसी प्रणाली है, जिसमें हम विभिन्न अनुभवों के सामान्यीकरण द्वारा वांछित ज्ञान को प्राप्त करते हैं।
2. **निगमन** ज्ञान प्राप्ति हेतु यह एक ऐसी तर्क प्रणाली है, जिसमें सामान्य से विशेष की ओर चलते हैं।

जाँच के आधार पर शोध
(Research Based on Investigation)

1. **संरचित दृष्टिकोण** यह दृष्टिकोण निगमन विधि के समान ही होता है।
2. **असंरचित दृष्टिकोण** इस दृष्टिकोण का आगमन विधि तथा गुणात्मक अनुसन्धान से निकटतम सम्बन्ध होता है।

शोध की पद्धतियाँ (Methods of Research)

अनुसन्धान वस्तुत: एक विशेष प्रकृति की समस्या का वैज्ञानिक समाधान प्रस्तुत करता है। इसलिए समस्या की प्रकृति के अनुसार अनुसन्धान की विधि निर्धारित की जाती है। अनुसन्धान विधियों का वर्गीकरण विद्वानों ने अनेक प्रकार से किया है। किसी ने विषय क्षेत्र के अनुसार वर्गीकरण किया है, तो किसी ने शिक्षा सम्बन्धी, किसी ने मनोविज्ञान सम्बन्धी या किसी ने इतिहास सम्बन्धी अनुसन्धान के रूप में वर्गीकृत किया है।

बेस्ट एवं **काहन** द्वारा किया गया वर्गीकरण सबसे अच्छा माना जाता है। इनके अनुसार अनुसन्धान की छ: प्रमुख विधियाँ मानी गई हैं, *जो निम्न हैं*

1. **ऐतिहासिक शोध विधि** जॉन डब्ल्यू वेस्ट के अनुसार, "ऐतिहासिक अनुसन्धान का सम्बन्ध ऐतिहासिक समस्या के वैज्ञानिक विश्लेषण से होता है। इसके विभिन्न पद भूतकाल के सम्बन्ध में नई सूझ पैदा करते हैं, जिसका सम्बन्ध वर्तमान एवं भविष्य से होता है।"

   ऐतिहासिक अनुसन्धान के द्वारा किसी भी वस्तु, विचार घटना, समुदाय, समाज विशेष के बारे में वैज्ञानिक अध्ययन किया जाता है। इस विधि में ऐतिहासिक साक्ष्यों की आवश्यकता पड़ती है।

2. **विवरणात्मक शोध विधि** इसके अन्तर्गत स्पष्ट परिभाषित समस्या का समाधान किया जाता है। यह विशेष सरल एवं अत्यन्त कठिन दोनों प्रकार का हो सकता है। यह क्या हैं को स्पष्ट करता है। इसके अन्तर्गत समस्या समाधान हेतु उपयोगी सूचना प्राप्त करते हैं। इसके लिए कल्पनापूर्ण नियोजन आवश्यक होता है। यह अनुसन्धान संख्यात्मक एवं गुणात्मक दोनों हो सकता है।

   इस अनुसन्धान विधि में वर्तमान स्थिति का वर्णन एवं विश्लेषण किया जाता है। इसे अप्रयोगात्मक अनुसन्धान भी कहा जाता है।

3. **प्रयोगात्मक शोध विधि** इस विधि में अनुसन्धानकर्ता सदैव नवीन तथ्यों की खोज करता रहता है तथा यह शोधकर्ताओं के ज्ञान को बढ़ाने में सहायक होता है। इस विधि में अनुसन्धानकर्ता स्वतन्त्र चर तथा आश्रित चर के मध्य कार्य-करण सम्बन्धों का अध्ययन करता है।

   यह परिकल्पना के परीक्षण की एक विधि भी है तथा इसके बारे में यह कहा जाता है कि यह पद्धति इस तथ्य का वर्णन तथा विश्लेषण करती है कि अब क्या होगा। इसमें पूर्वाग्रह का अभाव पाया जाता है।

4. **क्रियात्मक शोध विधि** सामान्यत: विद्वानों द्वारा अनुसन्धान की उपरोक्त तीन विधियों (ऐतिहासिक, विवरणात्मक तथा प्रयोगात्मक) का ही वर्णन किया गया है, परन्तु इन विधियों से उच्च शिक्षण संस्थानों की समस्याओं का समाधान कर पाना सम्भव नहीं था।

   अत: शिक्षण संस्थानों की समस्याओं के समाधान के लिए क्रियात्मक अनुसन्धान विधि का सिद्धान्त अपनाया गया। यह सैद्धान्तिक ज्ञान की खोज न कर व्यावहारिक समस्याओं का समाधान प्रस्तुत करता है।

5. **मात्रात्मक शोध विधि** मात्रात्मक या परिमाणात्मक अनुसन्धान के अन्तर्गत पहले उपकल्पना का निर्धारण होता है तथा सिद्धान्त पहले से ही निर्धारित रहते हैं। शोध तथा आँकड़ों पर आधारित होने के कारण इसका निष्कर्ष भी आँकड़ों द्वारा ही निर्धारित होता है।

   यह अनुसन्धान किसी भी प्रकार के भेदभाव से रहित होता है। इस अनुसन्धान में सूचना सांख्यिकीय रूप से प्राप्त होती है। यह अनुसन्धान संरचित साक्षात्कार, अवलोकन, अभिलेख तथा रिपोर्ट की समीक्षा द्वारा डाटा संग्रहण करता है।

6. **गुणात्मक शोध विधि** इस अनुसन्धान का उद्देश्य मानव व्यवहार तथा उसे नियन्त्रित करने वाले कारणों को समझना

होता है। इस विधि के अन्तर्गत क्या, कहाँ, कब, क्यों और कैसे आदि प्रश्नों की जाँच की जाती है।

इस अनुसन्धान में संकल्पना का प्रयोग नहीं किया जाता है। यह विकल्प खुला रखते हैं। यह अनुसन्धान मात्रात्मक के स्थान पर व्यक्तिगत अनुभवों के विश्लेषण पर बल देता है।

शोध का महत्त्व (Importance of Research)

वर्तमान शैक्षणिक व्यवस्था में शोध का महत्त्व दिन-प्रतिदिन बढ़ता जा रहा है, क्योंकि बदलते समय में नवीन विचारों व तथ्यों की खोज हेतु प्रत्येक शिक्षक संस्थान एवं पाठ्यक्रम में शोध को अनिवार्यत: शामिल किया गया है।

इसी आधार पर शोध के निम्नलिखित महत्त्वों की पहचान की गई है

- अनुसन्धान ज्ञान को विस्तारित तथा परिमार्जित करने में सहायक होता है।
- अनुसन्धान व्यक्ति के बौद्धिक चिन्तन व विकास को गति प्रदान करता है।
- यह किसी भी प्रकार के पूर्वाग्रह को समाप्त करने में सहायक सिद्ध होता है।
- अनुसन्धान किसी भी उदेद्श्यों की प्राप्ति में सहायक सिद्ध होता है।
- शोध समाज में नए ज्ञान एवं विचारों का प्रसार करता है।
- अनुसन्धान किसी उद्देश्य की प्राप्ति हेतु वैज्ञानिक तरीकों का प्रतिपादन करता है।
- इसका महत्त्व किसी समस्या का समाधान प्रस्तुत करने में प्रयुक्त होता है।

शोध के चरण (Steps of Research)

अनुसन्धान एक क्रमिक प्रक्रिया है, जिसमें प्रत्येक प्रकार के अनुसन्धान को कुछ विशिष्ट पदों के अन्तर्गत क्रमानुसार पूर्ण किया जाता है।

अनुसन्धान एक वैज्ञानिक विधि है, जिसमें अनुसन्धानकर्ता किसी समस्या के समाधान के लिए तार्किक रूप से प्रयोग करता है। सामान्यत: अनुसन्धान या शोध के आठ चरण निर्धारित किए गए हैं, *जिनका विवरण इस प्रकार है*

1. **समस्या का चयन** अनुसन्धान के पहले चरण में सर्वप्रथम समस्या, घटना, व्यवहार के प्रश्न आदि का चयन किया जाता है। यहाँ समस्या का चयन पूरी जागरूकता, सतर्कता, जिज्ञासा के साथ किया जाता है।
2. **परिकल्पनाओं का निर्माण** अनुसन्धान के दूसरे चरण में सभी समस्याओं की पहचान के बाद उससे सम्बन्धित परिकल्पना का निर्माण किया जाता है। यह शोध के विकास का उद्देश्यपूर्ण आधार होता है। यह तार्किक वाक्य, कथन, विचार होता है, जो शोध की प्रकृति पर आधारित होता है।
3. **शोध प्रारूप या शोध अभिकल्प का विकास** शोध अभिकल्प एक प्रश्न का उत्तर जानने, परिस्थितियों का वर्णन करने या परिकल्पना के निरीक्षण से सम्बन्धित होता है, जो योजनानुसार कार्य करने, सम्पूर्ण अनुसन्धान पर नियन्त्रित करता है।

   शोध अभिकल्प मुख्यत: किसी भी शोधकार्य से पूर्व-निर्मित एक योजनाबद्ध रूपरेखा होता है।
4. **न्यायदर्श या प्रतिचयन** मिड्रेड पार्टेन के अनुसार, "समग्र में से निश्चित संख्या में व्यक्ति, घटना अथवा निरीक्षणों को पृथक् करने की प्रक्रिया एवं पद्धति के अध्ययन के लिए सम्पूर्ण समूह में से एक अंश का चयन करना ही न्यायादर्श/प्रतिदर्श कहलाता है।" शोध में इनकी महत्त्वपूर्ण भूमिका होती है।
5. **अनुसन्धान प्रस्ताव लेखन** किसी भी अनुसन्धान परियोजना को मानने या स्वीकार करने से पहले उसका प्रस्ताव प्रस्तुत किया जाता है। इसके द्वारा शोध परियोजना का मूल्यांकन करने का आधार भी प्राप्त हो जाता है।

   यह तीन से सात पृष्ठों का एक दस्तावेज होता है, जो शोधकर्ता द्वारा लिखा जाता है। यह दस्तावेज सम्पूर्ण अनुसन्धान प्रक्रिया की रूपरेखा एवं विस्तृत विवरण होता है।
6. **प्रदत्तों का एकत्रीकरण** शोध की प्रकृति, क्षेत्र, वित्तीय लागत, समय की उपलब्धता इत्यादि को देखकर शोधकर्ता प्रदत्तों का एकीकरण करता है। प्रदत्त एकत्रित करने के बाद अनुसन्धान प्रक्रिया के अगले चरण में प्रदत्तों का विश्लेषण किया जाता है।
7. **प्रदत्तों का प्रसंस्करण एवं विश्लेषण** प्रदत्तों के विश्लेषण के लिए उन्हें कुछ प्रबन्धकीय समूहों या तालिका में संघटित किया जाता है। इसके पश्चात् प्रदत्तों का प्रासंगिक एवं उद्देश्यपूर्ण श्रेणियों में वर्गीकरण करके विश्लेषण किया जाता है।
8. **शोध/अनुसन्धान रिपोर्ट लेखन** अनुसन्धान के समापन होने के पश्चात् शोध रिपोर्ट बनाई जाती है। *शोध/अनुसन्धान रिपोर्ट का प्रारूप निम्नलिखित प्रकार से बनाया जाता है*

रिपोर्ट का शीर्षक

1. विषय-सूची
2. सार सारांश
3. परिचय
4. क्रियाविधि
5. परिणाम
6. विचार-विमर्श
7. निष्कर्ष
8. अनुशंसाएँ
9. सन्दर्भ या ग्राफ
10. परिशिष्ट

अनुसन्धान पत्र या शोध-पत्र (Research Paper)

अनुसन्धान पत्र एक विस्तृत आलेख होता है, जिसके आधार पर अनुसन्धानों को सार्वजनिक स्वरूप में ढाला जाता है। इस पूरी क्रिया में शोधकर्ता का परिचय विद्वान, बुद्धिजीवी वर्ग आदि के रूप में होता है।

अनुसन्धान पत्र ऐसा पत्र होता है, जिसके माध्यम से शोधकर्ता अपने सम्पूर्ण शोध के तथ्यों, आँकड़ों, दृष्टिकोणों एवं निष्कर्षों को प्रस्तुत करता है। इस पूरी प्रक्रिया में शोधकर्ता को दो प्रकार के स्रोतों, जिसे प्राथमिक स्रोत तथा द्वितीयक स्रोत कहा जाता है, का सहारा लेना पड़ता है।

शोध-प्रपत्र लेखन के क्रम में तथ्य एवं विचारों के अन्तर को ध्यान में रखना होता है। तथ्य को हम सत्य की तरह स्वीकार कर लेते हैं। इन्हें सिद्ध करने के लिए प्रमाण की आवश्यकता नहीं होती है।

शोध-प्रपत्र में अनेक विचारधाराओं तथा निरीक्षणों को प्रस्तुत किया जाता है। इसमें यह आवश्यक होता है कि शोधकर्ता किसी तथ्यों एवं विचारों का मिश्रण नहीं करें, क्योंकि ऐसा करने पर किसी भी प्रपत्र का स्तर गिर जाता है।

शोध-पत्र लेखन की प्रक्रिया (Research Paper Writing Process)

किसी भी अनुसन्धान पत्र के लेखन प्रक्रिया में कई बिन्दुओं का पालन किया जाता है; जैसे–

- सर्वप्रथम शोध की विषय-वस्तु का चयन किया जाता है।
- विषय-वस्तु से सम्बन्धित साहित्य का सर्वेक्षण किया जाता है।
- तत्पश्चात् अनुसन्धान का उद्देश्य तय किया जाता है।
- उद्देश्य निर्धारण के पश्चात् अनुसन्धान की परिकल्पनाएँ निर्धारित की जाती हैं।
- इसके पश्चात् अनुसन्धान पूर्ण करने हेतु अभिकल्पों का शोध नमूनों; जैसे–न्यायदर्श, यन्त्र एवं उपकरण तथा सांख्यिकी प्रविधियों का उल्लेख किया जाता है। न्यायदर्श की आवश्यकता अनुसन्धान व्यय में कमी, दक्षता में वृद्धि तथा परिणाम की शुद्धता के लिए किया जाता है।
- अनुसन्धान पत्र लेखन की प्रक्रिया में अनुसन्धान में विभिन्न विधियों; जैसे-ऐतिहासिक, प्रयोगात्मक, वर्णनात्मक का प्रयोग किया जाता है।
- इन सबके पश्चात् उपलब्ध आँकड़ों का विश्लेषण किया जाता है।
- आँकड़ों के विश्लेषण के पश्चात् अनुसन्धान का निष्कर्ष निकाल लिया जाता है।
- सबसे अन्त में सन्दर्भ ग्रन्थों की सूची प्रस्तुत की जाती है।
- शोध लेख वस्तुत: अनुसन्धान के सैद्धान्तिक पक्ष को सामने लाता है, जिसमें शोधकर्ता द्वारा मूलत: अपने विचारों की स्थापना हेतु आगमनात्मक तथा निगमनात्मक क्रियाओं का उपयोग किया जाता है।

शोध लेख के अनिवार्य तत्त्व (Essential Factors of a Research Article)

- किसी भी अनुसन्धान लेख में कुछ महत्त्वपूर्ण तथ्यों का होना अनिवार्य होता है।
- किसी भी अनुसन्धान लेख में एक परिकल्पना तथा एक प्रस्तावित प्रश्न का होना अनिवार्य होता है।
- किसी भी अनुसन्धान लेख में भविष्य में होने वाले अनुसन्धानों के लिए कुछ सुझावों का होना अनिवार्य होता है।
- अनुसन्धान लेख ऐसे होने चाहिए, जिसमें विषयों का विवरण होने के साथ-साथ पूरे अनुसन्धान लेख का निष्कर्ष होना चाहिए।
- अनुसन्धान से सम्बन्धित सन्दर्भों की सूची लेख में अनिवार्य रूप से होनी चाहिए।
- अनुसन्धान लेख में इस बात का अनिवार्यत: ध्यान रखना चाहिए कि उसमें समाचार-पत्रों के लेख नहीं होने चाहिए।
- अनुसन्धान लेख में इस बात का अनिवार्यत: पालन होना चाहिए कि शोधकर्ता तथ्यों एवं विचारों को मिश्रित न करें, क्योंकि इससे शोध का स्तर नीचे चला जाता है।

शोध में त्रुटियाँ (Errors in Research)

किसी भी शोध में नैतिक मूल्यों का होना आवश्यक होता है। इसके बावजूद कुछ त्रुटियाँ पाई जाती हैं, जो नैतिक मूल्यों पर प्रश्नचिह्न लगाती हैं। *ऐसी कुछ महत्त्वपूर्ण त्रुटियाँ निम्नलिखित हैं*

- शोध के दौरान काल्पनिक अवधारणाओं का प्रयोग करना।
- पूर्वाग्रह और पक्षपात का प्रभाव पड़ना।
- भ्रान्तियों एवं अफवाहों से शोध का प्रभावित होना।
- निकृष्ट प्रकार का औचित्यीकरण प्रस्तुत करना।
- प्रदूषित या गलत तथ्यों का उपयोग करना।
- उपकरणों का सही ज्ञान व प्रयोग की सही जानकारी का न होगा आदि।

शोध की त्रुटियों को दूर करने हेतु सुझाव (Suggestions to Remove Errors in Research)

- **प्रमाणिक तथ्यों का उपयोग** इससे शोधकार्य में परिणाम व उद्देश्यों की सही प्राप्ति होती है।
- **उपकरणों की सीमा का ज्ञान** शोध में प्रयुक्त उपकरणों की सीमा का भी ज्ञान होना आवश्यक होता है, क्योंकि कभी-कभी इससे भी शोध में त्रुटियाँ उत्पन्न हो जाती हैं।
- **रक्षात्मक शोध अभिकल्प** के अन्तर्गत हानिकारक प्रभावों के घटने तथा विषय सम्बन्धित गम्भीरता को सम्मिलित किया जा सकता जाता है। इससे त्रुटियाँ दूर हो जाती हैं।
- **पायलट अध्ययन** से शोध में प्रदत्तों को इकट्ठा करते समय होने वाली भावी हानियों के विषय में स्पष्टता आती है, जिससे उनका आकलन करना सरल होता है। अतः इस पर ध्यान देना चाहिए।
- **बाह्य प्रस्ताव की समीक्षा** द्वारा शोध कार्य में जोखिमों को कम करने सम्बन्धित पूर्वाविधान होता है। इससे भी त्रुटियाँ दूर हो सकती है।
- **स्क्रीनिंग** द्वारा शोध अध्ययन में उन व्यक्तियों का चुनाव करने में सहायता मिलती है, जो प्रभावी जोखिम के प्रति सजग व उदार होते हैं। अतः इसे अपनाना चाहिए।
- **संव्यावसायिक कूट** को विशेषज्ञों के विशेष शोध प्रयासों द्वारा आगमन रीति से उन्नत किया जाता है। यह शोधकर्ताओं को शोध सम्बन्धित कर्त्तव्यों के निर्वहन पर बल देता है। अतः ऐसे कूट भी सहायक होते हैं।
- **सरकार के प्रयास** द्वारा ऐसे नियमों का निर्माण किया गया है, जिससे शोध में नैतिक मूल्यों की रक्षा की जा सके। वर्तमान में शोध गंगा, जैसे—डिजिटल रिपॉजिटरी की स्थापना की गई है, जिस पर शोधकर्ता अपने शोध की कॉम्पैक्ट डिस्क को स्टोर कर सकते हैं तथा इसे अपलोड भी कर सकते हैं। अतः सरकारी प्रयासों को अपनाना चाहिए।

अभ्यास प्रश्न

1. शोध/अनुसन्धान का सामान्य अर्थ होता है
(a) पढ़ना (b) खोजना
(c) अवलोकन करना (d) बार-बार खोजना

2. अनुसन्धान का शाब्दिक अर्थ क्या है?
(a) लक्ष्य का अनुगामी होना
(b) अवधारणाओं का निर्माण करना
(c) परिकल्पना स्थापित करना
(d) उपरोक्त में से कोई नहीं

3. अनुसन्धान से क्या तात्पर्य है?
(a) यह एक अवलोकन की विधि है
(b) यह एक उद्देश्यपूर्ण तथा व्यवस्थित गतिविधि है
(c) यह एक नए ज्ञान की खोज है
(d) उपरोक्त सभी

4. अनुसन्धान शब्द लिया गया है
(a) प्राचीन तीरन्दाजी कला के आधार पर
(b) माडर्ल राइफल निशानेबाजी कला के आधार पर
(c) उपरोक्त दोनों ही समानार्थी हैं तथा प्रश्न में दिए गए पद के अनुकूल हैं
(d) उपरोक्त दोनों ही विषमार्थी है तथा प्रश्न पद से असम्बन्धित हैं

5. अनुसन्धान सदैव किस सन्दर्भ में किया जाता है?
(a) पुराने ज्ञान का सत्यापन
(b) नए ज्ञान की खोज
(c) अवलोकन करना
(d) उपरोक्त सभी

6. बच्चों के विकास से सम्बन्धित 'निर्माण एवं खोज का सिद्धान्त' निम्न में से किसने दिया था?
(a) स्किनर (b) वाइगोत्स्की
(c) जीन पियाजे (d) कोहलबर्ग

7. एक प्रक्रिया के रूप में शोध का अर्थ स्पष्ट करने के लिए निम्नलिखित सूक्तियों में से कौन-सी प्रासंगिक नहीं है?
(a) क्रमबद्ध क्रिया
(b) वस्तुनिष्ठ अवलोकन
(c) प्रयोग एवं त्रुटि
(d) समस्या-समाधान

8. शैक्षिक शोध की आवश्यकता क्यों होती है?
(a) सुचारु कक्षा शिक्षण हेतु
(b) शैक्षिक समस्याओं के समाधान हेतु
(c) मौलिक प्रश्नों का उत्तर ज्ञात करने हेतु
(d) उपरोक्त सभी

9. सुचारु कक्षा शिक्षण हेतु, निरन्तर शोध की आवश्यकता क्यों है?
(a) कक्षा का शैक्षिक वातावरण समुचित करने के लिए
(b) शिक्षक की प्रस्तुतीकरण प्रभावी करने के लिए
(c) छात्रों एवं अध्यापकों की समस्याओं का निराकरण करने के लिए
(d) उपरोक्त सभी

10. अनुसन्धानकर्ता की गुणवत्ता किस पर निर्भर करती है?
(a) उच्च तकनीक के उपयोग पर
(b) उपलब्ध सुविधाओं पर
(c) शोध-प्रविधि में शिक्षण पर
(d) अनुसन्धानकर्ता के समर्पण पर

11. शोध की प्रकृति कैसी होती है?
(a) शोध अपनी प्रकृति में वस्तुनिष्ठ और तथ्यात्मक होता है
(b) इसकी प्रकृति बौद्धिकता से युक्त एवं तार्किक होती है
(c) इसकी प्रकृति पूर्वाग्रह से मुक्त होती है
(d) उपरोक्त सभी

12. शोध की प्रकृति विश्लेषणात्मक भी होती है, क्योंकि इसमें सांख्यिकी की ………… के द्वारा विश्लेषणात्मक निष्कर्ष निकाले जाते हैं।
(a) विधियों एवं आँकड़ों
(b) वस्तुनिष्ठ एवं तथ्यात्मक
(c) बौद्धिकता से युक्त एवं तार्किक
(d) ज्ञान एवं सिद्धान्त

13. शोध के सन्दर्भ में निम्नलिखित में से असत्य कथन कौन-सा/से है/हैं?
(a) शोध मूलत: वैज्ञानिक प्रकृति का होता है।
(b) शोध में प्राथमिक और द्वितीयक स्रोतों से प्राप्त आँकड़ों का विश्लेषण कर निष्कर्ष प्राप्त किया जाता है।
(c) शैक्षिक शोध की प्रकृति विषयनिष्ठ होती है।
(d) उपरोक्त में से कोई नहीं

14. निम्न में से कौन-सी शैक्षिक अनुसन्धान की विशेषता है?
(a) वस्तुनिष्ठता
(b) विश्वसनीयता
(c) निश्चयात्मक
(d) उपरोक्त सभी

15. अनुसन्धान की प्रमुख विशेषता कौन-सी है?
(a) यह अनुभव आधारित चक्रीय प्रक्रिया है।
(b) यह तार्किकता से परे होती है।
(c) इसमें विश्वसनीयता का अभाव पाया जाता है।
(d) यह व्यक्तिनिष्ठ होता है।

16. शोध किन सिद्धान्तों पर आधारित है?
(a) प्रत्यक्षीकरण सिद्धान्त
(b) अवलोकनात्मक सिद्धान्त
(c) 'a' और 'b' दोनों
(d) उपरोक्त में से कोई नहीं

17. निम्न में से कौन एक शोध की विशेषता नहीं है?
(a) वस्तुनिष्ठता (b) वैधता
(c) तटस्थता (d) विश्वसनीयता

18. जब शोधकर्ता पर बाह्य तत्त्वों का प्रभाव नहीं होता, तो वह अवलोकन कहलाता है
(a) पूर्ण नियन्त्रित (b) अर्द्ध-नियन्त्रित
(c) नियन्त्रित (d) अनियन्त्रित

19. विश्वसनीयता शोध का मूलभूत गुण है, जोकि इसके साथ-साथ परिचायक होता है
(a) वैधता का (b) तर्कशीलता का
(c) शुचिता का (d) वैज्ञानिकों को

20. यदि एक ही शोध को उन्हीं परिस्थितियों में दूसरी बार दोहराने पर प्राप्त परिणामों में अन्तर ज्ञात हो, तो ऐसे शोध को आप क्या कहेंगे?
(a) विश्वनसनीय (b) अविश्वसनीय
(c) विकासशील (d) विज्ञानात्मक

21. किसी शोध का एकमात्र उद्देश्य ज्ञान की प्राप्ति है, वृद्धि का शुद्धिकरण होता है?
(a) व्यावहारिक शोध (b) मौलिक शोध
(c) क्रियात्मक शोध (d) गुणात्मक शोध

22. किस शोध के अन्तर्गत शोधकर्ता परिकल्पना तैयार कर सत्य और असत्य सिद्ध करने के लिए प्रदत्त इकट्ठा करते हैं, किन्तु शोधकर्ता का तथ्यों पर सीधा नियन्त्रण होता है?
(a) वैचारिक (b) अनुभवसिद्ध
(c) सहसम्बन्ध (d) प्रायोगिक

23. किस प्रकार के शोध में द्वितीयक आँकड़ों, अनुभव सर्वेक्षण, प्रकरण अध्ययन, साक्षात्कार प्रक्षेपों व डेल्फी तकनीक आदि का प्रयोग किया जाता है?
(a) प्रायोगिक शोध (b) ऐतिहासिक शोध
(c) विश्लेषणात्मक शोध (d) समन्वेशी शोध

24. व्यावहारिक शोध होता है
(a) मौलिक शोध
(b) तात्कालिक समस्याओं के समाधान हेतु किया गया
(c) देशान्तरीय शोध
(d) उपरोक्त सभी

25. आगमन तथा निगमन किस आधार पर शोध के प्रकार हैं?
(a) तर्क के आधार पर
(b) जाँच के आधार पर
(c) परिणाम के आधार पर शोध
(d) उपरोक्त में से कोई नहीं

26. जाँच के आधार पर शोध के कौन-से प्रकार हैं?
(a) संरचित दृष्टिकोण (b) असंरचित दृष्टिकोण
(c) 'a' और 'b' दोनों (d) इनमें से कोई नहीं

27. ऐतिहासिक अनुसन्धान प्रयोगात्मक अध्ययन से किस प्रक्रिया में भिन्न है?
(a) पुनरावृत्ति में (b) प्राक्कन संरचना में
(c) प्राककल्पना आकलन में (d) ये सभी

28. विवरणात्मक अनुसन्धान में सबसे पहले किया जाता है
(a) नियमों का निर्धारण (b) उद्देश्यों का स्पष्टीकरण
(c) 'a' और 'b' दोनों (d) इनमें से कोई नहीं

29. प्रयोगात्मक अनुसन्धान में किस चर के आधार पर व्याख्या की जा सकती है?
(a) स्वतन्त्र चर (b) आश्रित चर
(c) बाह्य चर (d) ये सभी

30. निम्नलिखित में से कौन एक चर नियम के जन्मादाता हैं?
(a) जेम्स एस. मिल (b) थॉमस हॉब्स
(c) स्टेण्टन (d) ड्यूमा

31. क्रियात्मक अनुसन्धान किए जाते हैं
(a) तात्कालिक समस्याओं के समाधान हेतु
(b) दीर्घकालीन समस्याओं के समाधान हेतु
(c) बौद्धिक विकास हेतु
(d) उपरोक्त में से कोई नहीं

32. क्रियात्मक शोध के सन्दर्भ में निम्नलिखित में से कौन-सा कथन सही नहीं है? **[KVS PRT 2017]**
(a) इसके निष्कर्ष उपचारात्मक उपायों की शक्ल में होते हैं।
(b) इसका योगदान कक्षा अध्यापन पद्धतियों में होता है।
(c) इसका कार्यक्षेत्र काफी व्यापक होता है।
(d) इसका सम्बन्ध अध्यापकों, विद्यार्थियों या संस्थाओं का तात्कालिक समस्याओं से है।

33. किस प्रकार के शोध में शोधकर्ता समस्या के आन्तरिक पहलुओं व गहराई में जाने का प्रयास करता है, लेकिन उसके पास इससे सम्बन्धित अधिक तथ्य नहीं होते हैं?
(a) मात्रात्मक शोध (b) गुणात्मक शोध
(c) क्रियात्मक शोध (d) मौलिक शोध

34. निम्न में से किस विधि के अन्तर्गत निष्कर्षों को आँकड़ों के द्वारा निर्धारित किया जाता है?
(a) गुणात्मक शोध विधि
(b) मात्रात्मक शोध विधि
(c) विवरणात्मक शोध विधि
(d) उपरोक्त में से कोई नहीं

35. निम्न में से किस विधि के अन्तर्गत क्या, कहाँ, कब, क्यों और कैसे आदि प्रश्नों की जाँच की जाती है?
(a) प्रयोगात्मक शोध विधि (b) गुणात्मक शोध विधि
(c) मात्रात्मक शोध विधि (d) ऐतिहासिक शोध विधि

36. किस प्रकार के शोध में उपकल्प का प्रयोग नहीं होता है?
(a) गुणात्मक (b) मात्रात्मक
(c) क्रियात्मक (d) ये सभी

37. अनुसन्धान का क्या महत्त्व है?
(a) अनुसन्धान ज्ञान को विस्तारित करने में सहायक होता है।
(b) अनुसन्धान पूर्वाग्रह को समाप्त करता है।
(c) अनुसन्धान वैज्ञानिक तरीकों का प्रतिपादन करता है।
(d) उपरोक्त सभी

38. निम्नलिखित में से शोध प्रक्रिया प्रारम्भ करने का प्रथम चरण कौन-सा है?
(a) समस्या का समाधान ढूँढना
(b) समस्या की पहचान
(c) सम्बन्धित साहित्य का सर्वेक्षण
(d) समस्या का समाधान करना

39. शोध के चरणों का सही क्रम पहचानिए
(a) शोध चयन, परिकल्पना निर्माण, आँकड़ा चयन, निष्कर्ष की व्याख्या
(b) परिकल्पना निर्माण, विषय चयन, आँकड़ा चयन, निष्कर्ष की व्याख्या
(c) विषय चयन, आँकड़ा चयन, आँकड़ा चयन, निष्कर्षों की व्याख्या
(d) विषय चयन, परिकल्पना निर्माण, निष्कर्ष की व्याख्या, आँकड़ा चयन

40. अनुसन्धान का तृतीय पद है
(a) अनुसन्धान का अभिकल्प (b) अनुसन्धान का लक्ष्य
(c) अनुसन्धान का समायोजन (d) इनमें से कोई नहीं

41. शोध में समस्या की विशेषता होनी चाहिए
(a) स्पष्ट एवं मूर्त
(b) मापन सीमा युक्त
(c) व्यावहारिक रूप से उपयोगी
(d) उपरोक्त सभी

42. अनुसन्धान प्रक्रिया निम्न में से किसका केन्द्रीय महत्त्व है?
(a) चिन्तन स्तर (b) बौद्धिक स्तर
(c) नैतिक स्तर (d) इनमें से कोई नहीं

43. एक सांख्यिकी मापन जो पूरी जनसंख्या पर आधारित होता है, परिणाम कहलाता है। वह मापन जो नमूने पर आधारित होता है, कहलाता है
(a) नमूना चयन परिणाम (b) निष्कर्ष
(c) सांख्यिकी (d) इनमें से कोई नहीं

44. न्यायदर्श चयन का लाभ है
(a) समय एवं धन की बचत (b) ऊर्जा की बचत
(c) सत्यता का ज्ञान (d) ये सभी

45. निम्न में से कौन-सा कथन अनुसन्धान प्रस्ताव लेखन से सम्बन्धित नहीं है?
(a) अनुसन्धान प्रस्ताव लेखन एक-दो पृष्ठों का दस्तावेज होता है।
(b) इसका लेखन शोधकर्ता द्वारा प्रारम्भ में किया जाता है।
(c) अनुसन्धान प्रस्ताव विभिन्न कारणों से लिखे जाते हैं।
(d) उपरोक्त सभी

46. अनुसन्धान पत्र लेखन में कितने प्रकार के स्रोत का सहारा लिया जाता है?
(a) एक (b) दो (c) तीन (d) चार

47. निम्न में से क्या शोध-पत्र लेखन की प्रक्रिया के अन्तर्गत नहीं आता है?
(a) शोध वस्तु से सम्बन्धित साहित्य का सर्वेक्षण
(b) अनुसन्धान प्रक्रिया में परिकल्पनाओं का निर्धारण नहीं किया जाता है
(c) शोध-पत्र लेखन में उपलब्ध आँकड़ों का विश्लेषण जारी किया जाता है
(d) शोध लेखन में सबसे अन्त में सन्दर्भ ग्रन्थों की सूची प्रस्तुत की जाती है

48. शोध लेख के अनिवार्य तत्त्व हैं
(a) प्रस्तावना, आँकड़ा संग्रह, आँकड़ा, विश्लेषण, निष्कर्ष और अनुशंसा
(b) कार्यकारी सारांश, साहित्य पुनर्वेक्षण आँकड़ा संग्रहण, निष्कर्ष, अन्य सूची
(c) शोध योजना, शोध, आँकड़ा विश्लेषण, सन्दर्भ
(d) प्रस्तावना, साहित्य पुनर्वेक्षण, शोध प्रणालियाँ, परिणाम चर्चा और निष्कर्ष

49. एक शोध-पत्र होता है
(a) किसी विषय पर सूचनाओं का संकलन होता है
(b) लेखन द्वारा माना गया मूल शोध निहित होता है
(c) समकक्षी पुनरीक्षित मूल शोध या अन्य द्वारा किए गए शोध का मूल्यांकन
(d) एक से अधिक पत्रिकाओं में प्रकाशित किया जा सकता है

50. किसी शोध लेख में अनिवार्य रूप से क्या होना चाहिए, जिससे शोध का स्तर उचित रूप में बना रहे?
(a) तथ्यों का स्पष्ट उल्लेख (b) विचारों में स्पष्टता
(c) विषयों का स्पष्ट निष्कर्ष (d) ये सभी

51. किसी शोध में कौन-सी त्रुटियाँ पाई जाती हैं, जो शोध के नैतिक मूल्यों पर प्रश्नचिह्न लगाती है?
(a) काल्पनिक अवधारणाओं का प्रयोग
(b) पूर्वाग्रह एवं पक्षपात का समावेश
(c) भ्रान्तियाँ व अफवाहों से युक्त शोध
(d) उपरोक्त सभी

52. किस प्रकार के शोध को नैतिक रूप से त्रुटिरहित माना जाता है?
(a) सही तथ्यों से युक्त शोध को
(b) उपकरणों की सही सीमा ज्ञात रहित शोध को
(c) विवादास्पद शोध को
(d) अनुप्रयुक्त निष्कर्षों से युक्त शोध को

53. शोध की त्रुटियों को दूर करने के सम्बन्ध में किन सुझावों को अपनाना अपेक्षित नहीं होता है?
(a) रक्षात्मक शोध अभिकल्प
(b) पायलर अध्ययन
(c) अस्पष्ट एवं अप्रमाणिक तथ्यों का उपयोग
(d) स्क्रीनिंग एवं संख्यावसायिक कूट

उत्तरमाला

1. (b)	2. (a)	3. (b)	4. (c)	5. (d)	6. (c)	7. (b)	8. (d)	9. (d)	10. (b)
11. (d)	12. (a)	13. (d)	14. (d)	15. (a)	16. (c)	17. (c)	18. (a)	19. (a)	20. (b)
21. (b)	22. (b)	23. (d)	24. (b)	25. (a)	26. (c)	27. (a)	28. (c)	29. (d)	30. (a)
31. (a)	32. (c)	33. (a)	34. (b)	35. (b)	36. (a)	37. (d)	38. (b)	39. (a)	40. (a)
41. (d)	42. (a)	43. (a)	44. (d)	45. (d)	46. (b)	47. (b)	48. (c)	49. (c)	50. (d)
51. (d)	52. (a)	53. (c)							

अध्याय 17

सम्प्रेषण एवं अन्तर्वैयक्तिक सम्बन्ध

(Communication and Interpersonal Relationships)

प्रत्येक व्यक्ति अपने जीवन में आने वाली समस्याओं के हल हेतु या अन्य किसी कारण से दूसरे लोगों से अपनी भावनाओं, विचारों, समस्याओं से दूसरे लोगों को अवगत कराने के लिए या दूसरे व्यक्ति की समस्या से स्वयं परिचित होने के लिए सूचनाओं का आदान-प्रदान करता है। किसी भी कारण से परस्पर सूचनाओं तथा विचारों का आदान-प्रदान करना ही सम्प्रेषण है।

शिक्षा की प्रक्रिया बिना सम्प्रेषण के सम्भव नहीं है, क्योंकि शिक्षा और शिक्षण में शिक्षक प्रशिक्षक विद्यार्थियों के समक्ष अपने विचारों को प्रकट करते हैं, जिनसे उनका सर्वांगीण विकास होता है।

सम्प्रेषण (Communication)

सम्प्रेषण शब्द अंग्रेजी के कम्युनिकेशन का हिन्दी पर्यायवाची शब्द है। इस शब्द की उत्पत्ति लैटिन भाषा के शब्द 'Communis' व 'Communicare' से मानी जाती है। 'Communis' शब्द का अभिप्राय होता है— आदान-प्रदान करना। अत: कहा जा सकता है कि सम्प्रेषण एक ऐसी प्रक्रिया है, जिसमें व्यक्ति परस्पर सामान्य अवबोध के माध्यम से आदान-प्रदान करने का प्रयास करता है।

व्यक्ति अपने विचार अभिव्यक्त करते समय केवल मुँह से बोलता ही नहीं है, बल्कि शरीर के हावभाव, मुखमुद्रा तथा मुख भंगिमाओं का प्रयोग करके भाषण वक्तव्य को प्रभावशाली बनाने का प्रयास करता है।

अत: कहा जा सकता है कि सम्प्रेषण एक ऐसी प्रक्रिया है, जिसमें व्यक्ति अपने ज्ञान, हाव-भाव तथा मुख मुद्रा तथा विचारों आदि का परस्पर आदान-प्रदान करते हैं तथा इस प्रकार से प्राप्त विचारों अथवा सन्देशों को समान तथा सही अर्थों में समझने और प्रेषण करने में उपयोग करते हैं।

सम्प्रेषण की प्रक्रिया में सन्देश भेजने वाला व्यक्ति प्रेषक, तथा प्राप्त करने वाला प्राप्तकर्ता कहलाता है।

सम्प्रेषण की परिभाषाएँ
(Definitions of Communication)

एण्डरसन के अनुसार, "सम्प्रेषण एक गत्यात्मक प्रक्रिया है, जिसमें व्यक्ति चेतनतया अथवा अचेतनतया दूसरों के संज्ञानात्मक ढाँचे को सांकेतिक हावभाव आदि रूप में उपकरणों या साधनों द्वारा प्रभावित करता है।"

एडगर डेल के अनुसार, "सम्प्रेषण विचार-विनिमय के मूड में विचारों तथा भावनाओं को परस्पर जानने तथा समझने की प्रक्रिया है।"

एफ. जी. मेयर के अनुसार, "मानवीय विचारों और सोचों को शब्दों, पत्रों एवं सन्देशों के माध्यम से आदान-प्रदान करना ही सम्प्रेषण है।"

सम्प्रेषण प्रक्रिया के तत्त्व (Elements of Communication Process)

सम्प्रेषण प्रक्रिया के निम्न तत्त्व हैं

1. **सन्देश का स्रोत** सन्देश का स्रोत या तो वह व्यक्ति होता है जो शाब्दिक या अशाब्दिक संकेत प्रदान करते हैं या वह घटना होती है जिससे शाब्दिक या अशाब्दिक प्राप्त संकेत समझने का प्रयास किया जाता है। जब यह व्यक्ति होता है तो उसे सन्देश भेजने वाला (प्रेषक) कहते हैं। सन्देश भेजने वाला ही सन्देश की विषयवस्तु निर्धारित करता है, उसकी कोडिंग करता है एवं उचित माध्यम का चुनाव करके उसे प्रसारित भी करता है।
2. **सन्देश** सन्देश एक उद्दीपक होता है, जो सन्देश भेजने वाला भेजता है। सन्देश मौखिक या लिखित संकेतों के रूप में हो सकता है तथा व्यक्ति की मुखमुद्रा या हाव-भाव के रूप में हो सकता है। सन्देश पोस्टर या चार्ट के द्वारा किसी आकृति-संकेत के माध्यम से प्रेषित किया जा सकता है या सूचना पैकेज के रूप में भी इसे विभिन्न माध्यमों से भेजा जा सकता है।
3. **सम्प्रेषण का माध्यम** सम्प्रेषण का माध्यम वह साधन होता है, जिसके द्वारा कोई सन्देश श्रोत से सन्देश प्राप्त करने वाले तक पहुँचता है। माध्यम प्रत्यक्षीकरण की संवेदनाएँ होती हैं, जो दिखने वाली, सुनने वाली, स्पर्श करने वाली आदि हो सकती हैं।
4. **संकेत** ये वे प्रतीक होते हैं, जो किसी का प्रतिनिधित्व करते हैं। ये संकेत शाब्दिक अथवा अशाब्दिक भी हो सकते हैं।
5. **एनकोडिंग** एनकोडिंग वह प्रक्रिया है, जिसमें किसी विचार या भावना की अभिव्यक्ति के लिए संकेतों का प्रयोग किया जाता है।
6. **कोडिंग** यह वह प्रक्रिया होती है, जिसमें सन्देश प्राप्त करने वाला व्यक्ति सन्देश श्रोत से प्राप्त संकेतों का कूट अनुवाद कर सन्देश ग्रहण करता है।
7. **सन्देश ग्रहणकर्ता** सन्देश ग्रहणकर्ता वह व्यक्ति है, जो सम्प्रेषण की प्रक्रिया में सन्देह श्रोत द्वारा भेजे गए सन्देश प्राप्त करता है; जैसे-श्रोता, दर्शक पत्र-पत्रिकाओं के पाठक आदि।
8. **पृष्ठपोषण** (प्रतिपुष्टि) यह वह प्रतिउत्तर होता है, जो सन्देश प्राप्त करने वाला व्यक्ति सन्देश प्राप्त करने के पश्चात् सन्देश भेजने वाले के पास प्रेषित करता है।

सम्प्रेषण की प्रकृति (Nature of Communication)

सम्प्रेषण की प्रकृति को निम्नलिखित बिन्दुओं के अधीन समझा जा सकता है

1. **गतिशीलता** सम्प्रेषण सदैव गतिशील होता है। सूचनाओं का आदान-प्रदान सतत रूप से चलता रहता है। अतः गतिशीलता सम्प्रेषण का अनिवार्य गुण है।
2. **सम्प्रेषण कौशल** सम्प्रेषण एक प्रकार का कौशल है, *जिसके अन्तर्गत निम्न बिन्दुओं को शामिल करते हैं*
   (i) **लेखन कौशल** इसके अन्तर्गत सम्प्रेषण कुछ समय तक स्थित रहता है, लेकिन जैसे ही लेखन कौशल का अन्त होता है, सम्प्रेषण प्रारम्भ हो जाता है।
   (ii) **पठन कौशल** पाठन कौशल में सम्प्रेषण यद्यपि चलता तो है, लेकिन प्रेषक और श्रोता में से केवल श्रोता गतिशील होता है। पाठक उसका केवल एक माध्यम होता है, जो सूचनाओं को पढ़ता है।
   (iii) **श्रवण कौशल** श्रवण कौशल, पठन कौशल का ही एक भाग होता है। इसमें श्रोता सूचना को सुनते हुए स्वयं सम्प्रेषण प्राप्त करता है और अन्य को भी सूचनाओं का सम्प्रेषण करता है।
   (iv) **वार्ता कौशल** सबसे प्रभावशाली सम्प्रेषण का माध्यम वार्ता कौशल को माना जाता है। श्रवण कौशल एवं वार्ता कौशल पठन कौशल के अन्तर्गत ही आते हैं। अन्तर केवल इतना ही होता है कि पठन कौशल में आवश्यक नहीं कि सम्प्रेषण प्रभावशाली हो, लेकिन वार्ता कौशल में सम्प्रेषण का सफल होना अवश्यम्भावी होता है।
3. **द्विमार्गीय सम्प्रेषण** सम्प्रेषण दो-तरफा मार्ग का अनुसरण करता है। जब तक प्रतिपुष्टि (Feedback) नहीं आती है, तब तक सम्प्रेषण प्रभावी नहीं होता है और जब तक प्रतिपुष्टि न हो सूचना दोहरे मार्ग का अनुसरण नहीं कर सकती है। इसलिए सम्प्रेषण को प्रभावी बनाने में प्रतिपुष्टि को महत्त्वपूर्ण कारक माना जाता है।
4. **निश्चित सन्दर्भ बिन्दु** सम्प्रेषण किन बिन्दुओं एवं सन्दर्भों के अधीन किया जाता है, यह भी महत्त्वपूर्ण अर्थ रखता है। एक ही बात/विषय को कई लोगों द्वारा कई अलग-अलग तरीकों से कहा जाता है। सम्प्रेषण के द्वारा किसी बात को कहने का तरीका, उसका सही समय, उसकी उपस्थिति एवं उसे श्रोता द्वारा किस रूप में लिया जाता है आदि तथ्यों पर निर्भर करते हैं।

5. **सहज भाषा** सम्प्रेषण वही सही होता है, जिसमें सहज भाषा का उपयोग हो। सहज भाषा प्रेषक और सूचना प्राप्त करने वाले के मध्य प्रतिपुष्टि (Feedback) को आसान बनाती है एवं लक्ष्य की प्राप्ति में प्रभावशाली भूमिका निभाती है।
6. **समरूप और अनुपूरकता** सम्प्रेषण के समय भाषा में समरूपता एवं अनुपूरकता होनी चाहिए। जैसे इतिहास के दो विद्यार्थी आपस में इतिहास से सम्बन्धित प्रश्नों के विषय में बेहतर सम्प्रेषण कर सकते हैं। यह समरूपता का लक्षण है, लेकिन जब एक विद्यार्थी इतिहास में व दूसरा भूगोल में अच्छा है, तो आपस में अनुपूरकता का पालन करते हुए एक-दूसरे को इतिहास एवं भूगोल की जानकारी के विषय में बेहतर सम्प्रेषण करते हुए सहयोग कर सकते हैं।
7. **हाव-भाव का प्रदर्शन** सम्प्रेषण लिखित, मौखिक एवं सांकेतिक प्रारूपों में होता है। कई बार शरीर के हाव-भाव, आँखों की भंगिमा आदि के द्वारा भी सम्प्रेषण सम्पन्न होता है।
8. **विश्वसनीयता** सम्प्रेषण की सबसे प्रबलतम प्रकृति उसकी विश्वसनीयता होती है। गलत सूचना अव्यवस्था की जननी होती है और यह विद्रोह पैदा कर सकती है। अत: सम्प्रेषण के दौरान विश्वसनीयता का होना आवश्यक होता है।
9. **निष्कपटता** सम्प्रेषण में निष्कपटता को अत्यधिक महत्त्व दिया जाता है। निष्कपट सम्प्रेषण विकास को बढ़ावा देता है, क्योंकि इसमें प्रेषक और सूचना प्राप्तकर्ता दोनों सूचना के प्रति सजग एवं सक्रिय रहते हैं, जोकि विकास के सूचक हैं।
10. **एकरूपता** सम्प्रेषण के दौरान सूचना में एकरूपता होनी चाहिए। यदि एकरूपता नहीं होगी, तो सम्प्रेषण प्रक्रिया में अवरोध उत्पन्न होगा।

सम्प्रेषण के कार्य
(Functions of Communication)

सम्प्रेषण के निम्नलिखित कार्य हैं

1. **सूचनात्मक कार्य** संचार का सर्वप्रथम कार्य होता है— 'सूचनाओं का आदान-प्रदान करना।' हमारे चारों ओर के वातावरण में क्या घटित हो रहा है? इसकी सूचना हमें अखबार, टी वी, पत्र-पत्रिकाओं, रेडियो, कम्प्यूटर आदि से प्राप्त होती है। नवीन खोजों, तथ्यों, विचारों, उपकरणों आदि की जानकारी हमें संचार माध्यमों से ही प्राप्त होती है, इसलिए सूचना के क्षेत्र में संचार का महत्त्वपूर्ण स्थान है।
2. **निर्देशात्मक कार्य** हम अपने से छोटों को घर में भी विविध प्रकार के निर्देश सम्प्रेषण के माध्यम से देते रहते हैं। इसी प्रकार ऑफिस में ऑफिसर अपने कर्मचारियों की सभा बुलाकर, टेलीफोन से सम्पर्क स्थापित करके, पत्र द्वारा, इण्टरनेट के माध्यम से निर्देश देते हैं कि क्या करना है? कब करना है? कैसे करना है? किन तक लाभ पहुँचाना है आदि बातों की समस्त जानकारी आदेशों-निर्देशों के माध्यम से देना ही निर्देशात्मक कार्य कहलाता है।
3. **समेकित और समन्वित कार्य** समेकित का तात्पर्य होता है बिखराव को रोकना, सभी के साथ मिल-जुलकर कार्य करना तथा विश्वबन्धुत्व की भावना का विकास करना है। संचार का यह कार्य सर्वाधिक महत्त्वपूर्ण है, क्योंकि किसी भी देश की एकता तथा अखण्डता के लिए आवश्यक होता है कि सभी लोग मिल-जुलकर रहें।
4. **प्रभावशील** संचार का महत्त्वपूर्ण कार्य लोगों के ज्ञान, कार्य-कुशलता, व्यवहार तथा अभिवृत्ति में परिवर्तन लाना है। यह कार्य कैसे तथा कब किए जाएँ जिससे कि दूसरे लोग प्रभावित हो अर्थात् दूसरे लोगों को प्रभावित करना तथा उन पर दबाव डालकर उनके व्यवहार ज्ञान तथा मनोवृत्ति में परिवर्तन लाना संचार के महत्त्वपूर्ण कार्य हैं।

सम्प्रेषण का महत्त्व
(Importance of Communication)

सम्प्रेषण के महत्त्व को चार भागों में वर्गीकृत किया जाता है, *जो निम्न प्रकार हैं*

1. **व्यक्तिगत सन्दर्भ में**
- यह ज्ञान के लिए विषय-वस्तु उपलब्ध कराता है।
- यह सफलता के लिए मार्ग का निर्धारण करता है।
- यह व्यक्ति के व्यक्तित्व को निर्धारित करता है।
- यह व्यक्ति को सामाजिक बनाने में सहायता करता है।

2. **सामाजिक सन्दर्भ में**
- यह समाज में परिवर्तन लाने में सहायक होता है।
- यह समाज में व्यक्तियों को शिक्षित कर कार्य करने में उसे समर्थ बनाता है।
- यह आकस्मिक कार्यप्रणाली में सहायता करता है।

3. **मनोवैज्ञानिक सन्दर्भ में**
- यह व्यक्ति की वृद्धि के लिए अच्छा पर्यावरण उपलब्ध कराता है। यह समूह में मनोबल को बढ़ाता है।
- संगठन में लोगों को कुशल कार्य के लिए अभिप्रेरित करता है।
- यह समन्वय स्थापित करने में प्रोत्साहन देता है।

4. **भौतिक सन्दर्भ में**
- यह ऐसा मंच उपलब्ध कराता है, जहाँ लोग एक-दूसरे से सम्प्रेषण कर सकें।
- यह लोगों को व्यवहार नियन्त्रण हेतु उपकरण उपलब्ध कराता है।

सम्प्रेषण के प्रकार
(Types of Communication)

कार्यात्मक दृष्टिकोण से सम्प्रेषण की संगठन प्रणाली के आधार पर सम्प्रेषण को दो प्रकारों में बाँटा जाता है

1. औपचारिक सम्प्रेषण 2. अनौपचारिक सम्प्रेषण

औपचारिक सम्प्रेषण (Formal Communication)

औपचारिक सम्प्रेषण वह माध्यम है, जिसमें सभी नियम पहले से बने होते हैं। ये अधिकांशतः मौखिक या लिखित होते हैं। इनका प्रयोग अधिकतर स्कूल, कॉलेज, ऑफिस आदि में किया जाता है। लिखित औपचारिक सम्प्रेषण में लेटर, ई-मेल, फैक्स आदि आते हैं और मौखिक औपचारिक सम्प्रेषण में जो हम मीटिंग, कॉन्फ्रेन्स या ऑफिस में सीनियर-जूनियर से वार्तालाप करते हैं आदि आते हैं।

प्रत्येक संगठन में औपचारिक सम्प्रेषण प्रणाली का अनुसरण किया जाता है। इसे आधिकारिक सम्प्रेषण भी कहा जाता है। इस सम्प्रेषण के अन्तर्गत प्रेषक (Sender) अधिक प्रभावी होता है।

औपचारिक सम्प्रेषण तीन प्रकार के होते हैं, *जिनका वर्णन निम्नलिखित है*

(i) **लम्बवत् सम्प्रेषण** इस प्रकार की सम्प्रेषण प्रक्रिया नीचे से ऊपरी की ओर तथा ऊपर से नीचे की ओर चलती है, जिसमें उच्च अधिकारी एवं अधीनस्थ कर्मचारियों की सम्प्रेषण प्रक्रिया सम्मिलित होती है।

(ii) **क्षैतिज सम्प्रेषण** किसी संगठन के एक ही स्तर के व्यक्तियों द्वारा किए गए सम्प्रेषण को क्षैतिज सम्प्रेषण कहते हैं। इस प्रकार की सम्प्रेषण व्यवस्था का प्रयोग किसी समस्या के शीघ्र समाधान एवं निर्णय लेने के लिए किया जाता है। जिन संगठनों में विभागीय निर्भरता अधिक होती है, वहाँ क्षैतिज सम्प्रेषण का प्रयोग अधिक किया जाता है।

(iii) **तिर्यक सम्प्रेषण** तिर्यक सम्प्रेषण व्यवस्था में विपरीत स्तर के अधिकारी एवं कर्मचारी एक-दूसरे से सम्पर्क करते हैं। इस सम्प्रेषण प्रक्रिया के अन्तर्गत जुड़े व्यक्तियों के मध्य कोई प्रत्यक्ष सम्बन्ध नहीं होता है। इस प्रकार का सम्प्रेषण अलग-अलग विभागों एवं स्तरों के बीच होता है। इस सम्प्रेषण के द्वारा वांछित उद्देश्यों की प्राप्ति कम समय में सरलता से हो जाती है, साथ ही साहचर्य की भावना का भी विकास होता है।

अनौपचारिक सम्प्रेषण (Informal Communication)

प्रत्येक संगठन में औपचारिक सम्प्रेषण प्रणाली के साथ-साथ अनौपचारिक सम्प्रेषण प्रणाली भी विद्यमान होती है। यह सम्प्रेषण विभागों के सदस्यों के बीच सम्बन्धों पर आधारित होता है।

इसके अन्तर्गत मानवीय व्यवहारों पर अधिक बल दिया जाता है, इसलिए इसे मानवतावादी संगठन भी कहा जाता है।

इसे दाखलता या अँगूरलता सम्प्रेषण भी कहा जाता है। इस सम्प्रेषण को समाप्त नहीं किया जा सकता।

सम्बन्धों के आधार पर सम्प्रेषण
(Communication Based on Relationships)

सम्बन्धों के आधार पर सम्प्रेषण के चार प्रकार होते हैं, जो निम्नलिखित हैं

1. **अन्तर्वैयक्तित्व सम्प्रेषण** यह एक मनोवैज्ञानिक प्रक्रिया है, जो स्वयं के आत्मचिन्तन एवं विचार पर आधारित होती है। कुछ भी करने और कहने से पूर्व मन में उठने वाले विचार संवाद का रूप ले लेते हैं। इसमें सन्देश प्रेषक एवं प्राप्तकर्ता एक ही व्यक्ति होता है।
   इसके अन्तर्गत मनुष्य आत्मविश्लेषण, दूसरों के व्यवहार का मूल्यांकन, समस्या का निराकरण आदि करता है; जैसे-कभी-कभी हम अपने आत्मसम्मान में वृद्धि तथा विश्वास को बढ़ाने के लिए स्वयं से सम्प्रेषण करते हैं। इसी प्रकार बेरोजगार व्यक्ति नौकरी प्राप्त करने के लिए स्वयं से सम्प्रेषण करता है।
2. **अन्तर्वैयक्तिक सम्प्रेषण** इस प्रकार का सम्प्रेषण प्रायः दो या दो से अधिक व्यक्तियों के मध्य विचारों तथा सूचनाओं के प्रत्यक्ष अथवा अप्रत्यक्ष आदान-प्रदान के लिए होता है। अन्तर्वैयक्तिक सम्प्रेषण सामाजिक सम्बन्धों पर आधारित होता है। इसके अन्तर्गत दो या दो से अधिक लोगों के मध्य अन्तःक्रिया का होना अनिवार्य होता है। इसमें संचारक को शीघ्र की फीडबैक मिलने लगता है। साक्षात्कार, कार्यालयी वार्तालाप, समाचार संकलन आदि अन्तर्वैयक्तिक सम्प्रेषण के उदाहरण हैं।
3. **जन सम्प्रेषण** सम्प्रेषण प्रक्रिया में जनसंचार सर्वाधिक प्रभावी एवं व्यापक प्रक्रिया माना जाता है। किसी भी

व्यक्ति या संगठन में स्वयं के विचारों को अधिक व्यक्तियों तक एक ही समय में पहुँचाने के लिए जनसंचार उपयुक्त उपाय है। इस प्रकार का सम्प्रेषण समाचार-पत्र, पत्रिकाओं, रेडियो, टेलीविजन, विज्ञान, सिनेमा, साहित्य एवं वीडियो के माध्यम से किया जाता है।

4. **समूह सम्प्रेषण** जब क्षेत्रीय, राष्ट्रीय या अन्तर्राष्ट्रीय स्तर पर किसी गोष्ठी, सम्मेलन, कार्यशिविर आदि का आयोजन होता है तथा उस दौरान जो विचारों का आदान-प्रदान होता है, उसे समूह सम्प्रेषण कहते हैं। इसमें दो या दो से अधिक व्यक्तियों की भागीदारी अनिवार्य रूप से होती है। इस सम्प्रेषण के उदाहरण हैं-सामूहिक वाद-विवाद, सिनेमाफोरम, नाट्यशालाओं में सामूहिक अवलोकन, सोशल मीडिया।

प्रभावी सम्प्रेषण
(Effective Communication)

सम्प्रेषण से तात्पर्य है-सूचनाओं का एक स्थान से दूसरे स्थान तक स्थानान्तरण। लेकिन यह स्थानान्तरण किस प्रकार का है, इसके सफलता के मापदण्ड क्या हैं, इसके प्रभावी स्वरूप का मूल्यांकन कैसे हो, इन सभी का विश्लेषण प्रभावी सम्प्रेषण के अन्तर्गत किया जाता है।

अत: प्रभावी सम्प्रेषण हेतु कुछ निर्धारित मानदण्ड निम्नवत् हैं-सम्प्रेषित सूचना पूर्णरूपेण होनी चाहिए अर्थात् आधी अधूरी सूचना का सम्प्रेषण अर्थ का अनर्थ कर सकता है। जो भी सूचना भेजी जाए वह बोधजन्य होनी चाहिए, ताकि सूचना प्राप्त करने वाला सूचना को गहनता से समझ सके एवं उसके प्रत्येक पक्ष का गहन अध्ययन कर सके।

प्रभावी सम्प्रेषण के प्रकार
(Types of Effective Communication)

वस्तुत: प्रभावी सम्प्रेषण वाचिक एवं अवाचिक रूप में पाया जाता है। इसके अतिरिक्त कक्षा-कक्ष अध्ययन में भी यह प्रभावी होता है, *जिसका वर्णन निम्नवत् है*

1. वाचिक सम्प्रेषण (Verbal Communication)

मानव की सबसे बड़ी विशेषता उसकी वाचिक या शाब्दिक भाषा है, इसलिए प्राणी में मनुष्य को सर्वश्रेष्ठ माना जाता है, जबकि अन्य प्रणाली केवल ध्वनि एवं संकेत पर निर्भर होते हैं। इस सम्प्रेषण के अन्तर्गत व्यक्ति अपने विचारों एवं भावों की अभिव्यक्ति लिखित भाषा के रूप में या शब्दों के रूप में बोलकर करता है।

वाचिक सम्प्रेषण के प्रकार

वाचिक/शाब्दिक सम्प्रेषण को निम्न दो भागों में विभाजित किया जाता है

(i) **मौखिक सम्प्रेषण** जिस सम्प्रेषण में बोलकर क्रिया की जाती है, उसे मौखिक सम्प्रेषण कहते हैं। दूसरे शब्दों में, किसी सन्देश को बोलकर उच्चारित करना अथवा जो सन्देश बिना लिखे हुए पहुँचाया जाता है, उसे मौखिक सम्प्रेषण कहते हैं। मौखिक सम्प्रेषण के माध्यम निम्नलिखित हैं

- प्रत्यक्ष या आमने-सामने वार्तालाप
- सभा
- सम्मेलन
- भाषण
- टेलीफोन पर वार्तालाप
- साक्षात्कार
- रेडियो प्रसारण
- सामूहिक संवाद
- विचार गोष्ठी

(ii) **लिखित सम्प्रेषण** जब कोई सूचना अथवा सन्देश लिखित में सम्प्रेषित होता है, तो वह लिखित/अमौखिक सम्प्रेषण कहलाता है। ऐसे सन्देशों के लिए जिन्हें स्थायी और भविष्य में सन्दर्भ के रूप में रखना हो, लिखित सम्प्रेषण का उपयोग किया जाता है। *लिखित सम्प्रेषण के कुछ प्रमुख माध्यम निम्नलिखित हैं*

- पत्र
- समाचार-पत्र
- ईमेल
- सूचना
- प्रश्नावली
- चित्र
- फैक्स
- चार्ट

2. अवाचिक/गैर-वाचिक/अशाब्दिक सम्प्रेषण
(Non-verbal Communication)

इस प्रकार के सम्प्रेषण में किसी भी प्रकार के भाषागत शब्दों का प्रयोग नहीं किया जाता है। इसके अन्तर्गत चिह्नों, लक्षणों, संकेतों तथा सूचित चिह्नों का प्रयोग किया जाता है अर्थात् इसमें विचारों, भावनाओं एवं अभिव्यक्तियों को बिना शब्दों के प्रयोग के अर्थात् अव्यवस्थित रूप में व्यक्त किया जाता है।

अवाचिक सम्प्रेषण के प्रकार

(i) **ध्वनि संकेत** ध्वनि की गति, आवृत्ति व तरंगदैर्ध्य के अनुसार ध्वनि संकेत में भाषा के अलग-अलग अर्थ होते हैं; जैसे—कार्यालय में बजर, स्कूल में घण्टी, एम्बुलेंस के सायरन की आवाज, युद्ध के समय ब्लैकआउट तथा पुराने समय में शंखों की ध्वनि (युद्ध प्रारम्भ और समाप्ति पर) तथा शादियों में शहनाई की आवाज आदि। यह सभी प्रभावी सम्प्रेषण में महत्त्वपूर्ण भूमिका निभाते हैं।

(ii) **दृश्य संकेत** भाषा में ड्राइंग, चार्ट, चित्र पेण्टिंग, फोटो कॉपी, खुदाई प्रतिमा, बस स्टैण्ड व रेलवे स्टेशन पर लाल, हरी व पीली रोशनी (प्रकाश) आदि, जो अपने अलग-अलग अर्थों में सभी को सम्प्रेषित करती है।

(iii) **पार्श्व भाषा** पार्श्व भाषा भी अवाचिक सम्प्रेषण का सशक्त माध्यम है। पार्श्व भाषा मौखिक सम्प्रेषण की अभिव्यक्ति को प्रभावशाली बनाती है। मौखिक सम्प्रेषण में शब्द होते हैं, जबकि पार्श्व भाषा अवाचिक होती है।

(iv) **बॉडी लैंग्वेज** मनुष्य का शारीरिक संचालन, भाव-भंगिमा, ध्यान-मुद्रा, दृष्टि सम्बन्ध, आवाज में उतार-चढ़ाव आदि को दैहिक भाषा के माध्यम के रूप में व्यक्त किया जाता है। यह माध्यम अपने सन्देशों व विचारों को प्रभावी ढंग से सम्प्रेषित करते हैं।

इसके अन्तर्गत हाथों से संकेत करना, मुँह हिलाना, हाथ हिलाना इत्यादि को शामिल किया जाता है।

(v) **वेशभूषा** व्यक्ति की वेशभूषा से सामने वाले की मन:स्थिति को जाना जा सकता है। व्यक्ति की वेशभूषा संस्कृति, व्यक्ति के विचार, व्यवहार, पृष्ठभूमि आदि को समझने में सहायता करती है।

(vi) **निकटता** जब कोई व्यक्ति किसी के साथ रहता है या उससे ज्यादा जुड़ाव होता है, तो दोनों एक-दूसरे की मन:स्थिति को जान लेते हैं, जो उनके निकटतम सम्बन्ध को प्रकट करता है।

(vii) **स्पर्श** किसी व्यक्ति द्वारा स्नेहवश किसी के गाल को थपथपाना, दु:ख की घड़ी में किसी के सिर पर या कन्धे पर हाथ रखना, गले मिलना, दोस्तों से हाथ मिलाना आदि सभी में स्पर्श की भूमिका होती है। स्पर्श के माध्यम से भावनाओं का आदान-प्रदान होता है।

अन्तर्वैयक्तिक सम्बन्ध
(Interpersonal Relationships)

अन्तर्वैयक्तिक सम्बन्ध दो या दो से अधिक लोगों के बीच का सम्बन्ध होता है, जो स्थायी या स्थिर स्वरूप अथवा अस्थायी रूप से होता है। ये सम्बन्ध सामाजिक, सांस्कृतिक और अन्य प्रभावों के सन्दर्भ में निर्मित होते हैं। इस सन्दर्भ में यह सम्बन्ध पारिवारिक सम्बन्ध, मित्र सम्बन्ध, पड़ोसी से सम्बन्ध, शिक्षक-छात्र सम्बन्ध आदि रूपों में हो सकता है। यह सम्बन्ध सम्प्रेषण के माध्यम से कार्यों को सम्पादित करता है। यह सामाजिक अन्त:क्रिया के माध्यम से समाज को गतिशीलता प्रदान करता है। यह संघ अनुमान, एकजुटता, सामाजिक प्रतिबद्धता के सिद्धान्त पर आधारित होता है।

इन सम्बन्धों में माता-पिता, बच्चों, मित्रों के मध्य के पारस्परिक सम्बन्ध, विद्यालय या कक्षा में शिक्षक-छात्र की, छात्र-छात्र के मध्य की समस्त क्रियाएँ शामिल होती हैं। इन समूहों को प्राथमिक समूह कहा जाता है, जिसमें परिवार इस समूह की पहली इकाई होती है। शिक्षण में इस सम्बन्ध की महत्त्वपूर्ण भूमिका शिक्षक छात्र सम्बन्धों में देखी जाती है।

अन्तर्वैयक्तिक सम्बन्ध का महत्त्व
(Importance of Interpersonal Relationships)

- बालक समाज में माता-पिता, मित्र, पड़ोस, शिक्षक से अन्तर्वैयक्तिक सम्बन्ध से समाज के मूल्यों, दायित्वों, नियमों तथा नैतिक मूल्यों को सीखता है।
- यह बालकों में सीखने की प्रक्रिया द्वारा समाजीकरण के मूल्यों को सिखाता है।
- शिक्षण में शिक्षार्थी इस सम्बन्ध के माध्यम से सामाजिक मूल्यों, पर्यावरणीय रहस्यों, अपने कर्त्तव्यों, दायित्वों के साथ सर्वांगीण विकास के आवश्यक मानकों को सीखकर आगे बढ़ने में सफल होता है।
- आज का बालक कल का भावी नागरिक होगा और यदि वह अन्तर्वैयक्तिकता के गुणों में इस अवस्था में पारंगत नहीं हो सका, तो भावी जीवन में भी स्वस्थ सामाजिक अन्त: प्रक्रियाओं गुणों तथा सम्बन्धों को विकसित करने में असफल रहेगा।
- एक बालक को अपने जीवन में सफलता प्राप्त करने हेतु जितना सहयोग अपने परिवार, माता-पिता या स्वजनों से मिलता है, उससे कम अपने शिक्षक से नही मिलता है।
- शिक्षक समाज की एक महत्त्वपूर्ण इकाई होता है। वह समाज के शैक्षिक क्षेत्र के अतिरिक्त सामाजिक-सांस्कृतिक क्षेत्रों में भी अपना अमूल्य योगदान देता है।
- अत: इसी कारण से एक शिक्षक को अपने आस-पास के लोगों के साथ मधुर सम्बन्ध बनाने पड़ते हैं। इन शिक्षकों को छात्रों, अध्यापकों, प्रधानाध्यापक से भी मधुर सम्बन्ध बनाने पड़ते हैं।
- इन सम्बन्धों का निर्वहन शिक्षक किस स्तर तक कर पता है, इसके ऊपर ही प्रभावोत्पादकता निर्भर करती है।
- एक सफल शिक्षक को नैतिक मूल्यों, प्रजातान्त्रिक मूल्यों, सहभागितापूर्ण आचरण का पालन करना चाहिए तब ही वह एक सच्चे अर्थों में एक सफल शिक्षक के कार्यों का निर्वहन कर पाएगा।

अन्तर्वैयक्तिक सम्बन्ध के प्रकार
(Types of Interpersonal Relationships)

अन्तर्वैयक्तिक सम्बन्धों के कई प्रकार देखे जा सकते हैं, जिसमें व्यक्ति सम्बन्धो को स्थापित कर कुछ सीखता है और जीवन के मूल्यों व लक्ष्यों को प्राप्त करता है। *ऐसे कुछ सम्बन्ध इस प्रकार हैं*

1. **पारिवारिक सम्बन्ध** परिवार मूल इकाई होता है, जिसमें व्यक्ति, बच्चे से लेकर वृद्धों तक अन्तर्वैयक्तिक सम्बन्ध के माध्यम से परिवार, आस-पास आदि के साथ सामाजिक मूल्यों को सीखता है और दूसरे को आगे करने के लिए प्रेरक के रूप में कार्य करता है।

   इसे आत्म केन्द्रित माना जाता है, क्योंकि इसमें प्रत्येक बच्चा पारिवारिक संस्कारों को सीखता है, जो जीवन पर्यन्त चलता है।

2. **मित्रता/मित्र-सम्बन्ध** यह अन्तर्वैयक्तिक सम्बन्ध में महत्त्वपूर्ण भूमिका निभाता है। यह एकता, समस्या, समाधान, सहयोग आदि रूप में सम्बन्धों को स्थापित कर मानव-जीवन में नए मूल्यों को जन्म देता है।

   इससे व्यक्ति को सहयोग के रूप में बल व नए विचार सीखने का अवसर प्राप्त होता है, जो सम्बन्धों के रूप में लम्बे समय तक बना रहता है।

3. **व्यावसायिक सम्बन्ध** यह सम्बन्ध किसी कार्य के दौरान विभिन्न व्यक्ति से अन्तर्वैयक्तिक सम्बन्ध के माध्यम से स्थापित होता है। इससे व्यक्ति को जीवन के आर्थिक मूल्यों के सम्बन्ध में विचार, सहयोग, मार्गदर्शन, जीविका आदि चलाने का अवसर मिलता है तथा नए सम्बन्धों को जोड़ने का अवसर मिलता है।

4. **शिक्षक-छात्र सम्बन्ध** अन्तर्वैयक्तिक सम्बन्ध के माध्यम से शिक्षक छात्र, शिक्षण के उद्देश्यों को पूरा करते हैं। यह ज्ञान, समझ, विश्लेषण तथा संश्लेषण क्षमता को विकसित करने में सहायक होता है। इससे छात्रों को भविष्योन्मुखी ज्ञान, शिक्षा तथा मार्गदर्शन मिलता है, जिससे छात्र अपने लक्ष्यों तक पहुँचता है। अत: शिक्षा के क्षेत्र में यह सम्बन्ध काफी महत्त्वपूर्ण व उपयोगी साबित होता है।

शिक्षक-छात्र अन्तर्वैयक्तिक सम्बन्ध को मजबूत बनाने के उपाय
(Ways to Build up a Good Teacher-Student Interpersonal Relationship)

शिक्षण की प्रकिया में शिक्षक छात्र अन्तर्वैयक्तिक सम्बन्ध को मजबूत बनाया जा सकता है। *इससे सम्बन्धित कुछ महत्त्वपूर्ण बिन्दु इस प्रकार हैं*

- शिक्षक एवं छात्र के मध्य आत्मिक लगाव होना चाहिए, क्योंकि बिना आत्मीय लगाव के अधिगम को सफल नहीं बनाया जा सकता है।
- शिक्षक एवं छात्र के बीच लगातार सम्प्रेषण होना चाहिए, क्योंकि इससे समस्या का समाधान किया जाना सरल हो जाता है तथा सम्बन्धों में प्रगाढ़ता आती है।
- शिक्षक को समय-समय पर विद्यार्थियों के माता-पिता से भी सम्पर्क करना चाहिए। इससे विद्यार्थियों के अधिगम में आने वाली जानकारी तथा शिक्षार्थी के बारे में भी जानकारी प्राप्त होती है।
- शिक्षक को समावेशी शिक्षण पद्धति का पालन करना चाहिए, जिससे सांस्कृतिक एकता को बढ़ावा मिलने से अन्तर्वैयक्तिक सम्बन्ध तथा बालकों के मानसिक विकास को बढ़ावा मिलता है।
- शिक्षक को शिक्षार्थी में शिक्षण के प्रति रुचि उत्पन्न करने का प्रयास करना चाहिए। शिक्षार्थी को समझाने के लिए व्यावसायिक एवं निकट की किसी घटना का उदाहरण लेना चाहिए, जिससे छात्र-शिक्षक सम्बन्धों को बढ़ावा मिले।
- शिक्षार्थियों की प्रतिपुष्टि का पूरा सम्मान शिक्षक द्वारा किया जाना चाहिए। इससे सम्बन्धों को बढ़ावा मिलेगा।
- कक्षा सम्प्रेषण की प्रभावशीलता सन्देश, छात्र, शिक्षण विधि, मीडिया तथा आधुनिक तकनीकों पर निर्भर करती है। अत: आधुनिक तकनीकों, नवाचार पद्धतियों के माध्यम से अन्तर्वैयक्तिक सम्बन्ध को मजबूत बनाया जा सकता है।

अभ्यास प्रश्न

1. **मनुष्य किन रूपों में दूसरे व्यक्ति की समस्या से स्वयं परिचित होने के लिए सूचनाओं का आदान-प्रदान करता है?**

(a) विचारों
(b) भावनाओं
(c) 'a' और 'b' दोनों
(d) उपरोक्त में से कोई नहीं

2. **किन कारणों से शिक्षा की प्रक्रिया बिना सम्प्रेषण के सम्भव नहीं है?**

(a) शिक्षा के अन्तर्गत शिक्षक विद्यार्थियों के समक्ष अपने विचारों को प्रकट करते हैं
(b) शिक्षण प्रक्रिया में विद्यार्थी अपनी शंकाओं के समाधान हेतु शिक्षक से प्रश्न पूछते हैं
(c) शिक्षण प्रक्रिया में प्रशंसा या आलोचना का विशिष्ट महत्त्व है
(d) उपरोक्त सभी

3. **अंग्रेजी शब्द कम्युनिकेशन की व्युत्पत्ति किन शब्दों से हुई है?**

(a) कम्यूनिस और कम्यूनिकेयर
(b) कम्यूनिस और कम्यून
(c) कम्यूनिज्म और कम्यूनेलिज्म
(d) कम्यूनियन और कामन सेन्स

4. **सम्प्रेषण के द्वारा किन का आदान-प्रदान किया जाता है?**

(a) ज्ञान (b) हाव-भाव
(c) विचारों (d) ये सभी

5. **किसके अनुसार, "मानवीय विचारों और सोचों को शब्दों, पत्रों एवं सन्देशों के माध्यम से आदान-प्रदान करना ही सम्प्रेषण है?"**

(a) लिटिल (b) थीयो हैमान
(c) कीच डेविड (d) एफ. जी. मेयर

6. **सम्प्रेषण एक व्यक्ति से दूसरे व्यक्ति तक सूचनाओं के गुजरने और समझने की प्रक्रिया है।" यह कथन किसका है?**

(a) कीच डेविस (b) मिलेट
(c) ऑर्डर्व टीड (d) जे. पाल. लीगन्स

7. **सम्प्रेषण के तत्त्व में निम्नलिखित में से कौन शामिल हैं?**

(a) संकेत (b) प्रतिपुष्टि
(c) एनकोडिंग (d) ये सभी

8. **सम्प्रेषण प्रक्रिया के तत्त्व के सम्बन्ध में कौन-सा कथन सही नहीं है?**

(a) सन्देश का स्रोत शाब्दिक या अशाब्दिक दोनों होता है
(b) सन्देश एक उद्दीपक होता है
(c) सन्देश केवल लिखित रूप में सही होता है
(d) सम्प्रेषण में संकेत शब्दिक अथवा अशाब्दिक दोनों रूपों में सम्भव होता है

9. **सम्प्रेषण में सन्देश भेजने वाला व्यक्ति किस प्रकार के कार्य करता है?**

(a) सन्देश की विषय-वस्तु निर्धारित करता है
(b) सन्देश की कोडिंग करता है
(c) माध्यम का चुनाव कर प्रसारित करना
(d) उपरोक्त सभी

10. **सन्देश को किन रूपों में प्रेषित किया जाता है?**

(a) मौखिक रूप में (b) लिखित रूप में
(c) मुखमुद्रा के रूप में (d) ये सभी

11. **सम्प्रेषण किन कौशलों का अनुसरण करता है?**

(a) लेखन कौशल (b) श्रवण कौशल
(c) वार्ता कौशल (d) ये सभी

12. **सम्प्रेषण की प्रकृति के सन्दर्भ में निम्नलिखित में से कौन-सा कथन गलत है?**

(a) गतिशीलता सम्प्रेषण का अनिवार्य गुण है
(b) श्रवण कौशल, पठन कौशल का ही एक भाग है
(c) वार्ता कौशल में सम्प्रेषण का सफल होना अवश्यम्भावी नहीं होता
(d) वार्ता कौशल, पठन कौशल में अन्तर्गत आता है

13. **बैटसन के अनुसार, सम्प्रेषण सदैव निर्भर करता है**

(a) समरूपता पर (b) भौतिक सन्दर्भ पर
(c) सहज भाषा पर (d) अनुपूरकता पर

14. **सम्प्रेषण कौशल किसे शामिल करता है?**

(a) लेखन कौशल (b) पठन कौशल
(c) श्रवण कौशल (d) ये सभी

15. **निम्नलिखित में से सम्प्रेषण किसका समर्थन करता है?**

(a) समरूपता (b) अनुरूपता
(c) 'a' और 'b' दोनों (d) इनमें से कोई नहीं

16. **सम्प्रेषण के अन्तर्गत किसका होना अति आवश्यक है?**

(a) विश्वसनीयता (b) निष्कपटता
(c) सर्व-व्यापक (d) ये सभी

17. निम्नलिखित में से कौन-सी सम्प्रेषण की विशेषताएँ नहीं है?
(a) सम्प्रेषण एक उद्देश्ययुक्त प्रक्रिया है
(b) सम्प्रेषण सदैव गत्यात्मक नहीं होता है
(c) सम्प्रेषण प्रक्रिया में प्रत्यक्षीकरण समावेशित होता है
(d) सम्प्रेषण में विचारों के आदान-प्रदान पर विशेष ध्यान दिया जाता है

18. सम्प्रेषण के कार्य के सन्दर्भ में निम्न कथनों में कौन-सा सही है?
(a) सूचनाओं का आदान-प्रदान करना सम्प्रेषण का सर्वप्रथम कार्य है
(b) टी. वी., रेडियो, कम्प्यूटर आदि सूचना के माध्यम हैं
(c) सम्प्रेषण का कार्य लोगों के ज्ञान, कार्य-कुशलता, व्यवहार तथा अभिवृत्ति में परिवर्तन लाना है
(d) उपरोक्त सभी

19. सम्प्रेषण का महत्त्व किन रूपों में वर्गीकृत किया है?
(a) व्यक्तिगत सन्दर्भ में (b) सामाजिक सन्दर्भ में
(c) मनोवैज्ञानिक रूप में (d) ये सभी

20. कार्यात्मक दृष्टि से सम्प्रेषण को कितने प्रकारों में बाँटा जाता है?
(a) दो (b) तीन
(c) पाँच (d) सात

21. औपचारिक सम्प्रेषण के सन्दर्भ में निम्नलिखित में से कौन-सा कथन सही है?
(a) औपचारिक सम्प्रेषण वह माध्यम है जिसमें सभी नियम पहले से बने होते हैं
(b) मीटिंग, कॉन्फ्रेन्स, ऑफिस में वार्तालाप मौखिक औपचारिक सम्प्रेषण के उदाहरण हैं
(c) औपचारिक सम्प्रेषण में प्रेषक अधिक प्रभावी होता है
(d) उपरोक्त सभी

22. औपचारिक सम्प्रेषण कितने प्रकार का होता है?
(a) दो (b) तीन
(c) चार (d) पाँच

23. औपचारिक सम्प्रेषण का प्रकार है?
(a) लम्बवत् (b) क्षैतिज
(c) तिर्यक (d) ये सभी

24. किसी संगठन के एक ही स्तर के व्यक्तियों द्वारा किए गए सम्प्रेषण को कहते हैं?
(a) लम्बवत् सम्प्रेषण (b) क्षैतिज सम्प्रेषण
(c) तिर्यक सम्प्रेषण (d) इनमें से कोई नहीं

25. किस प्रकार के सम्प्रेषण में सम्प्रेषण अलग-अलग विभागों एवं स्तरों के बीच होता है?
(a) तिर्यक सम्प्रेषण
(b) क्षैतिज सम्प्रेषण
(c) लम्बवत् सम्प्रेषण
(d) उपरोक्त में से कोई नहीं

26. किस औपचारिक सम्प्रेषण नेटवर्क के अन्तर्गत कार्य की गति उच्च होती है?
(a) शृंखला नेटवर्क (b) तारा नेटवर्क
(c) वृत्त सम्प्रेषण नेटवर्क (d) सभी मार्ग नेटवर्क

27. निम्न में से किसे दाखलता या अँगूरलता सम्प्रेषण भी कहा जाता है?
(a) औपचारिक सम्प्रेषण (b) अनौपचारिक सम्प्रेषण
(c) 'a' और 'b' दोनों (d) इनमें से कोई नहीं

28. निम्नलिखित में से किसके अन्तर्गत मनुष्य दूसरे के व्यवहारों का मूल्यांकन तथा समस्या का निराकरण करता है?
(a) अन्तर-वैयक्तिक सम्प्रेषण
(b) जन-सम्प्रेषण
(c) अन्त: वैयक्तिक सम्प्रेषण
(d) क्षैतिज सम्प्रेषण

29. अन्तर्वैयक्तिक सम्प्रेषण का निम्नलिखित में से कौन-सा उदाहरण है?
(a) दूसरों के व्यवहार का मूल्यांकन करना
(b) बेरोजगार व्यक्ति द्वारा नौकरी प्राप्त करने के लिए स्वयं से सम्प्रेषण करना
(c) विद्यार्थी द्वारा अच्छे अंक लाने हेतु स्वयं से सम्प्रेषण करना
(d) उपरोक्त सभी

30. निम्नलिखित में से कौन-सा अन्तर्वैयक्तिक सम्प्रेषण का प्रकार है?
(a) अवकेन्द्रित सम्प्रेषण (b) विकेन्द्रित सम्प्रेषण
(c) अपकेन्द्रित सम्प्रेषण (d) अभिकेन्द्रित सम्प्रेषण

31. शिक्षक का संचार अत्यधिक प्रभावी होगा, यदि
(a) शिक्षक अपने विषय का ज्ञाता हो
(b) वह शिक्षा-सम्बन्धी सामग्रियों की अधिक मात्रा में तैयारी करता हो
(c) वह पूर्व के प्रश्न-पत्रों पर वाद-विवाद करता हो
(d) वह शिक्षण वहाँ से आरम्भ करता हो, जिसे छात्र पहले से जानते हों

32. निम्न में से कौन-सा कथन शैक्षिक सम्प्रेषण से सम्बन्धित है?
(a) शैक्षिक सम्प्रेषण अधिकांशत: द्विध्रुवीय होता है
(b) शिक्षण अधिगम प्रक्रिया में सम्प्रेषण एक प्रमुख साधन के रूप में कार्य करता है
(c) शाब्दिक तथा अशाब्दिक माध्यमों से सम्प्रेषण का प्रयोग किया जाता है
(d) उपरोक्त सभी

33. नए-नए संचार माध्यमों के विकास ने कक्षा में शिक्षक के दायित्वों को
(a) निभाना आसान बना दिया है
(b) पूर्ववत् रखा है
(c) बहुत बढ़ा दिया है
(d) घटा दिया है

34. निम्नलिखित में से कौन कक्षा में प्रभावी संचार को बनाने में सहयोगी नहीं होगा?
(a) दीर्घ वक्तव्य
(b) अस्पष्ट वक्तव्य
(c) संक्षिप्त वक्तव्य
(d) वह व्यक्तव्य जो श्रोता को अपने स्वत: निर्णय हेतु स्वीकृत हो

35. वाचिक सम्प्रेषण के कितने प्रकार हैं?
(a) दो (b) पाँच
(c) छ: (d) तीन

36. मौखिक सम्प्रेषण का लाभ है?
(a) शीघ्र संचार (b) अवलम्ब प्रतिपुष्टि
(c) गोपनीय (d) ये सभी

37. निम्न में से कौन-सा माध्यम मौखिक संचार का नहीं है?
(a) रेडियो प्रसारण (b) सम्मेलन
(c) साक्षात्कार (d) प्रश्नावली

38. किस सम्प्रेषण का स्थायी साक्ष्य होता है?
(a) लिखित
(b) मौखिक
(c) लिखित व मौखिक
(d) उपरोक्त में से कोई नहीं

39. मौखिक सम्प्रेषण सफल नहीं माना जाता है
(a) देशीय स्तर पर
(b) अन्तर्राष्ट्रीय स्तर पर
(c) समूह स्तर पर
(d) कक्षागत स्तर पर

40. अशाब्दिक संचार के अन्तर्गत आते हैं
(a) दृश्य संकेत (b) दैहिक भाषा
(c) पार्श्व भाषा (d) ये सभी

41. निम्न में से किसे बॉडी लैंग्वेज के माध्यम के रूप में व्यक्त किया जाता है?
(a) भाव-भंगिमा (b) ध्यान मुद्रा
(c) दृष्टि सम्बन्ध (d) ये सभी

42. अन्तर्वैयक्तिक सम्बन्धों में किसकी अन्त:क्रिया प्राय: शामिल होती है?
(a) माता-पिता की (b) मित्रों की
(c) शिक्षक-छात्र की (d) ये सभी

43. अन्तर्वैयक्तिक सम्बन्ध किस प्रकार मानव जीवन में महत्त्वपूर्ण होता है?
(a) यह सामाजिक मूल्यों को सीखने में सहायता करता है
(b) समाजीकरण को बढ़ावा देता है
(c) नैतिक मूल्यों के विकास में योगदान देता है
(d) उपरोक्त सभी

44. अध्यापक तथा छात्रों के मध्य मधुर अन्तर्वैयक्तिक सम्बन्ध छात्रों को शैक्षिक निष्पत्तियों को प्रभावी करते हैं
(a) अनुकूल दिशा में (b) प्रतिकूल दिशा में
(c) किसी भी तरह नहीं (d) कभी-कभी

45. "प्रत्येक व्यक्ति एक-दूसरे से सम्पर्क करके बहुत-कुछ सीखता है।" आप इस कथन से कहाँ तक सहमत हैं?
(a) असहमत (b) प्राय:
(c) सम्भवत: (d) सहमत

46. कोई छात्र कक्षा में कमजोर है। उसकी कमजोरी दूर करने की दिशा में आप क्या करेंगे?
(a) सम्बन्ध बढ़ाऊँगा
(b) ट्यूशन के लिए कहूँगा
(c) बाद में उसकी सहायता करूँगा
(d) अभिभावकों से कहूँगा

47. आपके विद्यालय के छात्र दस-दिवसीय भ्रमण पर जा रहे हैं। प्रधानाध्यापक ने उनके साथ आपको भी जाने को कहा है। आपका इस सम्बन्ध में क्या मत है?
(a) मेरा समय खराब होगा
(b) इससे मुझे नया ज्ञान प्राप्त होगा
(c) छात्रों तथा अन्य व्यक्तियों के साथ अन्त:सम्बन्ध बढ़ेंगे
(d) मनोरंजन तो होगा ही

48. "अध्यापक तथा छात्रों के बीच यदि अन्तःसम्बन्ध द्वेषपूर्ण हों तो उसका प्रतिकूल प्रभाव न केवल छात्रों पर पड़ेगा, वरन् अध्यापक पर भी वैसा ही प्रभाव पड़ेगा।" क्या आप इससे सहमत हैं?

(a) हाँ (b) सम्भवत:
(c) कभी-कभी (d) नहीं

49. आपके पड़ोस में निर्धन तथा निम्न वर्ग का एक परिवार रहता है, जो बड़ी सादगी तथा नैतिक मूल्यों वाला है। आप उस परिवार से कैसा सम्बन्ध रखेंगे?

(a) पारिवारिक (b) अच्छे पड़ोसी जैसा
(c) दूर रहूँगा (d) सामान्य

50. जो छात्र असामाजिक कार्यों में लिप्त रहते हैं, उनसे आप किस प्रकार के सम्बन्ध रखना चाहेंगे?

(a) दूर के (b) निकट के
(c) सुधारात्मक (d) सामान्य

51. आपकी आलोचना करने वाले व्यक्तियों से आप कैसे सम्बन्ध रखेंगे?

(a) विरोधी (b) आलोचनात्मक
(c) समीक्षात्मक (d) सामान्य

52. कक्षा के दो छात्र धूम्रपान करते हैं। उनके साथ आपके सम्बन्ध कैसे होंगे?

(a) दूर के (b) निकट के
(c) सहयोगी (d) सुधारात्मक

53. व्यक्ति के जीवन में आर्थिक मूल्यों से सम्बन्धित ज्ञान, जीविका आदि चलाने के अवसर आदि की जानकारी में कौन सहायक होता है?

(a) पारिवारिक सम्बन्ध (b) व्यावसायिक सम्बन्ध
(c) मित्र-समूह सम्बन्ध (d) शिक्षक-छात्र सम्बन्ध

54. शिक्षक-छात्र अन्तर्वैयक्तिक सम्बन्ध में कौन सहायक सिद्ध होता है?

(a) आत्मीय लगाव (b) निरन्तर सम्प्रेषण
(c) समावेशी शिक्षण (d) उपरोक्त सभी

55. शिक्षक-छात्र अन्तर्वैयक्तिक सम्बन्धों को मजबूत बनाने में निम्न में से कौन-सी कार्यप्रणाली को बेहतर नहीं माना जा सकता है?

(a) समावेशी शिक्षा व्यवस्था
(b) शिक्षार्थी की प्रतिपुष्टि की अवहेलना
(c) नवीनतम तकनीकी शिक्षण प्रणाली
(d) शिक्षार्थी के माता-पिता से मिलना

उत्तरमाला

1. (c)	2. (d)	3. (a)	4. (d)	5. (d)	6. (a)	7. (d)	8. (c)	9. (d)	10. (d)
11. (d)	12. (c)	13. (b)	14. (d)	15. (c)	16. (d)	17. (b)	18. (d)	19. (d)	20. (a)
21. (d)	22. (b)	23. (d)	24. (b)	25. (a)	26. (a)	27. (b)	28. (c)	29. (d)	30. (b)
31. (b)	32. (d)	33. (a)	34. (b)	35. (a)	36. (d)	37. (d)	38. (a)	39. (b)	40. (d)
41. (d)	42. (d)	43. (d)	44. (a)	45. (d)	46. (a)	47. (c)	48. (a)	49. (b)	50. (c)
51. (c)	52. (d)	53. (b)	54. (d)	55. (b)					

अध्याय 18

शिक्षा प्रणाली, नीतियाँ एवं प्रशासन

(Education System, Policies and Administration)

शिक्षा सामान्यत: औपचारिक एवं अनौपचारिक दोनों रूपों में दी जाती है। औपचारिक शिक्षा प्रणाली में प्राथमिक, माध्यमिक एवं उच्च शिक्षा शामिल होती हैं। अत: भारत की शिक्षा प्रणाली में तीनों शिक्षा प्रणाली विद्यमान है। इसके तहत शिक्षा के तीनों स्तरों में सुधार व समकालीन विषयों को जोड़ने के लिए समय-समय पर कई नीतियाँ बनाई गई हैं, वहीं शिक्षा समवर्ती सूची में शामिल है। इसलिए इसकी प्रशासनिक व्यवस्था में केन्द्र व राज्यों की भूमिका अलग-अलग तथा संयुक्त दोनों रूपों में पाई जाती है। इस प्रकार भारत की शिक्षा प्रणाली, नीतियाँ तथा *प्रशासन का विवरण निम्नवत् है*

प्राथमिक शिक्षा प्रणाली
(Primary Education System)

प्राथमिक शिक्षा औपचारिक शिक्षा का प्रथम चरण होता है। प्राथमिक शिक्षा का मुख्य उद्देश्य छात्रों में समाज के नियमों का ज्ञान, अच्छी आदतों का विकास एवं भाषा का विकास करना आदि होता हैं। भारत में प्राथमिक शिक्षा को नि:शुल्क एवं अनिवार्य बनाने हेतु प्रावधान किया गया है। 86वें संविधान संशोधन अधिनियम 2002 के द्वारा अनुच्छेद-21 'ए' के अन्तर्गत 6-14 वर्ष की आयु तक के सभी बच्चों को नि:शुल्क एवं अनिवार्य शिक्षा सम्बन्धित प्रावधान किया गया है। यह अधिनियम 1 अप्रैल, 2010 से लागू हुआ है।

प्राथमिक शिक्षा छात्र केन्द्रित होती है। भारत में प्राथमिक शिक्षा कक्षा एक से आठवीं तक है, जिसमें मूल प्राथमिक शिक्षा पहली से पाँचवीं कक्षा तक, जबकि उच्च प्राथमिक शिक्षा छठी से आठवीं कक्षा तक आती है।

नई शिक्षा नीति 2020 के तहत 2025 तक पूर्व प्राथमिक शिक्षा (3-6 वर्ष की आयु सीमा) को सार्वभौमिक बनाना है। वर्ष 2000 में घोषित सहस्राब्दि विकास लक्ष्यों (Millennium Development Goals, MDGs) के अन्तर्गत भारत ने वर्ष 2015 तक सार्वभौमिक प्राथमिक शिक्षा (Universal Primary Education) का लक्ष्य रखा था।

संधारणीय विकास उद्देश्यों (Sustainable Development Goals) के अन्तर्गत हमें अब सार्वभौमिक प्राथमिक शिक्षा के लक्ष्य को वर्ष 2030 तक प्राप्त करना है।

माध्यमिक शिक्षा प्रणाली
(Secondary Education System)

माध्यमिक शिक्षा छात्रों में ऐतिहासिक और राष्ट्रीय दृष्टिकोण विकसित करने में सहायता प्रदान करती है। इसके माध्यम से ही छात्रों को अपने संवैधानिक अधिकारों एवं कर्त्तव्यों का बोध होता है। इसी समय उनके तार्किक दृष्टिकोण का विकास होता है।

विभिन्न विषयों जैसे-विज्ञान, मानविकी, सामाजिक विज्ञान और व्यावसायिक संकायों से छात्र माध्यमिक शिक्षा के माध्यम से ही परिचित होते हैं। माध्यमिक शिक्षा को दो भागों में विभाजित किया गया है- माध्यमिक एवं उच्च माध्यमिक। माध्यमिक कक्षाएँ नौवीं (IX) एवं दसवीं (X) तथा उच्च माध्यमिक कक्षाएँ ग्यारहवीं (XI) एवं बारहवीं (XII) होती है।

भारत के माध्यमिक शिक्षा पाठ्यक्रम में भाषा, विज्ञान, गणित, सामाजिक विज्ञान, कला, प्रौद्योगिकी एवं शारीरिक शिक्षा आदि विषय शामिल होते हैं।

माध्यमिक स्कूल के पहले दो वर्षों के प्रदर्शन के आधार पर छात्रों को उच्च माध्यमिक कक्षाओं में विज्ञान, वाणिज्य और कला/मानविकी जैसी शिक्षण धाराओं का चयन करने का अवसर मिलता है। माध्यमिक शिक्षा में परीक्षा का आयोजन राज्य बोर्ड, केन्द्रीय माध्यमिक शिक्षा बोर्ड आदि द्वारा किया जाता है।

माध्यमिक शिक्षा आयोग

(Secondary Education Commission)

माध्यमिक शिक्षा आयोग का गठन भारत सरकार द्वारा 23 सितम्बर, 1952 में किया गया था। इस आयोग का गठन डॉ. लक्ष्मण स्वामी मुदालियर की अध्यक्षता में किया गया, इस कारण इस आयोग को 'मुदालियर आयोग' भी कहा जाता है।

इस आयोग का उद्देश्य देश में प्रचलित माध्यमिक शिक्षा की जाँच करना, माध्यमिक शिक्षा के उद्देश्य, संगठन, प्राथमिक एवं उच्च शिक्षा से इसका सम्बन्ध तथा विभिन्न प्रकार के माध्यमिक विद्यालयों के सहसम्बन्ध के सन्दर्भ में माध्यमिक शिक्षा के पुनर्गठन एवं संशोधन के लिए उपाय सुझाना था।

माध्यमिक शिक्षा आयोग के उद्देश्य एवं कार्यक्रम

(Objective and Function of Secondary Education Commission)

- भारत के सभी राज्यों में माध्यमिक स्तर पर छात्र अनुशासन की समीक्षा करना और उसमें सुधार हेतु सुझाव देना।
- भारत के सभी राज्यों की माध्यमिक शिक्षा के प्रशासन एवं संगठन का अध्ययन करना और उसमें सुधार हेतु सुझाव देना।
- भारत के सभी राज्यों में माध्यमिक शिक्षकों के वेतन और सेवा शर्तों का अध्ययन करना एवं उनमें सुधार हेतु सुझाव देना।
- भारत में माध्यमिक शिक्षा की समस्याओं का अध्ययन करना और उनके समाधान हेतु सुझाव देना।
- भारत के माध्यमिक शिक्षा के उद्देश्य, पाठ्यक्रम और शिक्षा स्तर का अध्ययन करना और उसमें सुधार हेतु सुझाव देना।
- भारत में माध्यमिक विद्यालयों की स्थिति तथा माध्यमिक शिक्षा की परीक्षा प्रणाली का अध्ययन करना तथा सुधार हेतु सुझाव देना।
- भारत के माध्यमिक शिक्षक के स्तर का अध्ययन करना एवं छात्रों की स्थिति का अध्ययन करना तथा उसमें सुधार हेतु सुझाव देना।

माध्यमिक शिक्षा आयोग की सिफारिशें व सुझाव

(Recommendations & Suggestions of Secondary Education Commission)

माध्यमिक शिक्षा आयोग ने पाठ्यक्रम में विविधता लाने, एक मध्यवर्ती स्तर जोड़ने तथा त्रिस्तरीय स्नातक पाठ्यक्रम शुरू करने इत्यादि की भी सिफारिश की, *जो निम्नलिखित हैं*

- तीन वर्ष तक माध्यमिक एवं चार वर्ष की उच्च शिक्षा होनी चाहिए।
- बहुउद्देशीय स्कूलों एवं व्यावसायिक प्रशिक्षण संस्थानों (Vocational Training Centres) की स्थापना की जाए।
- वस्तुनिष्ठ परीक्षण पद्धति को अपनाया जाए तथा संस्थात्मक अंक देने के स्थान पर सांकेतिक अंक दिए जाएँ।
- उच्च एवं उच्चतर माध्यमिक स्तर की शिक्षा के पाठ्यक्रम में गणित, सामान्य ज्ञान, कला एवं संगीत अनिवार्य होना चाहिए।

तृतीयक शिक्षा (Tertiary Education)

यह शिक्षा की तृतीय स्तर की व्यवस्था है जो प्राथमिक एवं माध्यमिक शिक्षा के बाद आती है। इस स्तर पर शिक्षा का स्वरूप ऐच्छिक होता है। तृतीयक शिक्षा में उच्च शिक्षा के साथ-साथ व्यावसायिक शिक्षा भी आती है। भारत में मानव संसाधन विकास मन्त्रालय ने उच्च शिक्षा को *दो प्रकार से परिभाषित किया है*

(i) यह दस वर्ष की स्कूल की शिक्षा के बाद न्यूनतम 3 वर्ष की अवधि का कोर्स होता है।

(ii) यह बारह वर्ष की स्कूल शिक्षा के अध्ययन या समकक्ष अध्ययन के बाद प्राप्त की जाती है, पूर्णकालिक शिक्षण कोर्स की न्यूनतम अवधि 9 माह होनी चाहिए।

तृतीयक शिक्षा कई प्रकार की हो सकती है, जैसे-सामान्य, व्यावसायिक, वृत्तिक या तकनीकी आदि। उच्च शिक्षा विश्वविद्यालयों, व्यावसायिक विश्वविद्यालयों, महाविद्यालयों एवं प्रौद्योगिकी संस्थानों आदि द्वारा प्रदान की जाती है। इसके अन्तर्गत स्नातक, परा-स्नातक एवं व्यावसायिक शिक्षा एवं प्रशिक्षण आते हैं।

उच्च शिक्षा के मुख्यत: तीन स्तर होते हैं

(i) **स्नातक स्तर** स्नातक की उपाधि हेतु।

(ii) **स्नातकोत्तर स्तर** स्नातकोत्तर की उपाधि हेतु।

(iii) **अनुसन्धान स्तर** पीएचडी, फैलोशिप या पोस्ट डॉक्टरेट के लिए।

उच्च शिक्षा से सम्बन्धित कुछ संस्थान डिप्लोमा भी प्रदान करते हैं; जैसे चार्टर्ड अकाउण्टेंसी, PGDBA तथा PGDCA इत्यादि। जो लोग तृतीयक शिक्षा के लिए इच्छुक नहीं होते हैं, वे व्यावसायिक विद्यालयों या शिक्षण संस्थानों में भी प्रवेश पा सकते हैं, जोकि रोजगारोन्मुखी होते हैं। व्यावसायिक शिक्षा में परीक्षा अखिल भारतीय और राज्य बोर्डों द्वारा आयोजित की जाती है।

उच्च शिक्षा प्रणाली
(Higher Education System)

उच्च शिक्षा से आशय उस शिक्षा से होता है, जिसे माध्यमिक स्तर की शिक्षा के पश्चात् ग्रहण किया जाता है। यह शिक्षा औपचारिक शिक्षा का एक वैकल्पिक व अन्तिम चरण होता है, जो माध्यमिक शिक्षा पूरी होने के पश्चात् प्रारम्भ होता है। इसलिए इसे 'तृतीयक शिक्षा' या 'तृतीय स्तर की शिक्षा' भी कहा जाता है।

उच्च शिक्षा के अन्तर्गत सामान्य व्यावसायिक एवं तकनीकी शिक्षा आदि को शामिल किया जाता है। इस प्रकार की शिक्षा विश्वविद्यालयों, व्यावसायिक महाविद्यालयों एवं प्रौद्योगिकी संस्थाओं आदि के द्वारा प्रदान की जाती है।

उच्च स्तरीय शिक्षा सामाजिक, आर्थिक, सांस्कृतिक, नैतिक और आध्यात्मिक विषयों को समझने में सहायक होती है। इसके अतिरिक्त उच्च शिक्षा विद्यार्थियों को विशेष ज्ञानवर्द्धन और दक्षता प्रदान कर राष्ट्रीय विकास में योगदान देने के साथ-साथ विभिन्न सामाजिक विषमताओं को भी दूर करने में योगदान देती है। उच्च शिक्षा विभिन्न क्षेत्रों; जैसे— रोजगार, व्यवसाय, प्रबन्धन आदि में जाने का अवसर प्रदान करती है।

माध्यमिक एवं उच्च शिक्षा सेस (cess) के सन्दर्भ में MUSK का गठन किया गया है, जिसका तात्पर्य माध्यमिक एवं उच्चतर शिक्षा कोष है।

मानव संसाधन विकास मन्त्रालय के अनुसार उच्च शिक्षा वह शिक्षा है, जो 12 वर्ष की स्कूली शिक्षा के बाद प्राप्त की जाती है। इसके अन्तर्गत स्नातक, परास्नातक एवं व्यावसायिक शिक्षा एवं प्रशिक्षण आदि आते हैं।

आधुनिक भारत में उच्च शिक्षा
(Higher Education in Modern India)

उच्च शिक्षा की पारम्परिक शैली में बड़े परिवर्तन यूरोपियों द्वारा 1600 ई. से प्रारम्भ किए गए। अंग्रेजों ने 1800 ई. तक आते-आते ईस्ट इण्डिया कम्पनी के अन्तर्गत भारत के अधिकांश भागों पर सफलतापूर्वक नियन्त्रण कर लिया तथा उच्च शिक्षा की औपचारिक प्रणाली की स्थापना की, जो निरन्तर चली आ रही है।

भारत में अंग्रेजी उच्चतर शिक्षण संस्थान की शुरुआत कलकत्ता (कोलकाता) में 1817 ई. में हिन्दू कॉलेज की स्थापना के साथ शुरू हुई। वायसराय लॉर्ड मैकाले की अनुशंसा के आधार पर 1857 ई. में लन्दन विश्वविद्यालय की शैली (ब्रिटिश शैली) पर कलकत्ता, मुम्बई तथा मद्रास विश्वविद्यालयों की स्थापना की गई।

वर्ष 1918 में हैदराबाद के निजाम ने उस्मानिया विश्वविद्यालय की स्थापना की, जिसमें उच्च शिक्षा का माध्यम उर्दू को बनाया गया। वर्ष 1913 से 1921 के मध्य छ: आवासीय एवं शिक्षण समन्वित विश्वविद्यालयों की स्थापना की गई तथा सर सैयद अहमद द्वारा 1875 ई. में स्थापित अलीगढ़ मुस्लिम ऐंग्लो ओरिएण्टल कॉलेज वर्ष 1920 में अलीगढ़ मुस्लिम विश्वविद्यालय बना।

उल्लेखनीय है कि वर्ष 1925 में स्थापित इण्टर यूनिवर्सिटी बोर्ड का नाम परिवर्तित कर 'भारतीय विश्वविद्यालय संघ' कर दिया गया तथा इसके अन्तर्गत सभी विश्वविद्यालयों के मध्य शैक्षिक, सांस्कृतिक और सम्बन्धित क्षेत्रों के विषय में सूचना का आदान-प्रदान किया जाने लगा।

वर्तमान में उच्च शिक्षा में शोध, प्रबन्धन, मेडिकल आदि के विकास पर जोर दिया गया है। एक मल्टी विश्वविद्यालय की अवधारणा पर सरकार कार्य कर रही है, जिससे कि एक विश्वविद्यालय के अन्दर शिक्षार्थी को शिक्षण, प्रशिक्षण तथा शोधकार्य उपलब्ध हो सकें।

भारत में उच्च शिक्षा की संरचना
(Structure of Higher Education in India)

भारतीय संविधान के अनुच्छेद-77 के खण्ड 3 के तहत मानव संसाधन विकास मन्त्रालय की स्थापना की गई है जिसे अब पुन: शिक्षा मन्त्रालय कर दिया गया है। मन्त्रालय ने कार्यों को सुविधाजनक बनाने के लिए स्कूल शिक्षा और साक्षरता विभाग एवं उच्चतर शिक्षा विभाग की स्थापना की है।

उच्चतर शिक्षा से जुड़े मामलों की सबसे शीर्ष संस्था उच्चतर शिक्षा विभाग है। उच्चतर शिक्षा विभाग के घटक विश्वविद्यालय एवं उच्चतर शिक्षा, तकनीकी शिक्षा, दूरस्थ शिक्षा, भाषा शिक्षा आदि हैं।

नीति और आयोजना स्तर पर उच्चतर शिक्षा विभाग ही भारत में उच्चतर शिक्षा के लिए आधारभूत संरचना उपलब्ध कराता है। उच्चतर स्तर की संरचना में निम्न संस्थाएँ शामिल होती हैं।

विश्वविद्यालय अनुदान आयोग

(University Grants Commission)

विश्वविद्यालय अनुदान आयोग का गठन वर्ष 1945 में सार्जेण्ट रिपोर्ट के आधार पर किया गया था। उस समय यह 'विश्वविद्यालय अनुदान समिति' के नाम से जाना जाता था। स्वतन्त्रता के पश्चात् राधाकृष्णन कमीशन की सिफारिश के आधार पर वर्ष 1953 में इसका नाम बदलकर 'विश्वविद्यालय अनुदान आयोग' कर दिया गया था।

वर्ष 1956 में विश्वविद्यालय अनुदान आयोग को संसद के अधिनियम द्वारा एक स्वायत्त संस्था का दर्जा प्रदान किया गया। यूजीसी अधिनियम के अनुच्छेद-12 में यूजीसी के *निम्नलिखित दो उत्तरदायित्व को शामिल किया गया है*

1. उच्च शिक्षण संस्थानों का वित्तपोषण करना।
2. उच्च शिक्षण संस्थानों में मानकों का समन्वय निर्धारण तथा अनुरक्षण करना।

यूजीसी 6 क्षेत्रीय कार्यालयों-बंगलुरु, भोपाल, गुवाहाटी, हैदराबाद, कोलकाता और पुणे के साथ-साथ नई दिल्ली से भी कार्य करता है। भारत में विश्वविद्यालय शिक्षा तन्त्र में डॉ. सी. डी. देशमुख यूजीसी के प्रथम अध्यक्ष थे।

अन्तर विश्वविद्यालय केन्द्र

(Inter University Center)

यूजीसी अधिनियम के खण्ड 12 के अन्तर्गत अन्तर विश्वविद्यालय केन्द्र की स्थापना की गई है। यह उन विश्वविद्यालयों को उन्नत सुविधाएँ एवं सेवाएँ प्रदान करने का कार्य करता है, जो अपनी मूलभूत संरचना एवं अन्य क्षेत्रों में निवेश करने में असमर्थ होते है। इसकी स्थापना *के निम्नलिखित उद्देश्य हैं*

- शिक्षण समुदाय और अनुसन्धान के लिए अन्तर्राष्ट्रीय स्तर के आधुनिक उपकरण और उत्कृष्ट पुस्तकालय सुविधाओं तक पहुँच सुनिश्चित करना।
- शिक्षक और अनुसन्धानकर्ताओं को प्रत्येक क्षेत्र में उत्कृष्ट विशेषज्ञता प्रदान करने में सहायता करना।
- वर्ष 1994 में स्थापित परमाणु विज्ञान केन्द्र देश का पहला अनुसन्धान केन्द्र है। यह केन्द्र दिल्ली में स्थित है। वर्तमान में इसे इण्टर यूनिवर्सिटी एक्सीलरेटर केन्द्र के नाम से भी जाना जाता है। वर्तमान में विश्वविद्यालय प्रणाली के अन्तर्गत भारत में 7 अन्तर विश्वविद्यालय केन्द्र कार्यरत हैं।

विश्वविद्यालय स्तर की संस्थाएँ

(University Level Institutions)

विश्वविद्यालय के स्तर के संस्थानों में केन्द्रीय विश्वविद्यालय, राज्य विश्वविद्यालय, डीम्ड विश्वविद्यालय, निजी विश्वविद्यालय तथा IIT, IIM जैसी संस्थाओं को शामिल किया जाता है।

केन्द्रीय विश्वविद्यालय भारत में केन्द्रीय विश्वविद्यालयों की स्थापना केन्द्रीय अधिनियम द्वारा होती है। वर्तमान में इसकी संख्या 49 हैं। इनमें से 40 केन्द्रीय विश्वविद्यालयों का विकास एवं वित्तीय सहायता विश्वविद्यालय अनुदान आयोग करता है, जबकि 9 केन्द्रीय विश्वविद्यालयों की देखरेख करता है।

राज्य विश्वविद्यालय प्रान्तीय अधिनियम द्वारा स्थापित विश्वविद्यालयों को 'राज्य विश्वविद्यालय' कहते हैं। ये विश्वविद्यालय अनुदान आयोग अधिनियम 1956 की धारा-12 (B) में शामिल होने के बाद केन्द्रीय अनुदान प्राप्त करने के लिए पात्र हो जाते हैं। राज्य विश्वविद्यालय के विकास का उत्तरदायित्व राज्य सरकारों का होता है, लेकिन यूजीसी द्वारा उन्हें अनुदान मिलता है। इन अनुदानों का मूलभूत संरचना का निर्माण, आवर्द्धन एवं उन्नयन में प्रयोग किया जाता है।

यूजीसी अपने निर्धारित मानकों और प्रक्रियाओं की सन्तुष्टि के बाद ही राज्य विश्वविद्यालय के विकास के लिए राज्य सरकारों को अनुदान देता है। राज्य के राज्यपाल राज्य विश्वविद्यालयों के कुलाधिपति होते हैं।

भारत में कोलकाता, चेन्नई तथा मुम्बई विश्वविद्यालय सबसे पुराने राज्य विश्वविद्यालय हैं। कुल विश्वविद्यालय के नामांकन का लगभग 84% राज्य विश्वविद्यालय में होता है। इस प्रकार उच्च शिक्षा में राज्य विश्वविद्यालय महत्त्वपूर्ण भूमिका निभाते हैं।

डीम्ड विश्वविद्यालय विशिष्ट क्षेत्र में उच्च स्तर पर कार्य कर रहे उच्चतर शिक्षा संस्थान को विश्वविद्यालय अनुदान आयोग की सलाह पर केन्द्र सरकार द्वारा डीम्ड विश्वविद्यालय घोषित किया जाता है। डीम्ड विश्वविद्यालय के रूप में घोषित हो जाने के बाद ये एक विश्वविद्यालय की शैक्षिक स्थिति पर विशेषाधिकारों का उपयोग करने लगते हैं।

डीम्ड विश्वविद्यालय देश के उच्च शिक्षा के विस्तार में महत्त्वपूर्ण योगदान देते हैं तथा उच्च शिक्षा के विशेष क्षेत्रों-मेडिकल, शारीरिक, मत्स्यकी, पशुपालन शोध, वन शोध, आयुध प्रौद्योगिकी, सूचना प्रौद्योगिकी, भाषाओं, सामाजिक

विज्ञानों, जनसंख्या विज्ञानों, तटीय शिक्षा, योग एवं संगीत आदि में शिक्षा और अनुसन्धान सुविधाएँ प्रदान कर रहे हैं।

निजी विश्वविद्यालय निजी विश्वविद्यालय की स्थापना सोसायटी रजिस्ट्रेशन एक्ट 1860 तथा कम्पनी अधिनियम 1956 की धारा-25 आदि के माध्यम से केन्द्र तथा राज्य सरकार के अधिनियमों के अधीन की गई है। इसमें सोसायटी रजिस्ट्रेशन एक्ट 1860 के अन्तर्गत रजिस्ट्रीड कोई सोसायटी तथा कम्पनी अधिनियम 1956 की धारा-25 के अन्तर्गत रजिस्ट्रीड पब्लिक ट्रस्ट या कम्पनी को भी शामिल किया जाता है।

निजी विश्वविद्यालय यूजीसी विनियम, 2003 द्वारा विनियमित होते हैं। यह यूजीसी के अधिनियम की धारा-22 के तहत डिग्री देने का अधिकार रखते हैं। इन्हें शिक्षण संस्थानों को सहबद्ध (Affiliate) करने का अधिकार प्राप्त नहीं होता है।

वर्ष 1995 में स्थापित सिक्किम मनिपाल यूनिवर्सिटी ऑफ हेल्थ, मेडिकल एवं टेक्नोलॉजिकल साइंस, गंगटोक भारत का प्रथम निजी विश्वविद्यालय है।

4 अगस्त, 2020 के यूजीसी के निजी विश्वविद्यालय की सूची के अनुसार निजी विश्वविद्यालयों की संख्या 361 हैं।

राज्य मुक्त विश्वविद्यालय वर्तमान समय में 15 राज्य मुक्त विश्वविद्यालय सम्बन्धित राज्य अनुदान के तहत स्थापित किए गए हैं। ये संस्थान केवल दूरस्थ शिक्षा प्रदान करते हैं।

ये विश्वविद्यालय उन लोगों को सेवा प्रदान करते हैं, जो विभिन्न कारणों से नियमित पाठ्यक्रम को पूरा करने में सक्षम नहीं होते हैं। देश का प्रथम राज्य मुक्त विश्वविद्यालय डॉ. भीमराव अम्बेडकर मुक्त विश्वविद्यालय हैदराबाद में है, जिसकी स्थापना अगस्त, 1982 में की गई थी।

भाषायी विश्वविद्यालय भारत में छः भाषा विश्वविद्यालय हैं। इनमें से तीन केन्द्रीय विश्वविद्यालय हिन्दी, उर्दू, अंग्रेजी एवं विदेशी भाषाओं को बढ़ावा देने के लिए स्थापित किए गए हैं तथा शेष तीन सम विश्वविद्यालय हैं, जिनकी स्थापना संस्कृत भाषा के प्रचार-प्रसार एवं विकास हेतु की गई है। इन *विश्वविद्यालयों का वर्णन निम्न है*

(i) राष्ट्रीय संस्कृत संस्थान, नई दिल्ली
(ii) राष्ट्रीय संस्कृत विद्यापीठ, तिरुपति
(iii) श्री लाल बहादुर शास्त्री राष्ट्रीय संस्कृत विद्यापीठ, नई दिल्ली
(iv) महात्मा गाँधी अन्तर्राष्ट्रीय हिन्दी विश्वविद्यालय, वर्धा
(v) मौलाना आजाद राष्ट्रीय उर्दू विश्वविद्यालय, हैदराबाद
(vi) अंग्रेजी और विदेशी भाषा विश्वविद्यालय, हैदराबाद

भारत में शिक्षा का अधिगमन
(Acquisition of Education in India)

भारत में आधुनिक शिक्षा प्रणाली का विकास ब्रिटिश सत्ता की स्थापना के पश्चात् प्रारम्भ हुआ। इसमें ब्रिटिश कालीन अधिनियम, रिपोर्ट एवं आयोग का महत्त्वपूर्ण योगदान रहा है *जिनका विवरण निम्नलिखित है*

मैकाले रिपोर्ट, 1835 (Macaulay Report, 1835)

ब्रिटिश सरकार के विधि सदस्य लॉर्ड मैकाले ने अपनी रिपोर्ट में धर्मनिरपेक्ष और वैज्ञानिक पद्धतियों पर आधारित पश्चिमी देशों की शिक्षा पद्धति के समान तथा सदियों पुरानी पूर्वाग्रहों से मुक्त एक शिक्षा प्रणाली की अनुशंसा की। मैकॉले ने भारत में आधुनिक शिक्षा प्रणाली के विकास में महत्त्वपूर्ण भूमिका निभाई। मैकाले रिपोर्ट में पाश्चात्यवादी अंग्रेजी शिक्षा का समर्थन किया गया, जिसका मुख्य उद्देश्य भारतीयों का एक ऐसा वर्ग तैयार करना था, जिसमें औपनिवेशिक सरकार को निचले वर्ग के कर्मचारी मिल सकें, जिससे कि ब्रिटिश सरकार का शासन आसान हो सके। इस रिपोर्ट ने भारत की परम्परागत देशीय शिक्षा प्रणाली को ब्रिटिश शिक्षा प्रणाली से विस्थापित किया।

मैकाले रिपोर्ट के आधार पर तत्कालीन गवर्नर-जनरल लॉर्ड विलियम बैण्टिक ने 1837 ई. में अंग्रेजी को 'सरकारी भाषा' बना दिया तथा सरकारी नौकरियों के लिए अंग्रेजी भाषा को अनिवार्य कर दिया।

वुड डिस्पैच, 1854 (Wood's Despatch, 1854)

बोर्ड ऑफ कण्ट्रोल के अध्यक्ष चार्ल्स वुड की अध्यक्षता में भारत में उच्च शिक्षा के विकास के लिए एक समिति का गठन किया गया। सर चार्ल्स वुड के नाम पर इसे 'वुड डिस्पैच' कहा जाता है। यह उच्च शिक्षा के विषय पर पहली नीति थी। इसे 'भारतीय शिक्षा का मैग्नाकार्टा' कहा जाता है। वुड डिस्पैच की *प्रमुख अनुशंसा निम्नलिखित हैं*

- सरकार द्वारा पाश्चात्य शिक्षा, दर्शन, विज्ञान, कला और साहित्य का प्रसार करना और उसे बढ़ावा देना।
- उच्च शिक्षा का माध्यम अंग्रेजी तथा निचले स्तर के लिए मातृभाषा को प्रोत्साहित किया जाना।
- प्राथमिक विद्यालय की स्थापना करना तथा उनके ऊपर जिला स्तर पर ऐंग्लो-वर्नाकुलर हाईस्कूल और सम्बन्धित कॉलेज की स्थापना करना।
- अध्यापकों के प्रशिक्षण हेतु अध्यापक प्रशिक्षण संस्थाओं की स्थापना तथा महिला शिक्षा को प्रोत्साहन देना।

- डिस्पैच की अनुशंसा के आधार पर 1857 ई. में ब्रिटिश भारत में बम्बई, कलकत्ता और मद्रास विश्वविद्यालयों की स्थापना की गई।

भारत में स्वतन्त्रता के पश्चात् शिक्षा का उद्भव

(Emergence of Education in Post-Independence India)

स्वतन्त्रता के पश्चात् शिक्षा के विकास एवं सुधार के लिए सरकार ने कई प्रकार की समितियों एवं आयोग का गठन किया तथा इन्हीं समितियों एवं आयोगों की सिफारिशों ने भारत में उच्च शिक्षा और अनुसन्धान के विकास का मार्ग प्रशस्त किया। *इसका विवरण निम्नलिखित है*

राधाकृष्णन आयोग, 1948

(Radhakrishnan Commission, 1948)

विश्वविद्यालय शिक्षा पर रिपोर्ट देने के लिए नवम्बर, 1948 में सरकार ने डॉ. राधाकृष्णन की अध्यक्षता में एक आयोग का गठन किया। आयोग ने अगस्त, 1949 में अपनी सिफारिशें प्रस्तुत कीं, *जो निम्नलिखित हैं*

- विश्वविद्यालय पूर्व 12 वर्ष का अध्ययन।
- विश्वविद्यालय में परीक्षा दिवस के अतिरिक्त कम-से-कम 180 दिन पढ़ाई होनी चाहिए, जो 11-11 सप्ताहों के तीन सत्रों में विभाजित होनी चाहिए।
- उच्च शिक्षा के तीन मुख्य उद्देश्य होने चाहिए- सामान्य शिक्षा, संस्कारी शिक्षण और व्यावसायिक शिक्षा।
- प्रशासनिक सेवाओं के लिए विश्वविद्यालय की स्नातक की उपाधि आवश्यक नहीं होनी चाहिए।
- सभी विश्वविद्यालय के स्तर एकसमान किए जाएँ और ऊँचे उठाए जाएँ। शिक्षा को समवर्ती सूची में सम्मिलित किया जाए।
- विश्वविद्यालयों के अध्यापकों के वेतनों में वृद्धि की जाए।
- विश्वविद्यालय अनुदान आयोग बनाए जाएँ, जो देश में विश्वविद्यालय शिक्षा की देख-रेख करें।

राधाकृष्णन आयोग की अनुशंसा पर वर्ष 1953 में विश्वविद्यालय अनुदान आयोग की स्थापना की गई तथा संसद के अधिनियम के तहत स्वायत्ततापूर्ण बना दिया गया।

वर्तमान में राष्ट्रीय परीक्षण एजेन्सी (NTA) उच्च शिक्षा संस्थाओं के लिए प्रवेश परीक्षाओं का आयोजन कराती है जिसकी स्थापना नवम्बर, 2017 में की गई थी। इससे पहले तक इन परीक्षाओं को विश्वविद्यालय अनुदान आयोग कराता था।

कोठारी शिक्षा आयोग, 1964-66

(Kothari Education Commission, 1964-66)

सरकार ने जुलाई 1964 में डॉ डी. एस. कोठारी की अध्यक्षता में शिक्षा के सभी पक्षों तथा प्रक्रमों के विषय में राष्ट्रीय नमूने की रूपरेखा, साधारण सिद्धान्त तथा नीतियों की रूपरेखा तैयार करने के लिए एक आयोग का गठन किया।

आयोग के अनुसार शिक्षा तथा अनुसन्धान दोनों ही देश की समस्त आर्थिक, सांस्कृतिक तथा आत्मिक विकास एवं प्रगति के लिए निर्णायक होते हैं। *आयोग की कुछ महत्त्वपूर्ण सिफारिशें निम्नलिखित हैं*

- शिक्षा के सभी स्तरों पर सामान्य शिक्षा के अनिवार्य अंग के रूप में समाज-सेवा और कार्य अनुभव एवं उत्पादन अनुभव आदि को सम्मिलित किया जाना चाहिए।
- नैतिक शिक्षा तथा सामाजिक उत्तरदायित्व की भावना उत्पन्न करने पर बल दिया जाए।
- माध्यमिक शिक्षा को व्यावसायिक बनाया जाए।
- उन्नत अध्ययन केन्द्रों को अधिक सुदृढ़ बनाया जाए और बड़े विश्वविद्यालयों में एक छोटी-सी संस्था ऐसी बनाई जाए जो उच्चतम अन्तर्राष्ट्रीय मानकों को प्राप्त करने का उद्देश्य रखें।
- विद्यालयों के लिए अध्यापकों के प्रशिक्षण तथा श्रेणी पर विशेष बल दिया जाए।
- शिक्षा के पुनर्निर्माण में कृषि, कृषि में अनुसन्धान तथा इससे सम्बन्धित विज्ञानों को उच्च प्राथमिकता दी जानी चाहिए।

टी. आर. एस. सुब्रह्मण्यम समिति, 2016

(T. R. S. Subramaniam Committee, 2016)

नई शिक्षा नीति (National Policy on Education, NPC) के विकास के लिए अक्टूबर, 2015 में श्री टी. आर. एस. सुब्रह्मण्यम की अध्यक्षता में मानव संसाधन विकास मन्त्रालय (Ministry of Human Resource Development, MHRD) के अन्तर्गत एक समिति का गठन किया गया। इस समिति ने अपनी रिपोर्ट 7 मई, 2016 को सरकार को सौंप दी। रिपोर्ट में एक शिक्षा नीति का प्रस्ताव किया गया, जो वर्तमान शिक्षा प्रणाली द्वारा सामना की जाने वाली चुनौतियों का समाधान कर सकता है। *प्रस्तावित नीति की विशेषताएँ संक्षेप में निम्नलिखित हैं*

- राष्ट्रीय शिक्षा नीति का व्यापक उद्देश्य।
- बचपन की देखभाल और शिक्षा को बढ़ावा देना।

- शिक्षा का अधिकार (RTE) अधिनियम, 2009 में संशोधन किया जाए ताकि निजी और सरकारी स्कूलों में मान्यता के लिए समान मानदण्ड हो।
- विद्यालय परीक्षा सुधार-पारम्परिक अंक योजना के बजाए स्केल किए गए स्कोर और प्रतिशत का उपयोग किया जाना चाहिए।
- शिक्षक प्रबन्धन के लिए एक स्वायत्त शिक्षक भर्ती बोर्ड की स्थापना की जानी चाहिए।
- शिक्षा में सूचना, संचार प्रौद्योगिकी का प्रयोग।
- व्यावसायिक शिक्षा और प्रशिक्षण की व्यवस्था की जानी चाहिए।

शिक्षा से सम्बन्धित नीतियाँ

(Education Related Policies)

शिक्षा पर राष्ट्रीय नीति, 1968

(National Policy on Education, 1968)

यह शिक्षा नीति कोठारी आयोग (1964-66) की सिफारिशों पर आधारित थी। यद्यपि वर्ष 1967 में सरकार ने शिक्षा पर राष्ट्रीय नीति के ड्राफ्ट को तैयार करने के लिए एक संसदीय समिति का गठन किया, जो सप्रू समिति के नाम से प्रसिद्ध है।

समिति के ड्राफ्ट पर विचार कर इसे स्वीकृति प्रदान कर दी गई, जिसके आधार पर भारत सरकार ने राष्ट्रीय शिक्षा नीति (एनपीई) 1968 की घोषणा की।

एनपीई 1968 की प्रमुख विशेषताएँ निम्नलिखित हैं

- इसने सभी स्तरों पर शिक्षा के मानकों को बढ़ाने पर बल दिया।
- इसके अन्तर्गत केवल उपयुक्त योजना और पर्याप्त कोष में प्रावधान के पश्चात् ही नए विश्वविद्यालय की स्थापना की बात नहीं हुई।
- इसके अन्तर्गत स्नातकोत्तर शिक्षण और अनुसन्धान साथ-ही-साथ उन्नत अध्ययन केन्द्रों के सुदृढ़ीकरण पर बल दिया गया।

राष्ट्रीय शिक्षा नीति, 1986

(National Education Policy, 1986)

गतिहीन समाज को गतिशील समाज में परिवर्तित करने के लिए नवीन शिक्षा नीति 1986 घोषित की गई, *जिनकी कुछ महत्त्वपूर्ण सिफारिशें/प्रावधान निम्नलिखित हैं*

- महात्मा गाँधी के विचारों के अनुरूप ग्रामीण विश्वविद्यालय की स्थापना करना।
- इन्दिरा गाँधी मुक्त विश्वविद्यालयों की पद्धति पर मुक्त विश्वविद्यालय और दूरस्थ अध्ययन पर बल।
- शिक्षा की सार्वभौमिक पहुँच सुनिश्चित करना।
- सांस्कृतिक परिप्रेक्ष्य और मूल्यों पर आधारित शिक्षा पर बल।
- शिक्षा का आधुनिकीकरण एवं व्यवसायीकरण को बढ़ावा देना।

राष्ट्रीय शिक्षा नीति, 2020

(National Education Policy, 2020)

- भारत सरकार द्वारा 29 जुलाई, 2020 को राष्ट्रीय शिक्षा नीति 2020 को मंजूरी प्रदान की गई।
- इसके तहत् मानव संसाधन विकास मंत्रालय का नाम बदलकर शिक्षा मंत्रालय कर दिया गया है। इस नई राष्ट्रीय शिक्षा नीति ने 34 वर्ष पुरानी राष्ट्रीय शिक्षा नीति, 1986 को प्रतिस्थापित किया है।

शिक्षा नीति 2020 के आधारभूत सिद्धान्त एवं प्रावधान (Basic Principles and Provisions of Education Policy, 2020)

- इस नीति का विजन छात्रों में भारतीय होने का गर्व न केवल विचारों में बल्कि व्यवहार, बुद्धि और कार्यों के साथ ही ज्ञान कौशल, मूल्यों और सोच में भी होना चाहिए, जो मानवाधिकारों, स्थायी विकास और जीवनयापन तथा वैश्विक कल्याण के लिए प्रतिबद्ध हो, जिससे वे सही अर्थ में वैश्विक नागरिक बन सकें। सबके लिए आसान पहुँच, समानता, गुणवत्ता, वहनीयता और जवाबदेही के आधारभूत सिद्धान्त पर निर्मित यह नई शिक्षा नीति सतत विकास के एजेंडा 2030 के अनुकूल है।
- उच्च शिक्षा में सकल नामांकन अनुपात को वर्ष 2035 तक 50% तक बढ़ाने तथा उच्च शिक्षा में 3.5 करोड़ नई सीटें जोड़ने की बात कही गई है।
- नीति के अन्तर्गत स्नातक पाठ्यक्रम में मल्टीपल एण्ट्री एण्ड एक्जिट व्यवस्था को अपनाया गया है। इसके अन्तर्गत 3 या 4 वर्ष के स्नातक कार्यक्रम में छात्र कई स्तरों पर पाठ्यक्रम छोड़ सकेंगे और इसी के अनुरूप उन्हें डिग्री या प्रमाण-पत्र दिया जाएगा।
- विभिन्न उच्च शिक्षा संस्थानों से प्राप्त अंकों या क्रेडिट को डिजिटल रूप से सुरक्षित रखने के लिए एक एकेडमिक बैंक ऑफ क्रेडिट (Academic Bank of Credit, ABC) की स्थापना का प्रावधान किया गया है, जिससे अलग-अलग संस्थानों के छात्रों को प्रदर्शन के आधार पर डिग्री दी जा सके।
- नई शिक्षा नीति के अन्तर्गत एम. फिल (M. Phil) कार्यक्रम को समाप्त कर दिया गया है।

- चिकित्सा एवं कानूनी शिक्षा को छोड़कर पूरे उच्च शिक्षा क्षेत्र के लिए एक एकल निकाय के रूप में भारत उच्च शिक्षा आयोग (Higher Education Commission of India, HECI) का गठन करने का प्रावधान किया गया है। भारतीय उच्च शिक्षा आयोग के कार्यों का प्रभावी एवं प्रदर्शितापूर्ण निष्पादन के लिए चार संस्थानों एवं निकायों के गठन का प्रावधान किया है; जैसे–
  - (i) विनियमन हेतु–राष्ट्रीय उच्चतर शिक्षा नियामकीय परिषद् (National Higher Education Regulatory Council, NHERC)
  - (ii) मानक निर्धारण हेतु–सामान्य शिक्षा परिषद् (General Education Council, GEC)
  - (iii) वित्त पोषण हेतु–उच्चतर शिक्षा अनुदान परिषद् (Higher Education Grants Council, HEGC)
  - (iv) प्रत्यायन हेतु–राष्ट्रीय प्रत्यायन परिषद् (National Accreditation Council, NAC)
- इस नीति में देश में आई आई टी (IIT) और आई आई एम (IIM) के समकक्ष वैश्विक मानकों के अनुरूप बहुविषयक शिक्षा एवं अनुसन्धान विश्वविद्यालय (Multidisciplinary Education and Research University, MERU) की स्थापना की बात कही गई है।
- विद्यालयी एवं उच्चतर शिक्षा दोनों क्षेत्रों में शिक्षण, मूल्यांकन नियोजन, प्रशासन आदि में सुधार हेतु प्रौद्योगिकी के उपयोग पर विचारों के मुक्त आदान-प्रदान को एक मंच प्रदान करने के लिए एक स्वायत्त निकाय के रूप में राष्ट्रीय शैक्षिक प्रौद्योगिकी मंच (National Education Technology Forum, NETF) के निर्माण की बात कही गई है। इसका उद्देश्य प्रौद्योगिकी को अपनाए जाने और किसी क्षेत्र विशेष में उसके उपयोग से सम्बन्धित निर्णयों को सुगम बनाना है।

उच्च शिक्षा से सम्बन्धित प्रशासन

(Higher Education Related Administration)

वर्ष 1976 से पूर्व शिक्षा संविधान की सातवीं अनुसूची की राज्य सूची में थी, लेकिन यह अनुभव किया गया कि शिक्षा में जितना विकास एवं विस्तार होना चाहिए उतना नहीं हो पाया। इसी को ध्यान में रखते हुए 42वें संविधान संशोधन, 1976 द्वारा शिक्षा को समवर्ती सूची में कर दिया गया।

शिक्षा को समवर्ती सूची में लाने से राज्य एवं केन्द्र सरकार दोनों ही शिक्षा पर नीतियों का निर्माण कर सकती है। केन्द्र सरकार की नीतियाँ इस सम्बन्ध में विशेष रूप से मान्य एवं प्रभावकारी होंगी।

उच्च शिक्षा में प्रशासन की महत्त्वपूर्ण भूमिका होती है। प्रशासन की इस प्रक्रिया में निर्णयन, नियोजन, संगठन, सम्प्रेषण, निर्देशन, समन्वय, बजट बनाना तथा मूल्यांकन शामिल होता है। इस प्रशासन में केन्द्र सरकार, राज्य सरकार तथा अन्य संस्थाएँ शामिल होती हैं, *जिनका विवरण निम्न प्रकार है*

1. केन्द्र सरकार (Central Government)

यह शिक्षा पर राष्ट्रीय नीति का निर्माण करती है। यह यूजीसी को अनुदान प्रदान करती है।

यह राष्ट्रीय महत्त्व के संस्थान तथा केन्द्रीय विश्वविद्यालयों की स्थापना करती है। यह यूजीसी की सिफारिशों पर किसी शिक्षण संस्थान को डीम्ड विश्वविद्यालयों के रूप में घोषित करती है।

2. राज्य सरकार (State Government)

राज्य सरकार द्वारा उच्चतर शिक्षा संस्थानों में उपयुक्त तरीके से कार्य करने हेतु एवं दिशा-निर्देश देने के लिए राज्य परिषद् और सलाहकार बोर्ड की स्थापना की जाती है। ये राज्य परिषद् राज्य के अन्दर राज्य विश्वविद्यालय और उच्च शिक्षा की शीर्ष नियामक एजेन्सी की भूमिका में सहयोग करते हैं।

3. केन्द्रीय शिक्षा सलाहकार बोर्ड (Central Education Advisory Board)

यह शिक्षा के क्षेत्र में केन्द्र व राज्य सरकार को सलाह देने वाली शीर्ष इकाई है। इसकी स्थापना वर्ष 1920 में की गई थी तथा इसका वर्तमान स्वरूप वर्ष 1964 से चला आ रहा है।

यह बोर्ड शिक्षा में विकास की समीक्षा प्रणाली में सुधार, अनिवार्य परिवर्तन को सुनिश्चित एवं क्रियान्वयन की मॉनिटरिंग में महत्त्वपूर्ण भूमिका निभाता है।

अभ्यास प्रश्न

1. प्राथमिक शिक्षा प्रणाली के अन्तर्गत प्राथमिक शिक्षा का उद्देश्य क्या होता है?

(a) छात्रों में समाज के नियमों का ज्ञान
(b) अच्छी आदतों का विकास
(c) भाषा का विकास करना
(d) उपरोक्त सभी

2. संधारणीय विकास के उद्देश्यों के अन्तर्गत सार्वभौमिक शिक्षा के लक्ष्य को कब तक प्राप्त करना है?

(a) वर्ष 2025 तक
(b) वर्ष 2030 तक
(c) वर्ष 2035 तक
(d) वर्ष 2040 तक

3. माध्यमिक शिक्षा से छात्रों में किसका विकास होता है?

(a) राष्ट्रीय दृष्टिकोण का
(b) संवैधानिक अधिकारों का
(c) कर्त्तव्यों का बोध
(d) उपरोक्त सभी

4. निम्न में से कौन-सा कथन सही नहीं है?

(a) माध्यमिक शिक्षा से बच्चों में तार्किकता का विकास होता है
(b) माध्यमिक शिक्षा में बच्चे विज्ञान, मानविकी, व्यावसायिक संकायों से परिचित होते हैं
(c) माध्यमिक शिक्षा, माध्यमिक एवं उच्च माध्यमिक में विभाजित होती है।
(d) माध्यमिक शिक्षा की परीक्षाएँ केवल राज्य सरकारों द्वारा कराई जाती हैं

5. माध्यमिक शिक्षा आयोग के सम्बन्ध में कौन सही है?

1. **माध्यमिक शिक्षा आयोग को मुदालियर आयोग भी कहा जाता है।**
2. **माध्यमिक आयोग का उद्देश्य देश में प्रचलित माध्यमिक शिक्षा की जाँच करना तथा माध्यमिक विद्यालयों के सह-सम्बन्ध के सन्दर्भ में सुझाव देना है।**

कूट

(a) केवल 1
(b) केवल 2
(c) 1 और 2 दोनों
(d) उपरोक्त में से कोई नहीं

6. निम्न में से कौन-सा कथन तृतीयक शिक्षा के सम्बन्ध में सही नहीं है?

(a) यह प्राथमिक एवं माध्यमिक के शिक्षा बाद आती है
(b) इसमें उच्च शिक्षा के साथ-साथ व्यावसायिक शिक्षा भी आती है
(c) यह शिक्षा केवल दस वर्ष की स्कूली शिक्षा के बाद दी जाती है
(d) इस शिक्षा व्यवस्था में सामान्य शिक्षा के साथ व्यावसायिक व तकनीकी शिक्षा भी शामिल होती है

7. ऐसी शिक्षा, जिसे माध्यमिक स्तर की शिक्षा के पश्चात् ग्रहण की जाती है, क्या कहलाती है?

(a) यान्त्रिक शिक्षा (b) उच्च शिक्षा
(c) अधिगमन शिक्षा (d) विश्वविद्यालय शिक्षा

8. उच्च शिक्षा के अन्तर्गत किस प्रकार की शिक्षा को शामिल किया जाता है?

(a) व्यावसायिक शिक्षा (b) तकनीकी शिक्षा
(c) सामान्य शिक्षा (d) ये सभी

9. किस प्रकार की स्तरीय शिक्षा सामाजिक, आर्थिक, सांस्कृतिक, नैतिक एवं आध्यात्मिक विषयों को समझने में सहायक होती है?

(a) तकनीकी शिक्षा (b) सामाजिक शिक्षा
(c) उच्च शिक्षा (d) प्रौढ़ शिक्षा

10. माध्यमिक और उच्च शिक्षा सेस (cess) के सन्दर्भ में MUSK से तात्पर्य है **[BHU BEd 2020]**

(a) माध्यमिक एवं उच्चतर शिक्षा कोष
(b) माध्यमिक एवं उत्तर शिक्षा कोष
(c) माध्यमिक एवं उन्नति शिक्षा कोष
(d) मध्यम एवं उच्चतर शिक्षा कोष

11. निम्न कथनों पर विचार कीजिए

1. **वर्ष 1857 में लन्दन विश्वविद्यालय की शैली पर कलकत्ता, मुम्बई तथा मद्रास विश्वविद्यालयों की स्थापना हुई।**
2. **वर्ष 1925 में इण्टर यूनिवर्सिटी बोर्ड का नाम बदलकर भारतीय विश्वविद्यालय संघ कर दिया गया।**
3. **औपनिवेशिक समाज की सभी महिलाओं की पहुँच उच्च शिक्षा तक हो गई थी।**

उपरोक्त कथनों में से कौन-सा/से कथन असत्य नहीं है/हैं?

(a) केवल 1 (b) 1 और 2 दोनों
(c) केवल 3 (d) ये सभी

12. ब्रिटिश सरकार द्वारा निम्न में से किस स्थान पर संस्कृत महाविद्यालयों की स्थापना की गई थी?

(a) आगरा (b) दिल्ली
(c) कलकत्ता (d) ये सभी

13. उच्च शिक्षा प्राप्त व्यक्ति में संकीर्णता की समाप्ति के साथ-साथ क्या विकसित होता है?

(a) सामाजिक समानता
(b) अन्तर्राष्ट्रीय समझ
(c) सांस्कृतिक एवं धार्मिक सहिष्णुता
(d) उपरोक्त सभी

14. किस प्रकार का विकास प्रत्यक्ष रूप से राष्ट्र को बहुमुखी विकास प्रदान करता है?

(a) वैज्ञानिक एवं तकनीकी (b) प्रौद्योगिकी एवं संचार
(c) अभिप्रेषण एवं संज्ञान (d) इनमें से कोई नहीं

15. भारतीय संविधान के अनुच्छेद-77 के खण्ड 3 के तहत किस मंत्रालय की स्थापना की गई है?

(a) शिक्षा मंत्रालय
(b) पर्यावरण एवं उच्च शिक्षा मंत्रालय
(c) मानव संसाधन विकास मंत्रालय
(d) सूचना एवं प्रसारण मंत्रालय

16. मानव संसाधन विकास मंत्रालय के कार्यों को सुविधाजनक बनाने के लिए किसकी स्थापना की गई है?

(a) स्कूल शिक्षा विभाग
(b) साक्षरता विभाग
(c) उच्चतर शिक्षा विभाग
(d) उपरोक्त सभी

17. विश्वविद्यालय अनुदान आयोग की स्थापना किस उद्देश्य से की गई?

(a) उच्चस्तरीय शिक्षा की सहायता हेतु
(b) शिक्षा सम्बन्धी विभिन्न समस्याओं के समाधान हेतु
(c) 'a' एवं 'b' दोनों
(d) उपरोक्त में से कोई नहीं

18. विश्वविद्यालय अनुदान आयोग की स्थापना कब हुई?

(a) वर्ष 1936 में (b) वर्ष 1946 में
(c) वर्ष 1956 में (d) वर्ष 1966 में

19. विश्वविद्यालय अनुदान आयोग को निम्नांकित में से किन उद्देश्यों के लिए गठित किया गया था?

1. अनुसंधान के उन्नयन एवं उच्च शिक्षा के विकास के लिए।
2. सम्भावनाशील अधिगम वाले संस्थानों की पहचान एवं उन्हें उसी रूप में बनाए रखने के लिए।
3. शिक्षकों की क्षमता निर्माण
4. भारत की उच्च शिक्षा क्षेत्र की प्रत्येक संस्था को स्वायत्तता प्रदान करने के लिए।

कूट

(a) 1, 2 एवं 3 (b) 1, 2 एवं 4
(c) 2, 3 एवं 4 (d) इनमें से कोई नहीं

20. विश्वविद्यालय अनुदान आयोग के खण्ड 12 के तहत किसकी स्थापना की गई?

(a) क्षेत्रीय विश्वविद्यालय
(b) सांस्कृतिक शिक्षण केन्द्र
(c) अन्तर विश्वविद्यालय केन्द्र
(d) विश्वविद्यालय केन्द्र

21. विश्वविद्यालय अनुदान आयोग द्वारा किस केन्द्रीय विश्वविद्यालय की देख-रेख की जाती है?

(a) इण्डियन मेरीटाइम विश्वविद्यालय, चेन्नई
(b) सार्क विश्वविद्यालय, दिल्ली
(c) केन्द्रीय कृषि विश्वविद्यालय, इम्फाल (मणिपुर)
(d) उपरोक्त सभी

22. विश्वविद्यालय स्तर की संस्थाओं में किस प्रकार की संस्थाओं को शामिल किया जाता है?

(a) केन्द्रीय विश्वविद्यालय
(b) राज्य विश्वविद्यालय
(c) निजी विश्वविद्यालय
(d) उपरोक्त सभी

23. भारतीय विश्वविद्यालय की स्थापना का प्रमुख उद्देश्य क्या था?

(a) दूरस्थ शिक्षा की व्यवस्था करना
(b) निःशुल्क शिक्षा की व्यवस्था करना
(c) शिक्षा का व्यापक प्रसार करना
(d) निरक्षरता का समूल उन्मूलन करना

24. जिन विश्वविद्यालयों में शिक्षा प्रदान करने के लिए केन्द्रीय परिसर होता है, उन्हें कहा जाता है

(a) केन्द्रीय विश्वविद्यालय
(b) डीम्ड विश्वविद्यालय
(c) आवासीय विश्वविद्यालय
(d) मुक्त विश्वविद्यालय

25. दिल्ली विश्वविद्यालय किस प्रकार का विश्वविद्यालय है?
(a) राज्य विश्वविद्यालय
(b) केन्द्रीय विश्वविद्यालय
(c) आंशिक केन्द्रीय विश्वविद्यालय
(d) उपरोक्त में से कोई नहीं

26. वर्ष 2019 तक यूजीसी की सूची में कुल कितने केन्द्रीय विश्वविद्यालय थे? **[BHU BEd 2020]**
(a) 53 (b) 50 (c) 49 (d) 48

27. यूजीसी अधिनियम 1956 की धारा-12 (B) में किस प्रकार के विश्वविद्यालय शामिल किए जाते हैं?
(a) राज्य विश्वविद्यालय (b) केन्द्रीय विश्वविद्यालय
(c) प्रान्तीय विश्वविद्यालय (d) इनमें से कोई नहीं

28. विशिष्ट क्षेत्र में उच्च स्तर पर कार्य कर रहे उच्चतर शिक्षा संस्थान को क्या कहा जाता हैं?
(a) राज्य विश्वविद्यालय (b) डीम्ड विश्वविद्यालय
(c) केन्द्रीय विश्वविद्यालय (d) क्षेत्रीय विश्वविद्यालय

29. डीम्ड विश्वविद्यालय के बारे में दिए गए कथनों में से सही कथन की पहचान कीजिए
1. डीम्ड विश्वविद्यालय देश के उच्च शिक्षा के विस्तार में महत्त्वपूर्ण योगदान देते हैं
2. डीम्ड विश्वविद्यालय के रूप में घोषित हो जाने के बाद उच्चतर शिक्षा संस्थान लगाते हैं
3. यूजीसी अधिनियम 1956 की धारा-3 के तहत डीम्ड विश्वविद्यालय का दर्जा दिया जाता है

कूट
(a) केवल 1 व 3 (b) केवल 2 व 3
(c) 1, 2 एवं 3 (d) 1 एवं 2

30. सोसायटी रजिस्ट्रेशन एक्ट 1860 एवं कम्पनी अधिनियम 1956 की धारा-25 के तहत किस विश्वविद्यालय की स्थापना की गई है?
(a) डीम्ड विश्वविद्यालय
(b) निजी विश्वविद्यालय
(c) आयुर्वेदिक विश्वविद्यालय
(d) उपरोक्त सभी

31. निजी विश्वविद्यालय के बारे में दिए गए कथनों में सही कथन की पहचान कीजिए।
(a) निजी विश्वविद्यालय यूजीसी विनियम 2003 द्वारा विनियमित होते हैं
(b) यह यूजीसी के अधिनियम की धारा-22 के तहत डिग्री देने का अधिकार रखते हैं
(c) इन्हें शिक्षण संस्थानों को सहबद्ध (Affiliate) करने का अधिकार प्राप्त नहीं है
(d) उपरोक्त सभी

32. भारत का प्रथम निजी विश्वविद्यालय कौन है?
(a) सिक्किम मनिपाल यूनिवर्सिटी
(b) आन्ध्र मुक्त विश्वविद्यालय
(c) दिल्ली निजी विश्वविद्यालय
(d) उपरोक्त में से कोई नहीं

33. निम्नलिखित में से कौन-से मुक्त विश्वविद्यालय हैं?
1. डॉ. भीमराव अम्बेडकर मुक्त विश्वविद्यालय (BRAOU), हैदराबाद
2. पण्डित सुन्दरलाल शर्मा मुक्त विश्वविद्यालय, बिलासपुर
3. कृष्णकान्त हिन्दवी राज्य मुक्त विश्वविद्यालय, गुवाहाटी
4. तमिलनाडु मुक्त विश्वविद्यालय, चेन्नई

कूट
(a) 2 एवं 4 (b) 1, 3 एवं 4
(c) 1, 2 एवं 3 (d) 1, 2, 3 एवं 4

34. महात्मा गाँधी अन्तर्राष्ट्रीय हिन्दी विश्वविद्यालय किस राज्य में स्थित है?
(a) वर्धा (महाराष्ट्र)
(b) सागर (मध्य प्रदेश)
(c) जमशेदपुर (झारखण्ड)
(d) नागपुर (महाराष्ट्र)

35. मैकाले रिपोर्ट के आधार पर तत्कालीन गवर्नर-जनरल लॉर्ड विलियम बैण्टिक ने किस वर्ष अंग्रेजी को सरकारी भाषा बना दिया?
(a) 1847 ई. (b) 1840 ई.
(c) 1837 ई. (d) 1842 ई.

36. उच्च शिक्षा के विषय पर पहली नीति, जिसे भारतीय शिक्षा का मैग्नाकार्टा (वुड डिस्पैच) कहा जाता है, किस वर्ष पारित हुआ?
(a) 1854 ई. (b) 1852 ई.
(c) 1849 ई. (d) 1862 ई.

37. डिस्पैच की अनुशंसा के आधार पर 1857 ई. में ब्रिटिश भारत में कहाँ पर विश्वविद्यालय की स्थापना की गई थी?
(a) कलकत्ता, हैदराबाद एवं मैसूर
(b) मद्रास, लखनऊ एवं दिल्ली
(c) बम्बई, कलकत्ता एवं मद्रास
(d) सूरत, कोच्चि एवं भोपाल

38. 27 जनवरी, 1902 में थॉमल रैले की अध्यक्षता में किस आयोग की नियुक्ति की गई थी?
(a) विश्वविद्यालय आयोग
(b) उच्च शिक्षा आयोग
(c) शैक्षणिक विद्यालय आयोग
(d) उपरोक्त में से कोई नहीं

39. वर्ष 1927 में ब्रिटिश सरकार ने माइकल सैडलर के नेतृत्व में किसकी समस्याओं के अध्ययन के लिए आयोग का गठन किया था?
(a) मद्रास विश्वविद्यालय आयोग, 1917
(b) कलकत्ता विश्वविद्यालय आयोग, 1917
(c) बम्बई विश्वविद्यालय आयोग, 1917
(d) उपरोक्त सभी

40. राधाकृष्णन आयोग की सिफारिशों पर विचार कीजिए।
1. सभी विश्वविद्यालयों का स्तर एक समान करने की सिफारिशें
2. विश्वविद्यालय अनुदान आयोग बनाने की सिफारिश
3. शिक्षा को संघ सूची में शामिल करने की सिफारिश

उपरोक्त कथनों में से कौन-सा/से कथन सही है/हैं?
(a) केवल 1 (b) केवल 2
(c) 1 और 2 दोनों (d) ये सभी

41. स्वतन्त्रता प्राप्ति के बाद भारत में सर्वप्रथम किस शैक्षणिक आयोग की स्थापना की गई?
(a) साइमन आयोग (b) मेहता आयोग
(c) राधाकृष्णन आयोग (d) कोठारी आयोग

42. ग्रामीण विश्वविद्यालय की स्थापना की सिफारिश किस आयोग ने की थी?
(a) राधाकृष्णन आयोग (b) इण्टर शिक्षा आयोग
(c) कोठारी आयोग (d) इनमें से कोई नहीं

43. निम्न में से कौन-सा उद्देश्य राधाकृष्णन आयोग का उच्च शिक्षा के सन्दर्भ में था?
(a) सामान्य शिक्षा
(b) संस्कारी शिक्षा
(c) व्यावसायिक शिक्षा
(d) उपरोक्त सभी

44. कोठारी आयोग प्रतिवेदन का शीर्षक था
(a) शिक्षा एवं राष्ट्रीय विकास
(b) लर्निंग टू बी एडवेचर
(c) डायवर्सिफिकेशन ऑफ एजूकेशन
(d) लोकतन्त्र में शिक्षा एवं समाजीकरण

45. निम्नलिखित में से किस आयोग की रिपोर्ट को शिक्षा और राष्ट्रीय विकास रिपोर्ट के रूप में जाना जाता है?
(a) राधाकृष्णन आयोग
(b) कोठारी आयोग
(c) मुदालियर आयोग रिपोर्ट
(d) उपरोक्त में से कोई नहीं

46. नई शिक्षा नीति पर गठित टी. एस. आर. सुब्रह्मण्यम समिति ने अपनी रिपोर्ट सरकार को कब सौंपी थी?
(a) 07 मार्च, 2015 में
(b) 07 मई, 2016 में
(c) 08 अगस्त, 2016 में
(d) 10 सितम्बर, 2017 में

47. विद्यालय परीक्षा सुधार पारस्परिक अंक योजना के अतिरिक्त स्केल किए गए स्कोर एवं प्रतिशतता का उपयोग करने की सिफारिश किस समिति या आयोग ने की?
(a) डॉ. डी. एस. कोठारी
(b) डॉ. अनिल काकोडकर समिति
(c) टी. आर. एस. सुब्रह्मण्यम समिति
(d) के. वी. पवार समिति

48. राष्ट्रीय शिक्षा नीति (1968) के सम्बन्ध में दिए कथनों पर विचार कीजिए
1. राष्ट्रीय शिक्षा नीति 1968 कोठारी आयोग (1964-68) की सिफारिशों पर आधारित थी।
2. इसमें शिक्षा के सभी मानकों को सभी स्तरों पर बढ़ाने पर बल दिया गया।
3. इसमें शिक्षण व अनुसन्धान पर जोर दिया गया।

उपरोक्त में से कौन-सा/से कथन सही है/हैं?
(a) केवल 1 (b) 1 और 2 दोनों
(c) 2 और 3 (d) ये सभी

49. राष्ट्रीय शिक्षा नीति (1986) में शिक्षा के किस पक्ष पर बल दिया गया?
(a) सांस्कृतिक परिप्रेक्ष्य
(b) मूल्यों पर आधारित शिक्षा
(c) आधुनिक व व्यावसायिक शिक्षा
(d) उपरोक्त सभी

50. निम्न में से कौन राष्ट्रीय शिक्षा नीति, 1986 का उद्देश्य है?
(a) शिक्षा की सार्वभौमिक पहुँच
(b) मूल्यों पर आधारित शिक्षा
(c) शिक्षा का आधुनिकीकरण व व्यावसायिककरण
(d) उपरोक्त सभी

51. राष्ट्रीय शिक्षा नीति 2020 के सन्दर्भ में कौन-सा कथन सत्य है?

(a) भारत सरकार द्वारा राष्ट्रीय शिक्षा नीति को 29 जुलाई, 2020 को मंजूरी दी गई

(b) राष्ट्रीय शिक्षा नीति 2020 शिक्षा शास्त्रीय आधार 5 + 3 + 3 + 4 की गई व्यवस्था को पुनर्गठित करने की बात करती है

(c) शिक्षा नीति 2020 में वंचित समूहों के लिए बालक बालिका समावेशी कोष स्थापित करने का प्रावधान है

(d) उपरोक्त सभी

52. निम्न कथनों पर विचार कीजिए

1. राष्ट्रीय शिक्षा नीति 2020 में चिकित्सा एवं कानूनी शिक्षा को छोड़कर पूरी उच्च शिक्षा के लिए एक एकल निकाय के रूप में भारत उच्च शिक्षा आयोग के गठन का प्रावधान किया गया है।
2. उच्च शिक्षा में सकल नामांकन अनुपात को वर्ष 2035 तक 100% करने का प्रावधान राष्ट्रीय शिक्षा नीति 2020 में है।

दिए गए कथनों में कौन-सा कथन असत्य है?

(a) केवल 1 (b) केवल 2

(c) 1 और 2 दोनों (d) इनमें से कोई नहीं

53. निम्न कथनों पर विचार कीजिए।

1. भारत में वर्ष 1959 में शिक्षा मन्त्रालय को दो भागों मे बाँट दिया गया।
2. वर्ष 1985 में शिक्षा मन्त्रालय मानव संसाधन विकास मन्त्रालय बना।
3. भाषा प्रभाग, यूनेस्को प्रभाग, युवा सेना प्रभाग आदि शिक्षा मन्त्रालय के प्रभाग हैं।

उपरोक्त में से कौन-सा/से कथन सही है/हैं?

(a) केवल 2 (b) 1 और 2

(c) 2 और 3 (d) 1, 2 और 3

54. केन्द्रीय शिक्षा सलाहकार बोर्ड का वर्तमान स्वरूप किस वर्ष से चला आ रहा है?

(a) वर्ष 1964 (b) वर्ष 1962

(c) वर्ष 1960 (d) वर्ष 1958

उत्तरमाला

1. (d)	2. (b)	3. (d)	4. (d)	5. (c)	6. (c)	7. (b)	8. (d)	9. (c)	10. (a)
11. (b)	12. (d)	13. (d)	14. (a)	15. (c)	16. (d)	17. (c)	18. (c)	19. (a)	20. (c)
21. (d)	22. (d)	23. (c)	24. (a)	25. (b)	26. (c)	27. (a)	28. (b)	29. (c)	30. (b)
31. (d)	32. (a)	33. (d)	34. (a)	35. (c)	36. (a)	37. (c)	38. (a)	39. (b)	40. (c)
41. (c)	42. (a)	43. (d)	44. (a)	45. (b)	46. (b)	47. (c)	48. (d)	49. (d)	50. (a)
51. (d)	52. (b)	53. (b)	54. (a)						

प्रैक्टिस सैट्स 1-5

प्रैक्टिस सेट 01

1. शिक्षण की प्रकृति कैसी होती है?
   (a) उद्देश्यपूर्ण (b) उपचारात्मक
   (c) विकासात्मक (d) ये सभी

2. भारतीय संविधान के अनुच्छेद 41-46 किसके कल्याण से सम्बन्धित है?
   (a) क्षेत्रिय रूप से पिछड़े व्यक्तियों से
   (b) आर्थिक रूप से पिछड़े व्यक्तियों से
   (c) विकलांग व्यक्तियों से
   (d) धार्मिक रूप से पिछड़े व्यक्तियों से

3. सम्प्रेषण की प्रकृति के सन्दर्भ में निम्नलिखित कथनों पर विचार कीजिए
   I. गतिशीलता सम्प्रेषण का अनिवार्य गुण है।
   II. श्रवण कौशल, पठन कौशल का ही एक भाग है।
   III. वार्ता कौशल में सम्प्रेषण का सफल होना अवश्यम्भावी नहीं होता है।
   IV. वार्ता कौशल, पठन कौशल के अन्तर्गत आता है।
   उपरोक्त कथनों में से कौन-सा/से कथन सही है/हैं?
   कूट
   (a) I, II और III
   (b) I, II और IV
   (c) II, III और IV
   (d) ये सभी

4. विद्यार्थी को स्वतन्त्र रूप से चिन्तन करने तथा प्रभावी शिक्षार्थी बनने में सक्षम बनाने हेतु शिक्षक के लिए क्या महत्त्वपूर्ण है?
   (a) छोटी-छोटी इकाइयों या खण्डों में जानकारी प्रदान करना
   (b) विद्यार्थियों के द्वारा प्राप्त की गई प्रत्येक सफलता के लिए उन्हें पुरस्कार देना
   (c) एक संघटित तरीके से जानकारी को प्रस्तुत करना ताकि पुन:स्मरण करने में आसानी हो
   (d) विद्यार्थियों को सिखाना कि किस प्रकार से अपने अधिगम का अनुवीक्षण करें

5. उच्च प्राथमिक स्तर पर, निम्नलिखित में से किस विषय को सामाजिक विज्ञान में सम्मिलित नहीं किया गया है?
   (a) राजनीति-विज्ञान (b) मनोविज्ञान
   (c) भूगोल (d) इतिहास

6. "शिक्षण से मेरा अभिप्राय बच्चे और मनुष्य के शरीर मन और आत्मा में विद्यमान सर्वोत्तम गुणों का सर्वांगीण विकास करना है।" कथन सम्बन्धित है
   (a) सर्वपल्ली राधाकृष्णन
   (b) जवाहर लाल नेहरू
   (c) महात्मा गाँधी
   (d) अब्दुल कलाम आजाद

7. बालकों में भाषा सम्प्रेषण की कुशलता के लिए क्या अत्यन्त आवश्यक है?
   (a) वाद-विवाद प्रतियोगिता (b) ग्रुप डिस्कशन
   (c) भाषण देना (d) ये सभी

8. जब विभिन्न सन्दर्भों में रहने वाले दो व्यक्तियों की स्थितियों पर कोई वर्णन दिया जाता है, तब सामाजिक विज्ञान के शिक्षक को अपने विद्यार्थियों को प्रोत्साहित करने का प्रयास करना चाहिए जिससे कि वे
   (a) उस वर्णन के पात्रों के बारे में मूल्यपरक निर्णय करें
   (b) उनमें जाति/वर्ग/लिंग विभेद करें
   (c) उनके माध्यम से प्रस्तुत सूचना का परीक्षण करें
   (d) उनमें से आदर्श पात्र की पहचान करें

9. विद्यार्थियों को कोई सम्प्रत्यय पढ़ाने का सबसे अच्छा तरीका ...... की तरफ बढ़ना है।
   (a) कठिन से सरल (b) ज्ञात से अज्ञात
   (c) अज्ञात से ज्ञात (d) अमूर्त से मूर्त

10. विकास के पक्ष (क्षेत्र) जैसे कि शारीरिक, संज्ञानात्मक, सामाजिक और संवेगात्मक निम्नलिखित में से कौन-सी प्रक्रिया से विकसित होते हैं?
    (a) पृथकता से
    (b) आंशिकता से
    (c) यादृच्छिकता से
    (d) समग्रता और साकल्यता (सम्पूर्णता) से

11. प्रतिभाशाली होने का संकेत निम्न में से कौन नहीं है?
    (a) विचारों में सृजनात्मकता
    (b) दूसरों के साथ लड़ना
    (c) अभिव्यक्ति में अनूठापन
    (d) कौतूहल

12. निम्न में ऑनलाइन शिक्षण योजना है
(a) स्वयं (Swayam)
(b) स्वयंप्रभा (Swayam Prabha)
(c) (a) और (b) दोनों
(d) उपरोक्त में से कोई नहीं

13. सम्प्रेषण का उद्देश्य निम्न में से क्या होता है?
(a) औपचारिक तथा अनौपचारिक रूप से व्यक्तिगत एवं सामूहिक स्तर पर नियन्त्रण स्थापित करना
(b) श्रम संगठन की प्रशासनिक व्यवस्था में सुधार करना
(c) कर्मचारियों को संगठन की प्रगति से अवगत करना
(d) उपरोक्त सभी

14. शिक्षा का अधिकार अधिनियम, 2009 के सन्दर्भ में कौन-सा कथन सही नहीं है?
(a) पाठ्यक्रम का विकास, व्यक्तिगत विभिन्नताओं, प्रेरणाओं, मूल्यों एवं शिक्षा के मनोवैज्ञानिक सिद्धान्तों के आधार पर किया जाना चाहिए
(b) पाठ्यक्रम बनाते समय ध्यान रखना चाहिए कि शिक्षार्थी की एवं समाज की क्या आवश्यकताएँ हैं
(c) पाठ्यक्रम बनाते समय शिक्षक की आवश्यकताओं एवं विद्यालय में उपलब्ध सुविधाओं का ध्यान रखा जाना चाहिए
(d) क्रियात्मक होने के लिए प्रत्येक पाठ्यक्रम एक समुचित मनोवैज्ञानिक आधार पर स्थापित हो

15. शैक्षिक विकास में मूल्यांकन का अर्थ है
(a) छात्रों की प्रगति का आंकलन
(b) कक्षा अभिलेखों का मूल्यांकन
(c) कार्य निष्पादन का मूल्यांकन
(d) ज्ञान क्षमता का मूल्यांकन

16. प्रतिभाशाली बच्चों के लिए सबसे अच्छे शैक्षिक कार्यक्रम वे होते हैं, जो
(a) प्रत्यास्मरण के द्वारा ज्ञान के प्रवीणता पर बल देते हैं।
(b) उन्हें अधिगम के न्यूनतम मानकों तक काम करने को प्रेरित करने के लिए उपहारों और पुरस्कारों का उपयोग करते हैं
(c) उनके चिन्तन को प्रेरित कर उन्हें विविध विचारों में व्यस्त रहने के अवसर देते हैं
(d) उनके आक्रामक व्यवहार को नियन्त्रित करते हैं

17. निम्नलिखित में से किस विधि का प्रयोग शोध के अन्तर्गत किया जाता है?
(a) समूह-केन्द्रित विधि
(b) प्रत्यक्ष अवलोकन
(c) कथात्मक शोध
(d) उपरोक्त सभी

18. निम्न में से किस अवस्था में बालकों में लिंग (सेक्स) का सम्प्रत्यय विकसित होता है?
(a) शैशवावस्था (b) बाल्यावस्था
(c) किशोरावस्था (d) प्रौढ़ावस्था

19. .... परिस्थितियों के अन्तर्गत वे परिस्थितियाँ आती हैं, जिनके द्वारा छात्र .... कर नवीन ज्ञान, कौशल तथा अभिवृत्ति अर्जित करता है।
(a) शिक्षण, प्रयोग
(b) अधिगम, प्रयोग
(c) अधिगम, अन्त:क्रिया
(d) शिक्षण अन्त:क्रिया

20. असेम्बली हॉल की लम्बाई-चौड़ाई का निर्धारण किस आधार पर किया जाना चाहिए?
(a) उपलब्ध भूमि के आधार पर
(b) संसाधनों के आधार पर
(c) वित्तीय स्थिति के अनुसार
(d) छात्रों की संख्या के आधार पर

21. शिक्षा का उद्देश्य होना चाहिए
(a) विद्यार्थियों में व्यावसायिक कुशलता का विकास करना
(b) विद्यार्थियों में सामाजिक जागरूकता का विकास करना
(c) विद्यार्थियों को परीक्षा के लिए तैयार करना
(d) व्यावहारिक जीवन के लिए विद्यार्थियों को तैयार करना

22. क्रियात्मक शोध किए जाते हैं
(a) तात्कालिक समस्याओं के समाधान हेतु
(b) दीर्घकालीन समस्याओं के समाधान हेतु
(c) बौद्धिक विकास हेतु
(d) उपरोक्त में से कोई नहीं

23. जैसा कि कक्षा के लिए लागू होता है, अभिप्रेरण में शिक्षक की भूमिका अनिवार्य रूप से .... का विषय है।
(a) बच्चों में आवश्यकताओं को जाग्रत करने का
(b) जागरूक और चेतन विद्यार्थियों की ऊर्जा को रचनात्मक दिशा की ओर प्रवाहित करने का
(c) नई रुचि पैदा करने का
(d) उसके साथ आकर्षक प्रोत्साहन देता हो तो छात्रों के पहुँच में हो

24. सतत एवं व्यापक मूल्यांकन से तात्पर्य है
(a) नियमित रूप से मासिक परीक्षा लेना
(b) सीखने की प्रक्रिया के दौरान शैक्षिक एवं सह-शैक्षिक क्षेत्रों को नियमित रूप से आकलित करना
(c) नियमित रूप से कक्षा में गतिविधियाँ आयोजित करना
(d) अंक या ग्रेड प्रदान करना

25. विद्यालय अपने कार्यक्रमों के माध्यम से विद्यार्थियों को .... सहायता करता है।
(a) संस्कृति में घुलने मिलने में
(b) दूसरी संस्कृतियों को अनदेखा करने में
(c) संस्कृति का विरोध करने में
(d) सुसंस्कृत बनाने में

26. विद्यालय और समाजीकरण के बारे में निम्नलिखित में से क्या सत्य है?
(a) समाजीकरण में विद्यालय की कोई भूमिका नहीं होती
(b) विद्यालय समाजीकरण का एक महत्त्वपूर्ण कारक है
(c) समाजीकरण में विद्यालय की बहुत थोड़ी भूमिका होती है
(d) विद्यालय समाजीकरण का पहला मुख्य कारक है

27. शिक्षक, विद्यार्थियों को मानसिक तनाव से बचा सकते हैं, यदि वह उनकी समस्याओं को देखते हैं
(a) आलोचनात्मक दृष्टिकोण से
(b) वृत्तिक दृष्टिकोण से
(c) मानवीय धारणा से
(d) नैतिक धारणा से

28. जब किसी क्रिया को बार-बार दोहराया जाता है, तो अस्वाभाविक उद्दीपक भी वही प्रतिक्रिया देने लगता है जो स्वाभाविक उद्दीपक देता है। यह अधिगम का निम्नलिखित में से कौन-सा सिद्धान्त है?
(a) अनुभवजन्य अधिगम सिद्धान्त
(b) अनुकरण का सिद्धान्त
(c) शास्त्रीय अनुबन्धन सिद्धान्त
(d) क्रिया-प्रसूत अनुबन्धन सिद्धान्त

29. पूर्व अनुभव के आधार पर संवेदना को अर्थ प्रदान करना कहलाता है
(a) संवेदना (b) प्रत्यक्ष ज्ञान
(c) अभिप्रेरणा (d) कल्पना

30. अध्यापक को विद्यालय के किस रूप में अभिहित किया जाता है?
(a) विद्यालय की आत्मा (b) विद्यालय का प्रबन्धक
(c) प्रशासक (d) विद्यालय का मस्तिष्क

31. विद्यालय-आधारित आकलन मुख्य रूप से किस सिद्धान्त पर आधारित होता है?
(a) आकलन बहुत किफायती (मितव्ययी) होना चाहिए
(b) बाह्य परीक्षकों की अपेक्षा शिक्षक अपने शिक्षार्थियों की क्षमताओं को बेहतर जानते हैं
(c) किसी भी कीमत पर विद्यार्थियों को अच्छे ग्रेड मिलने चाहिए
(d) विद्यालय, बाह्य परीक्षा निकायों की अपेक्षा ज्यादा सक्षम है

32. अपनी कक्षा के प्रतिभाशाली शिक्षार्थियों की देखभाल के लिए शिक्षक को क्या करना चाहिए?
(a) शिक्षण कार्य को धीमा रखना चाहिए
(b) इन बालकों की विशेष देखभाल नहीं करनी चाहिए
(c) तेजी से पढ़ाना चाहिए
(d) संवर्धन कार्यक्रमों की व्यवस्था करनी चाहिए

33. स्वयंप्रभा सन्दर्भ में निम्न में से कौन-सा कथन सत्य है?
I. इसकी शुरूआत मानव संसाधन मन्त्रालय द्वारा की गई।
II. यह 20 चैनलों वाली, छात्रों की नि:शुल्क ऑनलाइन शिक्षा प्रदान करने वाला एक पोर्टल है।
III. इस योजना की शुरुआत वर्ष 2018 से हुई थी।
उपरोक्त में से कौन-सा/से विकल्प सत्य है/हैं?
(a) केवल I (b) केवल II
(c) केवल III (d) इनमें से कोई नहीं

34. प्रभावी एवं सफल शिक्षण के लिए सर्वाधिक आवश्यक है?
(a) साहित्यिक भाषा का अधिक प्रयोग
(b) श्यामपट्ट का अधिक प्रयोग
(c) व्यावहारिक उदाहरण द्वारा विषय को स्पष्ट करना
(d) विद्यार्थियों को अधिक नोट्स लिखवाना

35. किसी प्रारम्भिक कक्षा में प्रभावशाली शिक्षक का उद्देश्य विद्यार्थियों को उत्प्रेरित करना होगा
(a) रटकर याद करने के लिए जिससे वे प्रत्यास्मरण करने में अच्छे बनें
(b) दण्डात्मक उपायों का प्रयोग करके जिससे वे शिक्षक का सम्मान करें
(c) ऐसे काम करने के लिए जिससे परीक्षा के अन्त में वे अच्छे अंक पा सकें
(d) सीखने के लिए जिससे वे जिज्ञासु बनें और सीखने के लिए ही सीखना पसन्द करें।

36. एक प्राथमिक स्कूल की प्रथम कक्षा में .... केन्द्रीय शिक्षण का कार्य होना चाहिए।
(a) पढ़ना (b) लिखना
(c) शब्द संरचना (d) अंकगणित

37. निम्न में से कौन सही सुमेलित नहीं है?

	साधन	प्रकार
(a)	श्रव्य	प्रतिमान
(b)	दृश्य	ग्राफ
(c)	श्रव्य-दृश्य	टेलीविजन
(d)	श्रव्य	चार्ट

38. निम्न में कौन-सी शिक्षा मनोविज्ञान की सर्वाधिक व्यक्तिनिष्ठ विधि है?
(a) अन्तर्दर्शन (b) बहिर्दर्शन
(c) अवलोकन (d) प्रयोगीकरण

39. एक 5 वर्ष का लड़का खेलकूद में असाधारण योग्तया प्रदर्शित करता है। उसके माता-पिता दोनों ही खिलाड़ी हैं, उसे प्रतिदिन प्रशिक्षण प्राप्त करने भेजते हैं यह सम्भव है कि उसकी क्षमताएँ निम्नलिखित दोनों के बीच परस्पर प्रतिक्रिया का परिणाम होगी
(a) आनुवंशिकता और वातावरण
(b) वृद्धि और विकास
(c) स्वास्थ्य एवं प्रशिक्षण
(d) अनुशासन एवं विकास

40. सक्रिय अनुबन्धन का सिद्धान्त किसने दिया है?
(a) बी. एफ. स्किनर (b) पॉवलाव
(c) थॉर्नडाइक (d) कोह्लर

41. शिक्षण सहायक सामग्री का परम्परागत साधन निम्न में से कौन-सा है?
(a) श्रव्य साधन (b) दृश्य साधन
(c) श्रव्य-दृश्य साधन (d) ये सभी

42. डिस्लेक्सिया में एक व्यक्ति को क्या करने में कठिनाई होती है?
(a) खड़े होने (b) व्यक्त करने
(c) बोलने (d) पढ़ने और लिखने

43. एक शिक्षक चाहता है कि उसके विद्यार्थी नगर निगम को उपलब्ध धनराशि के स्रोतों का पता लगाएँ। निम्नलिखित में से कौन-सी विधि सबसे अधिक विश्वसनीय और उपयुक्त होगी?
(a) कॉउन्सलरों के साथ भेंटवार्ताएँ
(b) सरकारी बैंक वेबसाइटों को ढूँढ़ना
(c) आपस में विमर्श करना
(d) किसी विशेषज्ञ का भाषण आयोजित करना

44. केन्द्रीय शिक्षक पात्रता परीक्षा (CTET) संचालित होती है
(a) 19 भारतीय भाषाओं में (b) 22 भारतीय भाषाओं में
(c) 18 भारतीय भाषाओं में (d) 20 भारतीय भाषाओं में

45. अच्छी शिक्षण पद्धति वह है,
(a) जो विभिन्न वर्ग के बालकों के शिक्षण की व्यवस्था के लिए विभिन्न स्तरों की शिक्षण संस्थाएँ खोलती हैं
(b) जो समाज के प्रत्येक वर्ग के बालकों को एकसाथ अध्ययन का अवसर प्रदान करती है
(c) जिसमें ट्यूशन पढ़ने की आवश्यकता बनी रहती है
(d) जिसमें धन के आधार पर शिक्षा दी जाती है

46. सीखी गई बात को धारण करने में असफल होना
(a) विस्मरण है (b) स्मरण है
(c) धारण है (d) चिन्तन है

47. वाइगोत्स्की के अनुसार बच्चे स्वयं से क्यों बोलते हैं?
(a) बच्चे अपने प्रति वयस्कों का ध्यान आकर्षित करने के लिए बोलते हैं
(b) बच्चे स्वभाव से बहुत बातूनी होते हैं
(c) बच्चे अहंकेन्द्रित होते हैं
(d) बच्चे अपने कार्य को दिशा देने के लिए बोलते हैं

48. एन.सी.एफ 2005 में कला शिक्षा को विद्यालय में जोड़ने का उद्देश्य है
(a) सांस्कृतिक विरासत की प्रशंसा करना
(b) छात्रों के व्यक्तित्व और मानसिक स्वास्थ्य को विकसित करना
(c) केवल 'a' सही है
(d) 'a' और 'b' दोनों सही हैं

49. 'बालक की विवेचना (तर्क) तार्किक नहीं है और यह अन्तर्ज्ञान (अन्तर्बोध) पर आधारित है न कि व्यवस्थित तर्क पर।' पियाजे के अनुसार संज्ञानात्मक विकास की यह अवस्था कहलाती है।
(a) संवेदी गामक काल
(b) पूर्व-संक्रियात्मक काल
(c) मूर्त संक्रियात्मक काल
(d) औपचारिक क्रियात्मक काल

50. एक अध्यापक को कक्षा में अपनी आवाज .... रखनी होगी।
(a) उच्च स्वर-शैली में
(b) धीमी आवाज में
(c) ऊँची आवाज में
(d) सामान्य आवाज में

51. यदि कोई शिक्षिका चाहे कि उसके विद्यार्थी समस्या समाधान कौशल प्राप्त कर लें, तो विद्यार्थियों को ऐसे क्रियाकलापों में लगना चाहिए, जिनमें हो
(a) ड्रिल और अभ्यास
(b) पूछना, तर्क करना और निर्णय लेना
(c) प्रत्यास्मरण, रटना और समझना
(d) बहुविकल्पीय प्रश्नों वाले स्तरीकृत कार्य पत्रक

52. एक शिक्षक को बच्चों को सिखाते समय निम्न में से किस पर ध्यान देना चाहिए?
(a) कक्षा के आकार
(b) शिक्षण पद्धति एवं निर्देशन
(c) बालकों के वर्गीकरण
(d) उपरोक्त सभी

53. निम्नलिखित में से कौन शिक्षण के श्रव्य साधन हैं?
(a) फोनोग्राफ रिकॉर्ड
(b) रेडियो प्रसारण
(c) मैग्नेटिक टेप रिकार्डिंग
(d) उपरोक्त सभी

54. कक्षा-अनुशासन ...... के प्रति उन्मुख होना चाहिए।
(a) सामाजिक अनुरूपता
(b) व्यक्तिगत और सामाजिक समायोजन
(c) आत्मनिर्भरता
(d) स्वीकार्य कक्षा व्यवहार

55. एक बच्चे की मानसिक आयु 15 वर्ष एवं कालानुक्रमिक आयु 12 वर्ष है, तो उसकी बुद्धि-लब्धि क्या होगी?
(a) 100 (b) 110
(c) 125 (d) 135

56. "समाजीकरण सीखना है, जो सीखने वाले को सामाजिक कार्य करने योग्य बनाता है" समाजीकरण के सन्दर्भ में यह कथन निम्नलिखित में से किस मनोवैज्ञानिक का है?
(a) फिशर (b) रॉस
(c) जॉनसन (d) किम्बल यंग

57. मानव संसाधन विकास के लिए निम्नलिखित में से क्या सुसंगत नहीं है?
(a) जाति व्यवस्था (b) युवा कार्य एवं खेलकूद
(c) शिक्षा (d) स्त्री और बाल विकास

58. निम्न में से क्या रुचि के विषय में सत्य नहीं है?
(a) रुचियाँ जन्मजात और अर्जित दोनों होती हैं
(b) रुचियाँ समय के अनुसार बदलती रहती हैं
(c) रुचियाँ व्यवहार में आकर्षण एवं विकर्षण का प्रतिबिम्ब नहीं है
(d) रुचियाँ अतिक्षमताओं एवं योग्यताओं से सम्बन्धित नहीं होती हैं

59. किसी विद्यार्थी के गलत जवाब को निपटाने के लिए निम्न में से कौन-सा कार्य करना पड़ेगा?
(a) विषय वस्तु की दोबारा से व्याख्या करनी होगी
(b) बच्चों को बताना होना कि उनका उत्तर गलत है
(c) दूसरे बच्चे को सही उत्तर बताने के लिए कहना होगा
(d) व्याख्या करना और दोबारा उत्तर देने का मौका देना होगा

60. निम्न कथनों पर विचार कीजिए
I. भारत में वर्ष 1936 में सर्वप्रथम आकाशवाणी से समाचार बुलेटिन का प्रसारण हुआ।
II. वर्ष 1957 में भारत में विविध भारत की शुरुआत हुई~
III. रेडियो एक श्रव्य-दृश्य साधन है।
उपरोक्त में से असत्य विकल्प का चयन कीजिए।
(a) केवल I
(b) केवल I और II
(c) केवल II और III
(d) केवल III

उत्तरमाला

1. (d)	*2. (b)*	*3. (b)*	*4. (d)*	*5. (b)*	*6. (c)*	*7. (d)*	*8. (a)*	*9. (b)*	*10. (d)*
11. (b)	*12. (c)*	*13. (d)*	*14. (c)*	*15. (d)*	*16. (c)*	*17. (d)*	*18. (b)*	*19. (c)*	*20. (d)*
21. (d)	*22. (a)*	*23. (b)*	*24. (b)*	*25. (d)*	*26. (b)*	*27. (d)*	*28. (c)*	*29. (b)*	*30. (a)*
31. (b)	*32. (d)*	*33. (a)*	*34. (c)*	*35. (d)*	*36. (a)*	*37. (a)*	*38. (a)*	*39. (a)*	*40. (a)*
41. (d)	*42. (d)*	*43. (a)*	*44. (d)*	*45. (b)*	*46. (a)*	*47. (d)*	*48. (d)*	*49. (b)*	*50. (d)*
51. (b)	*52. (d)*	*53. (d)*	*54. (b)*	*55. (c)*	*56. (c)*	*57. (a)*	*58. (c)*	*59. (d)*	*60. (d)*

प्रैक्टिस सेट 02

1. सीखने के व्यक्तिगत कारकों में निम्नलिखित में से कौन-सा सम्मिलित नहीं है?
   (a) सीखने का समय एवं अवस्था
   (b) सीखने वाले की अभिवृत्ति
   (c) शारीरिक एवं मानसिक स्थिति
   (d) सामाजिक वंशक्रम का ज्ञान

2. निम्नलिखित में से कौन-सी शिक्षण-अधिगम व्यूह रचना (कौशल) सृजनात्मकता के विकास में बाधा पहुँचाती है?
   (a) विद्यार्थियों को लचीले ढंग से चिन्तन में सहायता करना
   (b) विद्यार्थियों को जोखिम (खतरा) उठाने के लिए प्रोत्साहित करना
   (c) शिक्षण-अधिगम के दौरान विद्यार्थियों को अतिनियन्त्रित करना
   (d) विद्यार्थियों को अध्यवसायी और विलम्ब सन्तुष्टि हेतु मार्गदर्शन प्रदान करना

3. मनोलैंगिक विकास में सुप्तावस्था का वर्ष अन्तराल सम्बन्धित है
   (a) 2-5 वर्षों तक (b) 5-7 वर्षों तक
   (c) 6 से यौवन तक (d) 3 से किशोरावस्था तक

4. विद्यार्थियों को स्वतन्त्र रूप से चिन्तन करने तथा प्रभावी शिक्षार्थी बनने में सक्षम बनाने हेतु शिक्षक के लिए यह महत्त्वपूर्ण है
   (a) विद्यार्थियों को सिखाना कि किस प्रकार से अपने अधिगम का अनुवीक्षण करें
   (b) विद्यार्थियों के द्वारा प्राप्त की गई प्रत्येक सफलता के लिए उन्हें पुरस्कार देना
   (c) छोटी-छोटी इकाइयों या खण्डों में जानकारी प्रदान करना
   (d) एक संघटित तरीके से जानकारी को प्रस्तुत करना ताकि पुनःस्मरण करने में आसानी हो

5. शिक्षार्थियों में 'वैज्ञानिक दृष्टिकोण' को अच्छे तरीके से विकसित किया जा सकता है।
   (a) विज्ञान पढ़ाकर
   (b) उनको स्वीकार करना सिखाकर
   (c) बड़ों की बात मनवाकर
   (d) तथ्यों को जाँचने-परखने के बाद ही स्वीकार करना सिखाकर

6. निम्नलिखित में से कौन सही सुमेलित है?
   I. विश्वविद्यालय अनुदान आयोग—राष्ट्रीय स्तर के अभिकरण
   II. उच्च अध्ययन शिक्षा केन्द्र—राष्ट्रीय स्तर के अभिकरण
   III. विश्वविद्यालय शिक्षा विभाग—राज्यस्तरीय अभिकरण

   कूट
   (a) I और II
   (b) I और III
   (c) II और III
   (d) I, II और III

7. शिक्षा का मूल उद्देश्य है
   (a) विद्यार्थियों को जीवकोपार्जन के लायक बनाना
   (b) विद्यार्थियों को नौकरियों के लिए तैयार करना
   (c) विद्यार्थियों को ज्ञान प्राप्त करने में मदद करना
   (d) विद्यार्थियों को सर्वांगीण विकास को सुगम बनाना

8. एक कॉलेज शोधकर्ताओं को सामाजिक विज्ञान के लिए सांख्यिकीय पैकेज (एसपीएसएस) के उपयोग में प्रशिक्षण देना चाहता है इसके लिए कॉलेज को व्यवस्थित करना चाहिए।
   (a) सम्मेलन (b) संगोष्ठी
   (c) कार्यशाला (d) लेक्चर

9. डैरक रौण्ट्रा के अनुसार शैक्षिक प्रौद्योगिकी के क्षेत्र हैं
   (a) अधिगम के लक्ष्य और उद्देश्य निश्चित करना
   (b) अधिगम वातावरण को नियोजित करना
   (c) विषय-वस्तु की खोज करना तथा उन्हें संरचित करना
   (d) उपरोक्त सभी

10. व्याख्या देते समय कक्षा में कुछ अशान्ति होने पर शिक्षक को
   (a) थोड़ी देर के लिए शान्त हो जाना चाहिए और फिर आगे बढ़ना चाहिए
   (b) कक्षा को छोड़ देना चाहिए
   (c) अशान्ति फैलाने वाले छात्रों को सजा देनी चाहिए
   (d) कक्षा में जो भी हो रहा है उसकी चिन्ता नहीं करनी चाहिए

11. बालकों में स्वस्थ प्रतिस्पर्द्धा एवं सहयोगात्मक प्रवृत्ति के विकास के लिए क्या आवश्यक नहीं है?
(a) खेलों का आयोजन
(b) सांस्कृतिक कार्यक्रम का आयोजन
(c) वाद-विवाद एवं भाषण
(d) उपरोक्त सभी

12. 'गतिविधि आधारित शिक्षण' .... पर बल देता है।
(a) अनुशासित कक्षा
(b) सुनिश्चित समय-अवधि में गतिविधि पूरा करने
(c) सभी विद्यार्थियों द्वारा सक्रिय भागीदारिता
(d) गतिविधि के समाप्त होने के बाद परीक्षा लेने

13. स्कूल पर्यवेक्षक के प्रभाव का आकलन इनके अनुसार किया जाना चाहिए।
(a) अधिक-से-अधिक समुदाय की सन्तुष्टि
(b) अधिक-से-अधिक व्यक्तिगत सन्तुष्टि
(c) कक्षा दुर्व्यवहार में कमी
(d) शिक्षा के लक्ष्यों के प्रति अधिक-से-अधिक छात्रों की प्रगति

14. मनोवैज्ञानिक स्कूल में निम्नलिखित में से क्या कार्य करते हैं?
(a) नियन्त्रण (b) निर्देशन
(c) अध्यापन (d) ये सभी

15. छात्र निम्नलिखित लक्षणों में से प्राय: किस लक्षण के कारण शिक्षक को सर्वाधिक नापसन्द करते हैं?
(a) श्यापमट्ट पर अस्पष्ट लिखावट
(b) विषय ज्ञान में कमी
(c) पक्षपातपूर्ण व्यवहार
(d) कक्षा में हमेशा देर से आना

16. निम्न में से क्या सामाजिक रूप से वंचित बालक की समस्या नहीं है?
(a) विद्यालय में पक्षपातपूर्ण व्यवहार
(b) सीखने के लिए प्रेरणा का अभाव
(c) रहने के लिए स्वस्थ परिवेश
(d) सृजनशीलता को पोषित होने के अवसर नहीं मिलना

17. ब्लूम की टैक्सोनॉमी ....की पदानुक्रमिक व्यवस्था है।
(a) उपलब्धि लक्ष्यों
(b) पाठ्यचर्या सम्बन्धी घोषणाओं
(c) पठन कौशल
(d) संज्ञानात्मक उद्देश्यों

18. बालकों की शिक्षा में प्ले थेरेपी का प्रयोग किया जाता है
(a) जिससे शैक्षिक प्रक्रिया आनन्दपूर्ण हो सके
(b) जिससे शिक्षा अधिक क्रिया केन्द्रित हो
(c) शिक्षा में खेल क्रियाओं के महत्त्व पर प्रकाश डालना
(d) बालक की आन्तरिक प्रेरणाओं तथा जटिलताओं को समझना

19. हण्टर आयोग किससे सम्बन्धित है?
(a) प्रशिक्षण विद्यालय
(b) ईसाई मिशनरियाँ
(c) मॉनीटोरियल व्यवस्था
(d) उपरोक्त में से कोई नहीं

20. प्रभावी शिक्षण प्रक्रिया में सबसे महत्त्वपूर्ण कारक है
(a) शिक्षक एवं विद्यार्थियों द्वारा प्रदर्शित समय की पाबन्दी
(b) शिक्षक द्वारा विषय पर अधिकार
(c) शिक्षक-विद्यार्थी संवाद
(d) पाठ्यक्रमों का समय पर पूर्ण होना

21. पाठ्यक्रम का महत्त्वपूर्ण कारक क्या है?
(a) शिक्षा (b) उद्देश्य
(c) मूल्य (d) व्यवसाय

22. अध्यापक दृश्य साधनों का उपयोग अध्यापन को निम्नलिखित बनाने के लिए करता है।
(a) सरल
(b) अधिक ज्ञान के लिए
(c) रुचिकर बनाने के लिए
(d) समय कम करने के लिए

23. मानव तनावमुक्त रहने की स्थिति में क्या करता है?
(a) परिवार का विकास करता है
(b) समाज का विकास करता है
(c) सहकर्मियों से सम्बन्ध बनाता है
(d) उपरोक्त सभी

24. एक शोधकर्त्ता अपनी आबादी को कुछ समूहों में विभाजित करता है और प्रत्येक समूह के नमूने के आकार को ठीक करता है, तो यह कहा जाता है?
(a) स्तरीकृत नमूना (b) कोटा नमूना
(c) क्लस्टर नमूना (d) ये सभी

25. कौन-सा बुद्धिलब्धि स्तर मन्दबुद्धि वाले बच्चों का प्रशिक्षण योग्य बुद्धिलब्धि स्तर कहलाता है?
(a) 70-79 (b) 50-69
(c) 36-49 (d) 35 एवं निम्न

26. कक्षा में शिक्षिका ने अपने शिक्षार्थियों से कहा कि वे अपने समाज के लिए क्या कर सकते हैं इसे दर्शाने के लिए एक नोटबुक में अपने कार्यों की विविध शिल्पकृतियों को संयोजित करें इस प्रकार की गतिविधि है

(a) घटनावृत्त आकलन
(b) संचयी विवरण आकलन
(c) समस्या समाधान आकलन
(d) पोर्टफोलियो आकलन

27. वार्षिक परीक्षा प्रणाली में उत्पन्न होने वाली अनावश्यक मनोवैज्ञानिक परेशानियों से बचने के लिए हमें प्रयोग करना चाहिए

(a) केवल अवार्ती परीक्षण
(b) शोधक मापदण्डों सहित आवर्ती परीक्षण
(c) दूसरे विद्यालय के अध्यापकों द्वारा परीक्षण
(d) किसी भी तरह का परीक्षण नहीं

28. दो विद्यार्थी एक ही अवतरण को पढ़ते हैं, फिर भी इसके बिल्कुल भिन्न अर्थ लगाते हैं। उनके बारे में निम्नलिखित में से क्या सत्य है?

(a) सम्भव है, क्योंकि शिक्षक ने अवतरण को समझाया नहीं है
(b) सम्भव नहीं है और विद्यार्थियों को उसे दोबारा पढ़ना चाहिए
(c) सम्भव है, क्योंकि व्यक्ति के अधिगम को विविध कारण विभिन्न विधियों से प्रभावित करते हैं
(d) सम्भव नहीं है, क्योंकि अधिगम का आशय अर्थ लगाना नहीं है

29. दसवीं तक की पाठ्यचर्या विद्यार्थियों में विज्ञान, तकनीकी और समाज के अन्तर्सम्बन्धों के प्रति जागरूकता लाने के प्रति उन्मुख होनी चाहिए, क्योंकि

(a) विज्ञान की महत्त्वता को अनदेखा नहीं किया जा सकता
(b) विज्ञान हर मुद्दे का आधार है
(c) यह अच्छी शिक्षा का मानक है
(d) सामाजिक, राजनैतिक और नैतिक मुद्दे विज्ञान से जुड़े हुए हैं

30. सीखने के अन्त:दृष्टि सिद्धान्त को किसने बढ़ावा दिया?

(a) 'गैस्टाल्ट' सिद्धान्तवादी (b) पैवलॉव
(c) जीन पियाजे (d) वाइगोत्स्की

31. कक्षा में सूचना आदान-प्रदान और अधिक प्रभावशाली हो जाएगी यदि

(a) सूचना देने वाला उसी कूट प्रणाली का प्रयोग करता हो जो प्राप्तकर्ता कूटानुवाद कर सकता है
(b) प्रेक्षक धीरे-धीरे परन्तु व्यवस्थित रूप से बढ़ता है
(c) ग्राही प्राप्त करने के लिए इच्छुक हो
(d) अनुकूल वातावरण में किया जाता हो

32. निम्न में से कौन-सा समानता के मौलिक अधिकार का हनन है?

1. कुछ घरों में केवल कुछ समुदाय के व्यक्तियों द्वारा प्रयोग होने वाले बर्तनों का विशेष तौर पर अलग रखा जाना।
2. आप किसी विद्यालय के कार्यभार सम्भालने आए हैं, परन्तु प्राध्यापक आपकी जाति और धर्म जानने से पूर्व आपको कार्यभार नहीं दे रहे।
3. कुछ स्कूलों में कक्षा-शिक्षक द्वारा वार्ड-परिषद् के बच्चों को विशिष्ट सत्कार नहीं दिया जाता।
4. कुछ गाँवों के समुदाय विशेष के लोग गाँव की मुख्य सड़क पर बारात आयोजित नहीं कर सकते।

(a) 2 और 3 (b) 2 और 4
(c) 1, 2 और 4 (d) 2, 3 और 4

33. विद्यार्थियों के प्रभावशाली अधिगम के लिए निम्नलिखित में से कौन-सा, शिक्षक के प्रारम्भिक कार्यों में से एक नहीं है?

(a) विद्यार्थियों की उन धारणाओं को जानना जिन्हें लेकर वे कक्षा में आते हैं
(b) विद्यार्थियों को उपदेशात्मक विधि से सूचना प्रदान करना
(c) विद्यार्थियों से उच्चतर स्तर के प्रश्नों के उत्तर की अपेक्षा करना
(d) बच्चों को यह सिखाना कि वे अपने अधिकतम प्रयासों को कैसे देख और सुधार सकते हैं

34. निम्न में से कौन-सा कथन सफल अध्यापक के लिए सर्वाधिक उपयुक्त है?

(a) पाठ की स्पष्ट व्याख्या करता है
(b) केवल पाठ्य-पुस्तक का प्रयोग करता है
(c) प्रश्न पूछता है
(d) छात्रों को प्रेरित करता है

35. कौन-सा एक अच्छे विद्यालय का गुण नहीं है?

(a) सभी विषयों का शिक्षण
(b) वाद-विवाद एवं निबन्ध लेखन का अयोजन
(c) खेलों का आयोजन नहीं करना
(d) अच्छी विकसित प्रयोगशालाएँ

36. निम्नलिखित में से कौन-सा मुदालियर आयोग की सिफारिशों में शामिल है?

(a) आयोग ने रिफ्रेशर कोर्स पर बल दिया
(b) एक विशेष अंशकालीन पाठ्यक्रमों को प्रस्तावित किया
(c) छात्राध्यापक एक या दो पाठ्यक्रमोत्तर क्रियाओं में प्रशिक्षित किए जाने चाहिए
(d) उपरोक्त सभी

37. निम्नलिखित में से कौन-सा शैक्षिक प्रौद्योगिकी के बहुआयामी उपागम हैं?
(a) रेडियो (b) टेलीविजन
(c) कम्प्यूटर (d) ये सभी

38. निम्नलिखित में से कौन-सा अधिगम को अधिकतम करने के लिए सर्वाधिक उचित है?
(a) शिक्षिका को अपनी संज्ञानात्मक शैली के साथ-साथ अपने शिक्षार्थियों की संज्ञानात्मक शैली की पहचान करनी चाहिए
(b) शिक्षार्थियों में वैयक्तिक भिन्नता को सहज बनाने के लिए समान शिक्षार्थियों के जोड़े बनाए जा सकते हैं
(c) अधिकतम परिणाम लाने के लिए शिक्षक केवल एक अधिगम शैली पर ध्यान केन्द्रित करता है
(d) समान सांस्कृतिक पृष्ठभूमि वाले शिक्षार्थियों को एक कक्षा में रखना चाहिए ताकि मत वैभिन्य से बचा जा सके

39. निम्न में से किस सिद्धान्त में मानव मस्तिष्क की तुलना बर्फ की बड़ी चट्टान से की गई है, जिसका अधिकांश भाग पानी में डूबा रहता है?
(a) अन्तर्दृष्टि का सिद्धान्त
(b) चेतन का सिद्धान्त
(c) प्रतिदर्श का सिद्धान्त
(d) मनोविश्लेषणात्मक सिद्धान्त

40. छात्रों के लिए कौन-सी विशेषता सर्वाधिक महत्त्वपूर्ण है?
(a) अच्छा व्यवहार (b) स्वतन्त्र चिन्तन
(c) आज्ञाकारिता (d) कड़ी मेहनत

41. विद्यार्थी अधिगम तब उत्पन्न होता है, जब
(a) सक्रिया शिक्षण हो
(b) अभिभावक सक्रिय हों
(c) प्राचार्य सतर्क हो
(d) विद्यार्थी को सक्रिय बना दिया जाए

42. एक शिक्षिका अपनी कक्षा में विविधता को सम्बोधित कर सकती है
I. भिन्नताओं को स्वीकार करके और उसे महत्त्व देकर
II. बच्चों की सामाजिक-सांस्कृतिक पृष्ठभूमि का शिक्षा-शास्त्रीय संसाधन के रूप में प्रयोग करके
III. विभिन्न अधिगम शैलियों को समायोजित करके
IV. मानक निर्देश देकर और निष्पादन हेतु सर्वमान्य मानदण्ड निर्धारित करके
निम्न कूटों की सहायता से सही उत्तर का चयन कीजिए।
(a) I, II और IV (b) I, II, II और IV
(c) II, III और IV (d) I, II और III

43. पाठ्य सहगामी क्रियाएँ बालकों के विकास में योगदान देती हैं
(a) उनका चारित्रिक विकास करके
(b) उनका नैतिक विकास करके
(c) उनमें नागरिकता के गुणों का विकास करके
(d) उपरोक्त सभी

44. निम्नलिखित में से कौन विद्यालय की भौतिक संरचना का उदाहरण नहीं है?
(a) खेल का मैदान
(b) भवन
(c) प्रयोगशालाएँ
(d) लाइब्रेरियन

45. शिक्षक को बाल-प्रकृति का ज्ञान होना क्यों आवश्यक है?
(a) इससे वह अच्छा पढ़ाता है
(b) शिक्षक की प्रक्रिया में बालक का स्थान केन्द्रीय है
(c) इससे उसमें आत्म-विश्वास बढ़ता है
(d) इससे उसमें दया की भावना विकसित होती है

46. सामाजिक समानता के सिद्धान्तों को सुनिश्चित करने के लिए निम्नलिखित में से कौन-सा मानव-मूल्य सर्वाधिक महत्त्वपूर्ण होगा?
(a) उपभोक्तावाद
(b) दक्षता
(c) प्रतिस्पर्धा
(d) परस्पर आदर

47. "बालक की विवेचना (तर्क) तार्किक नहीं है और यह अन्तर्ज्ञान (अन्तर्बोध) पर आधारित है न कि व्यवस्थित तर्क पर।" पियाजे के अनुसार संज्ञानात्मक विकास की यह अवस्था कहलाती है।
(a) संवेदी गामक काल
(b) पूर्व-संक्रियात्मक काल
(c) मूर्त संक्रियात्मक काल
(d) औपचारिक क्रियात्मक काल

48. विविध शिक्षार्थियों वाली एक समावेशी कक्षा में सहयोगी अधिगम और समवयस्कों से सीखना
(a) सक्रिय रूप से निरुत्साहित किया जाना चाहिए, और प्रतियोगिता को बढ़ावा देना चाहिए
(b) केवल कभी-कभी ही प्रयोग किया जाना चाहिए, क्योंकि यह सहपाठियों से तुलना को बढ़ावा देता है
(c) सक्रिय रूप से प्रोत्साहित किया जाना चाहिए, जिससे समवयस्कों की स्वीकार्यता बढ़े
(d) कार्यान्वित नहीं किया जाना चाहिए और विद्यार्थियों को क्षमताओं के अनुसार अलग-अलग किया जाना चाहिए

49. मास्लो के आवश्यकता पदानुक्रम सिद्धान्त के अनुसार मानव की कौन-सी आवश्यकता अन्त में पूरी होती है?
(a) सामाजिक (b) शारीरिक
(c) सम्मान (d) आत्मसिद्धि

50. 'मन का मानचित्रण' सम्बन्धित है
(a) बोध समझ बढ़ाने की तकनीक से
(b) साहसिक कार्यों की क्रिया-योजना से
(c) मन का चित्र बनाने से
(d) मन की क्रियाशीलता पर अनुसन्धान से

51. अभिरुचि परीक्षण प्रयोग किए जाते हैं
(a) सफलता को मापने में
(b) प्रवीणता मापने में
(c) किसी कार्य में सफलता को बताने में
(d) क्षमता मापने में

52. निम्नलिखित में से .... के अतिरिक्त सभी के कारण अधिगम अक्षमता उत्पन्न हो सकती है।
(a) शिक्षक की शिक्षण-शैली
(b) मन्दबुद्धिता
(c) जन्म से पहले माँ द्वारा मदिरा-सेवन
(d) शैशवकाल के समय दिमागी बुखार

53. विकास का शिर:पदाभिमुख दिशा सिद्धान्त व्याख्या करता है कि विकास इस प्रकार आगे बढ़ता है
(a) भिन्नों से एकीकृत कार्यों की ओर
(b) सिर से पैर की ओर
(c) ग्रामीण से शहरी क्षेत्रों की ओर
(d) सामान्य से विशिष्ट कार्यों की ओर

54. श्रेष्ठ शिक्षक वह है, जो
(a) सतत सीखने की प्रबल इच्छा रखता हो
(b) सभी सहयोगियों का प्रिय हो
(c) प्रधानाचार्य का प्रिय हो
(d) विद्यार्थी समुदाय में लोकप्रिय हो

55. इनमें से कौन मूक-बधिर की शिक्षा से सम्बन्धित है?
(a) ब्रेल (b) संकेत भाषा
(c) ब्रेलर (d) ये सभी

56. एक शिक्षक के लिए सर्वाधिक महत्त्वपूर्ण क्या है?
(a) विषय की विषयवस्तु में दक्षता
(b) शिक्षण कौशलों में दक्षता
(c) विद्यार्थियों से परिचय
(d) अच्छा स्वास्थ्य

57. कक्षा में पढ़ाते समय अध्यापक का सर्वाधिक ध्यान किस मनोवैज्ञानिक तथ्य पर होना चाहिए?
(a) शारीरिक क्षमता
(b) आर्थिक स्थिति पर
(c) शिक्षण विधियों
(d) वैयक्तिक विभिन्नता

58. विकास के सिद्धान्तों के बारे में निम्नलिखित में से कौन-सा कथन गलत है?
(a) विकास वंशानुगतता और वातावरण के बीच सतत अन्योन्यक्रिया से होता है
(b) विकास परिपक्वन और अधिगम और आधारित होता है
(c) प्रत्येक बच्चा विकास के चरणों से गुजरता है, फिर भी बच्चों में वैयक्तिक भिन्नताएँ बहुत होती हैं
(d) विकास एक परिमाणात्मक प्रक्रिया है, जिसका ठीक-ठीक मापन हो सकता है

59. एक अध्यापक अपने कर्त्तव्यों का पालन ठीक से नहीं करता है। एक प्रधानाचार्य के रूप में आप
(a) ध्यान नहीं देंगे
(b) अध्यापक को डाँटेंगे
(c) कारण जानने का प्रयास करेंगे
(d) प्रबन्धन समिति को सूचना देंगे

60. भारत में माध्यमिक शिक्षा की अवधि ...... वर्ष है।
(a) 02 (b) 04
(c) 06 (d) 05

उत्तरमाला

1. (d)	2. (c)	3. (c)	4. (a)	5. (d)	6. (d)	7. (d)	8. (c)	9. (d)	10. (a)
11. (d)	12. (c)	13. (d)	14. (b)	15. (b)	16. (b)	17. (d)	18. (d)	19. (a)	20. (d)
21. (b)	22. (c)	23. (d)	24. (b)	25. (d)	26. (d)	27. (b)	28. (c)	29. (d)	30. (a)
31. (d)	32. (c)	33. (b)	34. (d)	35. (c)	36. (d)	37. (d)	38. (a)	39. (d)	40. (b)
41. (d)	42. (d)	43. (d)	44. (d)	45. (b)	46. (d)	47. (b)	48. (c)	49. (d)	50. (d)
51. (c)	52. (a)	53. (b)	54. (a)	55. (b)	56. (b)	57. (d)	58. (d)	59. (c)	60. (b)

प्रैक्टिस सेट 03

1. बाल केन्द्रित शिक्षा के क्षेत्र में निम्नलिखित में से किस भारतीय शिक्षाविद् की भूमिका सर्वाधिक उल्लेखनीय रही है?
   (a) अरविन्द घोष
   (b) महात्मा गाँधी
   (c) गिजू भाई
   (d) रवीन्द्रनाथ टैगोर

2. एक कक्षा में एक अच्छे अध्यापक द्वारा क्या पालन करना चाहिए?
   (a) तेज सीखने वालों को पढ़ाना
   (b) मध्यगति से सीखने वालों को पढ़ाना
   (c) धीमी गति से सीखने वालों को पढ़ाना
   (d) सभी (a), (b), (c) को साथ पढ़ाना

3. स्मृति की प्रक्रिया का सही क्रम क्या है?
   I. कूटांकन II. भण्डारण
   III. ध्यान देना IV. प्रत्यास्मरण
   (a) III, I, II, IV (b) II, III, I, IV
   (c) I, III, II, IV (d) III, II, I, IV

4. विद्यार्थियों में सम्प्रत्ययात्मक विकास को प्रोत्साहन देने के लिए निम्नलिखित में से कौन-सी विधि सबसे प्रभावी है?
   (a) यदि करने के लिए कहकर विद्यार्थियों के गलत विचारों को सही तिनारों में बदलना
   (b) विद्यार्थियों को बहुत-से उदाहरण देना और उन्हें तर्कशक्ति का उपयोग करने के लिए प्रोत्साहित करना
   (c) जब तक विद्यार्थियों में वांछित सम्प्रत्यात्मक परिवर्तन न हो जाए, तब तक दण्ड का उपयोग करना
   (d) पुराने प्रत्ययों से किसी सन्दर्भ के बिना नए प्रत्ययों को अपने आप समझा जाना चाहिए

5. किसी लोकतान्त्रिक कक्षा में एक अध्यापक का कार्य है
   (a) बिना किसी सलाह और हस्तक्षेप के विद्यार्थियों को पूर्णरूपेण स्वतन्त्र चुनाव की अनुमति देना
   (b) विभिन्न विकल्पों में से विद्यार्थियों को बताना कि कौन-सा उनमें से बुद्धिमत्तापूर्ण चयन है
   (c) बढ़ते हुए विकल्पों के बीच बच्चों को चयन करने के लिए अधिक योग्य बनाना
   (d) विद्यार्थियों के द्वारा स्वयं के लिए चयन करना

6. सुमेलित कीजिए

सूची I (सम्प्रेषण सन्दर्भ)	सूची II (उदारहण)
A. भौतिक सन्दर्भ	1. दु:ख का भाव
B. सामाजिक सन्दर्भ	2. उषा काल में धार्मिक सम्प्रषण
C. सामयिक सन्दर्भ	3. कक्षा-कक्ष
D. मानसिक सन्दर्भ	4. आपसी सम्बन्ध

कूट

	A	B	C	D		A	B	C	D
(a)	1	2	3	4	(b)	1	2	4	3
(c)	3	4	1	2	(d)	3	4	2	1

7. वर्तमान समय में पाठ्यक्रम का स्वरूप कैसा होना चाहिए?
   (a) अधिक लचीला
   (b) परिवर्तनशील
   (c) वर्तमान आवश्यकताओं के अनुरूप
   (d) विस्तृत एवं दृढ़

8. प्राथमिक विद्यालय के बच्चे उस वातावरण में सबसे प्रभावी ढंग से सीखेंगे
   (a) जहाँ शिक्षक एकाधिकारवादी है और स्पष्ट आदेश देता है कि क्या किया जाना चाहिए
   (b) जहाँ मूलरूप से पढ़ने, लिखने और गणित की संज्ञानात्मक कुशलताओं पर ही ध्यान का केन्द्र होता है और बल दिया जाता है
   (c) जहाँ शिक्षक सारे अधिगमों में आगे होता है और विद्यार्थियों से निष्क्रिय रहने की अपेक्षा करता है
   (d) जहाँ उनकी संवेगात्मक आवश्यकताओं की पूर्ति होती है और वे अनुभव करते हैं कि वे महत्त्वपूर्ण हैं

9. एक समावेशी विद्यालय .... के अतिरिक्त निम्नलिखित सभी प्रश्नों पर मनन करता है।
   (a) क्या हम यह विश्वास करते हैं कि सभी शिक्षार्थी सीख सकते हैं
   (b) क्या हम अधिगमयोग्य परिवेश की योजना बनाने और उसे प्रदान करने के लिए समूह में कार्य करते हैं
   (c) क्या हम विशेष बालक को बेहतर देखभाल उपलब्ध कराने के लिए उचित तरीके से उन्हें सामान्य से अलगे करते है
   (d) क्या हम शिक्षार्थियों की विविध आवश्यकताओं को पूरा करने के लिए युक्तियाँ अपनाते हैं

10. बालकों की सामाजिक दक्षता के विकास के लिए निम्नलिखित में से कौन-सी परवरिश शैली अधिकतम प्रभावी है?
(a) अधिनायकवादी
(b) लापरवाह
(c) प्राधिकारिक
(d) कृपालु

11. विद्यालयो में बढती अनुशासनहीनता के लिए एक उत्तरदायी कारण क्या है?
(a) आर्थिक परेशानी
(b) शिक्षकों द्वारा नेतृत्व प्रदान करने में कमी
(c) अभिभावकों द्वारा हस्तक्षेप
(d) बढ़ती आकांक्षाएँ

12. राष्ट्रीय शिक्षा नीति के सम्बन्ध में निम्नलिखित कथनों पर विचार कीजिए
I. यह वर्ष 1986 में आई
II. समान शैक्षिक अवसर की गुणवत्ता को बढ़ावा देना
III. शैक्षिक न्याय प्रदान करने के लिए शैक्षिक क्षेत्र की गुणवत्ता में वृद्धि करना
उपरोक्त में से कौन-सा/से कथन सत्य है?
(a) I और II (b) I और III
(c) II और III (d) I, II और III

13. कक्षा अनुशासन को प्रभावशाली तरीके से अनुरक्षित किया जा सकता है
(a) अनुशासनहीनता के कारणों को कठोरता से निपटाना
(b) छात्रों की रुचि के अनुसार कार्यक्रम प्रदान करना
(c) शारीरिक दण्ड देना
(d) श्यामपट्ट पर विद्यार्थियों की सहभागिता द्वारा

14. किस शोध विधि का उद्देश्य मानव व्यवहार तथा उसे नियन्त्रित करने वाले कारणों को समझाना होता है?
(a) परिमाणात्मक शोध विधि
(b) गुणात्मक शोध विधि
(c) मात्रात्मक शोध विधि
(d) संख्यात्मक शोध विधि

15. योजना समूह की सर्वश्रेष्ठ व्यक्त राय है कि
(a) यह किसी व्यक्ति के पहल और नेतृत्व को प्रोत्साहित करता है
(b) यह व्यक्तिगत मतभेदों की समस्या समाप्त कर देता है
(c) यह बच्चों को अपनी क्षमताओं के अधिकतम उपयोग के लिए प्रोत्साहित करता है
(d) इसे स्वीकारने अथवा नकारने के पहले और अधिक जाँच करना है

16. शिक्षार्थी जो पहले सीख चुके हैं, उसकी पुनरावृत्ति और प्रत्यास्मरण में शिक्षार्थी की मद्द करना महत्त्वपूर्ण है, क्योंकि
(a) यह कक्षा अनुदेशन के लिए सुविधाजनक शुरुआत है
(b) यह शिक्षार्थी की स्मृति को बढ़ाता है
(c) यह पूर्व पाठों को दोहराने का प्रभावी तरीका है
(d) नई जानकारी से पुरानी जानकारी को जोड़ना सीखने को समृद्ध बनाता है

17. आउट-ऑफ-द-बॉक्स चिन्तन किससे सम्बन्धित है?
(a) संज्ञान सिद्धान्त (b) स्मृति आधारित चिन्तन
(c) अभिसारी चिन्तन (d) अपसारी चिन्तन

18. निम्न में से कौन सही सुमेलित है?

अध्ययन सामग्री	सम्बन्धित तथ्य
I. श्यामपट्ट	मूल्यांकन कार्य
II. प्रदर्शन बोर्ड	बुलेटिन बोर्ड
III. संवाद सामग्री	इण्टरेक्टिव वीडियो

कूट
(a) केवल I
(b) केवल II
(c) II और III
(d) I, II और III

19. राष्ट्रीय पाठ्यचर्या वर्ष 2005 में 'गुणवत्ता आयाम' शीर्षक के अन्तर्गत अधिक महत्त्व दिया गया है
(a) बालकों के लिए संरचित अनुभव एवं पाठ्यक्रम सुधार को
(b) भौतिक संशाधनों को
(c) बालकों के लिए ज्ञान के सन्दर्भ में संरचित अनुभवों को
(d) शिक्षित एवं अभिप्रेरित अध्यापकों को

20. कविता को बच्चों को पढ़ाना अच्छा लगता है इसलिए वह बी. एड. की प्रवेश परीक्षा के लिए खूब मेहनत करती है। वह .... अभिप्रेरित है।
(a) बाह्य रूप से
(b) आन्तरिक रूप से
(c) वैयक्तिक रूप से
(d) बौद्धिक रूप से

21. यदि कक्षा में विद्यार्थी शोरगुल करें, तो उन्हें .... ।
(a) दण्डित करना चाहिए
(b) मारना चाहिए
(c) बाहार भेजना चाहिए
(d) क्रियाओं में संलग्न करना चाहिए

22. अटल नवाचार मिशन के तहत् अटल टिन्करिंग लैब के .... स्तर पर नवाचार संस्कृति के लिए प्रस्तावित किया गया है।
(a) विद्यालय (b) कॉलेज
(c) विश्वविद्यालय (d) डीम्ड विश्वविद्यालय

23. निम्नलिखित में से कौन शैक्षिक अवसरों की समानता की भावना के विरुद्ध है?
(a) सरकारी विद्यालय
(b) सरकारी सहायता प्राप्त विद्यालय
(c) आश्रम विद्यालय
(d) नवोदय विद्यालय

24. आकलन के बारे में निम्नलिखित कथनों में से कौन-से कथन सही हैं?
I. आकलन से विद्यार्थियों को यह सहायता मिलनी चाहिए कि वे अपनी शक्तियों और रिक्तियों को देख सकें और शिक्षक तद्नुसार उन्हें ठीक कर सकें
II. आकलन तभी सार्थक होता है, जब विद्यार्थियों का तुलनात्मक मूल्यांकन भी हो
III. आकलन केवल स्मरण शक्ति का ही नहीं, बोधन और अनुप्रयोग का भी होना चाहिए
IV. आकलन तब तक उद्देश्यपूर्ण नहीं हो सकता, जब तक उससे भय और चिन्ता का संचार न हो।
(a) I और II (b) II और III
(c) II और IV (d) I और III

25. सम्प्रेषण के तत्त्व में निम्नलिखित में से कौन शामिल हैं?
I. स्पष्टता II. सततता
III. एकरूपता IV. अस्वीकार्यता
V. सन्देश VI माध्यम
कूट
(a) I, III, V और VI (b) II, III, IV, V और VI
(c) I, II, III, V और VI (d) ये सभी

26. जिस शिक्षण संस्था में अध्ययन हेतु उम्र का कोई बन्धन नहीं होता, उसे .... कहते हैं।
(a) शिक्षा की नि:शुल्क संस्था
(b) शिक्षा की बन्द संस्था
(c) शिक्षा की सायंकालीन संस्था
(d) खुली शिक्षा की संस्था

27. कक्षा में उच्च मनोबल हेतु किस प्रकार के नेतृत्व की आवश्यकता होती है?
(a) स्वेच्छाचारी (b) सहानुभूतिपूर्ण
(c) जनतान्त्रिक (d) अधिकारतन्त्रवादी

28. निम्नलिखित में से कौन-सा कथन शिक्षण की प्रकृति को दर्शाता है?
(a) यह एक कला है
(b) यह एक विज्ञान है
(c) यह विज्ञान एवं कला दोनों हैं
(d) न तो कला है और न ही विज्ञान

29. क्रियात्मक शोध की विशेषता के सन्दर्भ में कौन-सा कथन असत्य है?
(a) इसके द्वारा शैक्षिक समस्याओं का समाधान किया जाता है
(b) इसमें व्यावहारिकता पर बल नहीं दिया जाता है
(c) यह विकासात्मक शोध को बढ़ावा देता है
(d) यह किसी संस्था या समुदाय तक ही सीमित होता है

30. श्रव्य-दृश्य साधन की सीमाओं के सन्दर्भ में निम्न कथनों पर विचार कीजिए
I. यदि श्रव्य-दृश्य साधन के प्रयोग में एकरूपता न रहे तो यह स्पष्टीकरण को बाधा पहुँचाता है
II. श्रव्य-दृश्य साधनों पर अत्यधिक निर्भरता शिक्षण के दूरगामी हित में नहीं है
III. इससे शिक्षक एवं शिक्षार्थी के स्वतन्त्र विचारों और दृष्टिकोण में बाधा पहुँच सकती है
उपरोक्त में से कौन-सा/से विकल्प सत्य है/हैं?
(a) I और II (b) I और III
(c) II और III (d) ये सभी

31. भाषा विकास के लिए सबसे संवेदनशील अवस्था निम्न में से कौन-सी है?
(a) जन्म के प्रथम छ: माह
(b) मध्य बचपन का समय
(c) प्रारंभिक बचपन का समय
(d) वयस्कावस्था

32. कक्षा तक पहुँचने वाली बच्चों की भोली अवधारणाओं को जानना
(a) शिक्षक के किसी उद्देश्य की पूर्ति नहीं करता
(b) शिक्षक के हौसले को पस्त कर देता है, क्योंकि इससे उसका कार्यभार बढ़ता है
(c) शिक्षक के लिए अपने शिक्षण को अधिक सार्थक बनाने की योजना बनाने में सहायक होता है
(d) शिक्षक की योजना और शिक्षण में रुकावट बनता है

33. राष्ट्रीय पाठ्यचर्या की रूपरेखा, वर्ष 2005 के अनुसार अधिगम अपने स्वभाव में ...... और ..... है।
(a) निष्क्रिय; सरल (b) सक्रिय; सामाजिक
(c) निष्क्रिय; सामाजिक (d) सक्रिय; सरल

34. कोई शिक्षिका अपने विद्यार्थियों को अध्ययन के लिए अध्ययन करने हेतु आन्तरिक रूप से उत्प्रेरित करने के लिए कैसे प्रोत्साहित कर सकती है?
(a) प्रतियोगितात्मक परीक्षण से
(b) व्यक्तिगत लक्ष्य निर्धारित करने और उनमें निपुणता पाने में उन्हें मदद देकर
(c) साफ दिखाई पड़ने वाले ईनाम देकर; जैसे—टॉफी
(d) उनमें चिन्ता और डर पैदा करना

35. वाइगोत्स्की के अनुसार, वह कार्य (कृत्य) जो बालक के स्वयं के लिए अत्यधिक कठिन है, परन्तु किसी प्रौढ़ और अधिक कुशल साथी की सहायता से करना सम्भव हो, कहलाता है
(a) निर्देशित सहभागिता
(b) स्कफोल्डिंग (पाड़ या ढाँचा)
(c) आसन्न विकास क्षेत्र
(d) अन्त: व्यक्तिनिष्ठता

36. एम. यू. एस. के. का विस्तार है
(a) माध्यमिक एवं उत्तर शिक्षा कोष
(b) माध्यमिक एवं उच्चतर शिक्षा कोष
(c) मध्यम एवं उन्नति शिक्षा कोष
(d) मध्यम एवं उच्चतर शिक्षा कोष

37. शिक्षण के क्रियात्मक उद्देश्यों को पूरा करने के लिए पाठ्यक्रम में से किस पर जोर दिया जाता है?
(a) सिद्धान्त एवं अवधारणा
(b) क्रिया एवं प्रयोग
(c) विद्यालय प्रबन्धन
(d) उपरोक्त में से कोई नहीं

38. अधिगम है
(a) जो कुछ हम जानते हैं, वह सब अधिगम किया हुआ है
(b) व्यवहार, ज्ञान और कौशल पर तुलनात्मक स्थायी प्रभाव है
(c) प्रत्यक्ष रूप से अवलोकन और मापन योग्य हैं
(d) विशिष्ट आयु स्तर तक सीमित है

39. शोध के चरणों का सही क्रम पहचानिए
(a) विषय चयन, साहित्य समीक्षा, आँकड़ा चयन, निष्कर्ष की व्याख्या
(b) साहित्य समीक्षा, विषय चयन, आँकड़ा चयन, निष्कर्ष की व्याख्या
(c) विषय चयन, आँकड़ा चयन, साहित्य समीक्षा, निष्कर्ष की व्याख्या
(d) विषय चयन, साहित्य समीक्षा, निष्कर्ष की व्याख्या, आँकड़ा चयन

40. निम्न में से अधिगम के लिए सबसे महत्त्वपूर्ण कारक कौन-सा है?
(a) पढ़ने की योग्यता (b) एक अच्छी किताब
(c) एक अच्छा अध्यापक (d) सीखने की इच्छा

41. सम्प्रेषण किन कौशल/कौशलों का अनुसरण करता है?
I. लेखन कौशल II. श्रवण कौशल
III. अपठन कौशल IV. वार्ता कौशल
कूट
(a) I, II और III (b) II और III
(c) I, II और IV (d) ये सभी

42. जिस कक्षा-कक्ष में विविध पृष्ठभूमि से विद्यार्थी आते हों, वहाँ एक प्रभावी शिक्षक
(a) समूह में वैयक्तिक भिन्नता को बताने के लिए उनकी सांस्कृतिक जानकारी पर ध्यान देगा
(b) वंचित पृष्ठभूमि के विद्यार्थियों को कठिन परिश्रम करने के लिए कहेगा, ताकि वे अपने साथियों के बराबर पहुँच सकें
(c) सांस्कृतिक जानकारी की अनदेखी करेगा और एक सर्वमान्य तरीके से अपने सभी विद्यार्थियों के साथ व्यवहार करेगा
(d) समान आर्थिक पृष्ठभूमि के विद्यार्थियों का समूह बनाएगा और उन्हें एकसाथ रखेगा

43. निम्न में से कौन एक शिक्षण प्रक्रिया की ओर संकेत नहीं करती है?
(a) व्यावसायिक प्रक्रिया (b) सतत् प्रक्रिया
(c) अन्त:प्रक्रिया (d) सामाजिक प्रक्रिया

44. सकारात्मक अधिगम (सीखने का) परिवेश का तत्त्व कौन नहीं है?
(a) सीखने वाले को अभिप्रेरित करना
(b) रुचि का सृजन करना
(c) बलपूर्वक नियन्त्रण
(d) क्रियाओं का नियोजन

45. "युवा आकांक्षी मन के लिए सक्रिय अधिगम का वेब अध्ययन" निम्न में से कौन-सा/से है/हैं?
(a) मूक्स (b) स्वयंप्रभा
(c) स्वयं (d) इनमें से कोई नहीं

46. विद्यालय आधारित आकलन
(a) शिक्षार्थियों और शिक्षकों को अगम्भीर और लापरवाह बनाता है।
(b) शिक्षा-बोर्ड की जवाबदेही कम कर देता है।
(c) सार्वभौमिक राष्ट्रीय मानकों की प्राप्ति में बाधा उत्पन्न करता है।
(d) परिचित वातावरण में अधिक सीखने में सभी शिक्षार्थियों की मदद करता है।

47. आकस्मिकता दृष्टिकोण प्रबन्धन की एक विधि है
(a) जहाँ विभागों को उप-प्रणालियों में विभाजित किया जाता है
(b) जहाँ इन्वेंट्री या स्टॉक गतिविधियों को नियन्त्रित किया जाता है
(c) जहाँ शीर्ष स्तर पर निर्णय लिए जाते हैं
(d) समस्याओं के विभिन्न तरीकों को उपयोग कर हल किया जाता है

48. नए प्रकरण का शिक्षण प्रारम्भ करने से पहले आपको यह पता लगा लेना चाहिए कि
(a) उस प्रकरण को पढ़ाने में कितना समय लगेगा?
(b) कक्षा में कितने छात्र हैं?
(c) छात्रों को उस प्रकरण के विषय में कितना पूर्व ज्ञान है?
(d) शिक्षण में किस प्रकार की शिक्षण-अधिगम सामग्री की आवश्यकता है?

49. बाल विकास का कौन-सा सिद्धान्त यह बताता है कि एक बालक पहले पूरे हाथ को, फिर अँगुलियों को और फिर हाथ और अँगुलियों को एकसाथ चलाना सीखता है?
(a) एकीकरण का सिद्धान्त
(b) निरन्तरता का सिद्धान्त
(c) सामाजिक अधिगम का सिद्धान्त
(d) परस्पर सम्बन्ध का सिद्धान्त

50. विचार सम्प्रेषण की प्रक्रिया के लिए आवश्यक पक्ष कौन है?
(a) सम्प्रेषणकर्ता
(b) सम्प्रेषिती
(c) 'a' और 'b' दोनों
(d) इनमें से कोई नहीं

51. निम्नलिखित में से कौन-सा/से समाजीकरण के गौण वाहक हो सकते है/हैं?
(a) पुस्तकालय
(b) विद्यालय और परिवार के निकटतम सदस्य
(c) परिवार और रिश्तेदार
(d) परिवार और पास-पड़ोस

52. 'समावेशन' का तात्पर्य है एक विशेष आवश्यकता वाले बालक को नियमित (सामान्य) कक्षा में शिक्षित करना
(a) कुछ समय के लिए
(b) अधिकांश समय के लिए
(c) पूरे समय के लिए
(d) विद्यालय में सामाजिक गतिविधियों के दौरान

53. एक विद्यालय हेतु सबसे बड़ी समस्या कौन-सी है?
(a) वित्त की कमी
(b) अच्छी आधारिक संरचना की कमी
(c) अच्छे अध्यापकों की कमी
(d) विद्यार्थियों की लगातार कमी होना

54. सतत् एवं व्यापक मूल्यांकन किसलिए आवश्यक है?
(a) शिक्षा बोर्ड की जवाबदेही कम करने के लिए
(b) जल्दी-जल्दी की जाने वाली गलतियों की तुलना में कम अन्तराल पर की जाने वाली गलतियों को सुधारना
(c) यह समझने के लिए कि अधिगम का किस प्रकार अवलोकन किया जाता है, दर्ज किया जाता है व सुधार किया जा सकता है
(d) शिक्षण के साथ परीक्षण का तालमेल बैठाने के लिए

55. निम्नलिखित में से कौन-सा कथन सही नहीं है?
(a) शिक्षण की प्रकृति सकारात्मक होती है
(b) शिक्षण की प्रकृति कला एवं विज्ञान दोनों रूपों में होती है
(c) शिक्षण भाषायी प्रक्रिया न होकर केवल उपचारात्मक प्रक्रिया है
(d) शिक्षण निर्देशन में अन्वेषण, मूल्यांकन, मानक आदि शामिल होते हैं

56. मूक्स (Moocs) क्या है?
(a) प्राइमरी शिक्षा हेतु ऑनलाइन पाठ्यक्रम
(b) माध्यमिक शिक्षा हेतु ऑनलाइन पाठ्यक्रम
(c) उच्च शिक्षा हेतु ऑनलाइन पाठ्यक्रम
(d) उपरोक्त सभी

57. निम्नलिखित में से कौन-सी विशेषता प्रतिभावान शिक्षार्थी की है?
(a) यदि कक्षा की गतिविधियाँ अधिक चुनौतीपूर्ण नहीं होती हैं, तो वह कम प्रेरित अनुभव करता है और ऊब जाता है
(b) वह बहुत ही तुनकमिजाज होता है
(c) वह रस्मी व्यवहार करता है; जैसे—हाथ थपथपाना, डोलना आदि।
(d) वह आक्रामक और कुण्ठित हो जाता है

58. सार्थक अधिगम है
(a) वयस्कों और अधिक सक्षम साथियों का अनुकरण
(b) उद्दीपक तथा उत्तर के बीच युग्मन तथा साहचर्य
(c) दी गई सूचना का निष्क्रिय ग्रहण
(d) निजी अनुभवों से ज्ञान की संरचनाओं का सक्रिय निर्माण

59. एडगर डेल का दृश्य-श्रव्य शंकु में सबसे ऊपर किस प्रतीक/सामग्री को स्थान दिया गया है?

(a) रेडियो रिकॉर्डिंग
(b) शाब्दिक प्रतीक
(c) प्रदर्शन सामग्री
(d) पर्यटन यात्राएँ

60. एक व्यवस्थापक के रूप में अध्ययन क्या करता है? जिससे विद्यालय में पठन-पाठन् एक व्यवस्थित तरीके से संचालित होता रहे?

(a) पाठ्यक्रम का नियोजन
(b) समय-सारणी का निर्माण
(c) पाठ्य सहगामी क्रियाकलाप
(d) उपरोक्त सभी

उत्तरमाला

1. (c)	2. (d)	3. (a)	4. (b)	5. (a)	6. (d)	7. (c)	8. (d)	9. (c)	10. (c)
11. (b)	12. (d)	13. (b)	14. (b)	15. (c)	16. (d)	17. (d)	18. (d)	19. (a)	20. (b)
21. (d)	22. (a)	23. (c)	24. (d)	25. (c)	26. (d)	27. (c)	28. (c)	29. (b)	30. (d)
31. (c)	32. (c)	33. (b)	34. (b)	35. (a)	36. (b)	37. (b)	38. (b)	39. (a)	40. (d)
41. (c)	42. (c)	43. (a)	44. (c)	45. (c)	46. (d)	47. (a)	48. (c)	49. (a)	50. (c)
51. (a)	52. (b)	53. (b)	54. (c)	55. (c)	56. (c)	57. (a)	58. (d)	59. (b)	60. (d)

प्रैक्टिस सेट 04

1. कक्षा-अध्यापन का मुख्य उद्देश्य होना चाहिए
(a) शिक्षार्थियों में आत्मविश्वास बढ़ाना
(b) शिक्षार्थियों को कुछ पेशों के बारे में प्रशिक्षित करना
(c) उन्हें उच्च कक्षाओं के लिए तैयार करना
(d) अधिगम को असान बनाना

2. निम्नलिखित में से कौन-सी शिक्षण-अधिगम व्यूह रचना (कौशल) सृजनात्मकता के विकास में बाधा पहुँचाती है?
(a) विद्यार्थियों को लचीले ढंग से चिन्तन में सहायक करना
(b) विद्यार्थियों को जोखिम (खतरा) उठाने के लिए प्रोत्साहित करना
(c) शिक्षण-अधिगम के दौरान विद्यार्थियों को अतिनियन्त्रित करना
(d) विद्यार्थियों को अध्यवसायी और विलम्ब सन्तुष्टि हेतु मार्गदर्शन प्रदान करना

3. विद्यालय-यात्रा पर जाने के लिए पोती को अपने पिता से बहस करते हुए देखकर दादी कहती है, "तुम अच्छी लड़की की तरह आज्ञाकारी क्यों नहीं हो? तुम लड़कों की तरह व्यवहार करोगी, तो तुम से कौन शादी करेगा?" यह कथन निम्नलिखित में से किसको प्रभावित करता है?
(a) लड़कियों और लड़कों के स्वभाव के बारे में रुढ़िबद्ध धारणा
(b) लिंग समरूपता
(c) लड़की के लिंग की गलत पहचान
(d) बच्चों के पालन-पोषण में परिवार की कठिनाइयाँ

4. निम्न कथनों पर विचार करें
I. इण्टरेक्टिव वीडियो शिक्षण में सहायक दृश्य-श्रव्य सामग्री है।
II. शैक्षिक विकास में परिवार की भूमिका विद्यालय से नाममात्र की होती है।
III. शिक्षण संस्थाएँ बच्चों की बौद्धिकता को बढ़ाने हेतु मनोवैज्ञानिक शिक्षण पद्धति का भी सहारा लेती हैं।
उपरोक्त कथनों में से कौन-सा/से कथन असत्य नहीं है/हैं?
(a) केवल I (b) I और III
(c) II और III (d) I, II और III

5. दसवीं कक्षा तक सबकों विज्ञान पढ़ना अनिवार्य होना चाहिए, क्योंकि
(a) विज्ञान के बिना शिक्षा का कोई महत्त्व नहीं है
(b) विज्ञान शिक्षा का अटूट अंग है
(c) सभी को वैज्ञानिक रूप से साक्षर होना चाहिए
(d) सभी आगे चलकर वैज्ञानिक बनेंगे

6. अनुकरणीय शिक्षण प्रविधि को माना जाता है
(a) कौशल (b) नाटकीय प्रविधि
(c) खेल विधि (d) इनमें से कोई नहीं

7. वाइगोत्सकी के सिद्धान्त के अनुसार
(a) प्रत्येक विद्यार्थी को व्यक्तिगत रूप से दत्तकार्य देना
(b) प्रारम्भिक व्याख्या के बाद कठिन को हल करने में बच्चों की सहायता ना करना
(c) बच्चे उन बच्चों की संगति में श्रेष्ठतम् रूप से सीख सकते है, जिनका बुद्धि-लब्धांक उनके बुद्धि-लब्धांक से कम हो
(d) सहयोगात्मक समस्या समाधान

8. व्यावसायिक प्रतिबद्धता किस पर निर्भर करती है?
(a) व्यक्ति की रुचि पर
(b) धन-बल पर
(c) उच्च शिक्षा पर
(d) उपरोक्त में से कोई नहीं

9. शिक्षक का सबसे महत्त्वपूर्ण कार्य है
(a) छात्रों के विकास पर पूर्ण ध्यान देना
(b) जब भी आवश्यक हो उपचारात्मक सहायता प्रदान करना
(c) प्रभावी शिक्षा प्रदान करना
(d) कक्षा में व्यवस्था और अनुशासन बनाए रखना

10. निम्न में से कौन-सा कथन सही है?
(a) ग्लोब शिक्षण सामग्री का श्रव्य साधन है
(b) प्रतिमान काल्पनिक वस्तुओं के प्रतिरूप होते हैं
(c) स्लाइड सूक्ष्मतर पदार्थों के अध्ययन में सहायक नहीं होता है
(d) ग्राफ सांख्यिकी एवं परिमाणात्मक सम्बन्धों के दृश्य श्रव्य के रूप में प्रस्तुत करता है

11. कौन-सा गुण आप छात्रों में सबसे महत्त्वपूर्ण मानते हैं?
(a) स्वतन्त्र रूप से विचार व्यक्त तरना
(b) विनशीलता
(c) आज्ञाकारिता
(d) परिश्रमी

12. विविध शिक्षार्थियों वाली एक समावेशी कक्षा में सहयोगी अधिगम और समवयस्कों से सीखना
(a) सक्रिय रूप से निरुत्साहित किया जाना चाहिए और प्रतियोगिता को बढ़ावा देना चाहिए
(b) केवल कभी-कभी ही प्रयोग किया जाना चाहिए, क्योंकि यह सहपाठियों से तुलना को बढ़ावा देता है
(c) सक्रिय रूप से प्रोत्साहित किया जाना चाहिए, जिससे समवयस्कों की स्वीकार्यता बढ़े
(d) कार्यान्वित नहीं किया जाना चाहिए और विद्यार्थियों को क्षमताओं के अनुसार अलग-अलग किया जाना चाहिए

13. विद्यालय में शैक्षिक वातावरण पर विपरीत प्रभाव पड़ सकता है यदि
(a) हमेशा शारीरिक दण्ड दिया जाए
(b) शिष्यों को दीवार पत्रिका लिखने के लिए प्रेरित किया जाए
(c) अध्यापक को नई विधियों के प्रयोग करने के लिए स्वतन्त्र छोड़ दिया जाए
(d) बार-बार अध्यापक अभिभावक संघ मीटिंग हो

14. शोधकर्ता से सम्बन्धित नैतिक पहलू है
I. शोधकर्ता को पूर्वाग्रह रहित होना चाहिए
II. शोधकर्ता को जानकारी का उचित प्रयोग करना चाहिए
III. शोधकर्ता को गलत रिपोर्टिंग से बचाना चाहिए

कूट
(a) I और II (b) केवल I (c) केवल II (d) ये सभी

15. सतत् एवं व्यापक मूल्यांकन के अन्तर्गत निम्नलिखित में से कौन-सा कार्य किया जाता है?
(a) मूल्यांकन को व्यापक एवं नियमित बनाया जाता है
(b) इसमें बालकों पर पड़ने वाले दबाव का कम किया जाता है
(c) इसमें परीक्षा के प्राप्तांकों के आधार पर विद्यार्थियों को उत्तीर्ण अथवा अनुत्तीर्ण किया जाता है
(d) इसमें परीक्षा-परिणामों का विश्लेषण और व्याख्या वैज्ञानिक तरीके से की जाती है

16. विकास के सम्बन्ध में निम्नलिखित में कौन-सा सार्थक तथ्य है?
(a) यह पूर्वानुमान प्रारूप के अनुसार नहीं होता है
(b) यह आनुवंशिकी और वातावरण की अन्त:क्रिया का परिणाम है
(c) सभी व्यक्ति समान दर से विकास करते हैं
(d) विकास विशिष्ट से सामान्य की ओर अग्रसर होता है

17. किस राज्य सरकार ने हाल ही में 'हैप्पीनेस करिकुलम' को समग्र शिक्षा, जिसमें ध्यान, शिक्षा और मानसिक व्यायाम शामिल हैं, पर ध्यान केन्द्रित किया है?
(a) जम्मू-कश्मीर (b) महाराष्ट्र
(c) केरल (d) दिल्ली

18. अंकों के स्थान पर ग्रेड प्रदान करने की सलाह क्यों दी जाती है?
(a) ग्रेड प्रदान करना आसान है
(b) यह शिक्षण-अध्ययन को सरल बनाएगा
(c) यह शिक्षा के गुणों को बढ़ाएगा
(d) यह मूल्यांकन में होने वाली गलतियों को कम करेगा

19. नैदानिक परीक्षा (Diagnostic Test) का मुख्य उद्देश्य है
(a) कक्षा में प्रदर्शन के दौरान सामान्यत: कमजोर क्षेत्र को चिन्हित करना
(b) उपचारात्मक कार्यक्रम की विशेष प्रकृति की आवश्यकता
(c) अकादमिक कठिनाइयों के कारणों का पता लगाना
(d) छात्र की कठिनाइयों की विशेष प्रकृति को जानना

20. निम्नलिखित में से कौन-सा कथन इसकी पुष्टि करता है कि विद्यालय को सामाजिक उत्थान में अग्रणी होना चाहिए?
(a) विद्यालय का सामान्य कार्य
(b) विद्यालय का प्रगतिशील कार्य
(c) विद्यालय का रूढ़िवादी कार्य
(d) विद्यालय का प्रतिक्रियावादी कार्य

21. शिक्षक डायरी के क्या लाभ मिलते हैं?
(a) शिक्षकों का लेखा-जोखा
(b) निर्देशिका के रूप में लाभ
(c) शिक्षकों की सार्थकता
(d) उपरोक्त सभी

22. निम्न में से कौन-सा दृश्य साधन है?
(a) स्लाइड्स (b) ग्रामोफोन
(c) फोनोग्राफ रिकॉर्ड (d) मैग्नेटिक टेप रिकॉर्डिंग

23. एक अध्यापक अधिक प्रभावी हो जाएगा, यदि
(a) विद्यार्थी ऊँचे अंक प्राप्त करता है
(b) अध्यापक अच्छी सहायक पाठ्य सामग्री का उपयोग करता है
(c) वह शिक्षार्थीयों को पढ़ाई में निपुणता प्राप्त करने में सहायता करता है
(d) वह बच्चों के द्वारा प्रश्न पूछने में सहायता करता है

24. मनोविज्ञान के इतिहास में सबसे पहली पाठ्य-पुस्तक निम्नलिखित में से किसने लिखी थी?
(a) विलियम जेम्स ने (b) आर. एस. वुडवर्थ ने
(c) विलियम मैक्डूगल ने (d) एन. एल. मन ने

25. निम्न में से कौन विद्यालय की पाठ्य सहगामी क्रियाओं का भाग नहीं है?
(a) वाद-विवाद प्रतियोगिता (b) संगीत एवं गायन स्पर्धा
(c) कक्षा व्याख्यान (d) ड्रामा

26. यू. एन. सी. आर. पी. डी. सम्बन्धित है
(a) केवल महिलाओं से
(b) प्राथमिक शिक्षा से
(c) विशिष्ट आवश्यकता वाले बालकों से
(d) अल्पसंख्यकों से

27. निम्नलिखित कथनों पर विचार करें
I. शिक्षण प्रक्रिया लक्ष्य उन्मुखी होती है।
II. शिक्षण के माध्यम से मानवीय मूल्यों का विकास होता है।
III. संकुचित शिक्षा का अर्थ औपचारिक शिक्षा होता है।
उपरोक्त कथनो में से कौन-सा/से कथन सही है/हैं?
(a) केवल I (b) I और II
(c) II और III (d) I, II और III

28. एक बच्चा तर्क प्रस्तुत करता है "आप यह मेरे लिए करें और मैं वह आपके लिए करूँगा।" यह बच्चा कोह्लबर्ग की नैतिक तर्कणा की किस अवस्था के अन्तर्गत आएगा?
(a) 'अच्छा लड़का-अच्छी लड़की' अभिमुखीकरण
(b) सामाजिक-अनुबन्ध अभिमुखीकरण
(c) सहायक उद्देश्य अभिमुखीकरण
(d) दण्ड और आज्ञापालन अभिमुखीकरण

29. बच्चे के संज्ञानात्मक विकास हेतु उत्तम स्थान है
(a) खेल का मैदान
(b) सभागार
(c) घर
(d) विद्यालय एवं कक्षा का वातावरण

30. विद्यालयों में विद्यार्थी अनुशासनहीनता का सर्वाधिक प्रबल कारण .... है।
(a) शिक्षकों की अनुपस्थिति
(b) विद्यार्थियों की अनुपस्थिति
(c) कोर्स का पूर्ण न हो पाना
(d) विद्यार्थियों को क्रियाओं में संलग्न न कर पाना

31. नवीन शिक्षा नीति के प्रकाश में निम्न में से कौन-सा अभिकरण विद्यालय प्राचार्यों के प्रशिक्षण हेतु सर्वाधिक उपयुक्त होगा?
(a) NIEPA (नीपा)
(b) NCERT (एन सी ई आर टी)
(c) DIET (डाइट)
(d) SCERT (एस सी ई आर टी)

32. किसी शोध को त्रुटियुक्त तब माना जाता है, जब
(a) नैतिक मूल्यों पर प्रश्न लगा हो
(b) विश्वसनीयता तथा वैधता निम्न स्तर की हो
(c) शोध में पक्षपातपूर्ण तथ्य हो
(d) उपरोक्त सभी

33. निम्नलिखित कथनों पर विचार कीजिए,
I. वुड डिस्पैच ने अध्यापकों में उनके व्यवसाय में सुधार एवं विकास की घोषणा की।
II. वर्ष 1937 में भारत में एक व्यावसायिक शिक्षा सम्बन्धी रिपोर्ट ए. बूट तथा एस. एच डल ने प्रस्तुत की।
कूट
(a) केवल I (b) केवल II
(c) I और II दोनों (d) न तो I और न ही II

34. अध्यापकों का मुख्य उत्तरदायित्व है
(a) शैक्षिक अनुभवों की योजना बनाना
(b) अभिभावकों के साथ सम्बन्धों को बढ़ाना
(c) अध्यापक की तकनीकों के साथ प्रयोग करना
(d) प्रशासकीय नीतियों को लागू करना

35. शिक्षण एक त्रिध्रुवीय प्रक्रिया है, क्योंकि इनमें से निम्न तीन ध्रुव हैं
(a) छात्र-विद्यालय-शिक्षक
(b) छात्र-शिक्षक-पाठ्यक्रम
(c) प्राचार्य-विद्यालय-शिक्षक
(d) अध्ययन-पाठ्यक्रम-छात्र

36. यदि आपकी कक्षा के दो विद्यार्थी एक साथ बैठने से इन्कार करते हैं, तो आप क्या करेंगे?
(a) उनकी सीट बदल देंगे
(b) उनके अभिभावकों को अवगत कराएँगे
(c) उनके आपस में समायोजन हेतु कुछ युक्तियाँ अपनाएँगे
(d) प्रधानाध्यापक से शिकायत करेंगे

37. निम्न में से कौन-सी सृजनात्मकता की विशेषता नहीं है?
(a) अपरिवर्तनशीलता (b) उत्पादकता
(c) नवीन ज्ञान की खोज (d) मौलिकता

38. पाँच वर्ष के मोहन की मानसिक आयु आठ वर्ष तथा वास्तविक आयु पाँच वर्ष है। उसकी बुद्धिलब्धि कितनी है?
(a) 150 (b) 160 (c) 140 (d) 135

39. एक अनुशासित कक्षा से अभिप्राय है
(a) अध्यापक जब और जैसे चाहता है छात्रों का ध्यान अपनी ओर आकर्षित कर लेता है
(b) कक्षा में पूर्ण शान्ति रहती है
(c) अध्यापक की अनुमति से छात्र बोल सकते हैं
(d) जब तक अध्यापक है, शान्ति रहती है

40. एक बच्चा खिड़की के सामने से एक कौवे को उड़ता हुआ देखता है और कहता है, 'एक पक्षी'। इससे बच्चे के विचार के बारे में क्या पता चलता है?

I. बच्चे की स्मृतियाँ पहले से भण्डारित हैं।
II. बच्चे में 'पक्षी' का प्रत्यय विकसित हो चुका है।
III. बच्चे ने अपने अनुभव बताने के लिए भाषा के कुछ उपकरणों का विकास कर लिया है।

कूट

(a) II और III (b) I, II और III
(c) केवल II (d) I और II

41. अंग्रेजी शब्द 'कम्यूनिकेशन' की व्युत्पत्ति किन शब्दों से हुई है?

(a) कम्यूनिस और कम्यूनिकेयर
(b) कम्यूनिस और कम्यून
(c) कम्यूनिज्म और कम्यूनेलिज्म
(d) कम्यूनियन और कॉमन सेन्स

42. "अभिप्रेरणा से तात्पर्य एक प्रेरक तथा कर्षण बल से होता है, जो खास मूल्य की ओर व्यवहार को निरन्तर ले जाता है।" यह सिद्धान्त है

(a) ऑर्गन (b) किंग
(c) विस्ज (d) ये सभी

43. उच्च प्राथमिक स्तर पर, निम्नलिखित कथनों में से कौन-सा कथन सामाजिक विज्ञान का सही वर्णन करता है?

(a) यह कम वैज्ञानिक है और धारणाओं पर आधारित है
(b) यह विवेचनात्मक सोच और कल्पनाशीलता को प्ररित करता है
(c) यह वास्तविक जीवन और रोजगार दिलाने के लिए उपयोगी नहीं है
(d) यह ऐसे तथ्यों से भरपूर है, जिन्हें याद रखना जरूरी है

44. .... के सिद्धान्तों के अनुरूप ही आजकल शिक्षा का अनिवार्य और .... बनाने पर जोर दिया जाता है।

(a) प्रगतिशील शिक्षा, निःशुल्क
(b) बाल केन्द्रित शिक्षा, आवश्यक
(c) सार्वभौमिक, प्रगतिशील
(d) प्रगतिशील शिक्षा, सार्वभौमिक

45. निम्नलिखित में से किस कथन को स्वीकार नहीं किया जा सकता?

(a) विद्यालय समाज में होने वाले बदलावों से अनिवार्य रूप से प्रभावित होते हैं
(b) विद्यालय समाजिक परिवर्तन के शक्तिशाली कारक होते हैं
(c) विद्यालय विघटन के प्रबल कारक हैं
(d) विद्यालय सांस्कृतिक प्रसार के सामाजिक माध्यम हैं

46. निम्न में कौन 'ऑनलाइन शिक्षण' से सम्बन्धित है

(a) स्वयं योजना
(b) स्वयंप्रभा
(c) मेसिव ओपेन ऑनलाइन कोर्सेज
(d) उपरोक्त सभी

47. सम्प्रेषण के उद्देश्य हैं

I. अनुप्रयोग को बढ़ावा देना
II. कक्षा-कक्ष की जीवन्तता हेतु
III. मूल्यांकन एवं जागरुकता को दिग्भ्रमित करना
IV. अशान्तिपरक कार्यों को नहीं करना

कूट

(a) I, II और IV (b) II, III और IV
(c) I और IV (d) II और IV

48. संज्ञान और संवेग के बारे में निम्नलिखित कथनों में से कौन-सा कथन सही है?

(a) संज्ञान और संवेग एक-दूसरे से स्वतन्त्र प्रक्रियाएँ हैं
(b) संज्ञान और संवेग परस्पर जुड़े हैं और एक-दूसरे को प्रभावित करते हैं
(c) संज्ञान, संवेगों को प्रभावित करता है, किन्तु संवेग, संज्ञान को प्रभावित नहीं करता
(d) संवेग, संज्ञान को प्रभावित करते हैं, किन्तु संज्ञान, संवेगों को प्रभावित नहीं करता

49. बच्चों के बारे में निम्नलिखित कथनों में से कौन-से सही हैं?

(a) बच्चे जानकारी के निष्क्रिय प्राप्तकर्ता हैं।
(b) बच्चे समस्या समाधानकर्ता हैं।
(c) बच्चे वैज्ञानिक शोधकर्ता हैं।
(d) बच्चे पर्यावरण के सक्रिय अन्वेषक हैं।

कूट

(a) II, III और IV (b) I, II, III और IV
(c) I, II और III (d) I, II और IV

50. निम्न में से कौन-सी डिसलेक्सिया (Dyslexia) की विशेषता नहीं है?

(a) वाचन परिशुद्धता, गति तथा बोध की समस्याएँ
(b) सीधे या उल्टे हाथ के प्रयोग के सम्बन्ध में निश्चय
(c) लिखने की धीमी गति
(d) छपे हुए शब्दों को सीखने और याद करने की कठिनाइयाँ

51. निम्नलिखित में से शोध प्रक्रिया प्रारम्भ करने का प्रथम चरण कौन-सा है?

(a) समस्या का निर्धारण करने के लिए सूचना के स्रोतों की खोज
(b) सम्बन्धित साहित्य का सर्वेक्षण
(c) समस्या की पहचान
(d) समस्या का समाधान ढूँढना

52. निम्नलिखित में से कौन-से तत्त्व अधिगम को प्रभावित करते हैं?

I. शिक्षार्थी का उत्प्रेरण
II. शिक्षार्थी की परिपक्वता
III. शिक्षण युक्तियाँ
IV. शिक्षार्थी का शारीरिक और संवेगात्मक स्वास्थ्य

कूट

(a) I और II (b) I, II, III और IV
(c) I और III (d) I, II और III

53. 'स्वयं' (Swayam) मंच का निर्माण किया गया है

(a) मानव संसाधन विकास मन्त्रालय
(b) अखिल भारतीय तकनीकी शिक्षा परिषद्
(c) माइक्रोसॉफ्ट
(d) उपरोक्त सभी द्वारा

54. एक बालक जिसे मानव सम्पर्क से पृथक् बड़ा किया गया है, प्राय: दीर्घकाल तक अत्यधिक भाषा की कमी को दर्शाता है, जो बाद के भाषा उद्‌भाषन अनुभवों द्वारा पूर्णरूप से बिरले ही पूरी होती है। यह साक्ष्य भाषा का विकास के कौन-से पक्ष को बल देता है?

(a) वातावरणीय (b) जैविकीय
(c) अन्त:क्रियावादी (d) व्यावहारिक

55. अध्यापक निष्पादन प्रक्रिया सम्बन्धी निम्नलिखित समितियों को सुमेलित कीजिए

सूची-I (समिति)	*सूची-II* (सम्बन्धित तथ्य)
A. सेन समिति	I. आचार संहिता
B. मल्होत्रा समिति	II. वार्षिक निष्पादन
C. रस्तोगी आयोग	III. आत्म मूल्यांकन
D. विश्वविद्यालय आयोग	IV. अध्यापक की जवाबदेही

कूट

	A	B	C	D		A	B	C	D
(a)	I	II	III	IV	(b)	IV	III	II	I
(c)	III	II	I	IV	(d)	II	I	IV	III

56. निम्नलिखित में से कौन-सा कथन असत्य है?

(a) सम्प्रेषण प्रक्रिया में सन्देश भेजने वाला व्यक्ति प्रेषक तथा सन्देश प्राप्त करने वाला व्यक्ति प्राप्तकर्त्ता कहलाता है।
(b) सम्प्रेषण केवल लिखित और मौखिक होता है।
(c) सम्प्रेषण रेखीय प्रक्रिया का अनुसरण करता है।
(d) टेलीफोन में हमेशा रेखी संचार का सम्पादन होता है।

57. लॉरेन्स कोहलबर्ग द्वारा प्रतिपादित नैतिक विकास के सिद्धान्त के अनुसार पूर्व नैतिक अवस्था की अवधि है

(a) जन्म से 5 वर्ष की आयु तक
(b) जन्म से 2 वर्ष की आयु तक
(c) तीसरे वर्ष से 6 वर्ष की आयु तक
(d) सातवें वर्ष की किशोरावस्था तक

58. "सूक्ष्म शिक्षण समस्त शिक्षण को लघु क्रियाओं में बाँटना है" उपरोक्त परिभाषा किसने दी है?

(a) एन. एल. गेज
(b) डी. एलन
(c) कुमारी हेलेन पार्कहर्स्ट
(d) फ्रेण्डसन

59. मल्टीमीडिया में शामिल होता है

(a) ऑडियो (b) वीडियो
(c) फिल्म (d) ये सभी

60. किसी विद्यार्थी की एक समस्या है, वह अध्यापक से पूछता/पूछती है "मैं क्या करूँ"? अध्यापक को चाहिए कि वह

(a) अपनी क्षमताओं को ध्यान में रखते हुए विद्यार्थी को प्रक्रिया का मार्ग बताए
(b) विद्यार्थी को बताना कि यदि वह उसके स्थान पर होता तो क्या करता
(c) विद्यार्थी से ऐसे प्रश्न पूछना जो उन्हें मेधावी निर्णय लेने के लिए आवश्यक सूचना उपलब्ध कराएँ
(d) विद्यार्थी से स्वयं को पहचानने के लिए कहना, जिससे कि वह अपनी हल करने की क्षमता को पहचान सके

उत्तरमाला

1. (a)	2. (c)	3. (a)	4. (a)	5. (b)	6. (b)	7. (d)	8. (a)	9. (a)	10. (b)
11. (a)	12. (c)	13. (a)	14. (d)	15. (c)	16. (b)	17. (d)	18. (d)	19. (c)	20. (b)
21. (d)	22. (a)	23. (d)	24. (a)	25. (c)	26. (c)	27. (d)	28. (c)	29. (d)	30. (d)
31. (a)	32. (d)	33. (c)	34. (c)	35. (b)	36. (c)	37. (a)	38. (b)	39. (a)	40. (b)
41. (a)	42. (c)	43. (b)	44. (d)	45. (c)	46. (d)	47. (d)	48. (b)	49. (a)	50. (b)
51. (c)	52. (b)	53. (d)	54. (c)	55. (a)	56. (b)	57. (b)	58. (b)	59. (d)	60. (d)

प्रैक्टिस सेट 05

1. विज्ञान शिक्षण की सार्थकता निर्भर करती है
   (a) विज्ञान का जीवन में उपयोग करना सिखाने पर
   (b) विज्ञान सीखने पर
   (c) विषय-वस्तु की जानकारी होने पर
   (d) उपरोक्त सभी

2. लॉरेन्स कोहलबर्ग के नैतिक तर्क के सिद्धान्त की अनेक बातों के लिए आलोचना की जाती है। इस आलोचना के सन्दर्भ में निम्नलिखित में से कौन-सा कथन सही है?
   (a) अपनी सैद्धान्तिक रूपरेखा पर पहुँचने के लिए कोहलबर्ग ने पियाजे के सिद्धान्तों को दोहराया है
   (b) कोहलबर्ग ने नैतिक तर्क के प्रत्येक सोपान के लिए विशेष उत्तर नहीं दिया है
   (c) कोहलबर्ग का सिद्धान्त बच्चों के प्रत्युत्तरों पर ध्यान केन्द्रित नहीं करता
   (d) कोहलबर्ग ने अपने अध्ययन को मूलत: पुरुषों के नमूनों पर आधृत रखा है।

3. शिक्षकों के लिए निम्नलिखित में से क्या सबसे अधिक महत्त्वपूर्ण है?
   (a) अच्छा अनुशासन रखना
   (b) छात्रों की कठिनाइयों को दूर करना
   (c) समय का पाबन्द होना
   (d) अच्छा वक्ता होना

4. एक शिक्षिका अपनी प्राथमिक कक्षा में प्रभावी अधिगम को बढ़ा सकती है
   (a) ड्रिल और अभ्यास के द्वारा
   (b) अपने विद्यार्थियों में प्रतियोगिता को प्रोत्साहन देकर
   (c) विषय-वस्तु को विद्यार्थियों के जीवन के साथ सम्बन्धित करके
   (d) अधिगम में छोटी-छोटी उपलब्धियों के लिए पुरस्कार देकर

5. विद्यालयी विद्यार्थियों में अधिगम (सीखने) के लिए निम्न में से कौन सर्वाधिक प्रभावी है?
   (a) व्याख्यान (b) श्रुतलेख
   (c) निर्देशित क्रियाएँ (d) चित्र

6. जो विद्यार्थी मूक-बाधिर, नेत्रहीन या कुछ योग्यताओं में कमतर होते हैं, उनके लिए कौन-सा नया शब्द दिया गया है?
   (a) विशिष्ट आवश्यकता
   (b) दिव्यांग
   (c) समावेशित
   (d) इनमें से कोई नहीं

7. भाषा विकास के लिए सबसे संवेदनशील समय निम्नलिखित में से कौन-सा है?
   (a) मध्य बचपन का समय
   (b) वयस्कावस्था
   (c) प्रारम्भिक बचपन का समय
   (d) जन्मपूर्व का समय

8. सहयोगी अधिगम के लिए कौन-सा कथन सही है?
   (a) छात्र एक-दूसरे के साथ प्रतिस्पर्धा करते हैं
   (b) छात्रों को विचारों की प्रस्तुति तथा स्वतन्त्रतापूर्वक एक-दूसरे से चर्चा करने के अवसर
   (c) अधिक मात्रा में शिक्षक निर्देशन की आवश्यकता है
   (d) छात्र स्वतन्त्र रूप से कार्य करते हैं

9. शोध नैतिकता किसे शामिल नहीं करती है?
   (a) ईमानदारी
   (b) व्यक्तिपरकता
   (c) न्यायनिष्ठा
   (d) वस्तुनिष्ठता

10. टी. ई. टी. का उद्देश्य निम्न में से किसका मापन है?
    (a) बौद्धिक मापन
    (b) अभिक्षमता
    (c) अभिवृत्ति
    (d) मूल्य

11. संचित अभिलेख-पत्र में छात्रों के किस व्यवहार की जानकारी प्राप्त होती है?
    (a) योग्यताओं की (b) शैक्षिक प्रगति की
    (c) अभिरुचियों की (d) ये सभी

12. निम्नलिखित विकास के सिद्धान्तों का उनके सही वर्णन से मिलान कीजिए।

	सिद्धान्त		वर्णन
A.	समीप-दूराभिमुख दिशा	I.	विभिन्न बच्चे भिन्न-भिन्न दर से बढ़ते हैं।
B.	शिर:पदाभिमुख दिशा	II.	सिर से पैर का क्रम
C.	अन्तर्वैयक्तिक भिन्नताएँ	III.	किसी अकेले बच्चे में विकास की दर विकास के एक क्षेत्र की अपेक्षा दूसरी में भिन्न हो सकती है।
D.	अन्तरावैयक्तिक भिन्नताएँ	IV.	शरीर के केन्द्र से बाहर की ओर
		V.	सरल से जटिल की ओर वृद्धि

कूट

	A	B	C	D
(a)	II	IV	I	III
(b)	V	II	I	III
(c)	II	IV	III	I
(d)	IV	II	I	III

13. जिस कक्षा-कक्ष में विविध पृष्ठभूमि से विद्यार्थी आते हों, वहाँ एक प्रभावी शिक्षक
(a) समूह में वैयक्तिक भिन्नता को बताने के लिए उनकी सांस्कृतिक जानकारी पर ध्यान देगा
(b) वंचित पृष्ठभूमि के विद्यार्थियों को कठिन परिश्रम करने के लिए कहेगा ताकि वे अपने साथियों के बराबर पहुँच सकें
(c) सांस्कृतिक जानकारी की अनदेखी करेगा और एक सर्वमान्य तरीके से अपने सभी विद्यार्थियों के साथ व्यवहार करेगा
(d) समान आर्थिक पृष्ठभूमि के विद्यार्थियों का समूह बनाएगा और उन्हें एकसाथ रखेगा।

14. निम्न में से कौन-सा शिक्षण की प्रकृति को प्रदर्शित नहीं करता है?
(a) शिक्षण सर्वांगीण विकास की प्रक्रिया है
(b) शिक्षण एक सामाजिक प्रक्रिया है
(c) शिक्षण एक गतिहीन प्रक्रिया है
(d) शिक्षण एक द्विध्रुव प्रक्रिया है

15. विद्यालय-आधारित आकलन प्रारम्भ किया गया था, ताकि
(a) राष्ट्र में विद्यालयी शिक्षा संगठनों (boards) की शक्ति का विकेन्द्रीकरण किया जा सके
(b) सभी विद्यार्थियों के सम्पूर्ण विकास को निश्चित किया जा सके
(c) विद्यार्थियों की उन्नति की बेहतर व्याख्या के लिए उनकी सभी गतिविधियों के नियमित अभिलेखन हेतु अध्यापकों को अभिप्रेरित किया जा सके
(d) विद्यालय अपने क्षेत्रों में विद्यमान अन्य विभिन्न विद्यालयों की तुलना में प्रतियोगिता द्वारा अपनी विशिष्टता का प्रदर्शन करने हेतु अभिप्रेरित हो सकें।

16. जीन पियाजे के द्वारा प्रस्तुत 'संरक्षण' के प्रत्यय से तात्पर्य है कि
(a) कुछ भौतिक गुणधर्म वही रहते हैं चाहे बाहरी आकृतियाँ बदल जाएँ
(b) वन्यजीवन और वनों का संरक्षण बहुत महत्त्वपूर्ण है
(c) परिकल्पना पर विधिवत् परीक्षण से सही निष्कर्ष पर पहुँचा जा सकता है
(d) दूसरों के परिदृश्य को ध्यान में रखना एक महत्त्वपूर्ण संज्ञानात्मक क्षमता है

17. कोई शिक्षिका अपने विद्यार्थियों को क्या कहे कि उन्हें भीतरी प्रेरणा के साथ कार्य करने के लिए प्रोत्साहित कर सके?
(a) "तुम उसके जैसे क्यों नहीं हो सकते? देखो, उसने इसे एकदम ठीक कर दिया।"
(b) "काम जल्दी पूरा करो तो तुम्हें एक टॉफी मिलेगी।"
(c) "इसे करने की कोशिश करो और तुम सीख जाओगे"
(d) "चलो, इसे उसके करने से पहले समाप्त कर लो।"

18. अध्यापक के समन्वय का प्राथमिक उत्तरदायित्व किसका है?
(a) बालकों का (b) प्राधानाचार्य का
(c) स्वयं अध्यापक का (d) समुदाय का

19. बच्चों में वैज्ञानिक सोच का विकास करने के लिए आवश्यक घटक है
I. बच्चों के समक्ष छोटी-छोटी समस्याएँ रखी जाएँ
II. बच्चों के द्वारा किए गए सम्भावित समाधानों का परीक्षण किया जाएँ
III. बच्चों को सम्भावित समाधानों के निर्माण हेतु प्रेरित किया जाएँ

कूट
(a) केवल I (b) I और III
(c) II और III (d) ये सभी

20. लेव वाइगोत्स्की के अनुसार,
(a) भाषिक विकास मानव चिन्तन के स्वभाव को बदल देता है
(b) वयस्कों और साथियों से अन्योन्यक्रिया करने का भाषा के विकास में कोई प्रभाव नहीं पड़ता

(c) भाषिक विकास में संस्कृति की भूमिका बहुत कम होती है
(d) बच्चे भाषा अर्जन की एक युक्ति से कोई भाषा सीखते हैं

21. एक कक्षा में बहुभाषी विद्यार्थी हैं, यह स्थिति उत्पन्न करती है
(a) अध्यापन में बाधा
(b) सीखने में समृद्ध संसाधन
(c) शिक्षण अधिनियम प्रक्रिया की सरलता
(d) विद्यार्थियों के मध्य सामंजस्य की समस्या

22. निम्न में से कौन-सा श्रव्य साधन का प्रकार नहीं है?
(a) रेडियो (b) ग्लोब
(c) टेप रिकार्डर (d) ग्रामोफोन

23. प्राथमिक स्तर पर एक शिक्षक में निम्न में से किसे सबसे महत्त्वपूर्ण विशेषता माननी चाहिए?
(a) पढ़ाने की उत्सुकता
(b) धैर्य और दृढ़ता
(c) शिक्षण पद्धतियों और विषयों के ज्ञान में दक्षता
(d) अति मानक भाषा में पढ़ाने में दक्षता

24. पद 'संवेगात्मक क्रान्ति' किस अवस्था में अधिक सम्बन्धित है?
(a) शैशवावस्था (b) बाल्यावस्था
(c) किशोरावस्था (d) प्रौढ़ावस्था

25. निम्न कथनों पर विचार कीजिए
I. श्रव्य साधन में सुना और देखा जाता है।
II. दृश्य साधन में देखने के साथ-साथ सुना भी जा सकता है।
III. श्रव्य-दृश्य साधन में केवल सुना जाता, देखा नहीं जाता है।
उपरोक्त में से कौन-सा/से कथन असत्य है/हैं?
(a) केवल I (b) केवल II (c) केवल III (d) ये सभी

26. पुनर्बलन कौशल का उपयोग करते हैं
(a) अधिगम को रुचिकर बनाने हेतु
(b) छात्रों के प्रोत्साहन हेतु
(c) शिक्षण के अग्रसरण हेतु
(d) उपरोक्त सभी

27. हॉवर्ड गार्डनर ने बहु-बुद्धि सिद्धान्त के अन्तर्गत नौ प्रकार की अभियोग्यताओं का अधिमान निर्धारित किया, कौन-सा इनमें से सम्मिलित नहीं है?
(a) भाषात्मक अभियोग्यता
(b) अन्तर्वैयक्तिक अभियोग्यता
(c) भावनात्मक अभियोग्यता
(d) स्थान सम्बन्धी अभियोग्यता

28. 'समग्र शिक्षा योजना 2018' सम्बन्धित है
(a) विद्यालय शिक्षा
(b) उच्च शिक्षा
(c) समावेशित शिक्षा
(d) व्यावसायिक शिक्षा

29. शिक्षक की सबसे मुख्य जिम्मेदारी है
(a) पाठ-योजना तैयार करना और उसके अनुसार पढ़ाना
(b) यथासम्भव क्रियाकलापों का आयोजन करना
(c) कठोर अनुशासन बनाए रखना
(d) विद्यार्थियों की विभिन्न अधिगम शैलियों के अनुसार सीखने के अवसर उपलब्ध कराना

30. निम्न में से कौन-सा तत्त्व शिक्षण-अधिगम प्रक्रिया से सम्बन्धित है?
(a) पाठ प्रस्तुतीकरण
(b) निदान
(c) उपचारात्मक शिक्षण
(d) उपरोक्त सभी

31. शिक्षण विधियों तथा शिक्षण व्यूह रचनाओं में अन्तर होता है
(a) पाठ्य-वस्तु का (b) उद्देश्यों का
(c) अधिनियमों का (d) प्रारूप का

32. निम्नलिखित में से कौन बालकों के समाजीकरण पर गहरा प्रभाव डालते हैं?
(a) सामाजिक-सांस्कृतिक विचारधारा
(b) खान-पान
(c) स्नेह एवं वात्सल्य
(d) उपरोक्त सभी

33. "शिक्षा को मनुष्य और सम्पूर्ण समजा का निर्माण करना चाहिए। इस कार्य को किए बिना शिक्षा अपूर्ण कहलाती है।" कथन किसने दिया है?
(a) विवेकानन्द (b) दयानन्द सरस्वती
(c) डॉ. राधाकृष्णन (d) महात्मा गाँधी

34. बेहतर 'शोध नैतिकता' से अभिप्राय है
(a) अपनी शोध प्रायोजित कम्पनी में धारित शेयरों/स्टॉकों को प्रकट न करना
(b) केवल किसी पी.एच.डी./शोध छात्र को ही विशेष शोध समस्या सौंपना
(c) किसी शैक्षिक पत्रिका की समीक्षा करने के लिए शोध पत्र से गोपनीय आँकड़ों पर अपने सहयोगियों से चर्चा करना
(d) एक ही शोध पाण्डुलिपि को एक से अधिक पत्रिकाओं में प्रकाशित होने के लिए प्रस्तुत करना

35. निम्न में से कौन सुमेलित नहीं है?

	शिक्षण सहायक सामग्री के प्रकार	सामग्री
I.	श्रव्य साधन	फोनोग्राफ रिकॉर्ड
II.	दृश्य साधन	रेडियो
III.	श्रवय-दृश्य साधन	स्लाइड

कूट

(a) केवल II (b) I और II
(c) II और III (d) I, II और III

36. कक्षा में पाठ पढ़ाते समय यदि एक विद्यार्थी विषय से असम्बद्ध एक प्रश्न पूछता है तो आप क्या करेंगे

(a) उसे असम्बद्ध प्रश्न पूछने की अनुमति नहीं देंगे
(b) उसे गैर-अनुशासित समझकर दण्डित करेंगे
(c) कक्षा के बाद प्रश्न का उत्तर देंगे
(d) उसे असम्बद्ध प्रश्न पूछने की अनुमति देंगे।

37. सम्प्रेषण के सन्दर्भ में निम्नलिखित में से कौन-सा कथन असत्य है?

(a) सम्प्रेषण समन्वय को जन्म देता है
(b) सम्प्रेषण के बिना शिक्षण अपूर्ण होगी।
(c) मानव वाचिक सम्प्रेषण की कला से अवगत नहीं होता है।
(d) सम्प्रेषण तकनीकी न केवल शिक्षा की गुणवत्ता में सुधार कर रही है, बल्कि कक्षाओं के लिए श्रेष्ठ शैक्षिक सामग्री की उपलब्धता भी सुनिश्चित करती है।

38. विद्यालय-यात्रा पर जाने के लिए पोती को अपने पिता से बहस करते हुए देखकर दादी कहती है, "तुम अच्छी लड़की की तरह आज्ञाकारी क्यों नहीं हो? तुम लड़कों की तरह व्यवहार करोगी, तो तुम से कौन शादी करेगा?"

(a) लड़कियों और लड़कों के स्वभाव के बारे में रूढ़िबद्ध धारणा
(b) लिंग समरूपता
(c) लड़की की लिंग की गलत पहचान
(d) बच्चों के पालन-पोषण में परिवार की कठिनाइयाँ

39. विद्यार्थियों के सीखने में जो रिक्तियाँ रह जाती हैं, उनके निदान के बाद .... होना चाहिए।

(a) सघन अभ्यास कार्य
(b) सभी पाठों को व्यवस्थित रूप से दोहराना
(c) शिक्षार्थियों और अभिभावकों को उपलब्धि के बारे में बताना
(d) समुचित उपचारात्मक कार्य

40. ऑनलाइन शैक्षिक कार्यक्रमों हेतु निम्न में से कौन-सी भारतीय सरकार की डिजिटल पहल है?

(a) स्वयं (b) निष्ठा (c) प्रेरणा (d) अपेक्षा

41. अधिगम के सामाजिक निर्मितवादी (कन्सट्रक्टीविस्ट) उपागम की विशेषता है

(a) अधिगम के लिए बालक के संज्ञान पर बल देना
(b) अधिगम के लिए सूचना-प्रक्रम पर बल देना
(c) अधिगम के लिए दूसरों से सहयोग पर बल देना
(d) अधिगम के लिए अनुभवों पर बल देना

42. भारत में शिक्षक शिक्षा के नियमन हेतु वैधानिक निकाय कौन है?

(a) आर. सी. टी. ई.
(b) एस. आई. ई. एम. ए. टी
(c) एन. सी. टी. ई.
(d) इग्नू

43. ..... तथा ..... की विशिष्ट अन्योन्यक्रिया का परिणाम विकास के विविध मार्गों और निष्कर्षों के रूप में हो सकता है।

(a) वंशानुक्रम; पर्यावरण (b) चुनौतियाँ; सीमाएँ
(c) स्थिरता; परिवर्तन (d) खोज; पोषण

44. छात्र उपस्थिति पंजिका के क्या लाभ हैं?

(a) उपस्थिति समयानुसार (b) अध्ययन में सुधार
(c) विद्यालय अनुशासन (d) ये सभी

45. RMSA (राष्ट्रीय माध्यमिक शिक्षा अभियान) कब लागू किया गया था?

(a) 2008-2009 (b) 2009-2010
(c) 2010-2011 (d) 2011-2012

46. छात्र अपने कार्यों को सही दृष्टिकोण अपनाएँ इसके लिए अध्यापकों को क्या करना चाहिए?

(a) छात्रों की सहायता
(b) स्वयं एक उदाहरण बनना
(c) 'a' और 'b' दोनों
(d) इनमें से कोई नहीं

47. अधिगम निर्योग्यता वाले बच्चों की प्रगति का निरीक्षण करने के लिए निम्नलिखित में से कौन-सी पद्धति सबसे उपयुक्त है?

(a) व्यवहार रेटिंग स्केल
(b) व्यक्ति (केस) अध्ययन
(c) संरचित व्यवहारपरक अवलोकन
(d) घटनावृत्त अभिलेख

48. "शिक्षा का मूल उद्देश्य व्यक्ति के नैतिक एवं बौद्धिक सद्‌गुणों को आधार बनाना है।" कथन किसका है?

(a) सुकरात (b) अरस्तू
(c) टेलर (d) जॉन डीवी

49. उच्चतर माध्यमिक शिक्षा की अवधि कितनी होती है?
(a) 4 वर्ष (b) 3 वर्ष (c) 2 वर्ष (d) 1 वर्ष

50. विद्यालय की बौद्धिक प्रयोगशाला है
(a) नेतृत्वकर्ता (b) शिक्षण कक्ष
(c) पुस्तकालय (d) म्यूजियम

51. निम्नलिखित में से सम्प्रेषण किसका समर्थन करता है?
(a) समरूपता (b) अनुरूपता
(c) (a) और (b) दोनों (d) इनमें से कोई नहीं

52. विज्ञान शिक्षण में जोर होना चाहिए
(a) व्यावहारिक कुशलता विकसित करने पर
(b) विज्ञान सीखने के तरीके पर
(c) विषय-वस्तु पर
(d) उपरोक्त सभी

53. दण्ड, अनुशासन-व्यवस्था का साधन है?
(a) सकारात्मक (b) प्रकाश व्यवस्था
(c) साज-सज्जा (d) ये सभी

54. एक बालक जो किसी एक विशेषता (लक्षण) (जैसे दुश्चिता या सामाजिकता) में उच्च और निम्न है, बाद के वर्षों में भी इस तरह का रहता है। यह कथन निम्न के महत्त्व को बदल देता है।
(a) आनुवंशिकी के
() वातावरण के
(c) आनुवंशिकी और वातावरण के
(d) परिपक्वता के

55. किस कक्षा स्तर के लिए 'प्राथमिक विद्यालय' शब्द का उपयोग किया जाता है?
(a) कक्षा I-VIII (b) कक्षा I-X
(c) कक्षा I-V (d) नर्सरी कक्षाएँ

56. निम्नलिखित में से कौन-सा/से गुण बालकों में सामाजिक परिपक्वता हासिल करने में सहायक है/हैं?
(a) परिपक्व बुद्धि (b) सामाजिक व्यवहार
(c) पारिवारिक व्यवहार (d) ये सभी

57. प्रतिभाशाली बच्चों के लिए सबसे अच्छी शैक्षिक कार्यक्रम वे होते हैं, जो
(a) प्रत्यास्मरण के द्वारा ज्ञान की प्रवीणता पर बल देते हैं
(b) उन्हें अधिगम के न्यूनतम मानकों तक काम करने को प्रेरित करने के लिए उपहारों और पुरस्कारों का उपयोग करते हैं
(c) उनके चिन्तन को प्रेरित कर उन्हें विविध विचारों में व्यस्त रहने के अवसर देते हैं
(d) उनके आक्रामक व्यवहार को नियन्त्रित करते हैं

58. बुद्धि की स्पीयरमैन परिभाषा में कारक '*g*' है
(a) वैश्विक बुद्धि (b) सामान्य बुद्धि
(c) आनुवांशिक बुद्धि (d) उत्पादक बुद्धि

59. किस शोध का उद्देश्य प्रतियोगियों के दृष्टिकोण से किसी घटना का उसकी स्वाभाविक तथा वास्तविक परिस्थितियों में अध्ययन करना है?
(a) प्रदत्त आधारित सिद्धान्त
(b) घटनाजन्य शोध
(c) समूह केन्द्रित शोध
(d) नृजातीय शोध

60. आपके दृष्टिकोण से विद्यालय में खेल/क्रियाकलाप
(a) मनोगामक विकास के लिए आवश्यक हैं
(b) साधारणतया समय नष्ट करने का तरीका हैं
(c) विद्यालय की भारी-भरकम दिनचर्या के चलते आवश्यक नहीं हैं
(d) उपरोक्त सभी

उत्तरमाला

1. (a)	2. (d)	3. (b)	4. (c)	5. (c)	6. (b)	7. (c)	8. (b)	9. (b)	10. (b)
11. (d)	12. (d)	13. (c)	14. (c)	15. (b)	16. (a)	17. (c)	18. (c)	19. (d)	20. (a)
21. (b)	22. (b)	23. (b)	24. (c)	25. (d)	26. (d)	27. (c)	28. (a)	29. (d)	30. (d)
31. (b)	32. (d)	33. (c)	34. (d)	35. (a)	36. (c)	37. (c)	38. (a)	39. (d)	40. (a)
41. (c)	42. (c)	43. (a)	44. (d)	45. (b)	46. (c)	47. (c)	48. (b)	49. (c)	50. (c)
51. (c)	52. (d)	53. (c)	54. (c)	55. (a)	56. (d)	57. (c)	58. (b)	59. (b)	60. (a)